古代歷史文化研究輯刊

二九編

王明蓀 主編

第 15 冊

咸同湘軍與湖湘理學研究（上）

湯浩 著

國家圖書館出版品預行編目資料

咸同湘軍與湖湘理學研究（上）／湯浩 著 -- 初版 -- 新北市：
花木蘭文化事業有限公司，2023〔民 112〕
目 6+256 面；19×26 公分
（古代歷史文化研究輯刊 二九編；第 15 冊）
ISBN 978-626-344-159-0（精裝）
1.CST：理學 2.CST：湘軍 3.CST：中國
618   111021688

ISBN-978-626-344-159-0

9 786263 441590

古代歷史文化研究輯刊
二九編　第十五冊　　　　　　　ISBN：978-626-344-159-0

咸同湘軍與湖湘理學研究（上）

作　　者　湯　浩
主　　編　王明蓀
總 編 輯　杜潔祥
副總編輯　楊嘉樂
編輯主任　許郁翎
編　　輯　張雅淋、潘玟靜　美術編輯　陳逸婷
出　　版　花木蘭文化事業有限公司
發 行 人　高小娟
聯絡地址　235 新北市中和區中安街七二號十三樓
　　　　　電話：02-2923-1455 ／傳真：02-2923-1452
網　　址　http://www.huamulan.tw 信箱 service@huamulans.com
印　　刷　普羅文化出版廣告事業
初　　版　2023 年 3 月
定　　價　二九編 23 冊（精裝）新台幣 70,000 元　　版權所有・請勿翻印

咸同湘軍與湖湘理學研究（上）

湯浩 著

作者簡介

湯浩，男，漢族，1974 年生，湖南省洪江市（原黔陽縣）人。1998 年～ 2001 年在湖南師範大學歷史系就讀，獲歷史學碩士學位。後入湖南大學嶽麓書院學習，2018 年獲歷史學博士學位。從事過教師、行政崗位工作。研究方向為中國近代學術思想史，發表過《春秋戰國時代軍事倫理理念的嬗變》《凝士以禮：理學導向下的湘軍「節制」機制分析》《湘淮軍集團的同源異流：一個理學文化視角的比較》《湘軍「兵爭」思想中的理學文化向度》《船山學行對湘軍經世的影響》等論文，並牽頭撰寫過政府績效考核管理專著。

提　　要

　　湘軍集團與理學文化有著深層次的互動關係。咸同湘軍的興起，不僅是宏濟艱難的現實選擇，更是儒學內部結構運動的結果，是理學自救的產物。湘系理學經世派受內憂外患的深重刺激，自下而上地打破有清以來二百餘年理學內斂時期之沈寂，比較成功地將學術思想轉化為政治軍事組織能力，開啟了近代中國第一次政治—文化自強運動。

　　咸同湘軍以理學作為節制之道，培植政治和文化的雙重權威結構。湘軍以理學原則對政治軍事制度進行改創，建設其獨特的軍系文化，其儒兵思想中的儒學向度，使之成為軍事活動中活用理學的典範。湘軍人物多具有匡濟時艱的精神，自勵殉道的操守、任事敢為的勇氣、堅毅不拔的意志。特別是在國勢陵夷中注重「隱圖自強」，力破「不勤遠略」的儒學政治傳統。同時這種創制也具有實用性、漸進性、適應性、局部性特點，具有明顯「過渡性」特徵。

　　湘軍集團體立用行、務本開源的「通儒」經濟，極大地豐富擴充了儒學的踐履範疇，在更廣闊的社會格局和宏觀文化視野上深刻影響著晚清理學發展的軌跡。湘軍一定程度改變了宋明儒學柔弱函胡之弊，煥發了理學價值，形成了激越高亢的審美情趣，其助推形成的政治新秩序成為晚清政局轉捩的重要樞紐，同時也將儒學社會價值在封建社會晚期最後推向了一個新的高度。

目

次

第一章 湖湘理學發展與晚清湘系集團的興起

第一節 湖湘理學傳播和在清代的發展

一、湖湘理學的基本脈絡

　　湖湘是理學重要發源地之一。宋儒心性義理之學，由湘人周敦頤（1017～1073）首發其端。周氏《太極圖說》《通書》奠定了宋明理學的哲學基礎，推動了儒學思想的哲學化，經其弟子二程發揚，並最終由朱熹集其大成，從本體論、心性論和工夫論等方面，使理學理論體系發展到新的高度。

　　理學從唐中期醞釀，宋初發端，到真正成為朝廷推崇的主流意識形態，經歷了兩個半世紀的艱難歷程。其間因不自覺地捲入學爭、政爭、黨爭，即使在宋代理學理論形態發展成熟之後很長一段時期，也依然命途多舛，一度被稱為惑亂天下的「偽學」，「一禁於崇觀、再禁於紹興，三禁於慶元」。程頤死時，「洛人畏入黨，無敢送者。」〔註1〕南宋寧宗慶元元年（1195年），趙汝愚罷相出朝，發往永州，朱熹「立朝僅四十日」，「門人故交，嘗過其門，凜不敢入。」〔註2〕

　　程朱理學在南宋的興發，從民間走向廟堂，得益於其學派紮實深入、卓

〔註1〕程顥，程頤，河南程氏遺書：附錄：祭文；二程集，北京：中華書局，1981：347。

〔註2〕葉紹翁，四朝聞見錄：丁集，四部備要，臺北：中華書局，1981。

有成效的學術活動，及其對士林風氣、社會心理的不斷浸染和影響。南宋以來，理學名儒輩出，至孝宗乾道、淳熙之際，隨著朱熹、張栻，呂祖謙等理學大儒興起，講學活動更加頻繁，地域涉及閩、浙、贛、湘、荊楚等地，並形成了閩、湖湘、浙東金華三個理學傳播中心。通過講學活動與師承關係的確認，南宋理學士人逐漸以相互認同的普遍價值追求，形成了一個有著共同學術旨趣的群體。他們以講學、授徒、辯難等方式傳播理學思想，努力營造理學學術文化的小環境，並在潛移默化中逐步改變社會政治文化的大環境，並力求適應新的社會需要，在新的認知體系基礎上復興儒家傳統倫理價值。

理學派對於教育和師道的重視提倡，以及民間教育傳播活動在理學興起過程中發揮了重要作用，對後世影響深遠。書院與理學的結合，特別是確立了書院講學模式，各種規章制度逐漸完善，營造自由開放的學術氛圍等，為後世理學發展開闢了廣闊的道路。同時，理學派在更廣泛的範圍內傳播學術，不自覺地起到了思想啟蒙作用，促進了學術與社會的結合，即學術世俗化的轉變。「文化下移」使理學思想認同不斷深入民間。

早在北宋時期，程門四先生之一楊時（龜山）於紹聖初任瀏陽縣令四年，建歸鴻閣，辦靖文書院，對湖湘理學學派的形成有較大影響。湖湘學術淵源可追溯到明道先生的弟子上蔡謝良佐，胡安國、胡宏父子傳於上蔡，而張栻又傳於胡宏。

湖湘理學早期代表人物胡安國（1074～1138）、胡宏（1102～1161）父子和張栻（1133～1180）分別隸籍福建、四川。但由於因緣時會，他們均以湖南為學術生涯的主要舞臺，形成了自己獨特成熟的學術思想，並在此傳道授業，影響了大批湖湘士子，很早就被認為是理學的一支重要流派。朱熹首用「湖南學」「湖湘學」稱呼這一學派，黃宗羲認為「湖南一派，當時為最盛」。〔註3〕

理學大儒胡安國紹興年間罷官後，建炎四年（1130）從荊門避居湖南，於衡山之麓（今屬湘潭）建立碧泉講堂，後來又居衡山下二十餘載，建立文定書堂研究傳播理學，著有《春秋傳》，成為湖湘理學的開創者。他的季子胡宏一生不入仕途，以「立身行道」為志，著力研究和構建湖湘理學學理體系。他早年曾於臨安師從龜山，後歸湖南，「優悠南山之下餘二十年，玩心神明，不捨晝夜，力行所知，親切至到。」〔註4〕其所著《知言》，呂祖謙（東萊先生）以

〔註3〕黃宗羲，南軒學案；宋元學案：第2冊，北京：中華書局，1986：1611。
〔註4〕胡宏，胡宏集：附錄2，北京：中華書局，1987：228。

為「過於《正蒙》，卒開湖湘之學統。」〔註5〕

　　張栻不僅是胡氏父子學術思想的繼承者，還以嶽麓書院為基地，進一步將湖湘理學發揚光大。張栻青年時拜胡宏為師，深受器重，然僅見面授業一次。後隨父居潭州城南之妙高峰，築城南書院以教學者。南宋乾道元年（1165 年），湖南安撫使劉珙修復潭州嶽麓書院，請張栻主教。張栻明確提出「成就人材，以傳道濟斯民」〔註6〕的學術宗旨，張大了湖湘理學的經世品格。張栻為官佐軍之餘，以全副精力發明學術，著有《論語解》《孟子說》《南軒書說》《南軒易學》《南軒文集》等，著述宏富，與朱熹、呂祖謙號稱「東南三賢」。他與朱熹等人辯難交流，開書院理學會講之風；從教十餘年，學者數千人，培養了吳獵、彭龜年、游九功、游九言、胡大時等大批湖湘士子。後朱熹及其再傳弟子真德秀分別於紹熙、嘉定年間亦官潭州，在嶽麓書院力倡理學。（朱張）「講學於嶽麓之間，湖南道學一時為天下宗。」〔註7〕真德秀曾評價說：「方今學術源流之盛，未有出湖湘之右者。」〔註8〕

　　張栻身故之後，湖湘學派進入一個相對沈寂的時期。元朝崛起漠北，大軍南下長沙，嶽麓諸生登陴助守，城破多死難，書院也同時毀於戰火。《宋元學案・南軒學案》記載：「南軒先生嶽麓之教，身後不衰。宋之亡也，嶽麓精舍諸生乘城共守，及破，死者無算。」〔註9〕

　　元興以來，胡安國、胡宏、張栻等著述俱存，嶽麓諸生以身殉道的史蹟猶在，這些都無疑深深影響著湖湘後儒的精神世界。在歷史記憶中，湖湘理學興盛一時，學脈雖斬而薪火暗傳。如：明代主持嶽麓書院的山長葉性、陳綸、熊宇、張鳳山、吳道行、郭金臺等人均承襲經世學風，進一步弘揚了理學經世傳統，吳道行甚至在明亡之際絕食殉國。明代陽明心學派弟子羅洪光等傳學湖南時，對天文地志、河渠邊塞、戰陣算數均加以講求。可以說，元明以後，湖湘學派雖乏大儒經濟，但通過社會和學術實踐以及對傳統的遵循，仍呈現出一種滲透式發展的趨向。

〔註5〕黃宗羲，五峰學案；宋元學案：卷 12，北京：中華書局，1986：1366。

〔註6〕張栻，潭州重修嶽麓書院記（一）；南軒集：卷 10；張栻全集（中），吉林：長春出版社，1999：693。

〔註7〕李棠，益陽龍洲書院志序；羅汝懷，湖南文徵：第 2 冊：卷 28，長沙：嶽麓書社，2008：676。

〔註8〕王梓材，馮雲濠，武夷學案補遺；宋元學案補遺：第 3 冊，北京：中華書局，2012：1288。

〔註9〕黃宗羲，南軒學案；宋元學案：卷 50，北京：中華書局，1986：1647。

二、清代前中期湖湘理學發展

錢基博對清學有一個提綱挈領的評述：

> 清學者，反本修古，不忘期初者也。夷考厥始，由明之學，矯而反之宋本之朱學，此順、康之學也。由宋之朱學，又反而溯之東漢許、鄭古文，旁逮周秦諸子之書，此乾、嘉時之學也。由東漢許、鄭之學，又矯而反之西漢今文十四博士之學，此道、咸、同、光四朝之學也。〔註10〕

梁啟超在《清代學術概論》中也有類似言論：

> 綜觀二百餘年之學史，其影響於全思想界者，一言蔽之，曰：「以復古為解放。」第一步，復宋之古，對於王學而得解放；第二步，復漢唐之古，對於程朱而得解放；第三步，復西漢之古，對於許、鄭而得解放；第四步，復先秦之古，對於一切傳注而得解放。〔註11〕

兩位近代學者的論述有異曲同工之妙，均言簡意賅地概論了有清以來學術發展之大略及基本特徵：即以復古為手段和形式，層層倒推，學術重點由明代王學轉移至宋代理學，由宋代理學轉移至東漢古文經學乃至西漢今文經學，至周秦諸子學而止，實際上對中國傳統學術作了一次逆向的全面梳理；並結合西學東漸、中西匯通的現實背景、時代課題，返本開新，形成了清代自有的學術文化。同樣，清代湖湘學的發展演變也離不開這個清學發展的大環境、大背景。

理論上說，自明至晚清，程朱理學始終居於官學地位。但實際學術發展往往呈現出「學術理想」與「意識形態」某種程度的分離。如明代中後期以後，在學術領域實際執牛耳者非陽明心學莫屬，清中期後學術旨趣一度趨向考據之學。就清代理學而言，「先後出現過兩次發展的興盛時期，一次是在康熙朝的振興，一次是在晚清咸同年間的振興。」〔註12〕

明清之際和清初順、康時期的學術，一是以程朱理學取代盛行一時的陸王心學，以面向社會生活的實學革除王學末流「遊談無根」之弊；二是以道德踐履和實行實功糾正理學心性之學高談性命之弊。曾國藩評清初理學之盛：「我朝崇德一道，正學翕興。平湖陸子，桐鄉張子，詖辭而反經，確乎其

〔註10〕錢基博，治學篇下；經學通志；近百年湖南學風（含經學通志），北京：中國人民大學出版社，2004：373。

〔註11〕梁啟超，清代學術概論，梁啟超史學論著四種，長沙：嶽麓書社，1998：26。

〔註12〕史革新，晚清理學研究，臺灣：文津出版社，1994：2。

不可拔。陸桴亭、顧亭林之徒，博大精微，體用兼賅。其他巨公碩學，項領相望。」〔註13〕

這一時期，湖湘理學呈現出以下特徵：

（一）穩定性

康熙二十三年（1684），嶽麓書院重建。自此以後，清代湖湘理學傳播始終以嶽麓書院等為主的湖湘講堂體系為依託，李文炤、王文清、羅典、歐陽厚均等歷任山長均推崇程朱，以理學為旨歸，繼承恢復張栻南宋書院傳統。

明末清初的湖南除卻隱而不彰的王夫之外，雖然談不上人文薈萃，卻對儒學傳統、理學義理的尊崇和闡發「不絕如縷」。明代主持嶽麓書院的山長葉性、陳綸、熊宇、張鳳山、吳道行、郭金臺等人均承襲湖湘崇理經世之風。清代中期湖湘理學首以李文炤（1672～1735）為代表。李文炤秉承性理之學，提出「窮理精義」和「知性達天」的學術思想，指出注經即能見理，以「禮」「理」並重，注重實用教育、通經致用。王文清（1688～1779）處於考據盛行的時代，他精於考據而不廢義理。以考據通禮學，以禮學融經世，貫通「通經致用」思想。羅典（1718～1808）、歐陽厚均（1766～1846）掌教嶽麓期間，是清代湖湘理學發展的重要時期，他們提出「堅定德性，明習時務」的教育思想，倡導「有體有用之學」。地位比嶽麓稍次的長沙城南、衡陽石鼓兩個書院也是傳播理學的場所。湖湘理學在清代，學術造詣雖不能遠邁前代，卻一直孜孜以求，在學術宗旨、思想體系、研究內容等方面，體現出高度相近的旨趣，認同感較強，成為一個相對穩定的學術群體。

（二）成長性

湖湘理學群體雖以穩健著稱，極少趨時附會，卻也不是一個簡單僵化的團體。它同樣也十分注重地域人才培養及與外部的學術互動，這也是系統化書院教育的結果。道光年間，湖南巡撫吳榮光在嶽麓書院設湘水校經堂，專門研究漢學，王文清也將考據之學作為嶽麓諸生傳習的重要內容，體現了湖湘學派與時俱進的學術取向。與學術發展相比，湖湘理學更引人注目的要數人才群體的壯大。

在書院教育持續發展的基礎上，雍正二年（1724），湖南單獨鄉試，促進了本土人才在科舉之途上脫穎而出。乾隆朝 28 科，湘儒僅 39 人，平均每科

〔註13〕曾國藩，書學案小識後；曾國藩全集：詩文，長沙：嶽麓書社，1986：166。

1.3 人；嘉道兩朝 27 科，湘儒即有 68 人，平均每科 2.1 人，增長 60%。〔註14〕如羅典乾嘉間為山長二十七年，「門下士發名成業者數百人」。〔註15〕繼其後的歐陽厚均任山長亦長達二十七年，「弟子著錄者三千餘人」。〔註16〕特別是歐陽厚均弟子「多以節義功名顯」，〔註17〕其中就包括後來獨步一時的曾國藩、左宗棠、胡林翼、郭嵩燾、劉蓉、李元度等湘軍人才群體。

（三）隱潛性

湖湘地處偏蠻，自古為流放之地。屈原、賈誼開創了怨而不怒、哀而不傷的詩賦傳統，杜甫在此留下了「湖南清絕地，萬古一長嗟」〔註18〕的詠歎，柳宗元寓居永州，留下清新脫俗的小品文，趙汝愚忠而受謗、親而見疑，貶死衡州……湖湘文化似乎與生俱來地植入了精英文化和流寓文化的共同基因，既保持著與中原主流文化的血脈聯繫，又始終保留了文化視野上的獨立性和距離感。這種文化品格，在學術思想上較多地表現為一種隱潛性。

首先，相對於中原和其他地區的學術，湖湘文化多以「受眾」的角色出現。「授」「受」之間，主次之別、顯隱之異不言而喻。一種學術思想，如果缺乏與「治統」的雙向交流，其政治文化思想不能與主流意識形態有效互動，那麼其學術地位也必然是以從屬性為主的。康熙二十六年（1687）李中素任山長，並受皇帝接見，御書「學達性天」匾，同時頒賜十三經等 16 種書籍，鞏固了嶽麓書院的地位。但朝廷主要是目的是扶持、促進嶽麓書院的官學化。事實上，宋以後至近代以前，湖湘文化主要以一種地域文化的形式存在，罕有原創性的學術思想能長期引領潮流，輻射周邊。

其次，從湖湘學術內部來看，其主要學術思想往往潛修有餘而彰顯不足。湖南地處南中國腹地，並且是進入嶺南、西川、江浙的重要交通孔道，為歷代兵爭要地，其學術的延續性往往為大規模軍事行動、政治壓迫所破壞、隔阻。清初以來，湖南地區戰亂頻仍，至三藩之亂平定後才進入相對平靜時期，一定

〔註14〕王盾，湘學誌略，長沙：湖南人民出版社，2009：84。

〔註15〕光緒朝撰，湖南通志：第 5 冊：卷 179：羅典，長沙：嶽麓書社，2009：3383。

〔註16〕光緒朝撰，湖南通志：第 5 冊：卷 185：歐陽厚均，長沙：嶽麓書社，2009；3607。

〔註17〕李元度語，見張國朝，歐陽厚均與嶽麓書院藏書〔A〕；中國書院：第 2 輯，長沙：湖南教育出版社，1998：272。

〔註18〕杜甫，祠南夕望；唐宋人寓湘詩文集：第 1 冊，長沙：嶽麓書社，2013：75。

程度上也影響了清代湖湘學術的自身延承和對外發展。但湖南境內卻始終有一批不求聞達的「潛修」型學者。即使大儒如王夫之，才學雖足以名世，仍只能匍匐山林，潛心著述，以待來者。「湖湘之間，自船山王氏後，多潛修其著述。可稱學術純正者，推恆齋李氏。同遊諸人，皆恪守程朱之說。當時未大顯，鏡海唐氏乃表章之」。〔註19〕而晚清朝廷和主流理學始終對湖湘學存有某種疏離甚至警惕的心理，即便曾國藩、郭嵩燾等奮力提攜，王夫之仍未能在當時尊享於孔廟。

三、道咸時期湖湘理學新格局

　　道光以後，學術風氣再次發生重大轉移，偏重考據的漢學開始衰落，湖南、陝西、安徽、福建等地區，宗理學者音訊相通，同氣相求，重新開始認識理學的思想和社會價值。在這一過程中，湖南地區開始成為全國性理學復興的重要基地。羅典在乾嘉年間主持嶽麓書院 27 年，「倡明道術，衍朱張之傳，湖湘間翕然宗之。一時俊偉奇傑之士，獲聞夫子之緒餘者，皆服右志道，為有體有用之學。」〔註20〕這一時期嚴如熤、陶澍、賀長齡、賀熙齡、朱文林、劉傳瑩等理學人才群體特別是經世群體的出現，標誌著清中期湖湘理學發展進入一個新的階段，也成為咸同理學「中興」的先聲。

　　這一時期，產生了近代湖南第一位有全國影響的理學思想家唐鑒。

　　唐鑒（1778～1861）字鏡海，號翁澤。湖南善化人，嘉慶十四年（1809）進士，授翰林院庶吉士，道光二十年（1840 年）為太常寺卿。唐鑒對晚清理學的影響，首在對清代理學史的梳理。其《國朝學案小識》以程朱理學為宗，揚宋黜漢，以理學「道統」為綱總結清代學術史，提出以陸隴其等四人為正宗的清代學術統系，對清代諸儒按其對理學的貢獻和地位，分門排比，門戶森嚴，對戴震、凌廷堪的反宋學思想進行批評，產生了重大學術影響。其次，發揚湖湘文化的固有理念，將「經濟之學」引入「義理之說」，提出義理、詞章、考據「孔門三學」的主張，並認為經濟即在義理之中；同時他對宋明理學流弊也進行了一定程度地修正，「大率居敬而不偏於靜，格物而不病於瑣，力行而不迫於隘。三者交修」，〔註21〕表現出較為開闊的學術視野。同

〔註19〕徐世昌，清儒學案：卷 54，北京：中華書局，2008：2155。
〔註20〕嚴如熤，文會記；樂園文鈔：卷 3，道光年間刊：11。
〔註21〕曾國藩，書學案小識後；曾國藩全集：詩文，長沙：嶽麓書社，1986：166。

時，利用他的「宗主」地位和宏富的理學思想，聚集了倭仁、吳廷棟、曾國藩、何桂珍、呂賢基、竇垿等一批理學名士，對曾國藩、羅澤南等義理經世派影響深遠。顧雲《盋山文錄》說，「道光之末世，儒講漢學者浸微，於是唐確慎公鑒、文端公倭仁、吳侍郎廷棟諸人起而講宋學，曾文正公國藩亦會焉。」〔註22〕「自唐確慎提倡理學，湖南學者皆宗紫陽而黜姚江，羅山尤為切實，以醇儒為名將。」〔註23〕自唐鑒而後，湖南理學人才輩出，曾國藩、羅澤南、胡林翼、左宗棠等以義理經世，湖湘人才「進德之猛」世所罕見；同時湖湘理學經世派的事功經濟也達到了歷代所無的巔峰。

湖湘理學發展離不開與其他理學流派的交流互動。然而，由於其四塞的地理環境和文化心理的穩定性、學術發展的潛涵性，在晚清學術眾流中，體現出比較強烈的學風自得的特徵。

（一）尊尚程朱

湖湘與理學程朱一系淵源頗深，自二程再傳弟子胡安國、胡宏及張栻講學以來，理學家朱熹、真德秀等先後任官湖南，在書院和士子中大力提倡理學，湖南的理學傳統幾乎居於牢不可破的地位。不僅是在學統這個大綱大目的認同上，自宋至清連綿七八百年，理學的價值觀念、思維方式更深深地影響了湖南政治、文化、教育意識，並滲透到了日用倫常與社會風俗層面，使湖南自上而下形成普遍崇尚理學的社會心理。

這其中湘學經歷過兩次大的全國性學術變遷：一是陽明心學的興起，二是乾嘉漢學的衝擊。明中葉以後，陽明心學風靡士林，王陽明及其後學季本、羅洪先、張元忭、鄒元標都曾到湖南講學，但由於受到湖湘學統的制約，始終無法取代程朱理學的正統地位。乾隆以來漢學風行海內，「獨湖湘之間被其風最稀」。〔註24〕「而湖湘尤依先正傳述，以義理、經濟為精宏，見有言字體音義者，恒戒以逐末遺本。傳教生徒，輒屏去漢唐諸儒書，務以程朱為宗。」〔註25〕當新的學術流派風行一時，普天下引以為尚之時，「湖湘學子大都專己守殘，與湖外風氣若不相涉」。〔註26〕即使當時講學湖南的王門學者，也

〔註22〕顧雲，羅文學蔣孝廉別傳；盋山文錄：卷5，光緒十五年刻本。
〔註23〕徐世昌，羅山學案；清儒學案：第7冊：卷170，北京：中華書局，2008：6547。
〔註24〕錢穆，中國近三百年學術史：下冊，北京：商務印書館，1997：638。
〔註25〕羅汝懷，綠漪草堂文集，光緒九年版，首卷：5。
〔註26〕湖南省文獻委員會，湖南文獻彙編：第2輯，1949：111。

大多能束身禮法，躬行踐履，並對當時王畿一派空談悟徹本體、不事修持，「務於空言而忽躬行之實」的做法提出了嚴厲批評。〔註27〕

　　晚清湖湘學者堅定地繼承了湘學的這一傳統，不僅表達了對程朱理學的「守道之心」，而且發起了「辯學」之爭。作為道嘉慶時期的理學「宗主」，唐鑒作《國朝學案小識》嚴學術之別，倡導理學，扶持正道。他作詩道：「晦翁不復作，吾道苦無師；檖薉塞正路，何以剪剔之；乃於眾木中，回見最高枝；傲霜吾豈敢，相與共扶持。」〔註28〕郭嵩燾道：「乾嘉之際，經師輩出，風動天下，而湖以南暗然，無知鄭、許《說文》之學者。」〔註29〕

　　湖湘學者對程朱學說的堅守與推崇，主要表現在對鄙蔑程朱義理之學的風氣不以為然，對「異端」學術攻之尤力，這在當時社會中下層湖湘士人中尤為突出。郭嵩燾說：「自有宋濂溪周子倡明道學，程子、朱子繼起修明之，於是聖賢修己治人之大法，粲然昭著於天下，學者知所宗仰。」〔註30〕劉蓉認為「夫程朱卒不可議，議程朱者非妄則誕」，〔註31〕幾乎把程朱拔高到絕對信仰的高度。出於對世道人心、社會政治的高度關懷，他們往往對漢學、玄學、心學極力抨擊。如劉蓉不僅對陽明心學攻之甚力，而且於「崇道貶文」之說持之甚堅，對曾國藩醉心古文一事多有批評，認為詞章「猶花草之美、錦繡之文，猶末也」。而欲探「治亂之本源」，以求「濟治之方」，則應遵循理學「即物窮理」之法，「靜其心以察天下之變，精其心以窮天下之理，息其心以驗消長之機」。〔註32〕江忠源則批評漢人訓詁之學「多膠固」，晉人玄學誤「國是」，惟有宋儒學說為煌煌正道。「漢人崇訓詁，經義多膠固。晉士祖虛無，國是清談誤。煌煌宋儒出，豁若掃煙霧。」〔註33〕羅澤南以諸生講學，宗法程朱，作《姚江學辨》等辯學著作，站在程朱理學的立場，力辨王學之誤，極闢佛學之謬，「洵堪輔翼名教。」〔註34〕

〔註27〕王興國，聶榮華，湖湘文化縱橫談，長沙：湖南大學出版社，1996：159。

〔註28〕唐鑒，丁未八月由長沙返櫂金陵留別詩；唐確慎公集：卷8，光緒元年刻本：3。

〔註29〕郭嵩燾，羅研生墓誌銘；文集：卷16；郭嵩燾全集：第15冊，長沙：嶽麓書社，2012：582。

〔註30〕郭嵩燾，船山祠碑記；文集：卷20；郭嵩燾全集：第15冊，長沙：嶽麓書社，2012：649。

〔註31〕陸寶千，劉蓉年譜，臺北：中央研究院近代史研究所專刊（40），1979：67。

〔註32〕劉蓉，養晦堂文集：卷3，思賢講舍光緒三年刊：17，18。

〔註33〕江忠烈公遺集：卷2，朱漢民，丁平一，湘軍：第3冊，北京：社會科學文獻出版社，2013：47～48。

〔註34〕胡林翼，胡林翼集：第1冊：奏疏，長沙：嶽麓書社，1999：109。

（二）合採眾流

以歷史淵源論，湖湘學派同時又具有合採眾流，取諸家之長的特點。南宋胡宏、張栻痛感國勢凌替，對心性之學和經世之學採取兼容態度，主張以道統術，經世濟民。明代心學家季本、羅洪先講學嶽麓時，對王學末流的空疏十分不滿，強調研究有用實學，對天文、地志、禮樂、典章、河渠、邊塞、戰陣攻守、算數等無不深究。這種治學風氣一直持續到清代。如嶽麓書院山長羅典既恪守程朱之學，又教諸生明習時務。道光年間，嶽麓書院開設湘水校經堂，專門研究漢學。王文清任嶽麓書院山長時，將考證之學引入湖南，以「三禮」研究為載體，將兵農等實用之學，吏事、日計、民情等社會實際問題研究納入視野。即使研治漢學，也不像吳、皖等地那樣把漢學和理學對立起來，而是堅持以義理之學為本，將漢學統攝於理學之中。清代前中期湖湘經學家多重視禮學，強調踐履與實用；不分漢宋而博採諸長，「經學」與「理學」綰而為一，統歸於禮學。如李文炤在「三禮」學上用力最勤，所作的《周禮集傳》《增刪儀禮經傳通解》《家禮拾遺》旨在補充與修正朱子的禮學。在這種思想指導下，理學家賀長齡與幕友、今文經學代表人物魏源於道光五年（1825）編輯《皇朝經世文編》成，立即風靡一時。

近代湖湘理學經世的前驅陶澍就明確提出：「經者，常也。聖賢之言，如天地之常道，範圍而不過，曲成而不遺，約之為四子，散之為《易》、《詩》、《書》、《禮》、《春秋》。」〔註35〕把孔子學說作為系統性的整體來照觀，宋儒所重四子之書為「經」，為「常」，漢儒所重五經之書為散，為變，表達了以理學統領經學的學術思維。晚清唐鑒、曾國藩均沿用這一思路，最終形成了義理、考據、詞章、經濟「孔門四科」之說，體現出晚清理學對傳統學術的總結和較強的學術融會趨勢。當然，這種融合的基礎，始終是程朱理學。正如曾國藩所言：「吾以為預讀經史，但當研究義理，則心一而不紛。」〔註36〕劉蓉也提出「體精方能用宏」，「積厚故能流光」，惟有「根之於經以正其源，酌之於史以盡其變，參之於諸子百家」，才能形成正確的價值判斷。〔註37〕

值得注意的是，這一時期的學術會通，不僅侷限於漢宋，比對程朱理學的近支——張載的關學，不難發現湖湘理學與之在文化上觀念也有很多高度相

〔註35〕陶澍，陶澍集：下冊，長沙：嶽麓書社，1998：100。
〔註36〕曾國藩，曾國藩全集：家書（一），長沙：嶽麓書社，1987：55。
〔註37〕劉蓉，與曾伯涵郭伯琛書，養晦堂文集：卷3，劉蓉集：第2冊，長沙：嶽麓書社，2008：56～57。

似點。如，兩者都追求儒學德性的純粹性，追求聖人人格，都如小程所批評的那樣，「苦心極力之象多，寬裕溫和之氣少」。〔註38〕兩者都崇豪傑，尚實行，「故門下多慷慨善言兵。」〔註39〕

（三）體用兼備

湖湘理學家追求「道」與「術」的高度融合，將「尊德性」與「道問學」相結合，既是價值觀（信仰），也是方法論，既是義理的學說，也是踐履的學說。湖湘學派沒有因為熱衷「性與天道」而流於空談，沒有因為追求「內聖」而忽視「外王」，而是注重「體用合一」。清人羅汝懷評價說：「湖湘尤依先正傳述，以義理、經濟為精宏。」〔註40〕義理與經濟構成了湖湘理學體系的兩個重要側面。

南宋湖湘學派創立之初，胡安國、胡宏、張栻等就倡導「有體有用」之學。「體」就是心性之體，即內在道德本體，致力於「聖人之道」，必須把道德本體與政治功用統一起來。胡安國辨析言與行的關係時說：「空言獨能載其理，行事然後見其用」，〔註41〕體現出輕言重行的傾向。胡宏對士子在現實政治、社會生活中的表現表示失望，「『天理人慾』一句，使人知所以保身、保家、保國、保天下之道。而後之學者多尋空言，不究實用，平居高談性命之際，亹亹可聽，臨事茫然，不知性命之所在者，多矣。」〔註42〕他既贊成理學的基本原理，強調「學貴大成，不貴小用。大成者，參於天地之謂也；小用者，謀利計功之謂也。」〔註43〕也更反對單純地將理學書齋化、禪學化，深刻批判士子群體沉迷於所謂「內聖」，專注於著述，僅能「多尋空言」、「高談性命」，而「不究實用」、「臨事茫然」，反而違背了儒家經世致用精神。胡宏甚至說「學聖人之道，得其體必得其用。有體無用，與異端何異？」〔註44〕胡宏在論證儒釋之別時說「釋氏定其心，而不理於事，故聽其言如該通，徵其行則顛沛。儒者理於事，而心有止，故內不失成己，外不失成物，可以贊

〔註38〕呂思勉，理學綱要，北京：東方出版社，2012：23。
〔註39〕呂思勉，理學綱要，北京：東方出版社，2012：23。
〔註40〕羅汝懷，綠漪草堂文集：卷首，5。
〔註41〕胡安國，春秋傳：序，長沙：嶽麓書社，2011：1。
〔註42〕胡宏，與樊茂實書；五峰集：卷2；胡宏著作兩種，長沙：嶽麓書社，2008：120。
〔註43〕胡宏，知言：卷3，胡宏著作兩種；長沙：嶽麓書社，2008：27。
〔註44〕胡宏，與張敬夫書；五峰集：卷2；胡宏著作兩種，長沙：嶽麓書社，2008：125。

化育而與天地參也。」〔註45〕高度評價儒學的入世性和功用性。張栻也提出「士君子之學，不過一實字」。〔註46〕

因此，湖湘理學努力追求「得其體必得其用」，反之亦然，得其用也必求其體，顯示出強烈的義理經世特色。這一學術淵源，簡約而不失深刻，啟發了一代又一代湖湘精英在學術與事功的互動關係中主動追求「外王」之道。湖湘子弟「多留心經濟之學，其最顯者為吳畏齋（獵）、游默齋（九言），而克齋（陳琦）亦其流亞云。」〔註47〕故黃宗羲評價湖湘子弟為「有用之才，固不徒以文章，亦非迂談道學可比也。」〔註48〕

清嘉道以降，社會矛盾日趨劇烈，文化價值昏蒙不明，湖湘理學人士卻始終未曾迷失其文化方向，他們以義理之學為圭臬，內淑心身，外鑠事功，形成了名動一時的湖湘義理經世派。倡導此風者有清以來首推王夫之，道光以來則以陶澍、唐鑒為首，包括二賀（賀長齡、賀熙齡）、羅典、歐陽厚鈞、丁善慶、鄧顯鶴等。他們或歷任封疆，或官居清要，或歷任山長，或長期講學湖湘，盡皆宗尚宋儒，致力於恢復儒學經世致用傳統。學者呂思勉就認為「理學特色在於躬行實踐，非如尋常所謂哲學者，但厭好奇之心，馳玄遠之想而已。」〔註49〕

在這種風氣影響下，湖南無論治宋、漢者，都主張學有本源，學以致用、身體力行。唐鑒將守道誠正的決心表達得十分透徹：「人與禽，一意心間判之而已；聖與凡，一意心間判之而已；君子與小人，一意心間判之而已。誠也，正也，豈不重哉！夫誠正之功，非歲月之事也，畢生之所持守保護而不容已者也。其用力在存養，其考驗在省察。」〔註50〕在強調希聖志向的同時，唐鑒再將儒者之事擴充到了十分廣闊的社會範疇：「禮樂兵農、典章名物、政事文章、法制度數，何莫非儒者之事哉！」〔註51〕陶澍「少負經世之志，尤邃

〔註45〕胡宏，知言：卷1；胡宏著作兩種，長沙：嶽麓書社，2008：10。

〔註46〕黃宗羲，嶽麓諸儒學案；宋元學案：第3冊：卷71，北京，中華書局，1986：2383。

〔註47〕黃宗羲，嶽麓諸儒學案；宋元學案：第3冊：卷71，北京，中華書局，1986：2383。

〔註48〕黃宗羲，嶽麓諸儒學案；宋元學案：第3冊：卷71，北京，中華書局，1986：2383。

〔註49〕呂思勉，理學綱要：序，北京：東方出版社，2012。

〔註50〕唐鑒，朱子學案目錄自序；唐確慎公集：卷1，朱漢民，丁平一，湘軍：第3冊，北京：社會科學文獻出版社，2013：23。

〔註51〕唐鑒，國朝學案小識敘；唐鑒集，長沙：嶽麓書社，2010：262。

史志輿地之學，所至山川，必登覽形勢，訪察利病。」〔註52〕另外，賀長齡、賀熙齡兄弟在湖湘士人中出仕較早，亦大力倡導學習政論文章，以為經世法門。「自道光以來，三湘子弟多卓犖有為之士，實賴『二賀』箴貶俗尚，示人康衢。」〔註53〕1862年賀長齡任江蘇布政使時，在魏源協助下編成《皇朝經世文編》一書。「為卷百有二十，為目六十有（三）[五]）。言學之屬六、言治之屬五，言吏之屬八，言戶之屬（九）[十]，言兵之屬十有二，言刑之屬三，言工之屬九。」〔註54〕一時間，「三湘學人，誦習成風，士皆有用世之志。」〔註55〕因外患漸深，一批學者開始從事邊疆域外地志研究，如魏源、徐繼畬、梁廷枏及姚瑩等人。

道咸時期，一批青年才俊如曾國藩、左宗棠、劉蓉等開始登上歷史舞臺，成為湘軍集團的首腦與骨幹，不僅自幼耳聞目染，受到湖湘先賢多方面的教育訓練和影響薰陶，而且在更廣闊的天地中實踐了理學外王之道和儒學經世之學。如左宗棠將博取「義理之趣」，「多看經世之書「與「求諸事物之理」作為經世之道的必修課程。〔註56〕並進一步提出了「窮經將以致用也」的論斷，反對「泥於章句訓詁之學，據摭遺義，蘇索經餘，前人所棄，後復拾之」的學風，否則「縱華辨之有餘，究身心之何補？」〔註57〕

（四）沉潛真樸

陸九淵曾說：「平生學問惟有一實，一實則萬虛皆碎。」〔註58〕湖湘之學長期浸染早期理學「山林之學」的氣質，注重實踐、實學，關心民瘼，不好高論，表現出特有的沉樸堅毅，下學而上達的學術文化理路，與陸子所言頗有近切處。

朱熹曾批判湖湘學者的理論說：「胡子之言，蓋欲人於天理中，揀別得人

〔註52〕魏源，太子太保兩江總督陶文毅公行狀；魏源集：第14冊，長沙：嶽麓書社，2011：271。

〔註53〕王繼平等，晚清湖南學術與思想，長沙：湖南師範大學出版社，2006：138。

〔註54〕賀長齡，皇朝經世文編敘，朱漢民，丁平一，湘軍：第5冊，337。

〔註55〕黃濬，花隨人聖庵摭憶，上海：上海古籍書店，1983：200。

〔註56〕「非多讀經書，博其義理之趣，多看經世有用之書，求諸事物之理，亦不能言之當於人心也。」（左宗棠，與孝威；左宗棠全集：詩文家書，長沙：嶽麓書社，1987：88～89）。

〔註57〕左宗棠：會試文（癸卯科）；左宗棠全集：詩文家書，長沙：嶽麓書社，1987：406～407。

〔註58〕陸九淵，年譜；陸九淵集：卷36，北京：中華書局，1980：529。

慾；又於人慾中，便見得天理。其意甚切。然不免有病者，……」〔註59〕朱熹認為胡宏的學說，混淆了天理與人慾的區別，故「不免有病者。」然而，而這正道出了湖湘學親近人倫日用、下學而上達的特點。

胡宏以躬行實踐為教育宗旨，提出「力行」是為學的最高境界：「學，行之上也，言之次也，教人又其次也。」胡宏又謂：「孔子猶且計升斗，看牛羊，亦可以為俗乎？豈可專守方冊，口談仁義，然後謂之清高之人！當以古人實事自律，不可作世俗虛華之見。」〔註60〕張栻主教嶽麓書院後，發揚了注重躬行實踐的學風，在哲學上強調「知行互發」，在教育上主張「學貴力行」，使湖湘學派以重視躬行而著稱於世。

湘儒後學大多抱樸守真，不為風氣所遷。唐鑒提出「不遠人為道」〔註61〕的思想，強烈批判「世之言性者非性，言道者非道，置仁義禮智於不聞，而惟聲色臭味之是徇；捨忠孝廉讓於不講，而惟富貴利達之是圖。心術日漓，學業愈下」〔註62〕的社會衰象，並進一步預見到了持道的艱辛與無奈，說「傳道者之扼於時，大抵然也。」〔註63〕

湘籍思想家湯鵬說：「以天道治天下，尚誠不尚術；以地道治天下，尚實不尚文；以聖道治天下，尚義不尚欲；以神道治天下，尚敬不尚怠。」〔註64〕高度評價了誠、實、義、敬等理學道德價值的功用，即使謗滿天下，亦在所不惜。〔註65〕左宗棠說：「吾湘之人，厭聲華而耐艱苦，數千年古風未改。惟其厭聲華，故樸；惟其耐堅苦，故強。惟其樸也，故塞而鮮通，惟其強也，

〔註59〕朱熹，知言疑義；黃宗羲，五峰學案；宋元學案：第2冊，北京：中華書局，1986：1371。

〔註60〕胡宏，與孫正孺；五峰集：卷2，胡宏著作兩種，長沙：嶽麓書社，2008：137。

〔註61〕唐鑒言：「知其所由來，則不至於認心為性；識其所從出，則不至於遠人為道。不認心為性，則戒慎不睹，恐懼不聞矣；不遠人為道，則莫見乎隱，莫顯乎微矣。」（唐鑒，朱子學案目錄序；唐確慎公集：卷1，朱漢民，丁平一，湘軍：第3冊，北京：社會科學文獻出版社，2013：21）。

〔註62〕唐鑒，朱子學案目錄自序；唐確慎公集：卷1，朱漢民，丁平一，湘軍：第3冊，21。

〔註63〕唐鑒，朱子學案目錄自序；唐確慎公集：卷1，朱漢民，丁平一，湘軍：第3冊，24。

〔註64〕湯鵬，浮邱子，長沙：嶽麓書社，1987：4。

〔註65〕曾國藩評湯鵬：「著書成二十萬言，才未盡也；得謗遍九州四海，名亦隨之。」（曾國藩全集：詩文，長沙：嶽麓書社，1995：117）。

故執而不達。」〔註66〕左宗棠進一步闡述道：「縱橫數千卷奇書，無實行不為識字」。〔註67〕郭嵩燾言：「古人擔當大事，身任天下之重，未有淺露躁率而能成事者。不獨英雄豪傑須深沉以立事，即奸雄之徒，亦必籍深沉以濟其才。」〔註68〕

　　即使在日常人倫生活方面，湖南理學士紳對理學原則也刻刻不忘。如李續賓所屬橋頭李氏族譜中明載：「不娶亂家女，不嫁逆家子。」〔註69〕在鎮壓太平軍的過程中，更有大批中下層宗理學的湖湘士人為清廷盡忠效節，戰死沙場。

　　對科舉的態度，最能體現湖湘理學的價值觀。科舉進身之路，千百年來士子趨之若鶩。但在正統理學家看來，科舉與求道是分離的。紹熙五年（1194），朱熹就任湖南安撫使，即致力於振興嶽麓書院，提出書院講學「非止為科舉計」。南宋寶祐元年（1253）癸丑科狀元姚勉殿試策論中就大膽地直指科舉弊病：「臣聞求天下之士者科目也；壞天下之士者亦科目也。……大抵科舉之取士，惟在於文，不在於道，故天下之士，不習乎道，惟習乎文。」〔註70〕湖湘後學在科舉問題上的基本觀點與理學先賢是一致的。嶽麓書院的歷任山長，都自覺遵守了二胡、張載重道統輕科舉的傳統。康熙時，兩湖合闈鄉試，湖南中額「不及四分之一」或「僅逾十分之三」。〔註71〕這種情形出現，既有湖南相對湖北文化發展滯後的因素，也不能排除湖湘學人對科舉熱衷度不高的原因。

　　曾國藩、胡林翼、郭嵩燾、左宗棠、羅澤南等，都曾積極參加過科舉，有成功，也有失敗，而羅澤南就曾多次應舉而未售，40多歲才「舉孝廉」，左宗棠終其身也只考取一舉人身份。而在湘軍集團內部，從未以科舉功名來權衡人才，褒貶時賢。胡林翼以巡撫之尊師事羅澤南，曾國藩與僅有秀才身份而學術造詣極深的劉蓉引為摯友……

〔註66〕錢基博，近百年湖南學風（含經學通志），北京：中國人民大學出版社，2004：47。

〔註67〕左宗棠，左文襄公全集，朱漢民，丁平一，湘軍：第3冊，北京：社會科學文獻出版社，2013：128。

〔註68〕郭嵩燾，雲山莊家訓，家訓卷下，朱漢民，丁平一，湘軍：第3冊，257。

〔註69〕劉鐵銘，湘軍與湘鄉，長沙：嶽麓書社，2006：108。

〔註70〕李維新主編，天下第一策——歷代狀元殿試對策觀止，開封：中州古籍出版社，1998：713。

〔註71〕趙申喬，趙恭毅公剩稿：卷1。

劉蓉對科舉表現出一種更為激烈的態度：「自世教衰而功利之習間之，科舉之學間之，老師小儒之俗見鄙識又間之，其足與知乎此者蓋多乎哉。」〔註72〕認為科舉之學反而起到了淆亂名教，模糊是非的作用。郭嵩燾指出：「讀書非第為科名計，然科名亦讀書之一事。經義取士，國家之功令繫焉。學者讀聖賢書，各以所得聖賢之義理與其平生之閱歷作為文章，以抒其胸中所欲言，淺之有以盡人世之情狀，深之足以與聖道相發明。……此須於經史中植根柢，於人情世故中擴識量，……科名者外在之榮，學問者切身之務，不求其切身而營營於外，迨求之弗獲，又憤而決絕之，非為學之正也。」〔註73〕

（五）格調高遠

朱熹在評價湖湘學派時說：「不事涵養，先務知識，氣象迫狹，語論過高。」〔註74〕後人視之，則恰是湖湘學派擔當實行，難能可貴之處。日常為學行事的內斂並未能遮蓋湖湘學者內心深處的驕傲，湖湘理學在談到學術終極目標時，立刻進入「極高明」之境地，表現出周濟天下的博大胸襟。

湖湘理學開創者胡安國曾言為學之道應「本天道變化，為世俗酬酢，參天地，備萬物。」〔註75〕胡宏也留下了「口誦古人之書，目睹今日之事，心維天下之理，深考撥亂致治之術」〔註76〕的豪言高論。郭嵩燾記載張載之言曰：「人苟志趣不遠，心不在焉，雖學無益。有限之心，只可求有限之事。欲致博大之事，必以博大之心求之。所謂智周乎萬物而道濟天下者也。」〔註77〕

近世湖湘學者是南宋先賢不折不扣的繼承者，且因入世更深，相比前人具有更多的實踐底氣。左宗棠說：「吾儒讀書，天地民物莫非己任，宇宙古今事理，均須融澈於心，然後施為有本。」〔註78〕曾國藩則說「功可強立，名可強成。」〔註79〕羅澤南始終不忘理學「修齊治平」的外王理想，批評當世士子降

〔註72〕陸寶千，劉蓉年譜，臺北：中央研究院近代史研究所專刊（40），1979：13。
〔註73〕郭嵩燾，示兒子慶藩貼；雲臥山莊家訓，朱漢民，丁平一，湘軍：第3冊，254。
〔註74〕朱熹，朱子全書；朱子語類：卷101，上海：上海古籍出版社，2002：3389。
〔註75〕朱熹，胡子知言疑義；朱熹集：第7冊：卷73，成都：四川教育出版社，1996：3861。
〔註76〕胡宏，與吳元忠四首；胡宏集，北京：中華書局，1987：107～108。
〔註77〕郭嵩燾，郭嵩燾日記，咸豐十一年辛酉，朱漢民，丁平一，湘軍：第7冊，北京：社會科學文獻出版社，2013：231。
〔註78〕羅正鈞，左宗棠年譜，長沙：嶽麓書社，1982：14。
〔註79〕曾國藩，勸誡紳士四條；勸誡淺語十六條；曾國藩全集：詩文，長沙：嶽麓書社，1995：441。

格以求，安於卑陋：「志大則不安於小成，識擴則不惑於歧途，理存則不雜於物慾，由是而齊家、而治國，而平天下，是亦何有也哉？」〔註80〕

　　劉蓉言：「君子之求志也，不期立異於人世，亦不肯同於俗流。躬仁義而力踐之，不以舉世不為而自阻。飫道德而心樂之，不以沒世無聞而自戚。」〔註81〕表達出絕對的學術自信和人格自信。他在評價好友曾國藩時就激賞其「蹴踏百家，孤懷自賞。跨宋軼唐，近古無兩。德溢於位，功不償年。」〔註82〕

　　綜上所述，湖湘理學源遠流長，特別經歷了南宋以來七八百餘年的涵養傳承，歷練修為，故能因緣時會，別樹一幟，大張其軍，為應對晚清政治危局做了思想上、踐履上的充分準備。他們的骨幹成員「既不同於科舉官場訓練出來的舊式官僚，亦不同於純粹由民間知識形塑出來的鄉紳耆舊，而是常常兼具二者風采。」〔註83〕

第二節　晚清湘系理學經世集團的集結

一、湘系經世集團的形成

　　晚清理學經世集團有兩個中心，一個是京師北京，一個是湖南本域。

　　京師以唐鑒為首，聚集了倭仁、吳廷棟、曾國藩等一批理學人士，他們通過學問探討、創議建言和修德礪行，力圖造成輿論，轉變風氣，實現理學復興。他們的經世路經，是影響朝廷中樞決策，自上而下地踐行「帝學」理想，他們的理學踐履，主要集中在思想學術領域和個人德行修為方面。特別在同治年間，隨著湘軍集團興起，理學人士受到前所未有的重視，倭仁、吳廷棟、李棠階以「正學」立朝，與理學地方勢力遙相呼應，對朝政產生了不可忽視的影響。

　　在湖南本域，以曾國藩、駱秉章、胡林翼為首，湘軍集團也集結了大批有湖湘理學背景的士子，包括左宗棠、江忠源、羅澤南、劉蓉、李元度、郭嵩燾、郭崑燾、劉長佑、丁善慶、王鑫、李續賓、李續宜、蔣益澧、劉典、

〔註80〕羅澤南，羅澤南集性理簡論四篇：學問，長沙：嶽麓書社，2010：45，53。
〔註81〕陸寶千，劉蓉年譜，臺北：中央研究院近代史研究所專刊（40），1979：54。
〔註82〕陸寶千，劉蓉年譜，臺北：中央研究院近代史研究所專刊（40），1979：356～357。
〔註83〕楊立群，從知識／權力的互動關係看書院功能的演變，朱漢民主編，中國書院：第2輯，長沙：湖南教育出版社，1998：59。

劉坤一、賀興范、鍾近衡、涂宗瀛、方宗誠等。其經世路經，主要是踐行儒學社會理想和綱常倫理，以義理經世為手段，自下而上地開展軍事、社會、文化活動。而曾國藩「自為侍從之臣十餘年，歷兼工部、兵部、刑部、吏部侍郎，……」〔註84〕以其朝廷大員、理學碩儒、在籍紳士、封疆大吏等多重身份，最廣泛、最深入地參與其中。並且也是惟一一位既參加了中樞層面活動，也參加了基層實踐的人物。

湘系經世集團的集結形成，離不開「學緣」「地緣」「親緣」三層關係，而以「學緣」為重。

就學緣論，湘系經世集團的精英人物，大抵為服膺程朱的湖湘士人，有比較密切的師承、交遊關係。湘系經世人才培養，更離不開湖湘經世先驅如陶澍，歐陽厚均，賀長齡、賀熙齡兄弟等的大力培植。歐陽厚均擔任嶽麓書院山長27年，曾國藩、胡林翼、左宗棠、郭嵩燾、劉蓉、江忠源、唐訓方、李元度，均出自其門下；江忠源後又為曾國藩私淑弟子，李瀚章、李鴻章兄弟曾在曾國藩門下受業。道光中，羅澤南「以諸生教授鄉里，講程朱之學，用忠義氣節相切磋，湘中學者多從之遊。」〔註85〕羅澤南弟子中王鑫、李續賓、李續宜、楊昌濬、蔣益澧、劉騰鴻等多屬名將，「兵事起，湘中書生多拯大難立勳名，大率公弟子也。」〔註86〕

湘系經世集團以同窗、同年、師承、問學等關係相交接，在亦師亦友之間。曾國藩曾言：「少年故交多非殷實之家」，〔註87〕而是社會關係較為簡單的讀書人。書生交遊，少有紈絝之習，成員之間以節義相高，意氣相投，切磋砥礪。曾國藩謂其「於朋友純用獎借，而箴規即寓乎其中」。〔註88〕正是這種超越利益的師友之情，帶來了傳統封建官場所不具備的清新氣息。他們探討學問、縱論時事，披露心跡、惺惺相惜，甚至戲謔笑罵，充分展示了書生情懷、文士情調。在湘軍人物自述中，多有對青年求學問道、師友無間時的美好回憶。無官職、無功名、無心結，惟有以學術論道，放言高論，了無顧

〔註84〕朱孔彰，曾文正公別傳，咸豐以來功臣別傳，朱漢民，丁平一，湘軍：第9冊，北京：社會科學文獻出版社，2013：3。

〔註85〕黃彭年，李忠武勇毅兩公家傳；陶樓文鈔：卷4，朱漢民，丁平一，湘軍：第9冊，282。

〔註86〕曾國藩，羅忠節公神道碑銘，長沙：嶽麓書社，1986：306。

〔註87〕曾國藩，與劉蓉（咸豐二年十月）；曾國藩全集：第22冊：書信（一），長沙：嶽麓書社，2013：90。

〔註88〕曾國藩，曾文正公書札：卷6，傳忠書局，1876：24。

忌。左宗棠回憶與胡林翼交遊情形時說：「我甫逾冠，獲舉於鄉，見公（指胡林翼）京師，猶躓文場。縱言闊步，氣豪萬夫。我歌公咢，公步我趨。群兒睨視，詫為迂怪。……庭詰相勉，道義是敦。」〔註89〕江忠源則與友人「握手戒常語，肝膽各相矢。論事到深夜，雄辯驚同邸。」〔註90〕曾國藩後來回憶說：「余所友天下賢士，或以德稱，或以藝顯，類有以自成者。」〔註91〕

　　道光十三年（1833）春，曾國藩與劉蓉訂交。劉蓉回憶：「海內論交我最先，從容文酒憶當年。」〔註92〕後又通過劉認識了郭嵩燾，道光十七年（1837），曾國藩、郭嵩燾、劉蓉再見於長沙，意氣相投，談及天下利病及風俗人心等。郭嵩燾回憶說：「三十年前，君與滌公及吾三人者，雅志相期，孤芳自賞。……談道著書，豈非大快！」〔註93〕曾國藩道：「郭筠仙與余友九年矣，即之也溫，挹之常不盡。道光甲辰、己巳兩試於禮部，留京師，主於余。促膝而語者四百餘日，乃得盡窺其藏。」〔註94〕

　　「曾國藩固然是這批書生的核心人物，而劉蓉與嵩燾，實是他精神上的兩大支柱，三人共事時間雖不長，但情志始終相通，友誼也眾神不渝。」〔註95〕曾國藩在朝為官之時，亦不時將奏稿寄示好友以備諮詢。「國藩忝竊高位，不敢脂韋取容以重負故人之期望。」〔註96〕論政論學，如與朋友心照不宣，得到肯定，則欣喜不已。曾國藩曾致書羅澤南：「閣下一書乃與拙疏若合符節，萬里神交，其真有不可解者。」〔註97〕然而更多的時候，則是從摯友深交中獲得諍言砥礪。如劉蓉就曾覆函批評曾國藩言多而並無實效，不能在朝中啟導聖心，引領潮流，扭轉風氣，愧對大臣之責：「大疏所陳，動關至計，是固有言

〔註89〕左宗棠，祭胡文忠公文；左宗棠全集：詩文家書，長沙：嶽麓書社，1987：385。

〔註90〕江忠源，江忠烈公遺集：卷2，朱漢民，丁平一，湘軍：第3冊，47～48。

〔註91〕曾國藩，送郭筠仙南歸序；曾文正公全集，朱漢民，丁平一湘軍：第3冊，55。

〔註92〕劉蓉，曾太傅輓歌百首，養晦堂文詩集：詩集：卷2，朱漢民，丁平一湘軍：第3冊，180。

〔註93〕劉蓉，養晦堂文集：卷7；陸寶千，劉蓉年譜，臺北：中央研究院近代史研究所專刊（40），1979：11。

〔註94〕曾國藩，送郭筠仙南歸序；曾文正公全集，朱漢民，丁平一，湘軍：第3冊，北京：社會科學文獻出版社，2013：55。

〔註95〕韋政通，中國十九世紀思想史：上冊，臺北：東大圖書公司，1991：437。

〔註96〕曾國藩，覆羅羅山；曾國藩全集：書信，長沙：嶽麓書社，1994：79。

〔註97〕曾國藩，覆羅羅山；曾國藩全集：書信，長沙：嶽麓書社，1994：79。

人所不能言、不敢言者。然言之未見其效,遂足以塞大臣之責乎!」〔註98〕曾國藩初辦團練,宣揚「不愛錢,不惜死」,劉蓉既肯定曾國藩之志「為戡亂濟時之本」,又尖銳地指出「不規其大而遽以自旌,則何見之陋也!」〔註99〕「若以慰天下賢豪之望,盡大臣報國之忠,則豈但已哉?!」〔註100〕友人回信中,有的還甚為尖銳激烈,羅澤南「『有所畏而不敢言者,人臣貪位之私心也;不務其本而徒言其末者,後世苟且之學也』四語,國藩讀之,尤復悚感。」〔註101〕曾國藩在初任軍事之後,發信召劉蓉,今日讀來亦滿是流連的溫情:「吾弟能來此一存視否?吾不願聞弟譚宿腐之義理,不願聽弟論膚泛之軍政,但願朝挹容暉,暮親臭味,吾心自適,吾魂自安。筠老(郭嵩燾)雖深藏洞中,亦當強之一行。天下紛紛,鳥亂於上,魚亂於下,而蓉、筠獨得晏然乎?」〔註102〕為保證這種交遊的純粹性,劉蓉曾多次拒絕曾國藩的保舉推薦。「每削薦章,文正欲列其名,輒持不可。……由是終身未嘗論薦。而撫部卒由胡、駱兩文忠公交章引達,驟躋顯官,功在秦蜀,天挺人豪,豈憂終屈歟?」〔註103〕

就「地緣」論,湘系經世集團主要是以湖南人為主體形成的。湘軍興起,重要初衷即是「護衛鄉梓」,湘軍集團維繫、集結的重要情感因素也首先是鄉梓之情,湘軍興起的最初動因即是「以兵法」部勒鄉民。1851年8月,湘鄉縣令朱孫貽始辦理團練。曾國藩當時因母喪丁憂在籍,對是否接受朝廷團練大臣任命頗多顧忌,郭嵩燾也正以此反覆陳情,最終打動了曾國藩,以「墨絰從戎」,走上了與太平軍抗衡的從軍之路。

湘軍在湖南早期的兩個策源中心,分別是新寧和湘鄉。新寧地近廣西,故團練最早,在江忠源、江忠義、江忠濟等率領下,不僅鎮壓了本地民變,而且最早派兵勇出省,在廣西協助官軍作戰。太平軍入湖南前後,湘鄉縣令朱孫貽始囊括人才,組建「湘勇」。「簡勇悍義俠之民,束伍而訓之。……長郡所屬十二州縣無不遭蹂躪者,獨吾邑晏然無恙,桑麻不擾,寧柝無驚。家

〔註98〕劉蓉,養晦堂文集:卷5,思賢講舍,光緒三年刊:9~10。
〔註99〕劉蓉,養晦堂文集:卷5,思賢講舍,光緒三年刊:9~10。
〔註100〕劉蓉,養晦堂文集:卷5,思賢講舍,光緒三年刊:9~10。
〔註101〕曾國藩,覆羅羅山;曾文正公全集:書札:卷1,32。
〔註102〕曾國藩,與劉蓉(咸豐三年十月十五日);曾國藩全集:第22冊:書信(一),長沙:嶽麓書社,2013:279。
〔註103〕陳康祺,郎潛三筆:卷10,朱漢民,丁平一,湘軍:第8冊,594。

誦而戶弦熙來而穰往，……。」〔註104〕後經駱秉章、曾國藩、左宗棠主持倡導，團練在全省鋪開。湘軍始建時，由楚勇（新寧勇）、湘勇、平江勇、瀏勇、寶勇、辰勇、瀘溪勇等幾支鄉兵組成，其軍事首領以本土士紳為主。

　　就「親緣」論，湘軍集團中多世交至親、姻親至戚，兄弟從軍、姻親同列者不為鮮見。如曾國藩兄弟、李鴻章兄弟，李續賓、劉騰鴻兄弟，以及江忠源家族、王鑫家族，皆屬兄弟從軍；而劉長佑與劉坤一，劉松山與劉錦棠，則屬侄叔相承之例；胡林翼與左宗棠，為姻親關係，曾國藩、羅澤南、劉蓉亦結為兒女親家。湘軍糾集之初，既以戚家軍為榜樣，以結死黨為目的，親族關係也就不能不成為其立軍之基礎。「先之以友朋，繼之以婚姻，儼然成一集團。及夫太平軍逾嶺而北，彼等皆際會風雲，展其驥足，足為理學吐氣。」〔註105〕

二、湘系經世集團興起的地域社會文化基礎

　　晚清以前，湖南地處南荒，地理上為「四塞之國」，「而民性多流於倔強。以故風氣錮塞，常不為中原人文所沾被。抑亦風氣自創，能別於中原人物以獨立。」〔註106〕最早的湘軍武裝興起之地新寧，「僻在荊南，不當孔道，無大差徭。居民習尚樸勤，相安無事以為樂，古今大政少足記者。顧其地外界粵疆，內連猺峒。前此苗獠叛服不常，一有蠢動，輒至抄掠。……故邑里自唐宋以後，寇患極多。」〔註107〕因民氣倔強，且與群苗雜處，湖南保留了尚武精神，即使書生士子尚武剛毅精神也從未缺乏。如李續賓「沉默寡言笑，身長七尺，臂力過人，習騎射，能挽三石弓。」〔註108〕王鑫「體貌清癯，目光炯炯射人，聲大而遠，好為議論。同門侍坐，辭氣溢湧，他人莫能置喙。」〔註109〕

　　湘鄉「其民多勤，執業讀書習武而外，咸務農工，不願棄本逐末。……十姓百名，成為習尚，大率挺然自立，而不肯為不義。」〔註110〕「湘鄉人

〔註104〕劉蓉，東台山宴遊記；陸寶千，劉蓉年譜，臺北：中央研究院近代史研究所專刊（40），1979：109。

〔註105〕陸寶千，劉蓉年譜：自序，臺北：中央研究院近代史研究所，1979：1。

〔註106〕錢基博，近百年湖南學風：導言，北京：中國人民大學出版社，2004：4。

〔註107〕新寧縣志：卷16：兵事志，朱漢民，丁平一，湘軍：第7冊，北京：社會科學文獻出版社，2013：480。

〔註108〕朱孔彰，李忠武公別傳；咸豐以來功臣別傳，朱漢民，丁平一，湘軍：第9冊，277。

〔註109〕錢基博，近百年湖南學風（含經學通志），北京：中國人民大學出版社，2004：24。

〔註110〕曾國荃，湘鄉試館記；文集：卷下；曾忠襄公文集，朱漢民，丁平一，湘軍：第3冊，204。

士敦節概而重廉恥，其民人亦習勞若（苦）而崇節儉，可稱禮義之邦矣。」〔註111〕「新寧縣地處偏隅，俗安樸質，人知讀書之可貴，而不汲汲於功名，故歷來登科顯籍者寥寥可數，而好學勵行之士代不乏人，籍以維教化而厚風俗。」〔註112〕

湖南地方亦少大富之家，包括湘系經世人物在內，多起家寒素。「其人先世，率守耕讀，不但仕宦稀少。而經商服賈以至外省者亦不數見。老生宿儒，耐寒餓而厭聲稱，歲得館穀數十石，即為稱意。」〔註113〕左宗棠自身就「積代寒素，先世苦況，百紙不能詳。」〔註114〕羅澤南則「家酷貧，溺苦於學，夜無油，把卷讀月下，倦則露宿達旦」。〔註115〕年滿十九，即靠課徒自給，三十始補縣學生，四十歲後舉孝廉方正，仍「假館四方，窮年汲汲」，〔註116〕其他如衡陽彭玉麟，少逢父喪，與母親相依為命，及其長，入軍為書辦，補額兵，助人經商等，不一而足。

歷代理學思想的浸潤流佈，在湖湘地區成了穩定強大的社會心理。湖湘士子多保有「先世純樸願愨之風」，不以自身際遇為意，經濟上的困窘、出身的低微，讓他們更貼近現實社會，窮而益堅，適足激勵其志。他們以布衣訂交，不知疲倦地講求程朱之學，追求儒家理想人格和倫理秩序。郭崑燾記載，曾任雲南巡撫、雲貴總督、湖南巡撫的張亮基評價說：「往在都中所識湖南人，類多能卓然有以自立，夷然不曾為苟且之事。」〔註117〕道咸時，湖北籍京官陳光亨語：「南士遊京師者，類能任事，以文章節氣相高，人心習尚如此，欲無興，得乎？」〔註118〕再如湘鄉一地，「士皆特立獨行，無論身之遇不遇，業之精不精，

〔註111〕湘鄉縣志：卷5上：兵防志2：團練，朱漢民，丁平一，湘軍：第7冊，493。

〔註112〕劉長佑，致湖南石襄臣方伯；劉武慎公全集：卷26，朱漢民，丁平一，湘軍：第6冊，378。

〔註113〕錢基博，近百年湖南學風（含經學通志），北京：中國人民大學出版社，2004：45。

〔註114〕左宗棠，與孝威（同治元年十月）；左宗棠全集：詩文家書，長沙：嶽麓書社；1987：64。

〔註115〕李元度，羅忠節公事略，朱漢民，丁平一，湘軍：第9冊，242。

〔註116〕曾國藩，羅忠節公神道碑銘，朱漢民，丁平一，湘軍：第9冊，2013：246。

〔註117〕郭崑燾，示兒子慶藩貼；雲臥山莊家訓：卷下，朱漢民，丁平一，湘軍：第3冊，255。

〔註118〕郭嵩燾，馮樹堂六十壽序，文集：卷9，郭嵩燾全集：第14冊，長沙：嶽麓書社，2012：402～403。

名之立不立，各抱百折不回之操。」〔註 119〕劉蓉說：「吾鄉夙多材傑，庶幾感發奮興，厚植本根，以希枝葉之茂，博求經術以俟時世之需，豈憂繼踵而起者無其人乎？」〔註 120〕說明在湖南這個理學經世的群體是十分龐大的。

三、湖湘經世集團的理學用世傾向

咸同湖湘經世集團一經形成，即表現出汲汲經世之態。義理經世不同於功利經世，在於其刻刻以理學思想為圭臬，在講求外王的同時，不廢義理，以事證理；義理經世亦不同於純粹的理學家，在於其能以更為廣闊的學術視野與實踐能力，致力於實學、實事、實功，在真學、真信、真用上著力，將理學價值發揮到了一個新的高度。

湖湘經世集團揭櫫理學的旗幟，有澄清天下之志。郭嵩燾評價劉蓉說：「少負奇氣，能文，不事科舉，與同邑曾文正公、羅忠節公力求程朱之學，躡而從之。尤務通知古今因革損益，得失利病，與其風俗及人才所以盛衰，慨然有志於三代，思一用其學術以興起教化，維持天下之弊，不樂貶道以求仕進。」〔註 121〕蔣益澧「十歲能文，通程氏《易》、朱氏《孟子》。入縣學。肄業省城，與湘鄉羅忠節講正心絜矩之學，傷時靡敝，慨然有經世之志。」〔註 122〕

1850 年至 1852 年初，曾國藩先後向咸豐皇帝三次上疏，分別為《應詔陳言疏》《敬陳聖德三端預防流弊疏》《備陳民間疾苦疏》，成為湘系理學經世集團形成的標誌性事件。為實現集體的政治抱負，湖湘理學士人曾迫切渴望走「上達」之路，以湘籍而立身中朝的曾國藩成為不二人選。特別是後兩次奏疏，曾國藩與友人多次討論，遍詢意見，某種意義上可以說是義理經世集團的第一次政治發聲。「山中故人如劉孟容、郭筠仙昆仲、江岷樵、彭筱房、朱堯階、歐曉岑諸君，不妨一一寄示，道國藩忝竊高位，不敢脂韋取容，以重負故人之期望者。」〔註 123〕曾國藩這次上書既是自身政治作為的集中

〔註 119〕曾國荃，湘鄉試館記；文集：卷下，曾忠襄公文集，朱漢民，丁平一，湘軍：第 3 冊，204。

〔註 120〕劉蓉，羅忠節公《四書義》序；養晦堂文詩集：文集卷 2，朱漢民，丁平一，湘軍：第 3 冊，162。

〔註 121〕郭嵩燾，陝西巡撫劉公墓誌銘，養知書屋文集：卷 19，朱漢民，丁平一，湘軍：第 9 冊，328～329。

〔註 122〕朱孔彰，蔣果敏公別傳，咸豐以來功臣別傳，朱漢民，丁平一，湘軍：第 9 冊，465。

〔註 123〕曾國藩，覆羅羅山，曾文正公全集：書信，長沙：嶽麓書社，1994：79。

表現，也受驅動於集團內部的政治訴求與道德壓力。因上達之路不通，而迫在眉睫的政治軍事危機，遂將湘軍集團推向了歷史的前臺。

湖湘經世集團注重學養和實學的積累，非託空言經世者可比。陶澍「談名理而不入元渺，述象數而不失之支離。」〔註124〕湖南學者湯鵬任官京師，與曾國藩等交遊，究考實事，潛心學理，雖非理學可以範圍，然實啟湖湘學派「經世思維」之先河。學者孟森評價說，當時「留心時政之士大夫，以湖南為最盛」。〔註125〕

與好談義理的傳統理學家不同，曾國藩一生崇實，曰：「實者，不說大話不騖虛名，不行架空之事，不談過高之理，如此可以正天下浮偽之習。」〔註126〕左宗棠早年入館陶家，「文毅藏書綦富，文襄暇日皆遍讀之，學力由是日進，一生勳業，蓋悉植基於是時也。」〔註127〕左宗棠從地理、農學等日常學術積累入手，謀求濟世之術：「古人經濟學問，多在蕭閒寂寞中學得。積之既久，一旦事權在手，隨時舉而措之。吾頻年兵事，頗得力方輿之學。入浙度隴，兼及荒政農學。大都昔時偶有會心，臨急遽以得力。以此知讀書之有益，而問學之宜豫。」〔註128〕羅澤南也有相近的論述：「士人當民社無責之日，正宜廣學問，嚴操守，審時勢，酌古今。預儲所以致君者何業，澤民者何猷。出則行之，不出則卷而懷之。此才是有用之學。」〔註129〕

湖湘經世集團有任事敢為的勇氣和志節。湖湘學人不僅有用世之志，而且主動擔當起了衛道之任。錢基博評價曾國藩「其過人識力，在不搖定見。當死生存亡之交，持孤注以爭命；值危疑震撼之際，尤百挫而不撓。蓋其所志所學，不以死生常變易也。」〔註130〕王鑫「凡縣中除盜及諸不平事，輒攘臂與焉，

〔註124〕陶澍，周易實義序；陶文毅公全集：文集：卷36，朱漢民，丁平一湘軍：第3冊。

〔註125〕孟森，明清史講義：下冊，北京：中華書局，1981：618。

〔註126〕曾國藩，九月二十四日日記，曾國藩全集：日記：第一冊，長沙：嶽麓書社，1987：539。

〔註127〕李岳瑞，陶文毅識左文襄，春冰室野乘：卷中，朱漢民，丁平一，湘軍：第8冊，799。

〔註128〕錢基博，近百年湖南學風（含經學通志），北京：中國人民大學出版社，2004：44。

〔註129〕羅澤南，寄謝健庵書，羅忠節公遺集：卷6，羅澤南集，長沙：嶽麓書社，2010：102。

〔註130〕錢基博，近百年湖南學風（含經學通志），北京：中國人民大學出版社，2004：37。

不但為杞人之憂，且常欲學移山之愚，」〔註131〕道光二十九年夏，湘鄉大旱，「土寇嘯聚百人於縣南掠食，居民惶駭無所措。鑫自學舍歸，馳集里中人，略以兵法部署，而出境捍逐，應時解散。然後白縣官發倉穀平糶，勸富紳出餘穀賑濟。饑而不害，……於是邑人推重，籍籍有任俠名。」〔註132〕江忠源流寓京師，「同鄉及東南諸省在京物故者，無論識與不識，託其帶旅櫬回南，必親送至其家。曾文正好作輓聯，都中遇喪弔，求無不應。時有『包送靈柩江岷樵，包作輓聯曾滌生』之語。」〔註133〕太平軍興，湘軍人士更是「矯矯學徒，相從征討，朝出鏖戰，暮歸講道。」〔註134〕形成「湘將騰驤風雲會」〔註135〕的格局。

〔註131〕 王鑫，覆曾季洪茂才；王壯武公遺集：卷 8，朱漢民，丁平一，湘軍：第 6 冊，461。
〔註132〕 錢基博，近百年湖南學風（含經學通志），北京：中國人民大學出版社，2004：24。
〔註133〕 歐陽昱，解章門圍；見聞瑣錄前集：卷 1，朱漢民，丁平一，湘軍：第 8 冊，704。
〔註134〕 錢基博，近百年湖南學風（含經學通志），北京：中國人民大學出版社，2004：191。
〔註135〕 朱孔彰，蔣果敏公別傳；咸豐以來功臣別傳，朱漢民，丁平一，湘軍：第 9 冊，466。

第二章 湘軍早期軍事實踐及建軍思想

第一節 湘軍早期軍事實踐活動

王爾敏評論湘軍時說：

> 清代中葉道咸之際，外患內憂，歷年頻仍，自為喪亂動盪時期。但亦足鍛鍊人才，陶鑄英雄，使一代俊傑脫穎而出。當時膺此世運者，適以湘軍將帥最為顯著，人才聯翩而起，勳譽遍及全國，疆吏輩出，分據要津，榮戟分陳，冠蓋相望。可以一見一代盛況。雖然，世人所見，多在於後世之觀成，而忽略創建之艱難。〔註1〕

湘軍興起，正是道咸之交，清工朝統治口趨衰落，社會矛盾激化的歷史時期，軍事成為湘軍集團經世的首選。彼時，曾國藩在京師，江忠源在新寧，朱孫貽、羅澤南、王鑫在湘鄉，胡林翼在貴州，分別以不同方式介入軍事領域，成為湘軍籌建的先聲。

1849 年 9 月，翰林出身，剛升任禮部右侍郎的曾國藩再署兵部右侍郎，開始與軍事活動結緣。此前曾國藩並無任何軍事歷練，之所以任職兵部，主要源於明清以來文人主導軍事機關的制度習慣。在僅僅不到三年的 1852 年 7 月，曾國藩就因母喪回籍守制去職。翻檢這一時期曾國藩日記、奏摺，關係

〔註1〕王爾敏，胡林翼之志節才略及其對於湘軍之維繫，臺北：中央研究院近代史研究所集刊第 7 期，1978：159。

軍事方面的思考主要集中在對軍事舊制弊端、軍營習氣的深刻披露和批判。因位列中樞,歷代軍冊兵典俱在,以喜愛讀書著稱的曾國藩,應於此時瀏覽過朝廷兵部的相關藏書。這一點,對曾國藩今後軍事思想形成和整軍經武的實踐啟發極大,也促成了曾國藩在軍事方面長於謀略擘畫,偏重訓練建制的「軍機」統帥的特點。

湘軍之萌,可溯源至江忠源創建的「楚軍」。江忠源曾求學嶽麓,在京師從曾國藩問學。「究心經世學,不屑屑章句。充道光丁酉拔貢,是科舉於鄉。甲辰大挑,得教職。」〔註2〕1844年,江忠源在地近廣西的邵陽新寧倡行團練,以兵法部勒鄉人子弟,成為晚清湖南團練的鼻祖。「時瑤匪構逆,與君臥談練勇事,徹夜不倦。」〔註3〕江忠源帶領新寧練勇先後平定了雷再浩、李沅發起義,顯示了較強的戰鬥力,因軍功得授知縣,以知兵聞名。1850年,在廣西作戰的欽差大臣賽尚阿疏調其參謀軍事。江忠源遂募練勇500抵桂林前敵,為湖南團練出省作戰之始。

1851年初太平軍勃興於廣西,起金田,踞永安,圍桂林,克興安,風聲日緊。江忠源「出私財增募千人」,合新舊部千七百人,號「楚勇」。故王定安說:「楚軍之興,湘軍之萌。」〔註4〕郭嵩燾言:「今相國曾公奉命治鄉兵討賊。而忠烈公忠源以一軍特起,立功聞天下,實開之先。」〔註5〕1852年6月,江忠源為狙斷由水路入湖南的太平軍,在全州附近蓑衣渡設伏首敗之,致南王馮雲山戰死,取得清軍與太平軍作戰的第一個大捷。太平軍因而改道由陸路入湖南。隨後,江忠源率軍窮追,助官軍保長沙,在天心閣外迫其營而壘,顯示出極強的求戰欲望和咄咄逼人的軍事態勢。1853年4月,清廷命江忠源幫辦江南軍務。太平軍攻南昌,江忠源又急行軍先太平軍抵達南昌城下。「公不待命,日踔三百里,入其城,設守有方略,城危得全。」〔註6〕(南昌之戰)「賊不虞公猝至,急攻城,城上鳴大砲拒之,賊頗傷。仰望見楚軍旗

〔註2〕李元度,江忠烈公事略;國朝先正事略,朱漢民,丁平一,湘軍:第9冊,北京:社會科學文獻出版社,2013:180。

〔註3〕周壽昌,哭江岷樵中丞,思益堂詩鈔:卷2。

〔註4〕王定安,湘軍記自敘,湘軍史專刊之二,長沙:嶽麓書社,1983:4。

〔註5〕郭嵩燾,九忠祠碑記,養知書屋詩文集‧文集:卷25,朱漢民,丁平一,湘軍:第3冊,235。

〔註6〕楊彝珍,十二忠祠記;湖南通志:卷68,朱漢民,丁平一湘軍:第7冊,北京:社會科學文獻出版社,2013:374。

幟，驚曰：「來何速也！」〔註7〕後轉戰安徽、江西，於 1854 年 1 月孤軍困守廬州，城破以安徽巡撫身份赴死。

　　道光二十六年（1846），進士出身的世家子胡林翼捐升知府，自求分發磽瘠之境的貴州。時龍山友人李如崑留都門，問曰：「今有司之法，輸金為吏者，得自擇善地，君何獨取於黔？」公曰：「天下官方，獨貴州州縣吏奉上以禮不以貨，某之出資用，皆他人助而成。竊念兩世受國恩遇，黔又先人持節地，習聞其風俗。某初為政，此邦貧瘠，或可以保清白之風，而不致負良友厚意。」〔註8〕胡林翼在貴州歷任安順、鎮遠、黎平知府及貴東道。在任時，強化團練、保甲，創設「碉壘」戰術，鎮壓黃平、臺拱、清江、天柱等地苗民起事，協辦鎮壓湖南李沅發起義。所部貴州勇數百人號為精銳。因湖廣總督吳文鎔奏調協防武漢，未至而吳文鎔敗死，遂孤懸在外，彷徨無依，後歸於曾國藩所部湘軍。

　　1851 年 9 月，鄉居的劉蓉復湘鄉縣令朱孫貽信，舉薦王鑫辦理團練，鎮壓會黨。太平軍進入湖南前後，長沙、衡陽、湘潭相繼戒嚴。朱孫貽頒布《合邑紳耆酌議條約》，在湘鄉大力擴辦團練，羅澤南、王鑫等贊其事，後稱「湘勇」。咸豐九年五月十四日駱秉章奏：「朱孫詒於咸豐二年署理湘鄉縣時，督辦團練最為切實，羅澤南、王鑫、李續賓、李續宜等皆其選派之士。湘軍軍律之精，實基於此。」〔註9〕1853 年初，曾國藩接旨幫辦湖南團練，與湖南巡撫駱秉章及其幕僚佐宗棠一道，以羅澤南、王鑫等湘鄉團丁為基礎，束伍練技，組建省會「大團」，無論從地位上、規模上、營制上，都遠遠超出地方團練之範疇，是為咸同湘軍肇建之始。

　　在湘系經世集團推動下，湘軍各支相繼而起，儲玫躬、陳士傑、唐訓方和劉典等，也先後在靖州、郴州、常寧、寧鄉等州縣組建鄉團，自練鄉勇。「於是疆場之間勇多於兵，湖南之勇又常居十之七八。」〔註10〕「湘軍之名，創始曾文正公。其後駱文忠用以平蜀，左宗棠用以平浙及閩、廣，西至甘肅，復新疆萬里之地，皆承曾文正公之遺，以『湘軍』為名。」〔註11〕

〔註7〕左宗棠，江忠烈公行狀；左宗棠全集：詩文家書，長沙：嶽麓書社，1987：321。
〔註8〕李元度，胡文正公事略；國朝先正事略，朱漢民，丁平一，湘軍：第 9 冊，138。
〔註9〕劉倬雲，宰湘節錄，朱漢民，丁平一，湘軍：第 1 冊，361。
〔註10〕毛鴻賓，練撫招勇流弊疏；撫湘疏稿；毛尚書奏稿：卷 4，朱漢民，丁平一，湘軍：第 4 冊，275～276。
〔註11〕郭振鏞，湘軍志平議，朱漢民，丁平一，湘軍：第 1 冊，125。

　　湘系理學經世派能於艱險困厄中自創一軍，以為澄清天下之具，與當時激烈的社會、軍事鬥爭局勢密不可分。

　　首先在於湖南經世集團建軍的高度自覺意識。「曾文正公以道德風義倡天下，名賢碩德蔚起湖湘間，電發飆舉，斯亦千載一時之會也。」〔註12〕因當時湖湘經世人才多數不在其位，他們起身草茅，且與民間士紳聯繫緊密，對社會現狀和人心物理有較深刻的體悟，故常能以相對冷靜、客觀的心態分析局勢，提出較當局者更為清醒的應對之策。當其躬身入局之時，往往舉策建論，切中時弊。在湘軍首腦眼中，當前局勢非軍事不能收拾。而經制官軍已敗壞無以復加，「怯於殺賊，勇於殺民」，惟一的出路只能另闢蹊徑，再造新軍。「凡各省提、鎮、協標、綠營制兵，歲時蒐獮，習為故事，一旦前敵臨陣，皆整冠履，委蛇相望。及其敗也，可以數賊持竿驅逐數千百人而莫之敢止。邑中縉紳先生明其如是，倡起楚軍，以鄉勇充之」〔註13〕

　　其次在於清廷及地方官府的支持與卵翼。太平軍發展迅猛，清廷中樞先後派遣賽尚阿、林則徐（途次卒於潮州）、李星沅等督師會剿，向榮、張國梁等綠營將領更是一路尾追，仍無法遏制太平軍的燎原之勢，旬月之間，連隳名城。在這種局勢下，咸豐帝把目光投向了曾經在嘉慶年間鎮壓白蓮教等起義發揮過作用的團練勇營，一方面鼓勵大肆招募勇丁，直接調遣辰勇、潮汕勇等勇營參戰，另一方面則大辦團練，在全國任命四十多個團練大臣。見到湘軍規模初成，行之有效，又通令湖南及臨近各省撥款協餉，並令兩廣總督購買大量西洋大炮裝備湘軍水師。地方封疆大吏如張亮基、駱秉章等，直接面對太平軍的強大政治軍事壓力，因守土有責，身命攸關，對湘軍發展基本採取較為支持的態度。如駱秉章在前期湘軍營制、餉源、人才等方面竭力經營，對駐守衡陽練兵的曾國藩擅自截留他省協餉之事亦採取姑息容忍之態。

　　第三，應部分歸因於太平天國方面戰略決策上的失誤。太平軍出湖南後，至 1853 年連克武漢、南京，氣勢如虹，江南鼎沸。太平軍前期多棄地不守，集中優勢兵力流動作戰，定都天京後，才有比較明確的「根據地」意識。其主要戰略行動為以奪取武漢為目標的西征和攻佔北京為目標的北伐，湖南一地暫為次要目標。即使在太平軍二克武漢，再進湖南之際，統將也僅是位處

〔註12〕郭嵩燾，名賢手札跋後；養知書屋詩文集：文集：卷 7，朱漢民，丁平一，湘軍：第 3 冊，226。

〔註13〕新寧縣志：卷 16：兵事志，朱漢民，丁平一，湘軍：第 7 冊，北京：社會科學文獻出版社，2013：480。

偏裨、才能勇氣均難稱一流的林紹璋，體現了早期太平軍對湖南軍事地位認識的不足，也給了湘軍在清廷卵翼下發展的寶貴機會。

第二節 湘軍與團練、勇營

　　湘軍發展，由軍事輔助性的團練起家，侵假而為地方武裝，終取代國家經制軍成為野戰勁旅，並成為晚清軍制變革的先聲。

　　團練是在保甲制度基礎上發展起來的，是由鄉村士紳主導，維護地方治安的準軍事組織，歷代均有辦理，惟因時因地有所不同。勇營則是與之相關的輔助性軍事武裝，由政府在特定時期臨時招募地方丁壯，作為正規軍的補充力量。「國朝龍興，以索倫滿洲兵威天下，平準回，平金川猶然。其用鄉勇，自平川、陝教匪始。」〔註14〕雍正年間鎮壓川陝白蓮教眾起事，因兵力不足，開始使用雇傭軍性質的勇營參戰。乾隆十一年（1746），湖南道州知府段汝霖提出在苗鄉周圍州縣，設立團練鄉勇，協助營兵防守。〔註15〕可見早期勇營多是暫時性和區域性的。

　　咸豐初，清廷為鎮壓太平天國，在全國各省設團練大臣43人，以在籍官員主持，團練一時大興。團練制度具有一定的優勢，如花費較省、呼應較靈，能守望相助見功於本土等。但實際操作中，卻往往人心不易齊整，效果難如人意。「鄉團保伍之法，既屢經飭論而卒鮮成功，斷非一時所能猝辦。」〔註16〕在湘軍成員看來，主要是缺乏實心辦事之人。故羅澤南、江忠源、王鑫等均積極投身其中，王鑫以書生身份為辦團奔走呼號，並帶頭穿著號褂以為表率，拉近了與鄉民的距離。

　　曾國藩等自任團練大臣以來，形成了自己的團練思想。首先，認識到辦團練是穩固基層的重要手段，其主要目的是「以一方之正人，治一方之匪類；以一族之父兄，治一族之子弟。」〔註17〕胡林翼也說：「團練之效，外助官軍，內消宵小，此為治鄉之要。」〔註18〕其次，他認為團練的目的是為了增強民眾的自衛能力。「團練之道非他，以官衛民，不若使民自衛；以一人之自衛，不

〔註14〕陳昌撰，霆軍紀略：序，朱漢民，丁平一，湘軍：第1冊，373。
〔註15〕馮爾康，清史史料學，瀋陽：瀋陽出版社，2004：95。
〔註16〕劉蓉，養晦堂文集：卷5；陸寶千，劉蓉年譜，臺北：中央研究院近代史研究所專刊（40），1979：76。
〔註17〕曾國藩，曾文正公全集：批牘，長沙傳忠書局刻本，16～17。
〔註18〕錢基博，近百年湖南學風（含經學通志），北京：中國人民大學出版社，2004：31。

若與眾人共相衛，……但數十家聯為一氣，數百人合為一心，患難相顧，聞聲相救，亦自足捍禦外侮。農夫牧童，皆為健卒，……」〔註19〕王鑫也說：「熟思從古以官衛民，不若使民自衛，尤為結實可靠。」〔註20〕在如何辦團的問題上，曾國藩將團練概念進行分剖，提出區別辦理的方法：有條件的辦練，條件暫不具備的則重團。「團即保甲之法，清查戶口，不許留容匪人，一言盡之矣；練則養丁請師，製旗、造械，為費較多，鄉人往往畏疑，不行創辦，或擇人而舉。團則宜遍地興辦，總以清查本境土匪以保良民為先務。」〔註21〕「故國藩此次辦法重在團，不重在練。」〔註22〕左宗棠也認為：「蓋治小盜則團練固不易之法，若當劇賊縱橫、防剿並急之日，則用團練斷宜參用碉堡。」〔註23〕

　　劉蓉因團練「斷非一時所能猝辦」，提出「就城募勇，簡練俊傑，以資彈壓而銷逆謀，實此際之急圖而刻不容緩者。」〔註24〕「就城募勇」實質上是集中有限的財力，確保戰略重點的權宜之策，但卻也成就了正在形成中的湘軍。曾國藩實際上是兩策並舉，既在鄉村社會推行「鄉團」，又著手在省城、縣城辦理「練勇」。行之日久，效果較為明顯。身居省城的曾國藩，專意辦理審案局，主要審理紳耆擒拿的「匪類」，「前後殺戮二百餘人，……國藩因博武健之名，而地方頗收安靜之效。」〔註25〕同時，「招湘勇千人到省，遂日日訓練，分為三營。中營為羅教諭管帶，昨援江西剿安福賊者是也；左營為王縣丞管帶，衡山、桂東、興寧屢著戰功者是也；右營為監生鄒壽章管帶，目今瀏陽守卡者是也。此三營皆久經操練，緩急可恃。」〔註26〕

〔註19〕曾國藩，與湖南各州縣公正紳耆書；曾文正公全集：書札：卷2，朱漢民，丁平一，湘軍：第6冊，北京：社會科學文獻出版社，2013：5。

〔註20〕王鑫，興寧勸辦團練示；王壯武公遺集：卷2，朱漢民，丁平一，湘軍：第3冊，148。

〔註21〕曾國藩，與吳甄甫制軍；曾文正公全集：書札：卷2，朱漢民，丁平一，湘軍：第6冊，13。

〔註22〕曾國藩，覆文任吾；曾文正公全集：書札：卷2，朱漢民，丁平一，湘軍：第6冊，6。

〔註23〕左宗棠，答胡潤之（一）；左文襄公全集：書牘：卷2，朱漢民，丁平一，湘軍：第6冊，68。

〔註24〕劉蓉，養晦堂文集：卷5；陸寶千，劉蓉年譜，臺北：中央研究院近代史研究所專刊（40），1979：76。

〔註25〕曾國藩，與吳甄甫制軍；曾文正公全集：書札：卷2，朱漢民，丁平一，湘軍：第6冊，13。

〔註26〕曾國藩，與吳甄甫制軍；曾文正公全集：書札：卷2，朱漢民，丁平一，湘軍：第6冊，13。

　　咸豐三年二月，劉長佑、王鑫剿滅衡山土匪。五月十八日，江西省城告急，安徽巡撫江忠源飛書請援。國藩會商湖南撫臣，招募湘勇二千，楚勇一千，配以三廳兵八百人赴江救援。「其監護軍行者，則有夏廷樾、郭嵩燾、朱孫貽、羅澤南；其管帶湘勇之員則有謝邦翰、易良幹、羅信南、康景輝、楊虎臣等，而羅澤南亦自帶一軍。」〔註27〕七月二十日軍至南昌。二十四日因進兵太銳，先勝後挫，謝邦翰、易良幹及羅信南之弟羅信東等陣亡。這三營省團，不僅護衛省城，鎮壓土匪，還作為援軍東進江西與太平軍直接作戰，已經是湘軍的雛形了。

第三節　湘軍建軍思想初析

　　曾國藩接手團練後，整合各方力量，立志重建一支新軍。在張亮基、駱秉章兩任巡撫支持下，於 1853 年初以羅澤南湘勇為基礎，招募書生為骨幹，開始組建湖南「省團」以拱衛長沙。後因在省城與綠營齟齬，遂移師衡陽，專意練兵。湘軍應運而起，立刻展示出與舊式軍隊完全不同的建軍思想。

一、破舊立新，創立新軍

　　曾國藩早期曾考察綠營兵制，咸豐元年三月又在《議汰兵疏》中提出，天下之大患有二端，一是國用不足，二是兵伍不精。並重點論述了軍隊悍卒械鬥、勾結盜賊、吸食鴉片、聚開賭場、游手恣睢、雇人代充等種種弊端；更重要的是，綠營已經基本喪失戰鬥力，甚至為害民間，「見賊則望風奔潰，賊去則殺民以邀功。章奏屢陳，諭旨屢飭，不能稍變其錮習。」〔註28〕且軍隊中「吃空餉」之風盛行，「自雍正至乾隆四十五年以前，綠營兵數雖名為六十四萬，而其實缺額常六、七萬」。〔註29〕

　　可見，作為兵部右侍郎的曾國藩，對舊軍隊的習氣和危害認識頗深。曾國藩更進一步認為，當前國用嚴重不足，冗兵靡餉，以有用之財養無用之兵，極大地影響了清王朝的統治效能。因此，進一步請求朝廷以乾隆四十六年以

〔註27〕李續賓，湘鄉建忠義祠疏；李忠武公奏疏，朱漢民，丁平一，湘軍：第4冊，506。

〔註28〕朱孔彰，曾文正公別傳；咸豐以來功臣別傳，朱漢民，丁平一，湘軍：第9冊。

〔註29〕朱孔彰，曾文正公別傳；咸豐以來功臣別傳，朱漢民，丁平一，湘軍：第9冊。

前之標準，「汰兵五萬」。雖然陳詞痛切，但在具體解決方案上，曾國藩提出「缺出而不募補」，徐徐行之，以維護軍心穩定。

現實印證了曾國藩的擔憂，甚至有過之而無不及。在與太平軍和其他起義軍作戰中，綠營官兵表現尤為惡劣。左宗棠批評綠營臨事無用，反只能借團勇禦敵的不公平現象：「且無事之日，竭民之財以奉兵，有事之日，復以其身命代兵冒險而赴敵……」〔註30〕「江忠源以楚勇顯。然兵妒勇益甚，所屯則私鬥，戰敗固不救，反陷之。」〔註31〕鎮壓新寧雷再浩、李沅發起義時，團勇已率先登城，而城下綠營因嫉功反「以鳥槍擊勇墜死，遂不能入。」〔註32〕1851年廣西象州戰役中，7名太平軍進攻綠營威寧營，千名清兵棄營而逃。廣州副都統烏蘭泰承認「事出情理之外」。胡林翼評價：「官兵數萬，已成廢器，即令千人成營，而十賊可破。」〔註33〕「軍興三年，無一人深入賊營，探其虛實，賊營動靜，無能知者，亦未聞設一奇謀，引賊入彀。……久治之世，兵民宴安成習，心志不苦，患難未嘗，則智慧鈍而膽力怯。一盜夜呼，千人皆廢」。〔註34〕王鑫隨軍赴援江西，「業獲大勝，後因賊分路鈔來，綠營兵不相救應，致春池、臨莊、介山、曉春諸友殉難，陣亡八十餘勇。……國家養兵數十百年，糜餉不可數計，至有事之秋，毫無可用，徒知淫劫平民，推刃同仇，貪功冒賞，甚至驕悍不羈，凌虐官長，時事之壞，真可為痛哭流涕。」〔註35〕

如果說，在朝中的曾國藩對綠營兵制僅僅是建議採取「修補」策略，而出任湖南團練大臣後，更因屢遭地方綠營脅迫，痛陳即使「諸葛復起，武穆再生」，也無法憑藉這樣的軍隊建功立業，遂發憤另創新軍。「鄙意欲練勇萬人，概求吾黨質直而曉軍事之君子將之，以忠義之氣為主，而輔之以訓練之勤，相激相劘，以庶幾於所謂諸將一心、萬眾一氣者，或可馳驅中原，漸望

〔註30〕左宗棠，答胡潤之（一）；左文襄公全集：書牘：卷2，朱漢民，丁平一，湘軍：第6冊，68。

〔註31〕王闓運，湘軍志：曾軍篇第二，長沙：嶽麓書社，1983：19。

〔註32〕曾國藩，與王璞山；曾文正公全集：書札：卷2，朱漢民，丁平一，湘軍：第6冊，11。

〔註33〕胡林翼，論東路事宜啟；胡林翼集：第2冊，長沙：嶽麓書社，1999：118。

〔註34〕胡林翼，請通飭修築碉堡啟；胡林翼集：第2冊，長沙：嶽麓書社，1999：63。

〔註35〕王鑫，上羅羅山夫子；王壯武公遺集：卷8，朱漢民，丁平一，湘軍：第6冊，468。

澄清。」〔註36〕後來他自述道：「起兵亦有激而成。初得旨為團練大臣，借局撫署，欲誅梗令數卒，全軍鼓譟入署，幾為所戕。因是發憤募勇萬人，侵以成軍，……」〔註37〕

湘軍將領吳士邁認為營兵可用者少，「積習已深入膏肓，勢難振迅。」至於指調外地客兵，雖間有可用者，「而非我素豫，每每呼應不靈，摧陷不力，可以助戰守而不可倚為心腹爪牙也。為今計，應請特練一軍，……」〔註38〕

1854 年初，經過近一年的帶兵歷練，即將成軍東征之際，曾國藩與羅澤南等開始會商、制訂湘軍營制，這標誌著湘軍從制度上脫穎而出，建立起比較完備的軍政管理體系，有別於傳統的勇營和舊式綠營軍。湘軍營制在在針對舊軍制弊端而立，開始只有水師、陸軍營制，後增加馬軍營制，雖屢經修訂增刪，湘軍內部不同軍系，營制也不盡相同，而其基本精神則較為一致。考察湘軍營制，可見創設者之苦心孤詣，比較典型地體現了湖湘經世派的理學格致精神。

（一）確立招募制度

晚清軍制，國家經制軍為八旗和綠營。八旗分駐京八旗和駐防八旗，分布京師及全國各要隘，待遇較高，武備精良。綠營主要由漢人組成，人數最多，分步兵、戰兵、馬兵等，分汛各地。戰時集結，戰後歸汛。八旗、綠營均實行世兵制。清軍戰鬥力衰弱，源於行之兩百餘年世兵制的沒落。湘軍之興，改世兵為募兵，成為晚清軍制變革之一大轉機。曾國藩痛陳：「今日之劣弁羸兵，蓋亦當為簡汰以剜其腐者，痛加訓練以生其新者，不循此二道，則武備之馳殆不知所底止。」〔註39〕在本鄉本土招募兵員，操持之權在我，且可以精選久練，以收實效。「以養兵之費，為招募之資，既省軍糧，復收實用，又且熟知地道，諳習敵情，因其愛鄉里之心，以作敵愾從王之氣」。〔註40〕胡林翼經過在貴州實踐，指出練勇一千，「每月所用，總不過一千二百兩。較之調兵一千，實省四分之三，而功效倍之，又無徵調遣發之煩。土著之民，保護鄉里，其情

〔註36〕曾國藩，與王璞山；曾文正公全集：書札：卷 2，朱漢民，丁平一，湘軍：第 6 冊，北京：社會科學文獻出版社，2013：11。

〔註37〕趙烈文，能靜居日記（同治六年丁卯），朱漢民，丁平一，湘軍：第 7 冊，172。

〔註38〕杜貴墀，吳士邁傳；巴陵縣志：卷 35，朱漢民，丁平一，湘軍：第 9 冊，680。

〔註39〕曾國藩全集：第 1 冊：奏稿 1，長沙：嶽麓書社，2011：20。

〔註40〕陸寶千，劉蓉年譜，臺北：中央研究院近代史研究所專刊（40），1979；33。

既切，其勇自倍。節浮費而收實效，計無善於此者。」〔註41〕

（二）以營為基本戰鬥單位，人數相對固定

曾國藩看到了分汛制度的不合理，即平日分駐，戰時集結，會極大地影響軍隊凝聚力和戰鬥力。「痛乎今日之兵，東調五十，西調一百；卒與卒不習，將與將不和；勝則相忌，敗不相救，萬無成功之一日。」〔註42〕後任湖南巡撫毛鴻賓也分析了勇營強於綠營的原因，首在有固定建制。「夫兵有節制而勇皆募充，勇有功而兵無效，其何故也？蓋古之善用兵者，貴乎兵識將意，將訓士心，故能收指臂之效。今百里有營，十里有汛，在立設之初，原為耳目既近，稽察易周；一有嘯聚，即可圍捕。……迨其敝也，將以扣餉冒額為能，無所謂訓練；兵以窩娼查賭為利，無所謂營規。……兵與兵不相習，將與兵不相知。」〔註43〕曾國藩等經詳細考察，確立以營為度組建基本戰鬥單位，並將原有360人一營擴充到500人一營。「新定營制五百人一營，每營四哨，每哨八隊。火器占半，刀矛占半，……外招長夫一百八十人。」〔註44〕之所以營為主要單位，有以下原因：太平軍人數雖多，但真正有戰鬥力者較少，五百人一營，即足以在戰場上立足，攻雖或有不足，守則有餘；其次是因為湘軍配備了大量火器，無形中彌補了人數不足的缺陷。第三，因籌餉艱難，曾國藩等最初目標也僅是練兵一萬，故以五百人為一戰鬥單位自是合理之度。

（三）建立後勤保障制度

長夫久已有之，軍中雇請從事非戰鬥事務的壯丁，短期為短夫，長期為長夫。曾國藩則將長夫人數進行了擴充，分配到各級，規定口糧標準，明確寫入營制，主要負責搬運軍火物資，駐營時築壘、清障等體力工作，不參與作戰。長夫制的建立，雖然軍事成本有所增加，但對湘軍則有深遠的影響。因有固定長夫，湘軍不能臨時以雇傭為名在民間派夫、抓夫，從制度上禁絕了對地方的騷擾，維繫了湘軍軍紀（雖然後期湘軍也有此陋習）。「湘軍制：營各有長夫運

〔註41〕胡林翼，請辦理防堵事宜啟；胡文忠公遺集：卷54，朱漢民，丁平一，湘軍：第6冊，128。

〔註42〕曾國藩，與吳甄甫制軍；曾文正公全集：書札：卷2，朱漢民，丁平一湘軍：第6冊，14。

〔註43〕毛鴻賓，敬陳額兵流弊片；督粵疏稿卷16；毛尚書奏稿，朱漢民，丁平一，湘軍：第4冊，北京：社會科學文獻出版社，2013：336。

〔註44〕曾國藩，與塔智亭；曾文正公全集：書札：卷5，朱漢民，丁平一湘軍：第6冊，23。

糧械，雖過郡縣，不煩官中一蕎粟。」〔註45〕因長夫分擔了大量事務性工作，湘軍士兵能保存體力，專心從事作戰。此外，長夫待遇優厚，人心固結，很多招募之時無法補勇的丁壯，往往願意充任長夫隨軍作戰，在正規勇額因病因傷和戰亡出缺時進行遞補，事實上成為湘軍的重要補充兵源。湘軍糧臺一般設後方交通便捷之處，由幹練幕僚委員總其事，負責發放口糧、採購軍需、轉運物資、管理錢糧、轉運回籍弁兵等，為湘軍致勝提供後勤保障。另「雇民船百餘號，與陸路之兵同宿同行，夾江而下。凡米、煤、油、鹽、布疋、乾肉、錢項、鐵鉛、竹木之類，百物皆備，匠工皆全。」〔註46〕同時，軍中並設立八所，「曰文案所、曰內銀錢所、曰外銀錢所、曰軍械所、曰火器所、曰偵探所、曰發審所，曰採編所，皆委員司之。」〔註47〕

（四）提高軍餉待遇標準

因晚清銀價較前代為低，舊制綠營待遇已經無法讓士兵安心從戎，甚至不能養其身家，故軍紀敗壞，不務操練，甚至委身商販者比比皆是。「綠營定制，馬兵月給二兩，戰兵月給一兩五錢，步兵月給一兩。在開國之初，人少物賤，尚足以贍其身家。承平既久，生齒既繁，百物昂貴，兵之月入已不足以自贍，況又加折扣，而望其忍饑力鬥，難矣！……無惑乎老弱之充數，而強壯者之別圖矣！」〔註48〕劉蓉說綠營待遇「最優者尚不逮湘軍例給之數，……司其事者，又復巧借名色，……究其所得，尚不敷一日之食。所以壯健之士，力足以謀朝夕者，不願入伍。獨游手偷惰之卒隸名其中。……國家養兵二百年，靡費不可億計，及其一旦有事，四顧倉皇，卒不能收一兵之用者，此其由也。」〔註49〕

曾國藩革綠營行糧、坐糧之弊，制定了不分戰時平時比較優厚的薪餉制度，依在軍任職大小依次有差，總體水平約每月人均白銀六兩，普通士兵四兩左右，軍官待遇更高，營官月給薪水及辦公費銀200兩。「與綠營相比，湘軍

〔註45〕王闓運，湘軍志：援川陝篇第十三，長沙：嶽麓書社，1983：138。

〔註46〕曾國藩，與王璞山，曾文正公全集：書札：卷4，朱漢民，丁平一，湘軍：第6冊，21～22。

〔註47〕王定安，平寇志一，求闕齋弟子記：卷4，朱漢民，丁平一，湘軍：第9冊，16。

〔註48〕毛鴻賓，敬陳額兵流弊片；督粵疏稿：卷16；毛尚書奏稿，朱漢民，丁平一，湘軍：第4冊，336。

〔註49〕劉蓉，覆蔣之純廉訪書；養晦堂文集：卷7，朱漢民，丁平一，湘軍：第6冊，456～457。

營官的月餉相當於綠營參將的月餉（平均 61.9 兩）3 倍多，相當於綠營守備的月餉（平均 24.2 兩）約 8 倍。湘軍士兵的月餉較綠營士兵多 1～3 倍。與農民相比，則高出自耕農的收入，更高出傭工的收入十幾倍。」〔註 50〕這足可調動農民與士紳的積極性。但湘軍名義薪餉雖厚，綠營坐糧雖低，實際情況卻是與湘軍同期圍攻南京的江南大營，官軍和勇營行糧待遇均大大超出湘軍，且因財政枯竭，湘軍士兵往往長期領不到規定額度的薪餉，甚至連口糧菜金都發不出，常常忍饑作戰。

（五）實行分權制，賦予各級機動專斷之權

曾國藩規定，湘軍的募集與擴編，由大帥選統領，統領選營官，營官選哨官，哨官選什長，什長選士兵，「皆一氣所貫通。是以糧餉雖出自公款，而勇丁感營官挑選之恩，皆若受其私惠。平日既有恩誼相孚，臨陣自能患難相顧。」〔註 51〕在此基礎上，曾國藩在軍中大力推行分權制，反對「營哨之權過輕，不得各行其志。」〔註 52〕強調「賞罰之權，不妨專屬營哨」。〔註 53〕曾國藩在早期與王鑫信中強調的「必從鄙意而不可改者五」中，其一即為「每營必須擇一營官，必劃然分出營數，此時即將全數交付於他，不必由足下一手經理。任人則逸，獨任則勞，此後必成。……若平日由足下一人統帶，臨陣始分股剿賊，則差之毫釐，謬以千里矣。幫辦者，每營須四五人，必須博求賢俊，不盡取之湘鄉。」〔註 54〕曾國藩和左宗棠都擔任過湘軍軍事首領，也都對分權制管理頗有心得。曾國藩稱：「事權宜專。」「近年江楚良將，為統領時即能大展其才，縱橫如意，皆由事權歸一之故。」〔註 55〕因此，曾國藩將「一營之權全付營官，統領不為遙制；一軍之權全付統領，大帥不為遙制」〔註 56〕作為湘軍軍制的一個首要原則。曾國藩曾批示鮑超，促令其將兵

〔註 50〕施渡橋，晚清軍事變革研究，北京：軍事科學出版社，2003：41。
〔註 51〕曾國藩全集：奏稿，長沙：嶽麓書社，1994：329。
〔註 52〕曾胡治兵白話句解，山東書局，民國二十一年；118。
〔註 53〕曾國藩，與李元度（咸豐五年十一月十一日）；曾國藩全集：第 22 冊：書信 1，長沙：嶽麓書社，2013：506。
〔註 54〕曾國藩，與王璞山；曾文正公全集：書札：卷 4，朱漢民，丁平一，湘軍：第 6 冊，北京：社會科學文獻出版社，2013：21。
〔註 55〕曾國藩，遵旨籌議直隸練軍事宜折（同治八年五月二十一日）；曾國藩全集：第 10 冊：奏稿 10，長沙：嶽麓書社，2013：437。
〔註 56〕曾國藩，遵旨籌議直隸練軍事宜折（同治八年五月二十一日）；曾國藩全集：第 10 冊：奏稿 10，長沙：嶽麓書社，2013：437。

權分散統領，措辭十分嚴厲：「於霆字十五營中，分五營與宋國永統帶，分五營與婁雲慶統帶。……一則人心易服，二則照料易周，三則使麾下宿將各顯手段，造成獨當一面之才，以為久遠不敗之地，……何以自今尤未決也？」且強調「銀錢則歸二鎮自支自放，戰守則仍歸貴軍門節制調度，無得久專利權，致干參辦」。〔註57〕

（六）強化軍風軍紀管理

湘軍以文人領兵，對軍紀十分看重。在曾國藩所作《陸師得勝歌》《水師得勝歌》《解散歌》中，對軍卒生活起居、著裝顏色、行為規範等都做了詳細規定，嚴令遵循。如水師不准登岸等規矩甚至一度延續至北洋水師時期。曾國藩起兵東征時就說：「若有一勇規矩不嚴肅，吾即不願帶去。」〔註58〕湘軍各統將如王鑫、彭玉麟、楊載福、劉松山、劉錦堂等所部均以軍紀嚴明著稱。同時，湘軍對兵勇採取了較嚴格的甄別淘汰機制，如不濫收遊勇，「體弱者、藝低者、油滑者陸續嚴汰」。〔註59〕

（七）對具體軍事活動等進行規範

湘軍無論訓練、行軍、陣法、築壘、戰術、糧秣等都有章可循，細緻入微，體現了湘軍從格致層面對技術的重視。如規定陸軍火器、刀矛各占半，既發揮火力優勢利於遠擊，又重視刀矛等近戰功效。火器又分為重型抬槍（每營十六杆）和輕型單兵操作的小槍，營中設立劈山炮隊，水師裝配西洋大炮，形成遠、中、近多層打擊效果。為增加抬槍命中率，將每杆抬槍操作人員由三人改為四人，「乃能快、能準，加共十六人。」〔註60〕湘軍行軍，每日不過二三十里，立營規矩極嚴，由營官親自勘選地形，劃定區域，規定營壘未成，不得開伙，不得休息。曾國藩對軍械置辦十分上心，規定「槍炮要試過三十次，方免炸裂。群子要包緊合膛。矛杆要樹的，不要竹的；要整樹直紋，不要橫紋。」〔註61〕

〔註57〕曾國藩，批鮑超稟請發一二月滿餉（同治元年十月初十日）；曾國藩全集：第13冊：批牘，長沙：嶽麓書社，2013：214。

〔註58〕曾國藩，與塔智亭；曾文正公全集：書札：卷5，朱漢民，丁平一，湘軍：第6冊，24。

〔註59〕曾國藩，與王璞山；曾文正公全集：書札：卷4，朱漢民，丁平一，湘軍：第6冊，北京：社會科學文獻出版社，2013：21～22。

〔註60〕曾國藩，與駱中丞；曾國藩全集：卷21，長沙：嶽麓書社，1995：939。

〔註61〕曾國藩，初定營規二十二條；曾文正公全集：雜著：卷1，朱漢民，丁平一，湘軍：第3冊，79。

「如有一械未精,不可輕出。」〔註62〕關於陣法,曾國藩認為「陣法原無一定,然以一隊言之,則以鴛鴦、三才二陣為要。以一營言之,則一正兩奇,一接應,一設伏,四者斷不可缺。」〔註63〕

(八)創建水師

太平軍以水師而興,過洞庭,破武昌後,民船一掃而空,遂水陸夾江而下,其勢不可遏抑。反觀清軍,除廣東水師稍有可觀外,兩湖乃至長江綠營水師弊敗不堪,較民船沒有多少優勢。且因分汛各處,無法對太平軍超大規模的船隊形成任何威脅。郭嵩燾隨湘軍赴援南昌,見太平軍「馳突長江,惟所侵踞,官兵無一船應之」,且「人皆舟居」,戰則登岸,進退自如,機動性很強。因官軍無船,即便戰勝亦無法追殲逃敵於江中。遂建議「非急治水師不足以應敵」。〔註64〕江忠源遂上奏朝廷並致信曾國藩曰:「方今賊具有長江之險,非多造船筏,廣制炮位,訓練水勇,先務肅清江面,竊恐江南、江西、安徽、湖南、北各省無安枕之日。然竊計海內人才,能辦此者,惟吾師一人。能管駕船勇與狂賊相持於波濤險隘之中而不懼者,惟不肖與蔭渠、羅山、璞山數人。」〔註65〕經江忠源、曾國藩大力推動,朝廷同意了重建水師計劃,令兩湖、四川造船,並令廣東購買洋炮五百尊,交湖廣、四川興建水師之用。曾國藩抓住機遇,以籌建水師為名,截用廣東解往江南大營的協餉銀二萬兩,分別在衡陽、湘潭設立船廠,日夜興工趕製,將湘軍建軍重點由陸師轉為水師,也藉此完成了自己水陸「萬人」的建軍計劃。編練水師是湘軍歷史上第一次質的飛躍,實現了從依附性的勇營武裝向獨立軍系的過渡。

二、選將為先,精於招募

據龍盛運研究,湘軍集團中統領、分統等軍事人員共217名,軍事、幕僚兼任的34人,共247人,軍事人才占集團總數百分之七十五。〔註66〕關於選拔軍事將領,曾、胡有兩個途徑,一是多取明幹勤苦、忠誠血性的青年書

〔註62〕曾國藩,與王璞山;曾文正公全集:書札:卷4,朱漢民,丁平一,湘軍:第6冊,北京:社會科學文獻出版社,2013:21~22。
〔註63〕曾國藩,與王璞山;曾文正公全集:書札:卷4,朱漢民,丁平一,湘軍:第6冊,北京:社會科學文獻出版社,2013:21~22。
〔註64〕郭嵩燾,玉池老人自敘,朱漢民,丁平一,湘軍:第9冊,302。
〔註65〕江忠源,答滌生侍郎師書;江忠源集·王鑫集,長沙:嶽麓書社,2013:48。
〔註66〕龍盛運,湘軍史稿,成都:四川人民出版社,1990:395。

生領軍，摒棄一切舊式軍隊中的中高級軍官。曾國藩認為「武弁自守備以上，無一人不喪盡天良。故決計不用營兵，不用鎮將」。〔註67〕「每營須有文武兼備之營官，始克照料一切。」〔註68〕二是注重從綠營下級官弁中獎拔軍事人才，破格使用，取其熟悉軍事、戰陣敢於爭先之長，先後選拔塔齊布、楊載福、鮑超等。曾國藩認為：「國家養綠營兵五十餘萬，二百年來所費何可勝計？今大難之起，無一兵足供一割之用，實以官氣太重，心竅太多，漓樸散醇，真意蕩然。湘勇之興，凡官氣重、心竅多者，所在必斥。」〔註69〕胡林翼也說：「軍營宜多用樸實少心竅之人，則風氣易於純正。」〔註70〕相反，對自己看重的將領，曾國藩則極力保舉，予以不次之擢。曾國藩甚至甘將前敵託付江忠源，自己專意練兵以供其驅馳。「鄙意欲練成萬人，概交岷老統帶，以為掃蕩澄清之具。」〔註71〕在向朝廷推薦塔齊布時，甚至說：「塔齊布如戰守不力，臣甘於同罪。」〔註72〕

　　與太平軍裹挾大眾不同，曾國藩等主張走精兵路線，「自古開國之初，恒兵少而國強，其後兵愈多則力愈弱，餉愈多則國愈貧。……則兵貴精而不貴多，尤為明效大驗也。」〔註73〕曾國藩於咸豐元年，即「疏請裁兵五萬。」〔註74〕同治五年又奏陳：「國家養兵歲費二千萬。今直省勇丁，合計三十萬以外，而經制之兵，仍未能減，非長策也。」〔註75〕胡林翼也說：「選將不精，束伍不定，以此言戰，何恃而不恐？以此言兵，雖多奚為？」〔註76〕湘軍營

〔註67〕曾國藩全集：第21冊，長沙：嶽麓書社，1995：939。

〔註68〕曾國藩，覆劉霞仙；曾文正公全集：書札：卷4，朱漢民，丁平一，湘軍：第6冊，北京：社會科學文獻出版社，2013；20。

〔註69〕曾國藩，覆李次青；曾文正公全集：書札：卷12，朱漢民，丁平一，湘軍：第6冊，38。

〔註70〕胡林翼，致官揆帥；撫鄂書牘五；胡文忠公遺集：書牘：卷63，朱漢民，丁平一，湘軍：第6冊，155。

〔註71〕曾國藩，與彭筱房曾香海；曾文正公全集：書札：卷3，朱漢民，丁平一，湘軍：第6冊，14。

〔註72〕朱孔彰，忠武塔齊布別；傳咸豐以來功臣別傳，朱漢民，丁平一，湘軍：第9冊，251。

〔註73〕朱孔彰，曾文正公別傳；咸豐以來功臣別傳，朱漢民，丁平一，湘軍：第9冊，2。

〔註74〕王闓運，湘軍志，水師篇第六，湖南防守篇第一，長沙：嶽麓書社，1983：86。

〔註75〕王闓運，湘軍志，水師篇第六，湖南防守篇第一，長沙：嶽麓書社，1983：86。

〔註76〕胡林翼，請通飭修築碉堡啟；皇朝經世文編續編：卷87，朱漢民，丁平一，湘軍：第3冊，345。

中除夫役和少數書辦、醫生、獸醫等技術崗位外，均為戰鬥人員，再輔以火器、陣型，相對烏合大眾的太平軍自然有明顯的軍事優勢。如王鑫部在咸豐四年年底「計凡三十餘日，奔走二三千里，經六大苦戰，大小百二十餘陣，而又只率此區區數百之勇。」〔註77〕而太平軍一方則一味追求兵多，糧餉供應不濟，反為所累。如石達開部「貪連大眾，不能剽疾，避官軍而行，黨眾恒數十萬，故不能久屯踞。」〔註78〕

湘軍參照前人之法，建立了一整套與保甲制相銜接的募勇辦法。如選募之人，必須身強體健，身家清白，有家室，無陋習，且將其住址、妻子各項及本人十指箕斗記錄在案，由鄰里出具甘結，實行連坐，不僅拒收入營稍久之卒，亦不要差役、書辦及市井游民，從源頭上保障了兵員質量。胡林翼在給鮑超的信中說：「勇丁以山鄉為上，近城市者最難用，性多巧滑也。百技藝皆可為勇，農夫獵戶尤妙，惟書辦、差役斷不可為勇。」〔註79〕同時，湘軍「總以一方一縣之人在一營為宜，取其性情孚而語言通，則心力易齊也。」〔註80〕

湘軍建軍還有一個提綱挈領的辦法：選將為先，擇將為主，重視幹部建設。胡林翼言：「治兵在『提綱領』三字。擇營官，擇哨長，又擇什長，則萬無不勝之理。」〔註81〕「古之治兵者，先求將而後選兵；今之言兵者，先招兵而並不擇將。譬之振衣者不提其領，結網者不挈其綱。」〔註82〕湘軍尤其注重選拔質樸沉毅而通曉事理之人為將，「大抵有操守而無官氣，多條理而少大言」。〔註83〕這也是湘軍成功的重要秘籍之一。湖南軍事強盛，主要在於「官紳一體，上下同心，情意相孚，人思自奮。其時募勇章程，首以擇將為主，……經營籌畫，實具苦心，非貿貿然呼聚數百千人可驅之以策戰陣之功也。」〔註84〕而同樣募勇的其他地區，勇營叛降投敵者有之，習氣深重者有之，邀賞蹈利者有之，靡餉無功者有之，與湘軍相差何止千里。

〔註77〕王鑫，覆藍山張即山大令；王壯武公遺集：卷8，朱漢民，丁平一，湘軍：第6冊，474。

〔註78〕王闓運，湘軍志，水師篇第六，湖南防守篇第一，長沙：嶽麓書社，1983：11。

〔註79〕胡林翼，致鮑超；胡林翼集：第2冊，長沙：嶽麓書社，1999：167。

〔註80〕胡林翼，致鮑超；胡林翼集：第2冊，長沙：嶽麓書社，1999：167。

〔註81〕胡林翼，致鮑超；胡林翼集：第2冊，長沙：嶽麓書社，1999：166。

〔註82〕胡林翼，胡林翼集：第1冊：奏稿，長沙：嶽麓書社，1999：201。

〔註83〕梁啟超輯，唐浩明點評，曾國藩嘉言鈔，長沙：嶽麓書社，2007：215。

〔註84〕毛鴻賓，纑陳招勇流弊疏；撫湘疏稿；毛尚書奏稿：卷4，朱漢民，丁平一，湘軍：第4冊，北京：社會科學文獻出版社，2013：276。

三、練兵待時，謀定而動

　　曾國藩對練兵極為重視，認為欲建立新軍，必首重訓練。「今欲改弦更張，於省城立一大團，擇鄉民壯健樸實者招募來省，練一人收一人之益，練一月有一月之效。」〔註85〕曾國藩對左宗棠表露過自己最初的練勇計劃：「弟欲練二三千人，遠致皖中，為岷老一臂之助。默數平生之交舊，環顧天下之賢豪，惟此君尚有討賊之志，又勳名日著，亦漸為人所信仰。若代為練一勁旅，添其羽翼，則澄清之志，庶幾可期。」並立志「專講練勇一事，此外，概不關白於先生之前。」〔註86〕左宗棠也將練技作為立軍之本，「卒之訓練未嫻，十戰十北，糜爛其民，以求一日之僥倖而不可得，仁者之所不為也。」〔註87〕

　　曾國藩將練兵作為首要事業，傾盡全力：「練勇之道，必須營官晝夜從事，乃可漸幾於熟，如雞伏卵，如爐煉丹，未宜須臾稍離。」〔註88〕曾國藩的軍營，成為湘軍的「孵化器」。鄉勇畢竟不是軍隊，山農也不是天生的戰士。曾國藩深刻認識到，鄉勇從軍，大半為利而來，且多無紀律習慣：「征戰之事，論膽技或兵不如勇，論紀律則勇不如兵」，〔註89〕「惟鄉勇不難於招募、而難於訓練。」〔註90〕且一旦從軍日久，漸染軍營習氣，則不能收鄉勇之利反為害甚多。曾國藩自己第一次領軍實戰就因為鄉勇作戰不力，遇挫即潰在靖港水陸皆敗。反而是綠營出身的塔齊布、楊載福率軍在湘潭大勝才不致朝廷責罪。因此，曾國藩一面淘汰潰勇，一面強化訓練，杜絕了湘軍綠營化的傾向：「凡標兵之求歸伍者，一概不收；凡練勇之曾經潰者，亦不復用」，〔註91〕「練則武藝稍熟，不使見賊奔潰，訓則去偽詐之風，懲騷擾之習，不可不痛加整治。本部堂現在募勇，自辰至申無刻不練，親與訓誡，有擾民者立即正法，或

〔註85〕郭振鏞，湘軍志平議；湘軍史專刊之一，長沙：嶽麓書社，1983：234。

〔註86〕曾國藩，與左季高，曾國藩全集：書信：第 1 冊，長沙：嶽麓書社，1990：306。

〔註87〕左宗棠，答胡潤之（一）；左文襄公全集：書牘：卷 2，朱漢民，丁平一，湘軍：第 6 冊，68。

〔註88〕曾國藩，覆劉霞仙；曾文正公全集：書札：卷 4，朱漢民，丁平一，湘軍：第 6 冊，20。

〔註89〕王定安，求闕齋弟子記，朱漢民，丁平一，湘軍：第 9 冊，18。

〔註90〕曾國藩，批郴州稟鄰境土匪未盡，與所屬永興地方緊要，必須練勇巡防未便全撤，並懇飭發銀兩以資濟用由；王澧華評點曾國藩批牘，長沙：嶽麓書社，2014：19。

〔註91〕曾國藩，湖北兵勇不可復用大江北岸直添勁旅折（咸豐五年四月初一日），曾國藩全集：第 1 冊：奏稿 1，長沙：嶽麓書社，2013：461。

可稍改積習之萬一。」〔註 92〕因湘軍保留了勇營制的特點，根據戰事需要和財政狀況，人數恆變動不定，招遣成為常態。沈葆楨又提出了「凡新募之卒，必參入老營隨同打仗，方能漸成勁旅」〔註 93〕的辦法，通過實戰來提高新募士兵的戰鬥力。

曾國藩自練軍以來，除 1853 年 7 月奉旨從長沙派羅澤南、李續賓率湘勇陸師東征江西，增援駐守南昌的江忠源外，抱定軍不輕出的信念，絕不將湘軍輕於一試。該年 10 月，太平軍西征逼近武昌，咸豐帝 11 月初兩次令湘軍北援，均被婉拒。12 月，咸豐帝再次諭令曾國藩救援安徽，曾國藩以「船砲未齊，不能草率成行覆奏」。曾國藩致信王鑫，「新招之勇，未經訓練，斷不可用。今年六月，援江之師即前車之鑒矣！……縱使湖北有失守之信，亦不可以不練之卒倉皇出而應敵也。」〔註 94〕曾國藩的執拗甚至得到了恩師的諒解。咸豐三年冬，湖廣總督吳文鎔致書曾國藩「君所練水陸各軍必俟稍有把握而後可以出而應敵，不可以吾故率爾東下。東南大局待君一人，務以持重為意，恐此後無有繼者。」〔註 95〕1854 年 1 月 14 日，太平軍攻陷廬州，安徽巡撫江忠源戰死。2 月 12 日太平軍在堵城大敗清軍，湖廣總督、曾國藩座師吳文鎔自殺。十三天以後的 25 日，曾國藩才發布《討粵匪檄》，率師從衡陽出征。此時距曾國藩移駐衡陽練兵已過去了足足五個月。曾國藩屢次冒著抗旨的風險，頂著摯友、恩師身處危境，生命在呼吸之間的巨大壓力，把自己的建軍計劃實施到了最後一刻。「舟師則船砲並富，陸路則將卒並憤，作三年不歸之想，為百戰艱難之行，豈可兒戲成軍，倉卒一出！」〔註 96〕

四、書生從戎，不計利鈍

1853 年 7 月，因戰情吃緊，曾國藩派楚勇、湘勇三千，會同鎮筸、辰沅

〔註 92〕曾國藩，批郴州稟鄰境土匪未盡，與所屬永興地方緊要，必須練勇巡防未便全撤，並懇飭發銀兩以資濟用由；王澧華評點曾國藩批牘，長沙：嶽麓書社，2014：19。

〔註 93〕沈葆楨，請整頓額兵折；沈文肅公政書：卷 1，朱漢民，丁平一，湘軍：第 4 冊，北京：社會科學文獻出版社，2013：686。

〔註 94〕曾國藩，與王璞山；曾文正公全集：書札：卷 3，朱漢民，丁平一，湘軍：第 6 冊，15。

〔註 95〕王定安，求闕齋弟子記：卷 4，朱漢民，丁平一，湘軍：第 9 冊，16。

〔註 96〕曾胡治兵白話句解，濟南，山東書局（改訂版），民國二十一年（1932）：164～165。

兵六百人，東征江西，增援駐守南昌之江忠源。「遣夏廷越、朱孫詒統之，而羅澤南實主其軍，純用其弟子領營哨。」〔註97〕曾國藩戰前即作出預判：「湘勇二千，僅羅羅山所帶之三百六十業經訓練，餘皆新集之卒，未可驟用。……羅山雖書生，然真之前行，……此外，帶勇諸生，亦久與朱、羅周旋，或者不至潰散。」〔註98〕此戰，忠源弟忠淑所率楚勇先於道潰散，夏廷越、羅澤南等在南昌因輕進敗績，死傷骨幹不少。江忠源遂以新軍不可用，令往吉安擊土寇；而曾國藩聞訊，則喜見書生新銳敢戰，歎曰：「湘中子弟敢深入，雖敗猶榮，官兵弗如也」。〔註99〕

曾國藩總結靖港失敗的重要原因之一，即因缺乏員弁及士紳統轄而「綱紀不密」，「募勇萬人必須有大員隨同管帶，又須有文武員弁及得力紳士一二百人節節統轄。臣每營僅一二官紳主之，紀綱不密，以致潰敗，……」〔註100〕曾國藩推重理學以嚴綱紀，重用書生以制戎行，在他周圍，聚集了一個龐大的理學經世集團。「曾文正……奉命治鄉團，毅然自任討賊，用戚氏練軍法，簡民兵，教以句卒束伍節制之義，而求忠信能讀書史者，與共生死。於是士之立名義者雲會景從，天下蒸蒸，……」〔註101〕當時辦團領兵之人，多為理學信徒，湘學才彥。「而起書生以當大敵，蹈難不顧，師弟僇力，轉戰大江南北，師殞而弟子繼之，智名勇功，後先彪炳，羞武夫之顏，關其口而奪其氣，亦其素所蓄積然也。」〔註102〕湘軍早期將領，除多隆阿、塔齊布、楊載福、鮑超、田興恕等出身八旗、綠營弁兵外，主要由經世派士紳構成，如羅澤南、王鑫、彭玉麟、李續賓、李續宜、劉長佑、劉坤一、蔣益澧、劉騰鴻、楊昌濬等人。特別是湘軍核心首腦，曾國藩、胡林翼、左宗棠等，都是飽學之士、經世雄才。從用將傾向看，曾國藩在湘軍首領中最為偏重士紳，但也不完全迴避有實際才能的舊式基層軍官，甚至還能從平常勇丁中選拔將才。曾國藩

〔註97〕王闓運，湘軍志：湖南防守篇第一，長沙：嶽麓書社，1983；6。

〔註98〕曾國藩，與張石卿制軍；曾文正公全集：書札：卷2，朱漢民，丁平一，湘軍：第6冊，11。

〔註99〕朱孔彰，咸豐以來功臣別傳：卷6下，朱漢民，丁平一，湘軍：第：10冊，120。

〔註100〕王定安，求闕齋弟子記：卷4，朱漢民，丁平一，湘軍：第9冊，2013：18。

〔註101〕郭嵩燾，誥授光祿大夫劉公墓誌銘；養知書屋文集：卷19，朱漢民，丁平一，湘軍：第9冊，498。

〔註102〕錢基博，近百年湖南學風（含經學通志），北京：中國人民大學出版社，2004：19。

倚重士紳，卻不盲信士紳，特別不喜大言炎炎之人。即使是至親友朋，學富五車如李元度，只要違背節制，潰軍失城，曾國藩仍毫不猶豫予以彈劾免職。自茲以往，湘軍雄於天下，實以其人才之盛。「風氣既開，人才蔚起。……當是時，精卒遍於畎畝，良將布於閭閻，但患招之不能盡，不患其無可用也。」〔註103〕

書生從戎局面的出現，從思想文化上來說，理學經世理想是湖湘士子投筆從戎的強大思想動力，僅憑一片「血誠」，不計成敗利鈍；從地域風俗來說，湖湘之地民氣倔強，習武從軍之風已開，即士人亦心智強健，不廢武事；從技術層面來說，火器在晚清軍隊中的廣泛運用，改變了過去戰爭純為武夫之事的傳統，個人體力在作戰行動中的地位下降，膽識和智慧的作用更加凸顯。

五、創立格局，淵遠流長

湘系經世集團擘畫之時，並非僅就軍事而論，而是逐步構建了一個涵蓋軍事、政治、經濟、文化等各方面的大格局。理學綱紀為其本原，書生血誠為其魂魄，固結人才為其根底，籌餉治吏為其手段，整軍經武為其爪牙。在這個格局中，軍事是服從於政治和文化的。從這個角度考察，我們不難發現，湘軍比同時期乃至以後出現過的近代政治、軍事集團都具有更強的制度張力和發展後勁，其政治生命、文化影響和軍事宏圖也延續得更長。這一問題，後章還將作進一步論述。

僅就咸豐初年各地團練組織而論，其時，清廷先後任命戰區各省團練大臣共43人，其中山東13人，江蘇8人，浙江4人，福建4人，直隸3人，河南3人，貴州3人，江西2人，湖南僅1人。從人員結構分析，43人中「除提鎮3人外，餘均三品以上大員，且均係科舉正途出身漢人，無一滿員。」〔註104〕以漢人主持團練，意於緩和滿漢矛盾，溝通下情，固士民之氣，與太平軍爭奪地方的主導權。客觀而論，咸豐帝的這一決定並非失策。然而，各地團練組織倏聚倏散，現實表現並非一致，能練團成軍且能與太平軍抗衡者僅湖湘一地。決策和制度的合理並不能帶來必然的成功，這或許也是湘軍集團「重人輕法」文化價值取向的一個重要原因。

〔註103〕薛福成，駱文忠公遺愛；庸庵筆記：卷2，朱漢民，丁平一，湘軍：第8冊，北京：社會科學文獻出版社，2013：677。
〔註104〕王盾，湘學誌略，長沙：湖南人民出版社，2009：85。

　　湖南團練，自一開始即別呈一番氣象：「江忠源首倡義旅，作興士氣。張亮基履任，袪壅蔽，明刑政。駱秉章繼之。曾國藩奉命治團防，左宗棠參戎幕，相與維持鼓舞，由是人懷敵愾，湘軍、楚軍立功遍天下。……上下之情通，故地方無不燭之隱；士民之氣固，故倉卒有應變之機。戡亂保邦，正不必別有奇謀也。」〔註 105〕所謂別無奇謀，正是因為湖南地方主持得人，士紳之權得張，上下之情無壅蔽，吏治漸為清明，人心隨順之故。

　　曾國藩在咸豐初年即深刻認識到了軍事與政治的密切關係，初步形成了軍事問題政治解決的思路。這一思路，自正本清源，建立新軍始，自約束嚴明，強調軍紀始，自修明吏治，清除內寇始。內蠹不生，人心固結，方可與太平軍一戰。他說：「弟意將於四月移駐衡州，帶勇數百，非敢必其有濟，但約束嚴明，不令兵勇所至輒興如箆如洗之謠，致吾民反頌賊而畏兵，誓當一雪斯恥耳！」〔註 106〕因此嚴令「軍行戰勝，尤須堅明約束，無令騷擾地方。」〔註 107〕胡林翼也認為以士紳為主體的人才去留是政治、軍事成敗的關鍵：「駕馭人才即以銷彌隱患。先為布置，得所生養，授以羈勒，範我馳驅，內蠹不生，外侮自息。故用士用民，實今日之先務。」〔註 108〕

　　格局不同，綱紀疏密，結局自然相異。同是以士紳管練團練勇營，惟有湘軍脫穎而出。王鑫批判湖北一些地方士紳缺乏骨氣，「偶聞風鶴之警，即思苟全之計，或棄田宅以遠逃，或傾其財貨而媚賊。甚至衣冠之族，詩禮之家，亦往往如此。舉平日之所以責人而恥為者，一旦身蹈不惜，毋怪乎民心渙散之速也。」〔註 109〕胡林翼觀察到：「粵西之練數多於兵，馳檄遠募，游手惰民盡入籍中，坐廢歲月，漫無統領，一旦餉絀，職為亂階。近聞索餉而後戰，交綏即退，並有輸情通賊者。」〔註 110〕此外，蘇州、上海等地團練也亂象頻出：「近時蘇州之失，潮勇為賊前驅，……上海養勇三四萬人，均皆不甚得

〔註105〕湖南通志：卷 89，朱漢民，丁平一，湘軍：第 7 冊，401。

〔註106〕曾國藩，與張石卿制軍；曾文正公全集：書札：卷 2，朱漢民，丁平一，湘軍：第 6 冊，北京：社會科學文獻出版社，2013：11。

〔註107〕曾國藩，與劉印渠；曾文正公全集：書札：卷 2，朱漢民，丁平一，湘軍：第 6 冊，9。

〔註108〕胡林翼，致呂佺孫；胡林翼集：第 2 冊，長沙：嶽麓書社，1999：46。

〔註109〕王鑫，崇陽設局辦團諭扎；王壯武公遺集：卷 2，朱漢民，丁平一，湘軍：第 3 冊，150。

〔註110〕胡林翼，請通飭修築碉堡啟；胡林翼集：第 2 冊，長沙：嶽麓書社，1999：63。

力。」〔註111〕胡林翼不無自豪地說：「湖南將士輾轉六七年，敢戰之風，始於江與塔、與羅、與李，已成風氣。其猛將壯士之惓而思歸者，一呼即出，三五萬人不難招募。湖北不能，江西尤不能也。」〔註112〕

第四節　湘軍早期建軍思想與《紀效新書》《練兵實紀》

一、湘軍人物對戚繼光軍事思想的推崇

《紀效新書》《練兵實紀》是明代將領戚繼光在東南沿海平倭及北調薊鎮練兵治軍的理論總結，兩書為姊妹篇。自刊刻後影響巨大，成為明清以來兵學經典，在士大夫中流傳甚廣，甚至遠播朝鮮、日本。

戚繼光在《紀效新書自敘）中說：「數年間，予承乏浙東，乃知孫武之法，綱領精微莫加矣。第於下手詳細節目，則無一及焉。猶禪家所謂上乘之教也，下學者何由以措。於是乃集所練士卒條目，自選畎畝民丁，以至號令、戰法、行營、武藝、守哨、水戰，間擇其實用有效者，分別教練，先後次第之，各為一卷，以誨諸三軍，俾習焉。」〔註113〕其成書的目的十分明確，即從具體治軍練兵措手處入手，補經典兵家之缺，注重軍事實際操作的歸納總結，是實務性很強的書。

戚繼光《紀效新書》《練兵紀實》以軍事實務見長，且成書較近，故成為湘軍建軍的重要參考範本。曾國藩多次明確表示，湘軍即「仿照前明戚繼光之法，編束隊伍，練習膽技」。〔註114〕曾國藩在早期給李鴻章的書信中，勸導其仿傚「戚氏之法」：「聞足下所率之勇，精悍而有紀律，務望更加訓練，束以戚氏之法。」〔註115〕羅澤南亦「仿戚氏法部署其眾，教之擊刺，勖以忠義，紀律肅然。」〔註116〕胡林翼「其平日訓練壯勇，仿戚繼光《紀效新書》、《練兵

〔註111〕毛鴻賓，續陳招勇流弊疏；撫湘疏稿；毛尚書奏稿：卷4，朱漢民，丁平一，湘軍：第4冊，275～276。

〔註112〕胡林翼，致官文；胡林翼集：第2冊，長沙：嶽麓書社，1999：287。

〔註113〕戚繼光撰，范中義校釋，紀效新書（14卷本）：自敘，北京：中華書局，2001：7。

〔註114〕李續賓，湘鄉建忠義祠疏；李忠武公奏疏，朱漢民，丁平一，湘軍：第4冊，506。

〔註115〕曾國藩，與李鴻章（咸豐三年十一月十七日）；曾國藩全集：第22冊：書信1，長沙：嶽麓書社，2013：349。

〔註116〕朱金泰，湘軍之父羅澤南：自序，上海：上海古籍出版社，2009：3。

實紀》而變通之。勇不滿三百，而銳健果敢，一可當十。」〔註117〕郭嵩燾在接受咸豐帝垂詢所讀何種兵書時對曰：「凡兵書皆言其用，還是《練兵實紀》，專論練兵之道，確有把握，為兵家第一要務。」〔註118〕

湘軍之所以高度推崇戚繼光的兵學思想，除了《紀效新書》《練兵實紀》兩書在中國兵學中本身的地位外，主要還有以下原因。

（一）湘軍與戚繼光時代遇到了同樣相似的整軍問題

湘軍經世派與戚繼光一樣，都處於王朝中後期，衰亡之兆已現，軍中積習既深，兵制名存實亡，戰鬥力堪憂，汰舊立新的整軍問題都成為急務。只不過戚繼光面對的主要是外侮，而湘軍前期面對的主要是內亂。戚繼光1559年在義烏招募農夫、礦工創立「戚家軍」，更改軍制，勤加訓練，創設陣法，終成勁旅。在東南沿海剿滅倭寇，在北邊防守薊遼，均以極低的傷亡代價創造了軍事史上的奇蹟。曾國藩說：「昔宋臣龐籍汰慶曆兵八萬人，遂以大蘇邊儲。明臣戚繼光練金華兵三千人，遂以蕩平倭寇。臣書生愚見，以為今日論兵正宜法此二事。」〔註119〕自覺地將戚繼光作為論兵經世的楷模。劉蓉也主張堅決不用舊兵舊將：「國家承平日久，武備廢弛，集游手以充兵，擢紈絝以為將，既未嘗經歷行陣，通習兵機，一夫夜呼，三軍股栗。怯弱如斯，其何能用。」〔註120〕

（二）應歸因於戚繼光軍事思想的儒學向度

明代中後期，理學思想對社會浸染已深，陽明心學大盛，士大夫趨之若鶩。戚繼光雖為軍衛子弟，出身將門，卻從小受過較嚴格的儒學訓練，熟悉《六經》等儒學經典。從軍為將之後，也非常自覺地以儒學原則指導軍隊建設。

戚繼光的儒學思想側重於陽明心學，強調孟子「浩然之氣」對將心、軍心的維繫作用，重視「心性」在軍事建設中的作用。「私淑陽明，大闡良知，胸

〔註117〕錢基博，近百年湖南學風（含經學通志），北京：中國人民大學出版社，2004：31。

〔註118〕郭嵩燾，郭嵩燾日記（咸豐八年，戊午·十二月初三日），朱漢民，丁平一，湘軍：第7冊，北京：社會科學文獻出版社，2013：219。

〔註119〕曾國藩，議汰兵疏（咸豐元年三月初九日）；曾國藩全集：第1冊：奏稿1，長沙：嶽麓書社，2013：21。

〔註120〕陸寶千，劉蓉年譜，臺北：中央研究院近代史研究所專刊（40），1979：32～33。

中澄澈如冰壺秋月，坐鎮雅俗有儒者氣象。」〔註121〕「蓋天下同是心，故因心可以制治，千萬人之心即一人之心故也；天下同是性，故同性即可以牖民，千萬人之性，即一人之性故也。」〔註122〕體現在軍事上，一人之心、性同千萬人之心、性，以一人之心擴充到千萬人之心的心性論，可以說是其訓練士卒的基礎理論。其「去外寇易，去心寇難。」〔註123〕與王陽明「去山中賊易，去心中賊難」有明顯相似之處。戚繼光注重以儒學原則對士卒進行練心練膽的教育，強調「兵中雖多術。而膽具於身，理具於心，心統乎氣，氣當乎用」，〔註124〕追求「齊強弱為一人，合萬人為一心」，〔註125〕「不惜死，由不愛錢中來，不愛錢，由無欲而充之。平居可以誕生，為將可以濟世。」〔註126〕

　　如果說，陽明心學側重歸納，那麼程朱理學則側重演繹。從知識背景來說，戚繼光的思想核心卻並非心學所能完全範圍。他熟讀、注解《大學》等程朱理學派的儒家經典，要求將士「先將《孝經》、《忠經》、《孟》、《語》、《武經七書》白文，次地記誦。」〔註127〕作為主持一方的統軍大帥，戚繼光明顯不同於遊談無根的王學末流。他從實用主義出發，下學而上達，認真面對和思考這個龐大而精細的軍事體系中的具體問題，在整軍治軍的實踐中融入了程朱理學的格致之法、精微之意。明代文壇領袖王世貞評價戚繼光兵書曰：「纖悉條備，若陶朱公之治生」。〔註128〕他強調「修身」為治軍之本，將「德、才、識、藝」等儒家道德作為軍事將領的必備素質。「上至天子，至於庶人，凡有天下、家、國之責者，一切皆以修身為本。」〔註129〕他在軍事實踐中發揮了理學家關於「氣」的哲學概念，「兵之勝負者，氣也。」〔註130〕認為戰局「大

〔註121〕戚祚國，戚少保年譜耆編，濟南：山東大學出版社，1999：2。
〔註122〕戚繼光，大學經解；止止堂集，韓寓群，山東文獻集成第34冊，濟南：山東大學出版社，2006。
〔註123〕戚繼光，愚愚稿；止止堂集，韓寓群，山東文獻集成：第34冊，濟南：山東大學出版社，2006：522。
〔註124〕萬業文譯注，戚繼光，膽氣篇第十一；紀效新書（14卷本），北京：中華書局，2017：239。
〔註125〕萬業文譯注，戚繼光，膽氣篇第十一；紀效新書（14卷本），北京：中華書局，2017：239。
〔註126〕戚繼光，紀效新書（14卷本），北京：中華書局，2001：358。
〔註127〕戚繼光，紀效新書（14卷本），北京：中華書局，2001：365。
〔註128〕王世貞，紀效新書序（14卷本），北京：中華書局，2001。
〔註129〕戚繼光，愚愚稿；止止堂集，韓寓群，山東文獻集成：第34冊，濟南：山東大學出版社，2006：524。
〔註130〕戚繼光，總敘；紀效新書（18卷本），中華書局，學津社原本影印本，56。

勢所繫在氣，而內屬乎心」。〔註131〕

（三）《紀效新書》《練兵實紀》在軍事指導上契合了湘軍的需要

晚清沈兆沄評價道：「《紀效新書》、《練兵實紀》，士大夫奉為圭臬。蓋本諸躬親試歷之餘，以著為原則，非徒託言兵，未見諸實事者之紙上浮談，故足以信今而傳後也。」〔註132〕可見當時戚繼光的兵學思想，已經成為軍事上的主流，並可以「見諸實事」。湘軍初建，雖才彥畢集，卻多為無實際軍事經驗的書生，戚繼光的軍事論著無論從理論上還是操作上，都給了他們重要參考和啟發。

胡林翼謂：「戚南塘選兵，不用城市而用鄉農，用意最精。」〔註133〕左宗棠也說：「委明幹官紳，選募本省有身家來歷、藝高膽大之鄉勇一二千名，即由紳士管帶，仿前明戚繼光束伍之法行之。所費不及客兵之半，遇有緩急，較客兵尤為可恃」。〔註134〕同曾、胡的想法可謂不謀而合。

二、湘軍對戚繼光軍事思想的繼承發展

考察戚繼光和湘軍在建軍治軍方面的思想和具體表現，不難發現，二者存在高度的相似性。時人評價湘軍「大綱本諸戚繼光兵法，變通而行之。」〔註135〕湘軍的實踐，幾乎就是戚繼光軍事思想在19世紀的延續和發展。現簡要分析之。

（一）湘軍發揮了戚繼光「儒學治軍」的傳統

湘軍在學術背景上屬狹義的理學程朱學派，這一點不同於側重心學學派的戚繼光，然而在以儒學治軍或者廣義的理學（包含心學）治軍這一點上，二者是一致的。不同點在於，戚繼光是由兵入儒，而湘系經世派則是由儒入兵，後者的理學色彩更濃厚。如果說，戚繼光還主要是將儒學作為軍隊的一種管理文化，而湘軍則把它上升到了信仰的層面。這當然和湘軍軍官成分的

〔註131〕萬業文譯注，戚繼光，膽氣篇第十一；紀效新書（14卷本），中華書局，2017：243。
〔註132〕壁昌，部兵輯要：沈兆沄序，1953。
〔註133〕胡林翼，請通飭修築碉堡啟；胡林翼集：第2冊，長沙：嶽麓書社，1999：63。
〔註134〕左宗棠，籌辦湖南堵剿事宜折；左宗棠全集：書信，長沙：嶽麓書社，2009：353。
〔註135〕劉體智，異辭錄；陳澤琿，長沙野史集鈔（上部古人筆記），長沙：嶽麓書社，2011：143。

與明軍不同有著極大的關係。

（二）湘軍繼承發展了戚繼光的「節制束伍」之法

戚繼光提出「捨節制不能成軍。」「所謂無制之兵，有能之將不可勝。」〔註136〕注重通過軍法、軍禮來約束軍士，增強凝聚力。一方面要法令明晰，嚴格執行，「束伍既有成法，必信於眾，則令可申。苟一字之種疑，則百法之是廢」，另一方面，將領要為士卒表率，與之同甘共苦，「為將之道，所謂身先士卒者，非獨臨陣身先，件件苦處，要當身先。所謂同滋味者，非獨患難時同滋味，平處時亦要同滋味。」〔註137〕湘軍高度認同並繼承了這一思想。左宗棠稱：「軍事以號令為重，令進則進，令止則止。……自統領以至營、哨，節節相制，然後驅之出入生死之地而不搖。」〔註138〕戚繼光認為，招募士卒應「擇各平素所知，或先同當兵，或係同鄉相識，或見同歇相鄰。」〔註139〕湘軍也多將同一縣士兵編為一營，取其口音相近，情義相投，戰時臨難相救，不輕棄同伴。「如他處有勇士，亦可十取二三，而總以一方一縣之人在一營為宜，取其性情孚而語言通，則心力易齊也。」〔註140〕

但湘軍的節制，則更加突出「禮」的內在約束性，淡化了「法」的色彩。曾國藩治軍不廢「申韓之術」，持法甚嚴，甚至也在軍中推行戚繼光的連坐之法。「時洪、楊諸逆犯長沙，警報日數至。……練卒亡去者十之八九。……九月，劉蓉來，立連坐法，一人怯退，同伍罪均。……始儼然有親上死長之意矣。」〔註141〕但後期軍事一旦順手，就放鬆了對「法」的執行。從中可以看出，「任法」是湘軍在戰爭初期形勢惡劣情況下的一種權宜之計。曾國藩等既與戚繼光一樣，看重軍紀和思想教育，視士卒如父母視子弟，與士卒同滋味，又一定程度拋棄了戚繼光和舊式軍官視士卒為愚夫的「愚兵」思想，通過「杜鵑啼血」式苦口婆心般的「訓」，來增加士卒對理學思想的內在認同，希望兵

〔註136〕戚繼光，對敵說；總敘；紀效新書（18 卷本），北京：中華書局，學津社原本影印本，48。
〔註137〕戚繼光，紀效或問；總敘；紀效新書（18 卷本），北京：中華書局，學津社原本影印本，33。
〔註138〕左宗棠，吳士邁擅殺游擊朱德樹案由折（同治十年五月初十），左宗棠全集：第 5 冊，長沙：嶽麓書社，2012：54。
〔註139〕戚繼光，紀效新書（14 卷本），北京：中華書局，2001：1。
〔註140〕陳昌撰，霆軍紀略，朱漢民、丁平一，湘軍：第 1 冊，北京：社會科學文獻出版社，2013：389。
〔註141〕劉倬雲，宰湘節錄，朱漢民、丁平一，湘軍：第 1 冊，367。

卒「個個成人」。同時，在上下級關係上，曾國藩更加體現出文人本色，在與諸將交道，批示稟帖時，多以兄弟相稱，與諸將幕僚同起居，甚至在軍中不坐軍帳將臺。胡林翼則以巡撫之尊以師禮事下屬羅澤南，奉養將領家室，藥問不絕於道。對於信任的將佐，湘軍首腦均放手讓其獨當一面，講究分權分層管理。湘軍這種獨特的節制之道，後章還會作進一步分析。

（三）湘軍與戚繼光一樣重視募兵練兵

戚繼光指出：招募士卒「不可用城市油滑之人，……不可用奸巧之人，……第一可用，只是鄉野老實之人，所謂鄉野老實之人者，黑大粗壯，能耐辛苦，手面皮肉堅實，有土作之色，……」〔註142〕湘軍人物對此深為認同，並且在早期建軍時不折不扣地予以執行。兵勇成分的單純，也從根本上保障了湘軍兵員質量和軍隊的「質樸之氣」。在練兵問題上，戚繼光強調實戰化，反對虛套花式，「……如此就操一千年，便有何用？臨時還是生的。且如各色器技營陣，殺人的勾當，豈是好看的？」〔註143〕戚繼光規定：「凡比較武藝，務要俱照示學習實敵本事，真可對搏打者，不許仍學習花槍等法，徒支虛架，以圖人前美觀。」〔註144〕曾國藩、胡林翼、羅澤南、王鑫等對此完全繼承，曾國藩早期就曾斥退只懂花式拳棍的湘軍教頭。從湘軍營制營規及王鑫《練勇芻言》來看，湘軍操練之勤，練習之嚴，較戚繼光練軍有過之而無不及。湘軍訓練，「每逢三、六、九日……試技藝，演陣法。每逢一、四、七日，演陣，並看抬槍、鳥槍打靶。每逢二、八日赴城外近處跑坡、搶旗、跳坑。每逢五、十日在營中演連環槍法。每日午後，即在本營演習拳、棒、刀、矛、鈀、叉，一日不可間斷。」〔註145〕

（四）湘軍在軍事技戰術思想層面對戚繼光軍事思想作了繼承和揚棄

戚繼光組練戚家軍，完全廢棄了明軍衛所編制和舊有作戰規則。戚家軍一營共789人，設把總1員，轄前後左右4哨。同時，按照兵器協同要求，創立了以12人的鴛鴦陣、4人一組的三才陣為基礎的作戰陣型，非常適用於

〔註142〕戚繼光，紀效新書（14卷本），北京：中華書局，2001：11。

〔註143〕戚繼光，紀效或問；總敘；紀效新書（18卷本），北京：中華書局，學津社原本影印本，37。

〔註144〕戚繼光，比較篇；紀效新書（18卷本），北京：中華書局，學津社原本影印本，161。

〔註145〕曾國藩，曉諭新募鄉勇；曾國藩全集：卷14，長沙：嶽麓書社，1995：453。

江南山地、水田地區作戰，使軍隊基層單位戰鬥力迅速提升。湘軍則根據當時軍事需要，確立了以 500 人為基礎的「營級」作戰單位，營在實際作戰中，還可以按哨、隊層層分陣，在基層作戰單位上直接採用戚繼光的鴛鴦陣、三才陣。「以一隊言之，則以鴛鴦、三才二陣為要。以一營言之，則一正兩奇，一接應，一設伏，四者斷不可缺。」〔註146〕「曾文正立湘軍，仿戚氏法，長短互用，槍矛相間。……必長兵與短兵相倚，一隊即一哨之規模，一營即全軍之規模，卒然遇敵，可守亦可攻也。」〔註147〕同時，為應對較大規模作戰，湘軍創設了一字陣、二字陣和層層遞進、穩紮穩打的滾營戰術等。因作戰對象和環境不同，湘軍捨棄了戚繼光的車陣和騎兵陣，後期湘軍在湖北作戰才開始設騎兵部隊。

戚繼光在總結明軍與倭寇作戰失利原因時說：「素無節制，一也；未見敵而先走，二也；既無營壁可恃，人膽先怯，卒皆野戰，即使勝之不足以當賊更番，終於敗潰，不勝亦無所奔依，故奔北長往，……三也。」〔註148〕曾國藩等在對太平軍作戰時，發現早期太平軍特別善於築壘守城，掘壕如川，築壘如城，有堅韌不可拔之勢。故湘軍高度重視築壘守牆，對行軍途中築壘有非常詳盡的規定，規定營壘不成，不得休息、作戰。

戚繼光認為：「器械不利，以卒予敵也；手無博殺之方，徒驅之以刑，是魚肉乎吾士也。」〔註149〕同戚繼光一樣，湘軍對軍械置辦等項，可謂精細入微，「一械不精，不可輕出」，作為統軍大帥的曾國藩甚至對矛杆必須採用原生直木，不用橫切加工木，火蛋必須士卒親手製作，包纏緊密等細節作出規定。曾國藩在水營時，「教將弁專用群子『包得圓，築得緊，開得近』三語者，……有做到者，便是無敵之將。」〔註150〕由於火器在晚清的普及，曾國藩等根據戚繼光長短相依的原則，在部隊軍器配比作出調整，大量採用

〔註146〕曾國藩，與王璞山；曾文正公全集：書札：卷 4，朱漢民，丁平一，湘軍：第 6 冊，北京：社會科學文獻出版社，2013：22。

〔註147〕再續某太史上軍機某大臣書；叻報第 3997 號（1895，3，9），朱漢民，丁平一，湘軍：第 8 冊，436。

〔註148〕戚繼光，對敵說；總敘；紀效新書（18 卷本），北京：中華書局，學津社原本影印本，48～49。

〔註149〕戚繼光，長兵篇；紀效新書（18 卷本），北京：中華書局，學津社原本影印本，311。

〔註150〕曾國藩，致沅弟書（同治二年十二月二十一日），唐浩明編，曾國藩家書：下冊，長沙：嶽麓書社，2015：238。

劈山炮，抬槍、小槍甚至洋炮，強化了中遠距離的打擊力度。從實際作戰看，湘軍除個別將領如塔齊布、畢金科等以外，軍陣中大規模採用弓箭的情形較少。

（五）湘軍發展了戚繼光的軍事後勤思想

戚繼光從實戰角度出發，將火頭軍編入行軍序列：「必隊設火頭行鍋，負之以隨軍；身帶乾糧齎裹，備之以炊爨；兵有營壁器具，立之以相持。宿飽於野，庶為有制。」〔註151〕湘軍因為非國家經制軍，湘軍統帥往往一身二任，在指揮作戰的同時，還要負責籌餉，故對後勤保障極為重視。湘軍在軍中增設長夫，地方設置釐金局、糧臺，負責籌集軍餉、管理錢糧、發放口糧、採購軍需、轉運物資等。胡林翼更是提出除戰事外，統帥一概代勞，不煩一線將領。「全軍而後能保楚，保楚然後能謀吳，此理至明，聖人不易。楚軍之將，希庵（李續宜）如碩果，如魯靈光〔註152〕，無論其勳勞甚大，品行絕高，固當為國家愛惜保護之。即林翼私交，亦實有不可相離之隱。林翼同行，則公只管兵事，戰無不勝。其官事、外事，及竟外無限之事，均可代勞。」〔註153〕從軍事實踐來看，湘軍能夠轉戰千里，屢次敗而不潰，除了軍心穩固之外，後勤保障功不可沒。

〔註151〕戚繼光，任臨觀請創立兵營公移；紀效新書（18 卷本），北京：中華書局，學津社原本影印本，16。

〔註152〕靈光殿係漢景帝之子魯王劉餘所建，經歷西漢末年戰亂，至東漢時期，綿延二百多年，巋然獨存。

〔註153〕胡林翼，致曾國藩；胡林翼集：第 2 冊，長沙：嶽麓書社，1999：213。

第三章　湘軍：淬礪理學精神的新軍

　　咸同湘軍的興起，是儒學內部結構運動的結果，是理學自救的產物，湘軍是一支以文化立軍，有著自身政治目標和文化理想的理學之軍。清儒懲晚明之失，自清初即自省自警，積勢兩百年，一旦勃發，遂成晚清經世之「奇觀」。有清以來，湖湘儒生「被漢學之風最稀」，始終保持了較強的經世傳統，咸同時期受內憂外患所迫，深感「殷鑒不遠」，遂自下而上，由邊緣化的湖湘理學所發動，打破二百餘年理學內斂時期之沈寂，將學術思想化為組織能力，自覺開啟了近代中國第一次轟轟烈烈的政治—文化自救運動。

第一節　理學自救的產物

一、對晚明儒學際遇的反思

　　晚明士風已頹，社會自衛能力薄弱至極，王綱解紐，河決魚爛，士子心力不逮，無可為力。多數士子則在創深痛巨的社會變動面前選擇沉默，素無節操者甚至唯利是圖，廉恥喪盡。東林領袖高攀龍一言評價明末士風：「學涉玄虛，士迷利祿二語，括盡世弊。天下無真事功者，由無真學術。」〔註1〕

　　在農民軍的打擊下，號稱「養士三百年」的大明土崩瓦解，滿洲鐵騎席捲天下。當時尚擁有數十萬軍隊和一個完整政權班底的南明，僅僅支撐了不到二十年，異族高壓政治下的剃髮易服，從根本上改變了漢民族的文化生態；明清

〔註1〕高攀龍，答周二魯；高子遺言：卷 8 上，李紀祥，明末清初儒學之發展，臺
　　　北：文津出版社，1992：47。

之交的社會動亂，在傳統士大夫眼中，已經不是一次簡單的「易姓改號」式的王朝變更，而是人倫凌夷，「率獸食人」的「亡天下」了。〔註2〕這不僅是政治、軍事的失敗，更是儒學治理模式的失敗。

清初稍定，遺民士大夫痛定思痛，從政治、經濟、軍事各方面入手開始反思，最終歸結於對儒學文化自身的反省，這在明末清初碩學大儒著述中十分明顯。王爾敏先生認為「明季清初以來，儒生感於亡國之慘痛，極意反省前朝之弊政，檢討敗亡之因由，種種思考流趨於經國濟世之思想。……遂於清中葉嘉道兩朝，形成一代之經世思想。」〔註3〕應該說，明季經世思潮對國政學術的反思，延續直至清代中後期，在中國文化史上出現如此大規模、長時間的集體反思十分罕見。

鑒於當時居於意識形態實際主流地位的是陸王心學，人們很自然地將社會失敗的責任歸咎於心學的空疏無能。

顧炎武批評明末學術偏執空虛，背離了實際實用：「昔之清談談老莊，今之清談談孔孟。未得其精而遺其粗，未究其本而先辭其末。不習六藝之文，不考古王之典，不宗當代之務，舉天子論學論政之大端一切不問，而曰一貫，曰無言。以明心見性之空言，代修己治人之實學。股肱惰而萬事荒，爪牙亡而四國亂，神州蕩覆，宗社丘墟。」〔註4〕並進一步提出「君子之為學也，……有撥亂反正之志，知天下之勢之何以流極而至於此，則思起而有以救之。」〔註5〕黃宗羲將學術的低能化歸結於科舉之制：「嗟乎！自科舉之學盛，世不知復知有書矣。……先王之大經大法，兵農禮樂，下至九流六藝切於民生日用者，蕩為荒煙野草。」〔註6〕

清人張武承在《王學質疑》中尖銳批判王學主導下的士風士行：「其高者脫略職業，歇睡名庵。卑者曰沉迷於酒色名利。案有《楞嚴》《南華》者為名士。挾妓呼盧，裸而夜飲者為高致。抗官犯上，群噪而不遜者為氣節。矯詐嗜

〔註2〕「有亡國，有亡天下。亡國與亡天下奚辨？曰：易姓改號，謂之亡國。仁義充塞，而至於率獸食人，人將相食，謂之亡天下。……知保天下然後知保國。保國者，其君其臣，肉食者謀之；保天下，匹夫之賤與有責焉耳矣。」（顧炎武，正始；日知錄：卷13，長沙：嶽麓書社，1994：471）。

〔註3〕王爾敏，近代經世小儒，桂林，廣西師範大學出版社，2008：35。

〔註4〕顧炎武，夫子之言性與天道；日知錄：卷7，長沙：嶽麓書社，1994：240。

〔註5〕顧炎武，與潘次耕；亭林文集：卷7；顧炎武全集：第21冊，上海：上海古籍出版社，2012：230。

〔註6〕黃宗羲，傳是樓藏書記；黃梨洲文集，北京：中華書局，2009：403～404。

殺，僥倖苟利者為真經濟。謹綱常、重廉隅者為宋頭巾。舉天下庠序之士，如沸如狂，……闖、獻之形，日積於學士大夫之心術，而天下不可為。」〔註7〕明末東林領袖顧憲成也道出了當時士大夫群體的種種醜態：「以任情為率性，以隨俗習非為中庸，以閹然媚世為萬物一體，以枉尋直尺為捨其身濟天下，以依違遷就為無可無不可，以猖狂無忌為不好名，以臨難苟免為聖人無死地，以頑鈍無恥為不動心矣。」〔註8〕顧炎武更是「於晚季門戶黨援之弊，士大夫反顏事仇之無恥，有餘痛焉。」〔註9〕顏元曾痛陳明末以來士林風氣「白面書生，微獨無經天緯地之略、禮樂兵農之才，率柔脆如婦人女子，求一腹豪爽倜儻之氣亦無之。」〔註10〕

　　黃宗羲對當時王學、理學之流均持批評態度：「今之言心學者則無事乎讀書窮理，言理學者，其所讀之書不過經生之章句，其所窮之理不過字義之從違。……天崩地解，落然無與吾事，猶且說同道異，自附於所謂道學者。……」〔註11〕宗漢學者江藩評論明末學術自相攻擊的亂象道：「然而為宋學者，不第攻漢儒而已也，抑且同室操戈矣。為朱子之學者攻陸子，為陸子之學者攻朱子。……蓋析理至微，其言必至涉於虛而無涯涘。……有明儒生，斷斷辯論朱、陸、王三家異同，甚無謂也。」〔註12〕

　　在批判理學心學末流空疏無用、粥粥無能的基礎上，清儒逐步構建起了自己的學術，由明返宋，由宋返漢，以實事求是為宗旨的漢學遂大興一時。另一方面，明末以來儒者高度重視實學，形成了明清之際的實學思潮。顏元強調：「學習躬行經濟，吾儒本業也。」〔註13〕號召「成就數十百通儒。朝廷大政，天下所不能辦，吾門人皆辦之；險重繁難，天下所不敢任，吾門人皆

〔註7〕呂思勉，理學綱要，北京：東方出版社，2012：172。
〔註8〕顧端文公年譜：上冊；方爾加《王陽明心學研究》，長沙：湖南教育出版社，1989：141。
〔註9〕鄧實，顧亭林先生學說；明末四先生學說；中國近三百年學術史，上海：上海古籍出版社，2006：349。
〔註10〕顏元，泣血集序；習齋記餘：卷1；顏元集：下冊，北京：中華書局，1987：399。
〔註11〕黃宗羲，南雷文定；沈善洪、吳光編，黃宗羲全集：第10冊，杭州：浙江古籍出版社，1992：645～646。
〔註12〕江藩，國朝宋學淵源記：卷上，錢鍾書主編，朱維錚導讀，漢學師承記（外二種），北京：三聯書，1998：186～187。
〔註13〕顏元，論開書院講學；肖永明，論清初關中書院與漳南書院教學方法的差異；朱漢民主編，中國書院第二輯，長沙：湖南教育出版社，1998：115。

任之,吾道自顯,⋯⋯」〔註14〕「梨洲此時之學術進路,為欲合理學、經濟、文章於一,合道德、事功於一,合儒林、道學、文苑為一。」〔註15〕同時,清儒對「術」表現出前所未有的重視。顧炎武感歎:「感四國之多虞,恥經生之寡術。」〔註16〕晚清姚瑩就指出漢明之季,不是沒有為天下之心,而是由於經世乏術,手不應心。「⋯⋯然漢明之季,諸君子不能勘定禍亂,反以亡其身者,無亦有為天下之心,而疏於為天下之術乎。」〔註17〕

如果說漢學之實,在於學問之實,而以顧炎武、黃宗羲、王夫之、顏元等開創的實學則有相當意識著力於事功之實。明末清初,經學上普遍出現「回歸原典」的現象,其實質正是儒學追求外王經世的思想動向,顯示出掙脫「內聖學」的狹隘限制,而朝向「經世」的現實世界發展的性格。〔註18〕關中學者李中孚說:「吾儒之學,以經世為宗,自傳久而謬,一變為訓詁,再變為詞藝,而儒名存實亡也。」〔註19〕這種實學思潮也深深影響到了晚清湖湘經世學派。晚清國粹學派學者鄧實總結說:「天下之變,至於明而無所復變矣。⋯⋯此顧、黃、王、顏四先生之所以目擊心傷拊膺扼腕,痛哭流涕而不能自已者也。⋯⋯則既有一代之變,不能不為一代救變之學,⋯⋯學經世救時實用之學,以維世變,以明大義,傳千秋之正誼,待一治於後王。」〔註20〕

黃宗羲闡述儒者之道至剛至大,至堅至實,渴望還原儒者之學的本原。他說:「儒者之學,經天緯地,而後世乃以語錄為究竟。」他反對「假其名以欺世」,反對自命清高和以「治財者為聚斂,開闔柘邊者則目為粗材,讀書作文者則目為玩物喪志,留心政事者則目為俗吏」的學風。否則,「徒以生民立極,天地立心,萬世開太平之闊論,鈐束天下,一旦有大夫之憂,當報國之日,則蒙然張口,如坐雲霧。⋯⋯」〔註21〕

〔註14〕顏元,四存篇;顏習齋集;清初五大師集:卷5,北京:知識產權出版社:2012:170。

〔註15〕李紀祥,明末清初儒學之發展,臺北:文津出版社,1992:74。

〔註16〕顧炎武,亭林文集:卷6;顧亭林詩文集,北京:中華書局,1983:131。

〔註17〕姚瑩,東溟文集:卷6,道光十三年刻本,1。

〔註18〕李紀祥,明末清初儒學之發展,臺北:文津出版社,1992:74。

〔註19〕顏元,顏習齋年譜;顏習齋集;清初五大師集(卷5),北京:知識產權出版社:2012:76。

〔註20〕鄧實,明末四先生學說序;中國近三百年學術史,上海:上海古籍出版社,2006:346。

〔註21〕黃宗羲,贈編修弁玉吳君墓誌銘;黃梨洲文集,北京:中華書局,2009:220。

　　明末抗清士大夫陳子龍強調「人主之學」的崇高地位：「蓋人主之學，在於廣大變動，雄心武略以策天下之士，而不必執儒者之嘗談，庸人之程格以自隘」。〔註22〕顏元則認為當時的道學崇文偃武，是對儒學精神的背離，號召「復孔門實學」：「儒者不能將，不能相，只會擇將相，將相皆令何人做乎？……此朱子重文輕武不自覺處。其遺風至今日，衣冠之士羞與武夫齒，秀才挾弓矢出，鄉人皆驚，甚至子弟騎射武裝，父兄便以不才目之。長此不返，四海潰弱，何有已時乎？獨不觀孔門無事之時，弓矢、劍佩不去於身也，武舞干戚不離於學也！」〔註23〕顏元並親帥弟子躬行實學，課「禮樂書數天文地理等科」，「攻守、營陣、陸水諸戰法」，以及「水學、火學、工學、象數等科」，「討論兵農，辯商今古」。〔註24〕湖湘學派很早就預見到了華而不實學風的危害性。同為王朝末世，因為學術正統和士大夫人格表現的關係，湘軍人物則右南宋而薄明末。郭嵩燾評價：「南宋諸君子，理伸而勢絀。明以後言邊事者，理與勢俱窮焉。」〔註25〕在湖湘學人的眼中，真正的性命之學，需要向踐履中求得，學問首在正人心，齊士氣，求治道，定危難，否則皆稱不上稱正學。羅澤南痛陳咸同時期士人「一登士籍，則奔竟干謁，貪婪恣肆，罔所不至。朝廷之安危，生民之休戚，一無所顧惜於其間，是賤丈夫不在市井而在朝廷矣。……商賈罔利，猶必以其有易其無，士大夫之罔利，則惟假勢位之赫赫，嚇詐斯民而已，其不至於敗者幾希。」〔註26〕他的聖人標準，不同於平常理學家所言，而是以事功為衡：「聖人在上，則扶危定難，以救生民於一時；聖人在下，則黜邪衛正，以救人心於萬世。」〔註27〕

　　揆諸史實，士大夫的外干理想、匡世救時之抱負，與王朝的興衰固然有相當關係。但每遇王朝社會發生根本性顛覆之時，除個別置身其中的高層官員能發揮有限作用外，士人作為一個群體，只能接受或選擇，卻無法支配，

〔註22〕陳子龍，朱子強古今治平略序，安雅堂稿：卷5；李紀祥，明末清初儒學之發展，臺北：文津出版社，1992：85。

〔註23〕顏元，四存篇；顏習齋集，清初五大師集：卷5，北京：知識產權出版社，2012：202。

〔註24〕顏元，漳南書院記；習齋記餘：卷2；顏元集：下冊，北京：中華書局，1987：412。

〔註25〕郭嵩燾，郭嵩燾日記（咸豐九年，己未），朱漢民，丁平一，湘軍：第7冊，北京：社會科學文獻出版社，2013：227。

〔註26〕羅澤南，公孫下；讀孟子箚記：卷1；羅澤南集，長沙：嶽麓書社，2010：288。

〔註27〕羅澤南，滕文下；讀孟子箚記：卷1；羅澤南集，長沙：嶽麓書社，2010：292。

更不能從根本上改變「皮之不存毛將附焉」的從屬關係。

　　晚清與晚明，有許多相似之處，民亂於內，敵迫於外，士風頹喪，汲汲皇皇，有亡國之象。而當似乎相同的歷史境遇再次出現在晚清士大夫面前，以湖湘學人為主體的理學經世派則給出了與前人完全不同的應對模式。他們不僅在學術上站穩了腳跟，而且還攘臂而前，投身艱巨，主導了自己的命運，也書寫了屬於自己的歷史。客觀而論，晚清士大夫經世之成效，為前代所無，且影響深遠。這與清代儒學自身運動密不可分。自清初儒家便一直在對晚明進行反思，對儒學自身的種種弊端進行自我認識和克服。「抉心自食，欲知本味。」〔註28〕這種反思成為有清一代儒者深刻的集體文化記憶，強烈的刺激使得他們以經世為務，為應時救世從學術上、思想上、幹部上都作了充足的準備。他們堅信儒家聖王理想和學術理論的真理性和正確性，從學術上吸納了實現這一理想的一切有利文化因素，從相對邊緣化的儒學地域學派陡然因世變之亟，走向了歷史舞臺的中心。

二、宏濟艱難的現實選擇

　　中國精英士大夫歷來有宏濟艱難，與國共患難的傳統。胡宏曰：「道學衰微，風教大頹，吾徒當以死自擔。」〔註29〕只不過這種心願往往因種種原因在現實權力面前屢屢碰壁，顯得有些一廂情願。「書生之血誠，徒以供胥吏唾棄之具。」〔註30〕但這一切，都不能抑制儒者熱衷政治，追求聖王理想的熱情，只要條件具備，他們又起而從事之。王爾敏先生說「中國儒士之特徵：一旦家國家鄉邦遭逢世變，無論在何境況，自願挺身擔當，出而振焚救溺。凡此皆出於歷代儒徒輾轉薰陶教養，互相影響而得。」〔註31〕王爾敏評價湘軍救世情懷時說「往日治湘軍史，見其領袖分子，俱為儒生文士，並非武將，何以竟敢承此大任。然在儒生而言，當情勢緊急，首須出面承當，再計其他。回觀歷代史實，不乏往例可採。實為儒生共通志節，並非湘軍獨有特色。」〔註32〕救世情懷自非湘軍所獨有，然而以一隅之地，建軍創制，起衰振弊，以群體而非個體

〔註28〕魯迅，墓碣文；野草；錢理群，王得後編，魯迅散文全編，杭州，浙江文藝出版社，1991：41。
〔註29〕胡宏，與談子立；五峰集：卷2；胡宏著作兩種；長沙：嶽麓書社，2008：139。
〔註30〕曾國藩，覆胡蓮舫；曾國藩全集：第22冊：書信1，長沙：嶽麓書社，2011：70。
〔註31〕王爾敏，近代經世小儒，桂林，廣西師範大學出版社，2008：35。
〔註32〕王爾敏，近代經世小儒，桂林，廣西師範大學出版社，2008：35。

擔大任，成大功，則惟湘軍而已。

　　早在第一次鴉片戰爭前後，湖湘理學者就見微知著，發出了社會亟變的警報。當時「和議之後，都門仍復恬嬉，大有雨過忘雷之義。海疆之事轉喉觸諱，絕口不提，即茶坊酒肆之中亦大書『免談時事』四字，儼有詩書偶語之禁。」〔註33〕而湘系經世派則從鴉片戰爭中清政府的顢頇看到了潛藏的社會政治危機。郭嵩燾「當庚子辛丑間親見浙江海防之失，相與憤然言戰守機宜，自謂忠義之氣，不可遏抑。」〔註34〕1842 年，劉蓉聽聞戰敗議和消息後，憤然說：「自古玩寇之師，未有若斯之謬者也。」〔註35〕「和議之成，令人憤悒。……往者莫追，來者可懲。」他希望曾國藩「可為內修外攘之計，……蘊蓄經綸，以需時用。」〔註36〕

　　湘系理學家敏銳地預見到了大亂將至。劉蓉進一步闡述道：「外夷之烽燧未消，而海內外之干戈已起。天下之勢方岌岌焉，有厝火積薪之憂。今又張之風，而助之焰，則前所陳數事者，有不一旦併發而速燎原之禍者哉。」〔註37〕胡林翼、左宗棠「每風雨連床，徹夜談古今大政，論列得失，原始要終，若預知海內將亂者，輒相與唏噓太息，引為深憂。」〔註38〕

　　湘系經世派將這種危機歸因於士大夫和官僚的道德敗壞，腐敗無能，是非不辨，苟且取容。左宗棠在道光二十年致信賀熙齡說：「洋事日浸不佳，江東復作敗局。」「一二庸臣一念比黨阿順之私，今天下事敗壞至此。」〔註39〕曾國藩痛切地說「二三十年來，士大夫習於優容苟安，揄修袂而養姁步，倡為一種不白不黑不痛不庠之風，……國藩昔廁六曹，目擊此等風味，蓋已痛恨次骨。」〔註40〕王鑫分析太平軍雖然勢盛，「然實文武醉生夢死所致，非賊之難平也。」〔註41〕湘軍人物從理學觀念出發，強調撥亂反正先從正士風、嚴操守

〔註33〕軟塵私議；中國史學會，鴉片戰爭：第 5 冊，上海：上海人民出版社，1957：529。
〔註34〕郭嵩燾，郭嵩燾詩文集，長沙：嶽麓書社，1984：225。
〔註35〕陸寶千，劉蓉年譜，臺北：中央研究院近代史研究所專刊（40），1979：32。
〔註36〕陸寶千，劉蓉年譜，臺北：中央研究院近代史研究所專刊（40），1979：31。
〔註37〕劉蓉，致某官書，養晦堂文集：卷 3，劉蓉集：第 2 冊，長沙：嶽麓書社，2008：55。
〔註38〕梅英傑，胡林翼年譜，湘軍人物年譜：第 1 冊，長沙：嶽麓書社，1987：201。
〔註39〕左宗棠，左文襄公全集：書牘：卷 12，萃文堂刻刷局光緒十六年版，20。
〔註40〕曾國藩全集：書信 1，長沙：嶽麓書社，1990：414。
〔註41〕王鑫，覆李春醴觀察；王壯武公遺集：卷 9，朱漢民，丁平一，湘軍：第 6 冊，北京：社會科學文獻出版社，2013：501。

做起，「方今天下大亂，人懷苟且之心。……吾輩當立準繩，自為守之，並約同志共守之，無使吾心之賊，破吾心之牆子。」〔註42〕羅澤南提倡節義以撐持世運，挽回天心：「人之所以能撐持世運者，此節義耳。夫節義豈必時窮而後見哉！天下無事，士人率以名節相尚，處則浴德澡身，出則為斯民興利除害，斯世必不至於亂。即亂矣，相與倡明大義，振厲士氣，當萬難措手之際，從而補救之，削平之，未使不可挽回。」〔註43〕

作為手無寸柄的在野派，咸同經世人物受孟子思想影響，對「君子固窮」有著深刻認識，並做好了充分的思想準備。即使有一二人如曾國藩側身官場，身居高位，卻並無多少實權。湘系經世集團先行者在晚清官場中往往被視為異類，如孤飛的鴻雁，形單影隻，寂寥無聲。「國藩在此日夜焦思，諸友皆遠別，無人熟商，每用深歎。」〔註44〕劉蓉也說：「當末流之世，而事事求其有濟，綱紀馳廢，人心痯壞，欲整飭而教督之，以培養元氣、扶冀末運，既驚世而駭俗，或取譏而召鬨……。」因為「粉飾以動朝廷之聽，徇俗以要士紳之譽，固數十年來持祿固位者相傳之秘術矣。」〔註45〕

為實踐理學經世理想，他們抱定了舉世非之而不加沮，萬眾狙之而不反顧的決心，為即將到來的社會動亂做著最後的準備。劉蓉渴望：「得一二賢者起而振之，……行道於天下，以宏濟艱難為心。」〔註46〕在湖南危急的時刻，曾國藩「日與張石卿中丞（張亮基）、江岷樵（江忠源）、左季高（左宗棠）三君子感慨深談，思欲負山馳河，拯吾鄉枯瘠於萬一。蓋無日不共以振刷相勖」。〔註47〕湘軍集團將磨難視為故常，「古人患難憂虞之際，正是德業長進之時。其功在於胸懷坦夷，其效在於身體康健。聖賢之所以為聖賢，佛家之所以成佛，所爭皆在大難磨折之日，將此心放得實，養得靈。有活潑潑之胸

〔註42〕曾胡治兵白話句解，濟南，山東書局（改訂版），民國二十一年（1932）：42～43。

〔註43〕羅澤南，重修謝疊山先生祠引；羅忠節公遺集：卷5；羅澤南集，長沙：嶽麓書社，2010：81。

〔註44〕曾國藩，覆夏憩亭；曾文正公全集：書札：卷4，朱漢民，丁平一，湘軍：第6冊，21。

〔註45〕劉蓉，覆郭筠仙中丞書；養晦堂文集：卷7，朱漢民，丁平一，湘軍：第6冊，449。

〔註46〕劉蓉，與曾滌生侍郎；養晦堂文集：卷5，劉蓉集：第2冊，長沙：嶽麓書社，2008：105。

〔註47〕曾國藩，與湖南各州縣公正紳耆書；曾文正公全集：書札：卷2，朱漢民，丁平一，湘軍：第6冊，北京：社會科學文獻出版社，2013：6。

襟，有坦蕩蕩之意境。」〔註48〕

　　面對太平天國節節進取之勢，湖湘士紳自覺地或者說本能地站到了其對立面。其中有較複雜的多種因素，階級、文化的對立則是主因。胡林翼分析當時形勢說：「盜賊充斥之時，非比叛國、叛藩可以棲隱，非我殺賊，即賊殺我。」〔註49〕而太平軍的凌厲攻勢，使創建伊始的湘軍集團承受了巨大的軍事和心理壓力。曾國藩當時對抗擊太平軍的前景並無把握：「蒼蒼者究竟未知何若，吾輩竭力為之，成敗不復計耳。」〔註50〕以「今亮」自居的左宗棠在參幕一年多後，亦心力交瘁，「年來心血耗竭，不欲復參戎幕。……自此匿跡銷聲，轉徙荒谷，不敢復以姓字通於塵界矣！」〔註51〕王鑫讀左宗棠來信，「至救一日算一日，就一分算一分，不禁淒然泫然。」〔註52〕

　　然而，強烈的使命感、責任感使湘軍人物在困頓和挫折面前不敢言退，體現出極堅韌的湖湘文化內聚力，形成了以理抗勢的思想。郭嵩燾說：「一時所不能違者，勢也。萬世所不能越者，理也。」〔註53〕曾國藩言：「獨賴此精忠耿耿之寸衷，與斯民相對於骨嶽血淵之中，冀其塞絕橫流之人慾，以挽回厭亂之天心，庶幾萬有一補。」〔註54〕劉蓉感歎：「世道人心胥溺至此，吾輩身際其間，既有所不屑為，而亟思一反之，以期不負吾君，不負吾民，不負吾夙昔讀書求道之微志……」〔註55〕王鑫在初辦團練時說：「非有大家貲也，非有大勢力也，只恃一點血誠，不計成敗利鈍，不顧福禍生死，任勞任怨，以成此舉。」〔註56〕再如，1854年劉蓉自回家葬母后，本無意再出，一旦聽聞江

〔註48〕曾胡治兵白話句解，濟南，山東書局（改訂版），民國二十一年（1932）：44～45。

〔註49〕胡林翼，致席寶田；胡林翼集：第2冊，長沙：嶽麓書社，1999：580。

〔註50〕梁啟超輯，唐浩明點評，曾國藩嘉言鈔，長沙：嶽麓書社，2007：14。

〔註51〕左宗棠，與周汝充（咸豐三年）；左宗棠全集：第10冊，長沙：嶽麓書社，2012：88。

〔註52〕王鑫，覆左季高先生；王壯武公遺集：書札2，朱漢民，丁平一，湘軍：第6冊，505。

〔註53〕郭嵩燾，郭嵩燾日記（咸豐九年，己未·十月初十日），朱漢民，丁平一，湘軍：第7冊，227。

〔註54〕曾國藩，與江岷樵左季高；曾國藩全集：第21冊，長沙：嶽麓書社，1986：119。

〔註55〕劉蓉，覆郭筠仙中丞書；養晦堂文集：卷7，朱漢民，丁平一，湘軍：第6冊，449。

〔註56〕王鑫，團練說；王壯武公遺集：卷24：雜著，朱漢民，丁平一，湘軍：第3冊，146。

忠源陣亡的消息，「乃復慨然改圖，蓋慮諸士友懷從戎之志者，或因是沮喪而生退怯之心，則勢益孤而情益渙。慨世情之變遷，感平生於疇昔，不可不奮身從事也。」〔註57〕

　　湘系士紳的經世目標是層層遞進的，首先是保身、保家、報鄉，其次延伸至一地一省，終至於保一國。在殘酷的鬥爭中，他們清醒地認識到不能保國，終不能保身家。郭嵩燾在太平軍離開湖南後，就馬上提醒：「且湖南事雖幸暫了，天下之事將如何？天下有事，湖南亦豈能自了。」〔註58〕當時，受湖湘經世理學的浸染，湘軍集團中具有這種「澄清天下」意識者不在少數。湘軍前期少壯戰將王鑫就是一個典型的例子。他說「嗚呼，上不能謀，下不能死，此古今所同慨也。……自願請纓前往，以抒恫瘝之憂，以洗國家之恥，勿使後世之論史者謂朝廷養士二百餘年，不得少食其報也。」〔註59〕湘軍將領唐訓方也說：「士君子讀祖父書，幸以科名登仕籍，一旦遭時多故而束手無策，坐視逆焰燎原，生民塗炭，不獲少出所學，為國家宏濟艱難。此不足報朝廷，即何以對祖宗？」〔註60〕

三、「以道救時」的理學經世理路

　　湘軍集團的首要目標在於「守道」，即堅守維護儒家倡導的人倫綱常和文化形態。最早提出守道救時思想的是晚清理學宗師唐鑒。「今夫救時者人也。而所以救時者道也。正直可以儕回邪。剛健可以御強梗。莊嚴可以消柔佞。端愨可以折侵侮。和平可以息橫逆。簡易可以綜繁賾。抱仁戴義。可以淑心身，周規折矩可以柔血氣，獨立不懼可以振風規，百折不回可以定識力，守顧不重乎哉？」〔註61〕同時湘軍理學經世派又不僅僅從事於單純被動的「守道」，而是邁進到了道、術結合的「用道」層面，「文化內輯，武功外悠」，以儒學價值和理學方法來實現救時的目的，一定程度恢復了儒家治道的社會功效。

　　理學家們往往將世道衰微歸咎於學術自身的衰敗，謂當今所謂學術者，均

〔註57〕陸寶千，劉蓉年譜，臺北：中央研究院近代史研究所專刊（40），1979：93。
〔註58〕郭振鏞，湘志平議，朱漢民、丁平一，湘軍：第1冊，北京：社會科學文獻出版社，2013：112。
〔註59〕王鑫，示友人書；王壯武公遺集：卷8·書札：卷1，朱漢民，丁平一，湘軍：第6冊，458。
〔註60〕唐訓方，告祖文；唐中丞遺集：文集卷下，朱漢民，丁平一，湘軍：第6冊，212。
〔註61〕唐鑒，國朝學案小識提要；唐鑒集，長沙：嶽麓書社；2010：266。

非程朱正道。理學的價值在於修德成物，在於起而行之，重建社會政治、倫理秩序。「今夫為學之道，果何如哉？內以成己，外以成物而已。……內顧一身，養性情、正倫紀，居仁由義，只完吾固有也。外顧天下，萬物皆吾心所當愛，萬事皆吾職所當盡，正民育物，悉在吾分內也。」〔註62〕葉德輝說咸同時期「其間柄兵大臣，如胡文忠、曾文正、左文襄以及羅忠節、王壯武諸公，皆以理學名儒，出膺艱巨。文正兼操漢宋之學，遂為近代儒宗。文襄博覽群書，務為有用之學，其功業皆本原學術。」〔註63〕

湘軍理學經世派「以道救時」的具體理路略有：

（一）正本原以綜萬變

湘系經世派對大亂之象探本尋源，認為非以理學不能任天下之重。胡林翼回顧自己壯年之後「經歷世故險阻，退旁稽於學籍，乃知向時矯焉以求異於一世為不足據，而為學之道，必斷然一本於誠，雖躬豪傑之資，任天下之重，未有達此而不敗者。」他進一步提出「將欲弭天下之亂，終必自正學術、培人才始。」〔註64〕曾國藩說：「自古大亂之世，必先變亂是非，然後政治顛倒，災害從之。賞罰之任，視乎權位，有得行，有不得行。至於維持是非之公，則吾輩皆有不可辭之任。顧亭林所稱匹夫與有責焉者也。」〔註65〕在湘系經世派看來，賞罰之權在朝廷，是非之辨在士林。賞罰未必公允，而是非必不能含混。而這個是非，就是理學的綱常倫理。正是非則必先修身，然後可以體立而用達。方宗誠指出：「救時不本於聖道，則雜霸權謀，雖補苴於目前，流弊究不可殫述。」〔註66〕劉蓉以為「為學固所以適用，然必體立而後用行，自非義精理得，動中倫類，而欲以泛泛然無主之胸，試諸萬變紛紛之會，未有不喪其所守者。」〔註67〕1857年王鑫覆曾國藩信曰：「即知偶及之而仁不足以守，甚且視為迂闊而莫知省，此天下之所以日趨於亂而莫可救藥也。」〔註68〕讀之，可知當時理學家之從事事功，固非起於流俗功名之念也。湘軍人物在功成名就之後，尤不

〔註62〕羅澤南，人極衍義；羅澤南集，長沙：嶽麓書社，2010：191。
〔註63〕葉德輝，嘉慶己未臧庸刻本題跋；經義雜記：卷30；郋園讀書志：卷2，戊辰，上海澹園。
〔註64〕胡林翼，箴言書院序；胡林翼集：第2冊，長沙：嶽麓書社，1999：1123。
〔註65〕梁啟超輯，唐浩明點評，曾國藩嘉言鈔，長沙：嶽麓書社，2007：23。
〔註66〕方宗誠，應詔陳言疏；柏堂集續編：卷21；柏堂遺書，1848：58。
〔註67〕陸寶千，劉蓉年譜，臺北：中央研究院近代史研究所專刊（40），1979：59。
〔註68〕陸寶千，劉蓉年譜，臺北：中央研究院近代史研究所專刊（40），1979：113。

忘告誠後人：「吾甚懼夫紛紛者以功名為可以倖致，以學問或無濟於實用而忽之也。」〔註69〕堅信事功必有所本，不離道言利，不求一時之效而謀長遠之計，這也是湘系理學經世派的共同文化願景，它將理學經世與其他經世派劃分開來，將理學經世派與其他機會主義者、功利主義者區別開來。

（二）倡實幹以逞實功

湘軍人物處處以身作則的作風，表明他們不僅是宣傳家，更是實幹家，不僅是倡導的先驅，更是踐履的楷模。王鑫言：「念國家鼎沸之秋，正賴二三君子相與撐持，以挽狂瀾於既倒。」〔註70〕羅澤南提出「人慾行道，必先存理；人慾存理，必先擴識；人慾擴識，必先立志。」〔註71〕主張革除理學末流只重語錄，空言心性天道，不講格物致知，不修自身德性的弊端。曾國藩批評士大夫多在局外吶喊，不敢躬身入局的毛病：「天下事在局外吶喊議論，總是無益，必須躬自入局，挺膺負責，乃有成事之可冀。」〔註72〕從史實看，湘軍戰績多為其崎嶇百戰所得，從未心懷僥倖。左宗棠回憶，自己當年打太平軍，打撚軍，打回軍，「都非他們怕我。還是要打，怕是打出來的。」〔註73〕

（三）聚人才以協大道

胡林翼提出：「願大其道以仔肩，宏其量以開濟，好賢一事，當視如身心性命。」〔註74〕劉蓉在學術上提倡「執德以宏」，反對斤斤計較於小節，在最大的基礎上造就儒家，特別是理學者內部的團結。「竊謂國步艱虞之秋，君父焦勞之際，為臣子者，義當蠲除私憤，務矢公忠，況於小嫌，何足介介，而反躬責己，吾黨所珍，小者之不能自克，則大事其何濟矣。……若其不然，將人人秦越，步步棘荊，拂意之遭，不但一端而止。雖孤忠自賞，而執德不宏，抑非所以誘斯人而諧之大道也。」〔註75〕劉蓉甚至勸導曾國藩以利祿之

〔註69〕朱洪章，從戎紀略，朱漢民，丁平一，湘軍：第1冊，北京：社會科學文獻出版社，2013：611。

〔註70〕王鑫，咸豐丙辰日記下；王壯武公遺集：日記，朱漢民，丁平一，湘軍：第7冊，73。

〔註71〕羅澤南，論：學問；羅忠節公遺集：卷3〔M〕‖羅澤南集，長沙：嶽麓書社，2010：51。

〔註72〕吳永，庚子西狩叢談：第4卷，1943：131～134。

〔註73〕汪康年，紀左恪靖侯軼事，汪穰卿筆記：卷8，朱漢民，丁平一，湘軍：第8冊，820。

〔註74〕方宗誠，柏堂師友言行記：卷2，朱漢民，丁平一，湘軍：第8冊，495。

〔註75〕陸寶千，劉蓉年譜，臺北：中央研究院近代史研究所專刊（40），1979：87。

途獎掖功名之士，鞏固和擴大陣營的基礎。曾國藩稍有嘗試，即自嘲自己近日「壞了幾分」，因此受到左宗棠的譏諷。「伊卻肯聽話。所以諸事尚有幾分。近來外人亦不盡以書憨嘲之，伊卻自笑云壞了幾分矣，以後若再好幾分，恐又行不去也。」〔註76〕胡林翼在這方面則得心應手，只不過顯得稍有過頭即受到湘軍將領李續賓等的質疑。然總的來說，曾國藩、胡林翼待所屬幕僚部將，雖兼容並包，不計小節，仍持之有道，不離宗旨左右。

（四）重法紀以肅綱紀

在鎮壓敵對勢力方面，曾國藩重以申韓之法，不避武健之名，他說「三十四年來一種風氣，凡凶頑醜類，概優容而待以不死。自謂寬厚載福，而不知萬事墮壞於冥昧之中，浸潰以釀今日之流寇。」〔註77〕胡林翼一反官場成例，力主以重法治亂世，認為「優容實以釀禍，姑息非以明恩。」故「居今日而為政」，「治將亂之國，用重刑」，「非用霹靂手段，不能顯菩薩心腸。」〔註78〕他批評廣西巡撫鄭祖琛之在粵西，「殺一盜必念佛三日，遂以貽禍天下，塗炭至今。不知所謂陰騭者安在。……然則好殺不好殺，均非情理之平。惟其生殺之當而已矣。」〔註79〕王鑫撰聯云：「行道無違，積德莫非積福；殺人而當，大悲亦是大慈。」並用以教各勇。〔註80〕湘系經世派在長期的軍事、政治鬥爭中豐富了閱歷，使得他們立身行事少了許多書生頭巾氣，而培養了堅韌果決、善謀敢斷的氣質。

第二節　湘軍理學經世思想來源的幾個側面

一、從衡麓書院碑記、學規看湘軍人物的理學思想訓練

（一）衡麓書院體系與其碑記學規

湖南書院自南宋開始興盛，清代達到頂峰。

〔註76〕左宗棠，答胡潤之（二）；左文襄公全集：書牘：卷2，朱漢民，丁平一，湘軍：第6冊，73。

〔註77〕曾國藩，覆胡潤之；曾文正公全集：書札：卷2。

〔註78〕胡林翼，胡林翼集：第1冊：奏稿，長沙：嶽麓書社，1999：24。

〔註79〕胡林翼，大治縣稟呈拏貨滋事匪徒批；胡林翼集：第2冊，長沙：嶽麓書社，1999：1006。

〔註80〕王鑫，覆永州朱寅庵鎮軍；王壯武公遺集：卷9，朱漢民，丁平一，湘軍：第6冊，北京：社會科學文獻出版社，2013：475。

　　南宋胡安國、胡宏父子在衡嶽之麓創建碧泉書院、文定書堂（後改文定書院）傳播理學，「開湖湘之學統」；紹興、隆興之際十餘年中，湖南就創建興復了9所書院，包括善化縣的城南書院、湘西書院、寧鄉縣的道山（又名「靈峰」「雲峰」）書院，衡山縣的南軒書院，衡陽縣的胡忠簡書院，安仁縣的玉峰書院，靖州的侍郎書院，辰州的張氏書院，瀘溪縣的東洲書院。乾道元年（1165 年），潭州知州兼湖南安撫使劉珙重修嶽麓書院，請張栻主講。自淳熙到紹熙的二十年內，湖南又重建了著名的衡陽石鼓書院，創建了茶陵明經書院、興寧辰岡書院、桂陽石林書院、武岡紫陽書院等。張栻之後，其弟子又創建了湘鄉漣濱書院、湘潭主一書院、衡陽南嶽書院等。慶元年間醴州新建了深柳書院，湘鄉建立了濂溪書院，魏了翁謫居靖州建鶴山書院。後湖南又創建了安仁清濱、鄙縣台山、靖州作新、善化麗澤、醴陵西山、龍陽龍津、澄州范文正公、興寧辰岡、臨武環綠、黔陽寶山、靖州鶴山等 11 所書院。南宋以來各地書院林立，頗具規模，形成了湖湘以衡陽——長沙為軸心的衡麓書院體系，促進了學術發展和理學交流。據統計，宋代湖南書院有近70 所，其中嶽麓書院、石鼓書院位列「天下四大書院」；清代湖南書院多達531 所，遍布城鎮鄉村，甚至包括邊遠少數民族地區。〔註81〕這些書院作為民間學術機構傳道授業，載文弘道，與名山、名人、名勝交相輝映，在歷史長河中留下了豐富的文化遺產，而出自碩學鴻儒之手的書院碑記、學規不僅是書院歷史的主要文獻，而且成為其文化價值的重要載體。

　　「記」是一種古代散文文體，通過記人、記事、記物、記景，來抒發作者的感情和主張，在寫法上大多以記述為主而兼有議論、抒情。書院碑記則包含了碑和記兩種，「碑」分文碑、詩碑、字碑、圖碑等。書院碑記主要記錄與書院相關的大事，一是各地書院創辦之初或重修、增制之時，往往有記，如張栻《潭州重修嶽麓書院記》、郭嵩燾《重建湘水校經堂記》等；二是用以記錄書院文化交流中的盛事，如「朱熹詩碑」記述了宋乾道三年（1167）朱熹訪學嶽麓書院與張栻共同探討理學思想的過程。「學規」是書院教學管理和文化活動的規範性制度，主要由山長商諸本地賢達擬定，如羅典《嶽麓書院課藝序》等。清代嶽麓書院已有學規、學約、學箴等 13 種，共 92 條，其中較著名者為康熙年間李文炤的學規 8 條，乾隆年間楊錫紱的學規 4 條，乾隆十三年王文清的學規 18 條及他手訂的《讀經六法》《讀史六法》等。書院碑

〔註81〕千年湖湘書院圖記：序言，萬卷出版社，2015。

記和學規撰文者往往為當時賢達之士，如為嶽麓書院作記的，或為著名文學家如李東陽等，或為書院山長如歐陽守道、歐陽厚均、羅典等，或為地方官員如楊茂元、丁思孔等，或為著名政治家如郭嵩燾等。

碑記和學規往往反映了一座書院的歷史沿革、價值取向、辦學宗旨和學術特色。如胡宏以「學聖人之道，得其體必得其用」的學術旨趣為碧泉書院辦學宗旨，張栻以「成就人材，傳道而濟斯民」、「得時行道，事業滿天下」〔註82〕的學術旨趣為嶽麓書院教育宗旨，都集中體現在書院碑記和學規中。清康熙二十四年（1685），湖南巡撫丁思孔在《重修嶽麓書院碑記》中宣稱要「繼朱、張兩夫子之遺緒，講明性天之學，蹤軌前型，扶掖末哲。」〔註83〕

（二）衡麓書院碑記學規包含的主要思想內容

以嶽麓書院為重點的衡麓書院的碑記學規流傳至今者甚尠，從整體上分析，其意旨以宗程朱，嚴修身，育人才為主，概況起來不外以下幾個方面：

1. 禮學範式教育

歷代嶽麓書院對學子的尊禮思想和個人禮容十分重視。乾隆辛酉年（1741）鄉試第一，後中進士改庶吉士，授編修，擢江南道監察御史的歐陽正煥，於乾隆二十二年（1757）歸主嶽麓書院講席，書「整齊嚴肅」四字碑以訓導學子，並作揭強調「涵養在主敬」的宗旨，反對「心放而勿收」「曠蕩逐朋從，紛華緣物競」，提出學子應「制外以養中，主靜以定性」，要求從「視聽言動間」不越規矩，力行君子之行。嶽麓書院山長王文清曾任職於三禮館，執掌嶽麓之後，將禮學研究引入書院，與程朱理學相融合，形成了後來書院「禮」「理」合一的學術風格。王文清視「整齊嚴肅」為治學修身「下手要處」。〔註84〕湖湘書院將禮學中的禮儀訓練與理學家的內聖之學結合起來，貫通了「禮」與「理」的關係，要求學生內修德性，外修儀容，良好的禮學思想浸染和禮儀教育，使得書院學生儀容整肅，不好空言浮行。

2. 人才養成教育

衡嶽書院體系素來偏重質而輕視文，認為文在儒學學術體系中應服從於

〔註82〕張栻，潭州重修嶽麓書院記（一）；南軒集卷10；張栻全集：中冊，吉林：長春出版社，1999：693，694。

〔註83〕丁思孔，重修嶽麓書院碑記，吳道行，趙寧，嶽麓書院志：卷7，長沙：嶽麓書社，2012：432。

〔註84〕王文清，嶽麓書院學箴九首，朱漢民，鄧洪波，嶽麓書院史話，長沙：湖南大學出版社，2006：85。

質，文以載道而不能以文害質，以質樸的求學方法養成實學風氣，培育經世之才。賀熙齡指出「學者，所以學為人也。讀書窮理，將以自治其身心而為天下國家之用也。」〔註85〕嶽麓前賢張栻教導，治學要「貴實用而恥空言」。山長李文炤於康熙五十六年所頒學規，揭櫫了「博洽而旁通」的治學原則，強調士人需「身通六籍」，不可畫地自限，若「徒以詩文自負，何以自別於凡民乎？」〔註86〕湖湘士人認為，求學首在立志，張大格局，有著強烈的精英意識。「古人先器識而後文藝，蓋謂器識本也，文藝末也。」〔註87〕濂溪書院學規強調「士貴立品，不同凡民。」〔註88〕晚清著名山長歐陽厚均也提倡「培植人才，為有體有用之學，出為名臣，處為名儒，固不徒在區區文藝之末也。」〔註89〕在湖湘學人看來，教育就是「思欲有所造就，上以備國家有用之才，下以樹鄉里庶民之望。」〔註90〕

3.「一宗程朱」的學術思想訓練

衡嶽書院體系作為湖湘學術的重要載體，自南宋以來始終遵循程朱、張栻學術正統。南宋朱張講道於嶽麓之間，「湖南道學一時為天下宗。」〔註91〕康熙五十六年，李文炤出任嶽麓書院山長，闡揚程朱之正學，修訂《嶽麓書院學規》，「四方聞而景從者，不減百人。」〔註92〕羅典主講嶽麓，唯以治經、論文，啟誘後進，覃思幽微，多有心得。龍驤在《重修嶽麓書院記》中說到：「天地之道不息，則朱張之交不朽。」〔註93〕賀熙齡認為：「窮理必自《四書》始。而注疏得其粗，章句集解得其精，故讀《四書》者必自朱子始。……於朱子之義理精微未能究心，而惟刻求其訓詁徵引之小有出入者以為詬歷，豈非養其一指而失其肩臂，培其枝葉而忘其本根者乎？吾身心之未治，而欲

〔註85〕賀熙齡，潘孝橋「四書章句集注輔」序；寒香館文鈔：卷2，朱漢民，丁平一，湘軍：第3冊，北京：社會科學文獻出版社，2013：12。
〔註86〕李文炤，嶽麓書院學規；鄧洪波，中國書院學規，2000：173，174。
〔註87〕周在熾，玉潭書院條約；鄧洪波，中國書院學規，2000：177。
〔註88〕徐尊顯，濂溪書院學規；鄧洪波，中國書院學規，2000：183。
〔註89〕歐陽厚均，嶽麓課藝三集序；歐陽厚均集：第1冊，長沙：嶽麓書社，2013：182。
〔註90〕賀熙齡，訓士文；寒香館文鈔：卷1，朱漢民，丁平一，湘軍：第3冊，北京：社會科學文獻出版社，2013：11。
〔註91〕李棠，益陽龍洲書院志序；羅汝懷，湖南文徵：卷28，清同治八年（1869）刊本。
〔註92〕李芳華，李恒齋先生行述；李文炤集，長沙：嶽麓書社，2012：227。
〔註93〕羅汝懷，湖南文徵：記六：卷47，清同治八年（1869）刊本。

以治天下國家，無怪乎其顛倒迷惑而不能自主，眩搖於禍福利害而無能自克也」。〔註94〕在書院文化的影響下，十九世紀初的湖南成為理學氣氛最濃厚的省區之一，不僅風氣自得，道統觀念根深蒂固，而且影響了全國的理學風氣。

4. 政學同貫的經世訓練

湘人傳統之風一直講究「政學相貫」，以理學立本，經學擴識，史學應事，「不鼓勵進行沒有政治運作根基的純學術研究，並十分有效地排斥著個人化的體悟風格對書院訓誡模式的影響」。〔註95〕陶澍在《尊經書院課藝序》中明確表達對諸生的學習期望並非科舉，而在於致用：「夫國家造就人才，……其所望於諸生，豈惟是能為制舉之文，遂詡然自足哉？亦將歷之以通經學古，而致諸用也。」〔註96〕裕泰在《龍潭書院記》中闡明了湖湘學派的政學關係思想：「政學同條而共貫，是為體用之全。若政不本於學術，雜霸之學也；學不施於政事，無用之學也。學廢政馳而異端遂橫，古者政與學相因相輔。」〔註97〕嶽麓書院山長李文炤強調「學者欲通世務，必須看史。」「學問思辨，必以力行為歸」。〔註98〕王文清在湖南開治漢學之先聲，但他並不純以考據儒家經典為務，而是兼治史學。他所定《嶽麓書院學箴九首》，將禮樂兵農等視為「經天緯地」之事業，要求學生通曉時務，以求經世致用，「名教是輔」。〔註99〕湘系經世派先驅城南書院山長賀熙齡力主「明體達用」之學。其言「讀書所以經世，而學不知要，瑰瑋聰明之質，率多墮敗於詞章訓詁、襞襀破碎之中，故明體達用之學，世少概見。」〔註100〕

（三）湘軍人物受益於書院教育

湘軍人物與書院教育淵源很深。可以說，湘系經世派的主要人物都或多或

〔註94〕賀熙齡，潘孝橋「四書章句集注輔」序；寒香館文鈔：卷2，朱漢民，丁平一，湘軍：第3冊，12。
〔註95〕楊立群，從知識／權力的互動關係看書院功能的演變，朱漢民主編，中國書院第二輯，長沙：湖南教育出版社，1998：58。
〔註96〕陶澍，尊經書院課藝序，陶文毅公全集：文集：卷37，朱漢民，丁平一，湘軍：第3冊，3。
〔註97〕裕泰，龍潭書院記；湖南通志：學校七：書院一：卷68，長沙：嶽麓書社，2009：1522。
〔註98〕李文炤，嶽麓書院學規；鄧洪波，中國書院學規，2000：174。
〔註99〕王文清，嶽麓書院學箴九首，朱漢民，鄧洪波，嶽麓書院史話，長沙：湖南大學出版社，2006：85。
〔註100〕賀熙齡，寒香館文鈔：卷2，11。

少地與書院有著某種關係。曾國藩、左宗棠、胡林翼、劉蓉、羅澤南、郭嵩燾、郭崑燾、李元度、曾國荃、陳士傑、劉長佑、江忠源、羅饒典、劉坤一等青年時代都曾在嶽麓或城南兩書院求學。彭玉麟則受學於衡陽石鼓書院。他們都是道光年間湖南書院的肄業生，多受學於書院名儒歐陽厚均、賀熙齡，他們通過書院肄業、遊學，或列為同門（如左宗棠、胡林翼），或締為至交（如曾國藩、劉蓉與郭嵩燾），或結為師生（如曾國藩與江忠源，羅澤南與王鑫、李續賓、曾國荃），胡林翼、曾國藩、郭嵩燾等還以此為起點勤學擴識，步入進士之途，進入帝國官場高層。正如郭嵩燾所言，書院的功用在於「會天下之學者，以道相承，以業相勖，規濟學校之窮而廣師儒之益。」〔註101〕他們經過書院理學教育的訓練和薰陶，傳承了湘學學統，均保持了將求學與求道、求治相融通的共同學術旨趣。書院行為規範和理學思想教育直接塑造了湘軍湘軍集團核心人物的品性德行，湘軍首領幾乎無一不是堅定的理學信徒。

湘軍人物無論管軍、臨民、治事，均強調勤、慎為先，而以誠為本，正是理學思想在行為方式上的突出體現。後人評價曾國藩說「吾嘗推原公之竟能及此者，不過內無媢忌、外無嗜好、休休有容、至公無私而已。」〔註102〕劉長佑少年「負笈嶽麓書院，嘗數載不歸，」沉迷於學術，「性莊重。自幼不好戲弄。稍長，循循禮法，口無妄言。聞人談及閨閣，或涉狹邪，必正色斥之。往往同堂浪謔，見公即斂。」〔註103〕其以仁心治事，帶兵十數年，「未嘗戮一偏裨，即勇夫之有罪者，亦多屈法宥之。自非攻城對仗於賊，不輕殺一人。仁心仁聞人知之，賊亦知之。」〔註104〕郭崑燾說「吾輩出而任事，只期上不負國，下不負所學，中可以對桑梓友朋，是非毀譽，固可聽之。至於與人交接，惟當以一誠相與，……無庸避謗，亦不宜速謗，此又經中之權之不能廢者也。」〔註105〕

在修身自持方面，湘軍人物大多能以實行踐行理學原則，表現出與舊式將領完全不同的道德文化內涵。左宗棠言：「士生於世，凡得失窮通，皆可聽之時命。獨其所以自立者，不容不審。……然而匡輔之器、幹濟之才，磨練

〔註101〕郭嵩燾，嶽麓書院碑記；養知書屋詩文集：文集：卷25，朱漢民，丁平一，湘軍：第3冊，北京：社會科學文獻出版社，2013：234。
〔註102〕書各省督撫奏陳曾文正公遺事諸疏後；申報第62號（壬申六月初六日），朱漢民，丁平一，湘軍：第8冊，101。
〔註103〕劉長佑，箚記，朱漢民，丁平一，湘軍：第2冊，275。
〔註104〕劉長佑，箚記，朱漢民，丁平一，湘軍：第2冊，275。
〔註105〕郭崑燾，覆魏鑒塘文學；雲臥山莊尺牘：卷7，朱漢民，丁平一，湘軍：第6冊，727。

既深，挾持自異，一旦舉而措之，為天下所共仰。」〔註106〕郭嵩燾將義利之辨作為君子之學的目標：「君子之學之大防有必辨者，義利而已矣。盡天下之學一出於科舉，其所謂書院者，亦以是為程，泛然不知聖人之教，與其所以學者之何事，是豈立學之本意哉！」〔註107〕劉蓉道光二十五年（1845）致郭嵩燾書說：「某聞君子之學，以成德也。德未成，不可以適用，不敢寬吾學焉。君子之立言，以明道也，道未明，不敢苟於言焉。……從之於道德之途，以體諸心，修諸身，則體立而用行。」〔註108〕湘軍人物多以道義自持，謹守理學教條。如曾國藩早年開始以日記自修，堅持數十年不輟。郭嵩燾「常以二念自勵：曰知恥；曰有忌憚。」「苟為君子，則未有不以忌憚為義者矣。人生數十年，學問事功，正須各求所以自立，日加提省，則此不肖之念，自反而聽命，非區區勸誡之能及也。」〔註109〕惟胡林翼雖受父親胡達源「學宗宋儒」，少時即授以性理諸書」的影響，亦嘗「讀書嶽麓，稽經諏律，用宏厥蓄」。〔註110〕但因「負才不羈」不被歸入理學家之列。而一旦任宦貴州，並感受到世將大亂的危機，即改頭換面，全面認同理學道德原則，連曾國藩都感歎，服其「進德之猛」。〔註111〕劉長佑「寡嗜好，凡克城鎮所得寶劍、名馬及其他珍玩之物，公從不留盼。人亦無敢以此來獻者。……公性渾厚，圭角泯然，……凡文檄……見有一語溢分傷物者，輒削去之。」〔註112〕

　　湘軍人物效法前賢澄清天下之志，講求經世之學而不廢君子之行，也充分體現了衡麓書院文化中「政學相貫」「理以實為貴」和「勇以進取，謙受益焉」〔註113〕的特點。劉蓉強調貴先辨其志，「志不立，則因循萎靡，日以銷而月以蝕，終莫幸有成焉。其志苟斷然有以自決於中者，其成也，亦必遠矣。……志

〔註106〕左宗棠，王壯武公養暇處提額跋尾；左文襄公全集：詩文：文集：卷2，朱漢民，丁平一，湘軍：第3冊，120。

〔註107〕郭嵩燾，嶽麓書院碑記；養知書屋詩文集：文集：卷25，朱漢民，丁平一，湘軍：第3冊，北京：社會科學文獻出版社，2013：234。

〔註108〕陸寶千，劉蓉年譜，臺北：中央研究院近代史研究所專刊（40），1979；51。

〔註109〕郭嵩燾，玉池老人自敘，朱漢民，丁平一，湘軍：第9冊，314～315。

〔註110〕左宗棠，箴言書院碑銘並序；左宗棠全集：詩文家書，長沙：嶽麓書社，1987：329。

〔註111〕王之春，椒生隨筆卷1：胡文正公，朱漢民，丁平一，湘軍：第8冊，北京：社會科學文獻出版社，2013：529。

〔註112〕劉坤一，印渠先生行略，朱漢民，丁平一，湘軍：第2冊，276。

〔註113〕王文清，嶽麓書院學箴九首，朱漢民，鄧洪波，嶽麓書院史話，長沙：湖南大學出版社，2006：85。

於小，故所就者亦小。志於大，斯所成者亦大。……勉吾志以從之，竭晝夜，忘寢食以蘄至於是而不至是不止者，則一而已。」〔註114〕劉典「嘗與湘鄉羅忠節公讀書嶽麓，講守道、誠身之學，一以《大學》條目為程。……論誠正之旨，滔滔數百言，皆歸本於修身，以期有用於天下，知其相與切磋於體用之原者，實足以救時難，已禍亂，而不在乎規規討論義理而已也。」〔註115〕郭嵩燾之兄郭崑燾年十九，即肄業嶽麓書院，與江忠源、羅澤南、劉蓉相友善，「熟精儒先性理，務為有用之學。」〔註116〕紮實的學術功底，使得郭崑燾後來歷經張亮基、毛鴻賓、惲世臨、劉琨四任湖南巡撫幕僚，皆得「傾心倚任」。在講求實學方面，湘軍人物也不遑多讓。江忠源在嶽麓書院與友人「談練勇事，徹夜不倦」。〔註117〕後成為湘系人物中最早出辦勇營者。左宗棠早年「棄詞章，為有用之學，談天下形勢瞭如指掌」，在陶澍家八年，「遍覽文毅公所藏本朝憲章」，又參考內府輿圖，「重訂往歲所繪輿圖。」〔註118〕並專注研習農學。後辦理政務軍務、屯田新疆，實得益於實學之效者良多。羅澤南「究心水利邊防河患等書」，還「細考內地邊外山道水勢，兼及苗疆諸務」。〔註119〕亦為其以後以書生從戎，轉型為戰將奠定了基礎。

湘軍人物不僅是書院文化的守道者，而且是其傳道者。他們看重書院在弘道濟世、仁民化物方面的重要作用，在戰爭中竭力維護和保存文化遺跡。一旦條件允許時，即開始創設新的書院及文化設施，進行文化傳播。咸豐中，胡林翼籌劃在其家鄉益陽「珍漣山麓，資水之湄」，建箴言書院，以胡父胡達源所書庭訓「箴言」為名，並親為作《箴言書院規制》《選士章程》《育才章程》。胡林翼故後，左宗棠繼其遺志，於1863年建成箴言書院，並為之作書院碑銘及序。書院規模頗具，「經堂肇開，斯其取斯。烝我髦士，有圖有書，有田可食，有廬可居。」左宗棠在碑銘及序中，對學子們提出「毋儕於俗，

〔註114〕陸寶千，劉蓉年譜，臺北：中央研究院近代史研究所專刊（40），1979：53～54。

〔註115〕朱洪章，從戎紀略，朱漢民，丁平一，湘軍：第1冊，611。

〔註116〕清史列傳：卷73：文苑傳四：郭崑燾，朱漢民，丁平一，湘軍：第10冊，127。

〔註117〕周壽昌，哭江岷樵中丞；思益堂集：史鈔：卷2。

〔註118〕羅正鈞，左宗棠年譜；左宗棠全集：第20冊，上海：上海書店，1986年影印：17044～17045。

〔註119〕劉蓉，覆羅仲岳書，養悔堂文集：卷4，劉蓉集：第2冊，長沙：嶽麓書社，2008：78～79。

毋荒於嬉，毋畫乃成，惟公（指胡林翼）是師。」〔註120〕郭嵩燾在廣東巡撫任上時，重修學海堂，退職後主持長沙城南書院，新建船山祠。他在船山祠碑記中說：「將使吾楚之士知有先生之學，求其書讀之，以推知諸儒得失，而與斯道盛衰之由，國家治亂之故，皆能默契於心。」〔註121〕強調傳承發揚王夫之的學術。晚年再創建思賢講舍，宣揚湘學。湘系經世派早期代表人物賀長齡曾為南京鍾山書院作課藝序，標榜湖湘經世之學。曾國藩任兩江總督任時，先後重建了江寧鍾山書院和安慶敬敷書院，從釐局提出經費作書院膏火銀，用於恢復被戰火毀滅的江南儒家文化。後任總督劉坤一對鍾山書院規模再進行擴建，成為江南最大書院。光緒十年（1884），曾國藩將家藏《船山遺書》320 卷拓片捐給衡陽船山書院。兵部尚書彭玉麟在光緒十一年（1885）捐銀將衡陽船山書院遷往東洲島，建有大門、講堂、藏書館、精舍等建築，祭祀王船山，教學專課經史詩賦。後與湘軍關係密切的王闓運任該船山書院山長前後十五年。

　　隨著戰爭的推進，湘軍人物把儒學之教推進到了邊徼之地。左宗棠在西北兵事之餘，於光緒元年（1875 年）在甘肅擴修西北地區最大的書院——蘭州蘭山書院，支持修復隴南書院和甘州書院。同治十三年，提督喻勝榮捐資創設歸儒書院教育回民子弟。1869～1880 年先後新修尊經書院等 17 所，修復瀛洲書院等 18 所。時任陝甘總督左宗棠在《歸儒書院碑記》）中強調儒教淑人倫、化習俗的功效：「苟率性以用情，自盡人而合天，一切聽之上帝，則夫犯上作亂，無所顧忌，亦可曰：上帝命之矣。此教之失，變亂無已時也。……若以儒者之說進之，因其性而達其情，又推其情，致之君臣、夫婦、朋友之間，固大方之徒之性所有也。庶幾循途而返，適其所休焉，倫誼明而習俗化矣。」〔註122〕左宗棠認為漢民回民「非性之異，教之異也」。〔註123〕雖信仰不同，而心性則同，強調以儒者之說補伊斯蘭教之失，達到倫誼明而習俗化的效果。

〔註120〕左宗棠，箴言書院碑銘並序；左宗棠全集：詩文家書，長沙：嶽麓書社，1987：329。

〔註121〕郭嵩燾，船山祠碑記；文集：卷20，郭嵩燾全集：第 14 冊，長沙：嶽麓書社，2012：650。

〔註122〕曾國荃等修，王軒等纂，甘肅新通志：卷35：書院，朱漢民，丁平一，湘軍：第 7 冊，北京：社會科學文獻出版社，2013：753。

〔註123〕曾國荃等修，王軒等纂，甘肅新通志：卷35：書院，朱漢民，丁平一，湘軍：第 7 冊，北京：社會科學文獻出版社，2013：753。

二、船山學行對湘軍文化的影響

王夫之（1619～1692），衡陽人，字而農，號薑齋、夕堂，別稱船山，與顧炎武、黃宗羲並稱明清之際三大儒。王夫之於明崇禎十二年肄業嶽麓書院，山長吳道行為南宋湖湘學派宗主張栻高足吳獵之孫。其生逢亂世，目睹禹甸成墟，壯年曾參與起兵抗清，後歸隱衡山，晚年潛心著述，著有《周易外傳》《黃書》《尚書引義》《春秋世論》《噩夢》《讀通鑑論》《宋論》等。

王夫之學術思想因其遺民身份隱而不彰，清道光十九年，湘人鄧顯鶴始印行其著作。他的思想在近 200 年後，對湖湘文化特別是湘軍人物影響至深。陶澍讚賞王船山說「衡陽王船山先生，國朝大儒也，經學而外，著述等身，不惟行誼介恃，足立頑儒。」〔註124〕曾國藩評價其學術思想曰：「幽以究民物之同源，顯以綱維萬事，弭世亂於未形。」希望通過宏揚王夫之學說「以求所謂育物之仁，經邦之禮。」〔註125〕郭嵩燾說：「我朝經學昌明，遠勝前代，而闇然自修，精深博大，罕有能及衡陽王夫之者。」〔註126〕可見湘軍中曾國藩、郭嵩燾尤重船山之學。曾氏與王夫之的淵源還來自於其家庭。「張正笏祖上與王夫之為世交，曾國藩的父親曾麟書也是張正笏弟子彭興護的門生。」〔註127〕太平軍興，湘潭被兵，舊有（船山遺書）遭毀。曾國藩於同治四年十月刻成《王船山先生遺書》三百二十二卷，較原版搜羅更富。除親為作序外，還親自校閱了「《禮記章句》四十九卷，《張子正蒙注》九卷，《讀通鑑論》三十卷，《宋論》十五卷，《四書》《易》《詩》《春秋》諸經稗疏考異十四卷，訂正訛脫百七十餘事。」〔註128〕郭嵩燾「喜讀王夫之書，學行皆以為歸」，他在《船山先生祠安位告文》中說：「蓋濂溪周子與吾夫子（指王船山），相去七百載，屹立相同望。攬道學之始終，互湖湘而有光。」〔註129〕認為湖湘學統七百年來，周敦頤創其始，王船山總其成，兩人「攬道學之始終」，足為湖湘生色。其後，湘儒劉毓嵩、王之春編《船山年譜》，

〔註124〕羅益群，曾國藩讀書生涯，長沙：湖南文藝出版社，1998：158。

〔註125〕曾國藩，王船山遺書序；曾文正公全集：詩文：文集：卷3，朱漢民，丁平一，湘軍：第3冊，63。

〔註126〕朱克敬，瞑庵雜識卷之二，朱漢民，丁平一，湘軍：第8冊，556～557。

〔註127〕朱金泰，湘軍之父羅澤南，上海：上海古籍出版社，2009：22～23。

〔註128〕曾國藩，王船山遺書序；曾文正公全集：詩文：文集：卷3，朱漢民，丁平一，湘軍：第3冊，北京：社會科學文獻出版社，2013：63。

〔註129〕郭嵩燾，船山先生祠安位告文；文集：卷22，郭嵩燾全集：第15冊，長沙：嶽麓書社，2012：675。

羅正鈞撰《船山師友記》，郭嵩燾立船山祠、思賢講舍，並多次奏報朝廷籲請將船山入祀孔廟，彭玉麟創船山書院，船山學自此宏揚宇內。

王夫之著述宏富，學說體系宏大，立身行事以誠正為本。其對湘軍人物思想文化上的影響，略有以下數端：

（一）王夫之的知行論和實學思想

王夫之很早就表現出注重實行的偏向。崇禎十一年（1638年）就讀長沙嶽麓書院時，即與同窗好友鄺鵬升結「行社」，倡導力行之說。後來又形成了自己的知行觀，提出知行「相資以為用」，〔註130〕「行可兼知，而知不可兼行」，〔註131〕強調「行」的不可替代性。

知行論是王夫之實學思想的基礎。在這種知行觀的主導下，王夫之提出了「天下唯器」的道器論，批判了無道則無器的形而上觀點，改變了儒學「君子不器」的偏頗，為實學實事開闢方便之門。他說「天下唯器而已矣。道者器之道，器者不可謂之道之器也。無其道則無其器，人類能言之。……無其器則無其道，人鮮能言之，而因其誠然者也。洪荒無揖讓之道，唐、虞無弔伐之道，漢、唐無今日之道，則今日無他年之道者多矣。未有弓矢而無射道，未有車馬而無御道，未有牢醴璧幣，鍾磬管樂而無禮樂之道。則未有子而無父道，未有弟而無兄道，道之可有而器無者多矣。故無其器則無其道，誠然之言也。」〔註132〕

王夫之從反面論證了佛老之學「廢用」的危害性：「佛、老之初，皆立體而廢用。用既廢，則體亦無實。……君子不廢用以立體，則致曲有誠；誠立而用自行；逮其用也，左右逢源而皆其真體。」〔註133〕船山強調，欲達真體，必不能離器行道，必不能廢用以立體。這一點與湖湘理學傳統高度一致。

譚嗣同言「今之世變，與衡陽王子所處不無少異，則學必證諸實事，以期可以無窒礙」〔註134〕縱觀湘軍史，即是一部力行求用的歷史。湘軍人物多不空言義理，著述立說不多，而長於體察事理，周鑒實務，受益於實學者甚多。劉蓉評論說：「近時學者，誦法宋儒，頗牽文義，動涉迂拘，用是常為世

〔註130〕王夫之，禮記章句：卷31；船山全書：第4冊，長沙：嶽麓書社，1991：1256。
〔註131〕王夫之，尚書引義：卷3；船山全書：第4冊，長沙：嶽麓書社，1991。
〔註132〕王夫之，周易外傳：卷5；船山全書，長沙：嶽麓書社，1992：1027。
〔註133〕王夫之，思問錄內篇：卷4，船山全書，長沙：嶽麓書社，1992：417。
〔註134〕譚嗣同，與算學議（上歐陽中鵠書）；譚嗣同全集，北京：中華書局，1998：164。

所詬病，不知周、程、朱、張數先生莫不洞達世務，體用兼賅，既躬豪傑之資，而所學所養又能充實光輝，含宏博大，非同後世腐小生尋行數墨，稍得一知半解，沾沾自喜，以為獨得之秘也。」〔註135〕劉蓉進一步提出以事證理、依理行事的觀點：「言理而不證諸事，則所謂理者，特佛氏之妄談也；論事而不根諸理，則所謂事者亦管商之雜術也。」〔註136〕湘軍人物以「一物不知則一理不明」的思路，不廢實學，於吏事、兵事、農事、籌餉、賑災、輿地、洋務等項，精研覃思，厚積薄發，體精用宏。曾國藩曾以不知天文為恥，左宗棠亦強調經濟學問須將工夫下在平時，積之既久，一旦事權在手，方可隨時舉而措之。

（二）王夫之的歷史觀和政治倫理思想

王夫之《讀通鑑論》《宋論》等站在宏闊的歷史文化角度，對歷代政治得失，包括宋史漢族政權危亡之際的政治表現多有論述，斷之以理，新見迭出，論點精到，自成一家。《讀通鑑論》系統評論了自秦至五代之間漫長的中國歷史，分析歷代興亡成敗，盛衰得失，臧否人物，總結經驗，引古鑒今，探求歷史發展進化規律，尋求漢族復興大道。郭嵩燾評論道：「王船山先生通鑑論出，盡古今之變，達人事之宜，指論明確，使後人無復可以置議。故嘗以為讀船山通鑑論，歷代史論可以廢。」〔註137〕後人章士釗在《王船山史說申義》中說：「船山史學宏精議義，可以振起吾國之魂者極多。」〔註138〕王夫之史論政論中所揭示的歷史規律對湘軍人物施政救時也產生了深刻影響。

王夫之主張「一姓之興亡，私也，而生民之生死，公也。」〔註139〕同時，又認為「統者，合而不離，續而不絕之謂也」，所謂「治統」是整合國家並能較長久持續下去的一種權力和制度，不論是靠武力，還是靠陰謀「篡弒」得來，只要它順應發展大勢，依理施政，就應予以肯定。這裡王夫之將易姓改號的政權更迭與關係萬民生死的國家淪亡、民族澌滅、文化斷裂區別開來，

〔註135〕劉蓉，覆寶蘭泉御史書；養晦堂文集：卷7，劉蓉集：第2冊，長沙：嶽麓書社，2008：155。

〔註136〕劉蓉，覆彭竹溪書；養晦堂文集：卷3，劉蓉集：第2冊，長沙：嶽麓書社，2008：58。

〔註137〕郭嵩燾，黎肇琨讀史法戒論序（節錄）；船山全書：第16冊，長沙：嶽麓書社，2011：583～584。

〔註138〕鄭焱，近代湖湘文化概論，長沙：湖南師範大學出版社，1996：183。

〔註139〕王夫之，梁敬帝三；讀通鑑論；船山全書，長沙嶽麓書社，1988：669。

從歷史大格局中為治統立論，跳出了明儒矻矻於小節的意氣之爭，顯示出去惟倫理論的歷史道德觀。湘軍人物對此雖未有明顯言論，但從湘軍政治行事中可見，其對清王朝的「忠」，是建立在做好臣子本分，雙方不逾矩的理性關係基礎上的，而非無條件地忠於皇帝。王夫之進一步提出「道統」的概念：「儒者之統，與帝王之統並行於天下，而互為興替。」〔註140〕兩者雖有分合，而儒統應始終保持其自身的獨立性，「是故儒者之統，孤行而無待者也；天下自無統，而儒者有統。」〔註141〕曾國藩、劉蓉、羅澤南等早期希望通過上書來影響中樞決策，改弦更張，實踐儒家主張，後期湘軍集團權柄在手，立即通過一系列的政治軍事文化改革舉措，在一定範圍內部分地實踐自己的政治文化理想，都是道統對治統進行糾偏的體現。

　　王夫之從歷史經驗出發，把作為理學本體的「理」與具有客觀性範疇的「勢」結合起來，創為「理勢合一」論，排除了理的先驗性存在。王船山分析說：「勢者，事之所因；事者，勢之所就。故離事無理，離理無勢。勢之難易，理之順逆為之也。理順斯勢順矣。……故曰理外無勢也。」〔註142〕並進一步提出「有即事以窮理，無立理以限事。」〔註143〕反對以空疏的「理」來桎梏活生生的社會實踐。「勢」則是一種因理而動的客觀力量和必然趨勢，「一動而不可止者，勢也。」〔註144〕在對待已成之「勢」方面，王夫之提出兩種方案：「太上以道處勢之先，而消其妄，靜而自正也。其次坦然任之，不得已而後應，澄之於既波之後，則亦可以不傾。」〔註145〕「理勢合一」「理因乎勢」是王夫之考察歷史規律得出的重要結論，「應勢求變」成為其歷史哲學推論的必然結論。王夫之通過對理、事、勢三方關係的分析，將王朝倫理提升到了國家倫理，並以此來解釋中國歷史上一些看似充滿倫理悖論的歷史事件，提出了自己的評價標準和應對方案。一方面湘軍在歷史哲學上

〔註140〕王夫之，宋文帝一三；讀通鑑論；船山全書，長沙：嶽麓書社，1988：568～569。

〔註141〕王夫之，宋文帝一三；讀通鑑論；船山全書，長沙：嶽麓書社，1988：568～569。

〔註142〕王夫之，尚書引義：卷4，船山全書，長沙：嶽麓書社，1992：335～336。

〔註143〕王夫之，續春秋左氏傳博議：卷下；船山全書，長沙：嶽麓書社，1992：586。

〔註144〕王夫之，宋孝武帝五；讀通鑑論；船山全書，長沙：嶽麓書社，1988：582～583。

〔註145〕王夫之，宋孝武帝五；讀通鑑論；船山全書，長沙：嶽麓書社，1988：582～583。

接受和踐履了「理勢合一」的觀點，高度重視理與勢的關係，循勢以察理，認為理與勢的結合是成敗的關鍵。另一方面，又發揮了王船山「勢之難易，理之順逆為之」和「應勢求變」的觀點，更加注重理學自身的能動性，發揮出「據理創勢」「以理抗勢」思想。郭嵩燾通過比較，提出「一時所不能違者，勢也。萬世所不能越者，理也」〔註146〕的論斷。湘軍人物在危亂之際，發奮自救，自信「功可強成」「名可強立」，甚至看似逆潮流而動，知其不可而為之，就是這種「以理抗勢」思想的體現。

作為古代中國的政治—倫理文化形態，從哲學上說，禮是闡釋制度的政治哲學和意識形態，是天理在人間社會的流變；從政治上來說，禮是制度化了的政治文化，是內在教化與外在約束相結合的制度性文化。王夫之強調「禮」的重要性，說「夫禮之為教，至矣大矣，天地之所自位也，鬼神之所自綏也，仁義之以為體，孝悌之以為用者也；五倫之所經緯，人禽之所分辨，治亂之所司，賢不肖之所裁者也，捨此而道無所麗矣。故夷狄蔑之，盜賊惡之，佛、老棄之，其絕可懼也。」〔註147〕曾國藩高度肯定王船山的義理論和禮學思想，「船山先生注《正蒙》數萬言，注《禮記》數十萬言，幽以究民物之同原，顯以綱維萬事，弭世亂於未形。其於古昔明體達用，盈科後進之旨，往往近之。」〔註148〕郭嵩燾當太平軍之入湘，避亂山居，讀王船山禮記章句而好之，途復研討禮學，著《禮記質疑》。〔註149〕

曾國藩、郭嵩燾、劉蓉等繼承了先儒「禮學」即「理學」的觀念，使以義理為主的理學找到了其制度文化的根基，實施以「禮」治軍，進而推動理學向政治制度和軍事活動各層面進行滲透，也為理學注入了新的生命和活力。

（三）王夫之的經世變革思想

王船山重視經學，卻不盲目地信古誣今，提出「君子之道以經世者，……不必允協於先王之常道而可以經世」。〔註150〕認為「三代之法，不可挾以為名，

〔註146〕郭嵩燾，郭嵩燾日記（咸豐九年，己未・十月初十日），朱漢民，丁平一，湘軍：第7冊，北京：社會科學文獻出版社，2013：227。

〔註147〕王夫之，梁武帝一○；讀通鑑論；船山全書，長沙：嶽麓書社，1988：629～630。

〔註148〕曾國藩，王船山遺書序；曾國藩全集：詩文：第14冊，長沙：嶽麓書社，2011：210。

〔註149〕陸寶千，劉蓉年譜，臺北：中央研究院近代史研究所專刊（40），1979：356～357。

〔註150〕王夫之，漢平帝二；讀通鑑論；船山全書，長沙：嶽麓書社，1988：204。

治後世之天下」。〔註151〕排除了僅從名目上盲目遵仿古制的經世之法。他認為真正善法三代者，需與時代需要和趨勢相契合，已有之制，可自我革，無有之制，可自我興。「法所有者，問其所以有，而或可革也；法所無者，問其何以無，而或可興也。」〔註152〕在經世之道上，王夫之提出「以大義服天下者，以誠而已矣，未聞其以術也」。〔註153〕「故言權術以籠天下者，妾婦之智而已矣。」〔註154〕在經世途徑上，王船山認為：「君子經世之道，有質有文」，〔註155〕歷史「先後異時，文質相救」。〔註156〕就文而論，「皆質之餘，而君子不恃之以為經世之本」，〔註157〕也是可以為小人所竊取模仿的；而君子以質道經世，才是根本之道，也是小人模仿竊用不到的。同時，王船山強調經世需選才育才，反對「士之子恒為士，農之子恒為農」〔註158〕的血統論和世襲制。其以誠為本的經世之道，因時創制的經世之術，「質道經世」「文質相救」的文化觀和不拘一格的人才觀，都在湘軍集團中引起了強烈共鳴，對湘軍創制救時和在草根社會廣求俊賢，以及特別注重保存軍隊質樸之氣等方面都有深遠的影響。

王夫之對經世活動的具體內容也進行了概括：「且夫國家之政，雖填委充積，其實數大端而已：銓選者，治亂之司也；兵戎者，存亡之紐也；錢穀者，國計之本也；賦役者，生民之命也；禮制者，人神之紀也；刑名者，威福之權也。大者舉其要，小者綜其詳，而莫不係於宗社生民綱紀風俗之大。」〔註159〕一切經世活動，都關係國家政權存亡、民生保障優劣、政治綱紀維護和社會道德風俗。考諸歷史，經世的目的，在於「去危即安、興利除害」。〔註160〕應該說，在具體的經世舉措中，湘軍集團基本上是按照王船山勾畫的經世藍圖實施的。如郭嵩燾深佩王學能道「盛衰之由」「國家治亂之故」，「非元、明以後諸儒所能及」。〔註161〕曾國藩所列經世名目，與王船山大同

〔註151〕王夫之，讀通鑑論：卷21；船山全書，長沙：嶽麓書社，1988：204。
〔註152〕王夫之，五代上五；讀通鑑論；船山全書，長沙：嶽麓書社，1988：1084。
〔註153〕王夫之，漢高帝九；讀通鑑論；船山全書，長沙：嶽麓書社，1988：83。
〔註154〕王夫之，漢光武帝三；讀通鑑論；船山全書，長沙：嶽麓書社，1988：218。
〔註155〕王夫之，漢平帝二；讀通鑑論；船山全書，長沙：嶽麓書社，1988：204。
〔註156〕王夫之，漢元帝六；讀通鑑論；船山全書，長沙：嶽麓書社，1988：180。
〔註157〕王夫之，漢平帝二；讀通鑑論；船山全書，長沙：嶽麓書社，1988：204。
〔註158〕王夫之，秦始皇一；讀通鑑論；船山全書，長沙：嶽麓書社，1988：67。
〔註159〕王夫之，隋煬帝一；讀通鑑論；船山全書，長沙：嶽麓書社，1988：718。
〔註160〕王夫之，讀通鑑論：卷末；船山全書，長沙：嶽麓書社，1988。
〔註161〕〔美〕汪榮祖，走向世界的挫折——郭嵩燾與道光咸同時代，長沙：嶽麓書社，2000：143。

小異，湘軍集團經世手段同樣也多從維護綱紀、關心民瘼、改善風俗入手，其經世目標同樣也是「去危即安、興利除害」。

（四）王夫之的兵論思想

王夫之形成了自己重兵尊士思想。「兵者，宗社生民所倚以為存亡生死者也。……王者莫重乎農，則莫重乎兵，……」無論三代寓兵於農，還是後世募兵於民，都體現了對戰士的尊重。其後士卒社會地位每況愈下，治軍野蠻粗暴，「乃使犯鈇鑕之刑，為生人所不齒者，……曾不得與徒隸等」，「授鉞而專征者，一岸獄之長而已，」兵卒將官日益賤民化，「求其不厭苦而思脫、決裂而自恣、幸敗而潰散者，幾何也？」〔註162〕因軍隊廉恥喪盡，必然擄掠公行，叛離易於反掌。湘軍再造新軍，即由尊士入手，曾國藩、王鑫以「杜鵑啼血」的精神，日加訓導，甚至為士卒開課講學，視兵勇如子侄，望其學好成人。「待兵勇如子弟，使人人學好，個個成名，則眾勇感之矣。」〔註163〕江忠源、左宗棠尤能與士卒同勺而食，甘苦與共。如左宗棠「遇士卒方食，即取匕箸同食，盡飽而止。」〔註164〕這些都極大地激發了湘軍士卒的戰鬥意志。

王夫之分析歷代兵制，提出了精兵思想。「夫兵，惟其精也，不惟其多也。士皆千金之士，將專閫外之尊，為國干城，一旅而敵百萬。」〔註165〕反對烏合大眾、以罪人充軍及招募無業游民的做法。因為「召募失業之民，欲歸而無所歸，則戰爭初息而遣歸之也難。」〔註166〕湘軍除了財力有限等現實考慮外，也因革戚繼光募兵之制，從營制定額、選兵之法、汰兵之嚴，用兵之精等方面，形成了自己的精兵思想。與王夫之相仿，曾國藩、胡林翼等強化了儒與兵的合流，匿武於四方，對士卒則以精練為主，不招遊惰。「軍營雖以人多為貴，而有時亦以人多為累。……營雖多而可恃者惟在一二營，人雖多而可恃者惟在一二人。……全靠根株培得穩，柱梁立得固，斷不可徒靠

〔註162〕王夫之，宋孝武帝三；讀通鑑論；船山全書，長沙：嶽麓書社，1988：580～581。

〔註163〕曾國藩，勸誡營官四條；曾文正公全集：詩文：雜著：卷3，朱漢民，丁平一，湘軍：第3冊，北京：社會科學文獻出版社，2013：89。

〔註164〕徐宗亮撰，歸廬談往錄：卷1：錄上，朱漢民，丁平一，湘軍：第8冊，623。

〔註165〕王夫之，宋孝武帝三；讀通鑑論；船山全書，長沙：嶽麓書社，1988：581。

〔註166〕王夫之，漢高帝八；讀通鑑論；船山全書，長沙：嶽麓書社，1988：83。

人數之多、氣勢之盛。」〔註167〕對於戰後遣散問題，曾國藩等也預為謀劃，湘軍克復金陵後等幾次大裁撤也沒有導致直接的嚴重後果。

　　王夫之對「流寇」作戰提出了自己的認識。他認為農民軍的作戰特點是：「敗亦走，勝亦走，無所不走者，無所不掠。」即機動游擊，無根據地和後勤保障，最終不免成為「所謂游釜之魚也。」〔註168〕曾國藩分別對「竊號之賊」的太平軍和機動性很強的撚軍採取了不同的戰略，「流賊當豫防以待其至，堅守以挫其銳；竊號者當剪除枝葉，攻所必救。」〔註169〕因此對撚軍首創了以守為剿，憑險限制的「河防」之策，逐步壓縮其活動空間，李鴻章最終因此而成功。湘軍官員王之春後來總結道：「千古流寇無良策。夫流寇猶流水也，迎而激之，逐而搏之，則橫決氾濫，為天下患。但壅之使不得流，賊自涸矣。」〔註170〕

　　在兵民關係上，王夫之雖然提出「民者，兵之命也」〔註171〕的愛民思想，但與一般儒者不同，他盛讚「漢一天下，分兵民為兩途，而寓兵於農之害乃息。」「農出粟以養兵，兵用命以衛農，固分途而各靖。」〔註172〕他強烈反對將領為邀名而舉措失當。「乃將之嚴也，尤惡其矜名而邀士大夫之譽也。……故獲市井小民之歌頌者，必潰之將也；得學士大夫之稱說者，必敗之將也；……以名求將而不以功，授將帥殿最之權於清議者，必亂之政也。……庶幾乎民無所施其恩怨，士大夫無所容其毀譽，為將者坦然任意以斟酌其恩威，而後兵可得而用也。」〔註173〕王夫之此說雖近於激切，然確為有針對性的經驗之談，有其深刻性和獨到性。如明末軍事行動往往為清議輿論所左右，導致軍事屢屢舉措失當，最終覆軍亡國。

　　湘軍為文人領兵，強調軍紀理所必然，對嚴重違紀擾民者常不惜痛下殺手，但目的卻不在邀譽，而是為了維護軍隊的正義性和融洽軍民關係。大軍

〔註167〕曾國藩，致沅弟（咸豐七年十月二十七日）；唐浩明編，曾國藩家書：上冊，長沙：嶽麓書社，2015：313。
〔註168〕王夫之，唐僖宗四；讀通鑒論；船山全書，長沙：嶽麓書社，1988：1039。
〔註169〕王闓運，湘軍志：曾軍後篇第五，長沙：嶽麓書社，1983：55。
〔註170〕王之春，論流寇；椒生隨筆：卷3，朱漢民，丁平一，湘軍：第8冊，530。
〔註171〕王夫之，唐宣宗；讀通鑒論：卷26；船山全書：第10冊，長沙：嶽麓書社，2011：1023。
〔註172〕王夫之，梁簡文帝二；讀通鑒論；船山全書，長沙：嶽麓書社，1988：659，660。
〔註173〕王夫之，後漢光和帝七；讀通鑒論；船山全書，長沙：嶽麓書社，1988：279。

所至，狡黠之民甚至還乘機哄抬物價，造成湘軍財政困難。但總的來說，湘軍相對良好的軍紀和軍民關係，大大提升了其作戰能力，也對敵軍有瓦解之效。其行軍作戰，得益於民間支持者甚多。史料記載，劉長佑部在一次戰敗後，「突圍出者寥寥，輜重全失。」而後「分宜、宜春、萍鄉各縣士民感念劉長佑舊恩，相率齊團助堵，不期而集者七八千人，復助以錢米，資以器械。越二日潰卒復集，而軍聲速振矣。」〔註174〕湘軍在軍政管理上則與王夫之所論完全一致，高度強調軍隊指揮的統一和自主性，無論軍事壓力、朝廷清議、社會輿論，甚至皇帝諭旨，皆不能輕易動搖其戰略決心。就兵民分治而言，曾國藩雖然喜好令兵勇在營中隙地種菜養豬，但也主要是保持士卒勤於勞作的作風，並非寓兵於農。左宗棠、劉錦堂等統帥在新疆推行屯田時，寧可裁軍節餉也不就地化兵為農，目的是為了保證兵與農適當的職業分途，以免影響軍隊戰鬥力。左宗棠疏言：「籌軍糧，理兵事，必先分別兵、農，責兵以戰，責農以耕，而後餉可裕，兵可精也。〔註175〕

王夫之闡述了「幾」「氣」等重要兵學範疇和「以戰為守」的戰略思想。王夫之從理學哲學理念出發，認為「天下不可易者，理也；因乎時而為一動一靜之勢者，幾也。」〔註176〕「幾」是動、靜轉化之際處於將動未動，將靜未靜臨界點的一種狀態，它與勢相因，是前一種形態將止未止，後一種狀態將萌未萌的轉振點，微而不明，隱而不彰。但察幾不明，就會缺乏預見，帶來被動，必須高度重視。作為解釋事物「變化」的重要概念，它既可看成一個哲學範疇，又可以視為兵學範疇。郭嵩燾繼承和發揮了王船山關於「幾」的論述，將之用於兵學，主張體察於幾之生時，預見於勢未萌時。王夫之看重「氣」在軍事上的作用，認為「氣」重於「法」：「兩軍相當，飛矢雨集，白刃拂項，趨於死以爭必勝，氣也，非徒法也。有其法不作其氣，無輕生之情，……不亡何待焉？」〔註177〕湘軍曾國藩、羅澤南、王鑫等都自覺地以「氣」作為軍隊建設的核心的內容之一，後章還會作專門分析闡述。王夫之還提出了自己以戰為守的戰略思想。他認為「守者分，攻者聚，一方潰，而諸方之患在腹心，

〔註174〕駱秉章，援江官軍克復新喻進逼臨江挫後覆勝折；駱文忠奏稿：卷6，朱漢民，丁平一，湘軍：第4冊，北京：社會科學文獻出版社，2013：100。
〔註175〕袁大化修，王樹枬等纂，新疆圖志：卷116：兵事2，朱漢民，丁平一，湘軍：第7冊，797。
〔註176〕王夫之，東晉安帝七；讀通鑑論；船山全書，長沙：嶽麓書社，1988：527。
〔註177〕王夫之，三國十七；讀通鑑論；船山全書，長沙：嶽麓書社，1988：390～391。

不可支矣。故以戰為守者，善術也；以守為戰者，敗道也；無他，將無略而以畏謹為萬全之策也。」〔註178〕他認為守則兵力分散，攻則可以集中軍力，後者更有優勢；單純強調防守，是將略不足、畏敵弱懦的表現。湘軍在實戰中形成了自己攻守相依的作戰原則。自舉旗東征以來，總的態勢是攻勢作戰，但在具體戰場上，則多取步步為營的防守之法，反客為主，將己方傷亡降到最低，同時部署鮑超、多隆阿等擅長野戰部隊為游擊之師，攻防結合。

（五）王夫之的儒學學術視野

王夫之幾乎是一位百科全書式的學者，舉凡經學、小學、子學、史學、文學、倫理等，無不造詣精深，天文、曆數、醫理、兵法乃至卜筮、星象甚至西學，都旁涉兼通，「其至辨覈名物，研求訓詁，於國朝諸儒所謂樸學者，皆若有以導其源，而固先生之緒餘也。」〔註179〕清代學者劉獻廷稱：「王夫之學無所不窺，於《六經》皆有說明。洞庭之南，天地元氣，聖賢學脈，僅此一線。」〔註180〕王夫之學術以理學為旨歸，卻旁及儒學諸派，先秦諸子等學術，並開清初樸學之端，是一位承上啟下的學術總結型人物。

在如何把握船山之學方面，湘軍人物頗有心得。曾國藩高度肯定王夫之的學術地位：「先生沒後，巨儒迭興，或攻良知捷獲之說，或辨易圖之鑿，或詳考名物，訓訪、音韻，正《詩集傳》之疏，或修補三禮時享之儀，號為卓絕。先生皆已發之於前，與後賢若合符契。……雖其著述大繁，醇駁互見，然固可謂博文約禮，命世獨立之君子矣。」〔註181〕郭嵩燾是湘軍中對王夫之研究和理解最為透徹之人，評價王夫之之學「一出於剛嚴，閎深蕭括，紀綱秩然。」〔註182〕他尤重王船山的性理之學，言「船山書精華在《讀性理大全》」，以至博學能文如王闓運亦「驚其一語道破，誠非精通王學，熟讀全書者，不能道此語。」〔註183〕郭嵩燾認為王夫之理學思想「實能窺見聖賢之用心，而發明其精蘊，足補朱子之義所未備。」〔註184〕再如在闡述理學「誠」這一概念時，

〔註178〕王夫之，宋文帝九；讀通鑑論；船山全書，長沙：嶽麓書社，1988：563。
〔註179〕餐霞館輯，儒林瑣記：儒林附記，朱漢民，丁平一，湘軍：第8冊，549。
〔註180〕劉獻廷，廣陽雜記：船山全書：第16冊，長沙：嶽麓書社，2011：519。
〔註181〕曾國藩，王船山遺書序；曾文正公全集：詩文：文集：卷3，朱漢民，丁平一，湘軍：第3冊，北京：社會科學文獻出版社，2013：64。
〔註182〕餐霞館輯，儒林瑣記：儒林附記，朱漢民，丁平一，湘軍：第8冊，549。
〔註183〕王闓運，湘綺樓日記：同治九年，庚午，朱漢民，丁平一，湘軍：第7冊，271。
〔註184〕朱克敬，暝庵雜識：卷2，朱漢民，丁平一，湘軍：第8冊，557。

王夫之提出：「誠者，虛位也；知、仁、勇，實以行乎虛者也。故善言誠者，必曰誠仁、誠知、誠勇，而不但言誠。」〔註185〕從而賦予了「誠」更多的實學現實意義。而曾國藩等湘系理學經世派亦強調諸事以誠敬為本。

船山之學有明顯的集理學之說大成的傾向。其學「出入於儒道釋之間，守正道以屏邪識，參伍於濂、洛、關、閩，以闢象山、陽明之謬」，〔註186〕「以漢儒為門戶，以宋五子為堂奧，而原本淵源，尤在《正蒙》一書」，〔註187〕即以漢學為基礎，以宋五子（周敦頤、程顥、程頤、邵雍、張載）為主體，而根本源流則在關學張載《正蒙》中的哲學思想。王夫之「進退宋儒，自立宗主」，〔註188〕以實學改造理學的實踐，以及集理學乃至儒學大成的學術思想，對湘軍人物有很大啟發性。曾國藩受業師唐鑒和王夫之的影響，基本繼承了這一綜合性的學術理路，不僅漢宋兼採、文質互補，創孔門四科之說，而且儒墨並用，不廢申韓，以老莊之道處事，「自苦等於禹墨，持法則用申韓，善處功名之際則用黃老。」〔註189〕湘軍人物如左宗棠即使對西方宗教、佛學都並無格外排斥。

（六）王夫之的文化反思精神

王夫之既是一位文化總結型的學者，又是一位專注於文化反思的學者。他的文化思想，既積澱了一個時代血與火的歷史離亂之痛，又折射出處於文化困境中思想家自覺而深邃的反觀。

王夫之將儒學從形而上的神壇上拉了下來，突出了學術的社會性。「其言易，不信陳搏之學，亦不信京房之術，於先天之圖及緯書雜說，排之甚力，而亦不空談玄妙，附會老莊之旨。故言必證實，義必切理。」〔註190〕王夫之對理學大儒高度肯定：「宋諸先生洗心藏密，即人事以推本於天，反求於性，以正大經、立大本」。而對空疏餖飣的儒學末流痛加斥責，謂其只顧「薄取其形跡之言，而忘其所本，……」〔註191〕「名為儒者，與聞格物之正訓，而不念

〔註185〕王夫之，漢平帝三；讀通鑑論；船山全書：第 10 冊，長沙：嶽麓書社，1988：205。

〔註186〕王敔，薑齋公行述；王夫之年譜，北京：中華書局，1989：138。

〔註187〕鄧顯鶴，船山著述目錄；船山全書：第 16 冊，長沙：嶽麓書社，2011：410。

〔註188〕楊毓麟，新湖南；楊毓麟集，長沙：嶽麓書社，2008：33。

〔註189〕李元度語，鄭焱，近代湖湘文化概論，長沙：湖南師範大學出版社，1996：46。

〔註190〕王夫之傳；國史儒林傳；船山全書：第 16 冊，長沙：嶽麓書社，2011：98。

〔註191〕王夫之，隋文帝一；讀通鑑論；船山全書，長沙：嶽麓書社，1988：697。

格之也將以何為？……飽食終日，以役役於無益之較訂，而發為文章，……於身心何與邪？於倫物何與邪？於政教何與邪？」〔註192〕在王夫之看來，讀書在於辨大義、察微言，「以立修己治人之體，以善精義入神之用也。」〔註193〕否則「讀書萬卷，止以導迷，顧不如不學無術者之尚全其樸也。」〔註194〕湘軍人物在學問上義理與實務兼修，廣博與精微並重，以敬懼之心立身，以格物之道行事，視兵學為儒學之至精，其編練新軍，獨取實務性最強的《紀效新書》《練兵實紀》為藍本，如此種種，正是對王夫之學術觀念的踐行。

曾國藩以王夫之對明末士人朋黨標榜之風的批判深以為鑒。「而士大夫又馳騖聲氣，東林、復社之徒，樹黨伐仇，頹俗日蔽。故其書中黜申韓之術，嫉朋黨之風，長言三歎而未有已。」〔註195〕縱觀湘軍一系人物，從主流上來看，多以道統相激勵，以德業相維繫，而無朋黨奔競之風，阿諛迎合之氣，更少囂張憑凌之勢；間或雖有意氣之爭，終能不傷大雅，無損國本。湘軍集團從王夫之反朋黨之說中得以借鑒，從士行喧囂的明儒到謹言慎行的清儒，士大夫作為一個群體，把理想主義逐步融入現實社會，更為嫻熟地駕馭了權力，避免了「士得虛名獲實禍，而國受其敗」的結果。〔註196〕

王夫之對明末以道德相標榜的清流不以為意，入木三分地批評說：「儒者任天下事有一大病，將平日許多悲天憫人之心，因乘權得位，便如鬱火之發於陶，迫為更改，只此便近私意，而國體民命已受其剝落矣。……天下大器，自非褊衷所能任。……為治而先革弊，到頭只是哄鬧一場，引身而退。……故為學必先存理，而後欲可遏；……為治必先建德，而後弊可革。」〔註197〕湘軍在這方面既有成功的經驗，也有失敗的案例。如曾國藩早年嫉惡太甚，行事太直，幾致「通國不相容」，直到再次復出後「一味行以柔道，功名意氣，與世無爭，但求委曲以濟吾事」，〔註198〕情況才有好轉。劉蓉、郭嵩燾後分別任陝西、廣東巡撫，楊岳斌後任陝甘總督，均因陳義過高，行止太迫，去弊過急而不安於位。反觀歷史，不得不佩服王夫之深邃的洞察力。

〔註192〕王夫之，梁簡文帝二；讀通鑑論；船山全書，長沙：嶽麓書社，1988：665。
〔註193〕王夫之，梁簡文帝；讀通鑑論；船山全書，長沙：嶽麓書社，1988：666。
〔註194〕王夫之，梁簡文帝；讀通鑑論；船山全書，長沙：嶽麓書社，1988：666。
〔註195〕曾國藩，王船山遺書序；曾文正公全集：詩文：文集：卷3，朱漢民，丁平一，湘軍：第3冊，北京：社會科學文獻出版社，2013：63。
〔註196〕王夫之，漢元帝一；讀通鑑論；船山全書，長沙：嶽麓書社，1988：173。
〔註197〕王夫之，讀四書大全說：卷6；船山全書，長沙：嶽麓書社，1992：792～793。
〔註198〕陳康祺撰，郎潛紀聞四筆：卷7，朱漢民，丁平一，湘軍：第8冊，596。

　　王夫之十分鄙薄壞人心、亂風俗，唯利是圖的「俗儒」，強調儒者「貴有以自立」，〔註199〕「不以人為援」。〔註200〕否則就只能「寄身於炎寒之世局」，〔註201〕成為與利祿之輩無異的俗儒，較異端更為等而下之。「若夫壞人心、亂風俗、釀盜賊篡弒危亡之禍者，莫烈於俗儒。俗儒者，以干祿之鄙夫為師者也……」〔註202〕他強調士大夫應知恥，「利有所不專，位有所不受，功有所不分，禍有所不避。」〔註203〕儒者立世，不以小義小智，而應持「忘家為國、忘死為君之忠」。〔註204〕湘軍人物多重士風士行，深自惕厲，如曾國藩、胡林翼、左宗棠、王鑫、劉蓉、彭玉麟、楊載福、沈葆楨、閻敬銘、劉長佑、劉典、劉坤一等皆能以節操自持，保持書生本色，成為晚清腐敗官場中的一抹亮色。

　　王夫之追求外王卻不炭炭於一時之功利。在大道不彰，條件不具備的情況下，他「抱劉越石之孤憤而命無從致，希張橫渠之正學而力不能企。」拒絕南明、張獻忠、吳三桂和清廷的多次召辟，毅然潛身山林，表明堅心向道的志向。他說「潛者，非必他日之見也，道在潛，終身潛焉可矣。」〔註205〕曾國藩高度讚賞其「曠百世不見知，而無所於悔」的精神。〔註206〕湘軍人物對王夫之的身世經歷有身受之感，對王夫之身處離亂，而能以堅貞刻苦之心，持孤忠以待後王的行狀大抱同情。郭嵩燾讚賞王夫之「篤守程朱，任道甚勇。」〔註207〕而「生平踐履篤實，造次必以禮法，發強剛毅，大節凜然。」「堅貞之節，純實之操，……卓然一出於正，惟以扶世翼教為心」，〔註208〕並竭力兩次上疏朝廷推薦王船山入祀孔廟。

　　可以說，沒有王夫之等先賢大儒對傳統政治文化的全面反思和對政治實踐的理性探索這種歷史積累，就不會有湘軍集團創制改革的強大文化動力。從某種意義上說，王夫之為湘軍集團提供了經世活動的文化參照系，湘軍集團則

〔註199〕王夫之，唐昭宗一二；讀通鑑論；船山全書，長沙：嶽麓書社，1988：1070。
〔註200〕王夫之，漢元帝一；通鑑論；船山全書，長沙：嶽麓書社，1988：173。
〔註201〕王夫之，唐昭宗一二；讀通鑑論；船山全書，長沙：嶽麓書社，1988：1070。
〔註202〕王夫之，梁武帝六；讀通鑑論；船山全書，長沙：嶽麓書社，1988：629～630。
〔註203〕王夫之，後漢靈帝十五；讀通鑑論；船山全書，長沙：嶽麓書社，1988：333。
〔註204〕王夫之，唐僖宗四；讀通鑑論；船山全書，長沙：嶽麓書社，1988：1039。
〔註205〕王夫之，後漢安帝十三；讀通鑑論；船山全書，長沙：嶽麓書社，1988：294。
〔註206〕曾國藩，王船山遺書序；曾文正公全集：詩文：文集：卷3，朱漢民，丁平一，湘軍：第3冊，北京：社會科學文獻出版社，2013：64。
〔註207〕朱克敬，瞑庵雜識：卷2，朱漢民，丁平一，湘軍：第8冊，556。
〔註208〕朱克敬，瞑庵雜識：卷2，朱漢民，丁平一，湘軍：第8冊，557。

一定程度上執行了王夫之等經世大儒的政治遺囑。

三、王陽明等經世前儒的影響

（一）湘軍對王陽明經世學說的批判性吸納

陽明是王守仁（1472～1529）別號，王陽明，字伯安，浙江餘姚人，弘治十二年（1499 年）進士，因平定叛王朱宸濠之亂受封為新建伯，輯有《王文成公全書》。王陽明繼承陸九淵學術思想並開創明代心學統緒，世稱姚江學派。就學術流派而言，湘軍集團與陽明心學雖都歸宗於廣義上的理學，但其學術宗旨、方法和主要內容差別甚大，其先可遠溯至南宋朱、陸之爭。羅澤南指出：「陽明之所以異於朱子，……其本體異也，其大用異也。……朱子以性為有善無惡，陽明以性為無善無惡，朱子以性為理，心不可謂之性，陽明以心為性，吾心之靈覺即天理也；朱子以仁義禮智為性之本然，陽明以仁義禮智為心之表德也。」〔註209〕

明代中葉以來，陽明心學大盛，末流不能無弊。後期王學之徒以良知為名，視讀書為粗跡，束書不觀，放誕不羈，喪失了思辨與實踐能力。故許多理學家將士風衰頹，家國覆亡歸咎於陽明學說。咸同年間，心學已經衰落，湘軍理學經世集團因門戶之見，對陽明及其學術的看法差異較大。如羅澤南撰《姚江學辨》，力辟陽明之學而尊程朱義理。但湘軍人物中，也有「素好陽明之學」〔註210〕者，如後任兩江總督的劉坤一。李元度也為陽明鳴不平：「辟陽明於今日，實與病源不相應。」〔註211〕

學術之爭不能抹殺王陽明對儒學的貢獻和地位。特別是他以文人領兵取得赫赫戰功的事蹟仍給湘軍人物留下了深刻的印象。《年譜》記載：土陽明「念武舉之設僅得騎射搏擊之士，而不可以收韜略統馭之才。於是留情武事，凡兵家秘書莫不精究」，〔註212〕以世家子投身軍旅，精研兵學，曾手批《武經七書》。王氏曾言：「用兵何術！但學問純篤，養得此心不動爾。」〔註213〕胡林翼言：「昔王文成之征南贛，征粵西，所用皆門下學究書生，功績甚偉。

〔註209〕羅澤南，姚江學辨：卷 1，咸豐九年長沙刊，49～50。
〔註210〕劉體信撰，萇楚齋續筆：卷 4，朱漢民，丁平一，湘軍：第 8 冊，880。
〔註211〕李元度，與邢星槎孝廉論學案小識；易孟醇點校，國朝先正事略，上海：中華書局，1900。
〔註212〕方爾加，王陽明心學研究，長沙：湖南教育出版社，1989：44。
〔註213〕方爾加，王陽明心學研究，長沙：湖南教育出版社，1989：154。

然死必有衈，功必有賞，是可法也。」〔註214〕應該說，王陽明是離晚清時代最近，以文人領軍的典範。明人高攀龍言：「文成（陽明）豪傑而聖賢者也，故雖以聖賢學問，終是豪傑本色。姚江天挺豪傑，妙悟良知，一破泥文之弊，其功甚偉。」〔註215〕

曾國藩贊「大率明代論學，每尚空談，惟陽明能發為事功。」〔註216〕「陽明之文亦有光明俊偉之象」。〔註217〕不僅如此，曾國藩及湘軍將佐在戰陣之事上，與王陽明頗有同工之妙，尤其是曾國藩的戰術思想主「誠」主「靜」，與王陽明「不動心」之說十分相似。如李續賓「臨陣安閒靜鎮，……如與客燕見之儀。……常以寡擊眾，出奇制勝，凡大小六百餘戰，克復四十餘城。……恒曰：『事由心定，毋張皇。』」〔註218〕而在立德立功立言的人生建樹方面，曾、王二人均有較高的相似度，曾在很多方面是受益於王學的。無論其是否願意，時人都不自覺地將曾國藩與王陽明進行比較。如《湘學志略》評價曾國藩：「入而講學，出而戡亂，實與陽明略同。惟其專務躬行，不輕立說，為稍異也。」〔註219〕曾國藩去世之後，江西知府王延長即以輓聯評價曾國藩：「盡瘁武鄉侯，千秋臣節；望隆新建伯，一代儒宗。」〔註220〕

湘系理學經世派與陽明學派差異雖大，但內在學術理路還是有相通之處：

王陽明雖主張以心統萬物和「頓悟」的學習方法，反對泛泛地格物，反對禁錮思想活力的假道學，「聖人之學不是這等捆縛苦楚的，不要妝作道學的模樣。」〔註221〕卻也並不排斥道問學的求學之法。清末國粹派學者劉師培評價說：「陽明學術乃尊德性而不遺問學者也。」〔註222〕王陽明在《傳習錄》中表達了自己的實學思想：「後儒教人，……分下學上達為二也。……上達只在下學裏。……學者只從下學裏用功，自然上達去；不必別尋個上達

〔註214〕胡林翼，條陳剿苗匪啟；盛康輯，皇朝經世文編續編：卷92，朱漢民，丁平一，湘軍：第3冊，350～451。

〔註215〕李紀祥，明末清初儒學之發展，臺北：文津出版社，1992：38。

〔註216〕曾國藩，覆朱蘭；曾國藩全集：書信：第8冊，長沙：嶽麓書社，1995：5876。

〔註217〕曾國藩，鳴原堂論文；曾國藩全集：詩文，長沙：嶽麓書社，1995：554。

〔註218〕朱孔彰，李忠武公別傳；咸豐以來功臣別傳，朱漢民，丁平一，湘軍：第9冊，北京：社會科學文獻出版社，2013：280。

〔註219〕王盾，湘學誌略，長沙：湖南人民出版社，2009：74。

〔註220〕黎碩昌，曾國藩年譜：附2：哀榮錄，嶽麓書社，1986；附錄62。

〔註221〕方爾加，王陽明心學研究，長沙：湖南教育出版社，1989：66。

〔註222〕劉師培，王學釋疑；國粹學報：第26期，1907年3月4日刊。

的工夫。」〔註 223〕

　　曾國藩與王陽明都尊同「禮學」，打通了「禮」與「理」的關係。王陽明認為「禮字即是理字，理之發見，可見者謂之文；文隱微不可見者謂之理，只是一物。」〔註 224〕曾國藩等在實際軍事政治活動中把王陽明及受心學影響的戚繼光當成效法的榜樣，如高度重視「禮」在維繫政綱，敦化人倫，節制軍隊中的重要作用，吸收王學中的「誠」作為發揮主觀奮鬥精神的營養，而且在豪俠氣質上與王陽明頗有近似之處。如王陽明曾說：「某平日亦有傲視行輩，輕忽世故之心，後雖稍知懲創，亦惟支恃抵塞於外而已。及謫貴州三年，百難備嘗，然後能有所見，始信孟氏『生於憂患』之言非欺我也。」〔註 225〕湘軍集團重要人物如曾國藩、胡林翼、左宗棠、劉蓉、羅澤南、王鑫等早年均不乏豪俠之氣，引天下事為己任，王鑫十四歲時即立志「置身萬物之表，俯視一切」。〔註 226〕劉蓉、左宗棠等以「老亮」「今亮」自許，〔註 227〕與王陽明擴張心力，俾睨古今之慨相同。

（二）湘軍經世派繼承了明清之際實學思想

　　曾國藩推崇顧炎武「我朝學者，以顧亭林為宗；國史儒林傳，褒然冠首。吾讀其書，言及禮俗教化，則毅然有守先待後，『捨我其誰』之志，何其壯也！」〔註 228〕左宗棠年十八九，「於書肆購得顧祖禹《讀史方輿紀要》，潛心玩索，喜其所載山川險要，戰守機宜，瞭如指掌。又參以顧炎武《郡國利病書》及齊召南《水道提綱》，彙編手抄。又讀賀長齡所纂《皇朝經世文編》，丹黃殆遍。」〔註 229〕

　　顧炎武批評晚明論理學者之言危微精一，論心學者空談心性，「舉夫於論

〔註 223〕王陽明，傳習錄：上卷，長沙：中國畫報出版社，2016：38。
〔註 224〕王陽明，傳習錄：上卷，長沙：中國畫報出版社，2016：17。
〔註 225〕王陽明，與王純甫；文錄，方爾加，陽明心學研究，長沙：湖南教育出版社，1989：69。
〔註 226〕錢基博，近百年湖南學風（含經學通志），北京：中國人民大學出版社，2004：23。
〔註 227〕「文襄固夙以武侯自命者，平日與友人書札，常署名為『今亮』。」（李岳瑞撰，左文襄軼事；春冰室野乘：卷中，朱漢民，丁平一，湘軍：第 8 冊，北京：社會科學文獻出版社，2013：800）。
〔註 228〕曾國藩全集：詩文，長沙：嶽麓書社，1995：250。
〔註 229〕錢基博，近百年湖南學風（含經學通志），北京：中國人民大學出版社，2004：33～34。

學、論政之大端一切不問」〔註230〕的空疏學風，反省自己曾「從諸文士之後，注蟲魚，吟風月」，強調學術必須關乎「聖賢六經之指、國家治亂之源，生民根本之計」。〔註231〕「君子之為學，以明道也，以救世也。」〔註232〕顧炎武任南明唐王兵部職方司主事時，作有《軍制》《形勢》《田功》《錢法》四論。顧炎武「自一身以至於家國天下，皆學之事也」〔註233〕的實學思想，對清初學術起到了起衰振弊之效；顧炎武「古之所謂理學，經學也」〔註234〕的觀點也無疑啟發了曾國藩兼採漢宋，匯通學術思路。湘軍步明清之際實學思潮之後塵，從兵制、賦稅、錢法等入手，在實學經世方面實發揚而光大之。如：曾國藩、羅澤南、胡林翼、王鑫等致力於湘軍營制研究，將湘軍打造成一支不同於舊式軍隊的節制之師。湖南巡撫駱秉章、左宗棠等，在發現行用咸豐大錢虛值貨幣的弊端後，毅然予以全部回收銷毀，並上奏請求湖南不按上諭發行紙幣，使湖南成為全國少數幾個不使用虛值錢幣的地區之一，穩定了戰時經濟。〔註235〕顧炎武強調「治亂之關，必在人心風俗。」〔註236〕而醇化人心風俗，必自正學術、端士行始，「士大夫之無恥，是為國恥。」〔註237〕湘軍理學經世派繼承了這一說法，認為學術關乎人心風俗，風俗關乎國運，所以對士行格外關注。

此外，湘軍人物對顏元、李塨等所創儒家事功實學一派亦有所會通。曾國藩引禹道入儒，刻勵砥行；其幕僚戴望求顏李遺著，於 1869 年撰成《顏氏學記》十卷。如劉師培所論：「近世以來，中土士庶惕於強權，並震於泰西科學，以為顏氏施教，旁及水火工虞，略近西洋之致用，而貴兵之論，又足矯法弱之風，乃尊崇其術。」〔註238〕

〔註230〕顧炎武，夫子之言性與天道；日知錄：卷 7，長沙：嶽麓書社，1994：240。
〔註231〕顧炎武，與黃太沖書；亭林文集：卷 9，顧炎武全集：第 21 冊，上海：上海古籍出版社，2012：298。
〔註232〕顧炎武，與人書二十五；亭林文集：卷 4，顧炎武全集：第 21 冊，上海：上海古籍出版社，2012：148。
〔註233〕顧炎武，與人論學書；亭林文集：卷 3，顧炎武全集：第 21 冊，上海：上海古籍出版社，2012：93。
〔註234〕顧炎武，與施愚山書；亭林文集：卷 3，顧炎武全集：第 21 冊，上海：上海古籍出版社，2012：109。
〔註235〕駱秉章，駱文忠公自訂年譜，朱漢民，丁平一，湘軍：第 9 冊，194。
〔註236〕顧炎武，與人書九；亭林文集：卷 4，顧炎武全集：第 21 冊，上海：上海古籍出版社，2012：141。
〔註237〕顧炎武，廉恥；日知錄：卷 13，長沙：嶽麓書社，1994：482。
〔註238〕劉師培，非六子論；中國哲學第 1 輯，448。

（三）湘軍經世派融合了以魏源為代表的今文經學思想

魏源（1794～1857），名遠達，字默深，湖南邵陽人。道光二十五年（1845年）進士，曾官高郵知州。作為嶽麓書院學子，魏源與湘系經世派先驅賀長齡、陶澍有超乎尋常的交往和情誼。早在道光五年（1825），魏源即受江蘇布政使賀長齡之聘，輯《皇朝經世文編》120卷；後又助江蘇巡撫陶澍辦漕運、水利諸事，取得了經世活動的第一手經驗。道光二十二年（1842），鑒於鴉片戰爭的失敗，修成反映清王朝歷代戰績的《聖武記》；他據林則徐所輯西方史地資料《四洲志》編成《海國圖志》50卷，後經修訂、增補，至咸豐二年（1852）成為百卷本的巨著。魏源的政治軍事思想有很強的洞察力和預見性，其著作《皇朝經世文編》對後人影響甚巨，《海國圖志》遠播日本。曾國藩曾言：「經濟之學，吾之從事者二焉：曰會典，曰皇朝經世文編。」〔註239〕

齊思和評價：「晚清學術界之風氣，史學則重本朝掌故，地理則重邊疆輿地，而經學則提倡今文。前二者皆自魏源倡之。今文之學……魏氏亦一重要之倡導人物也。」〔註240〕自常州學者莊存與、劉逢祿提倡，今文經學於晚清復興。此後，龔自珍、魏源等發揚今文經學「借經議政」的特點，將今文經學與社會現實聯繫起來。

魏源具有強烈的社會批判思想。他批評俗學之害甚於俗吏，腐儒之病甚於異端：「工騷墨之士，以農桑為俗務，而不知俗學之病人更甚於俗吏。託玄虛之理，以政事為粗才，而不知腐儒之無用亦同於異端。」〔註241〕魏源認為儒學應當歸本於政事，反對徒言以經術為治術，卻「畢生治經，無一言益己，無一事可驗諸治」。〔註242〕魏源將儒家理想的「王道」與具體的治術相結合，認為「王道」的至臻之境，不僅是道德上的，而且是物質上的，其最低限度就是「靖疆圉、蘇民困」。「自古無不王道之富強，無不富強之王道。王道至纖至悉，井牧、徭役、兵賦，皆性命之精微流行其間。……而民瘼之不求、吏治之不習、國計邊防之不問，一旦與人家國，上不足靖疆圉，下不

〔註239〕曾國藩，求闕齋日記類抄：問學；足本曾文正公全集，長春：吉林人民出版社，1995：4874。
〔註240〕楊慎之，黃麗鏞，魏源思想研究，長沙：湖南人民出版社，1987：33。
〔註241〕錢基博，近百年湖南學風（含經學通志），北京：中國人民大學出版社，2004：12～13。
〔註242〕魏源，默觚上：學篇九，魏源全集：第13冊，長沙：嶽麓書社，2009：22～23。

足蘇民困，舉平日民胞物與之空談，至此無一事可效諸民物，天下亦安用此無用之王道哉？」〔註243〕魏源等將漢學考據之學轉而為關係國計民生的治事之術，以復古而論，恢復了漢學以經術為治術的傳統，以開新而論，為儒學經世開闢了新的思路和途徑，這一點湘系理學經世派與之是高度相近的。湘軍人物在兵、農、輿地、吏治、財賦等實學方面鑽研極深，用的就是與漢學考據高度相似的理學格致之法。王盾認為：「從哲學學統傳承方式上考察，……公羊今文經學與船山繼承的橫渠正學已經滲透結合。」〔註244〕而這兩種學術，都是湘系經世派理學經世的重要思想來源。所不同者，理學經世派始終堅持以程、朱、張載、張栻等開創的理學義理為經世之本。

　　魏源思想的突出特點即「求實求變」，要求「去偽、去飾、去畏難、去養癰、去營窟」；「以實事程實功，以實功程實事。」〔註245〕並在《默觚》中發揮了「變古愈盡，便民愈甚」的主張，「天下無數百年不弊之法，無窮極不變之法，無不除弊而能興利之法，無不易簡而能變通之法。」「誣今不可以為治，誣古不可以語學。」如果一味盲目復古，則「徒使功利之徒以迂疏病儒術。」〔註246〕魏源強調「君子之為治也，無三代以上之心則必俗，不知三代以下之情勢則必迂，其不可變者道而已，勢則日變而不可復者也。」〔註247〕魏源的思想與湘軍追求實功的變法創制思想不謀而合，與湘軍人物理隨勢轉，不泥古，不忘本的經世思想高度一致。郭嵩燾讚揚魏源：「默深先生喜經世之略，其為學淹博貫通，而務出己意，恥蹈襲前人。」〔註248〕只不過湘軍身在局中，深知變法之不易，多採取少言取實，漸進求效的務實方式進行。應該說湘軍最終在制度創建上已超出了傳統儒學的範疇，開啟了洋務運動西學西政的先河。魏源為近代經世派中較早關注武備者，也開拓了晚清邊疆史地及軍事史研究的新領域，為湘系經世派所稱道。王鑫在日記中

〔註243〕魏源，默觚下：治篇一，魏源全集：第13冊，長沙：嶽麓書社，2009：33。
〔註244〕王盾，湘學誌略，長沙：湖南人民出版社，2009：65。
〔註245〕魏源，海國圖志原敘，朱漢民，丁平一，湘軍：第3冊，北京：社會科學文獻出版社，2013：18。
〔註246〕魏源，默觚下：治篇五，魏源全集：第13冊，長沙：嶽麓書社，2009：43～44。
〔註247〕魏源，默觚下：治篇五，魏源全集：第13冊，長沙：嶽麓書社，2009：43～44。
〔註248〕郭嵩燾，古微堂詩集序；養知書屋詩文集：卷4，朱漢民，丁平一，湘軍：第3冊，224。

記載，自己以魏源著作為法程：「計自十五日恭讀《聖武記》，至是始一遍，深歎魏公學問之博，考核之精，去取之審，真可為萬世法程。」〔註249〕

第三節　凝士以禮：理學導向下的湘軍「節制」機制分析

　　湘軍是一支以理學維繫的新軍系，具有與歷代軍隊完全不同的節制機制。湘軍在其應對艱巨的經世過程中，逐步形成了以禮為宗，以誠為心，以術為輔的治軍經世之道。本節重點以「禮」為核心探討湘軍節制機制。

一、湘軍集團的禮學觀及其「雙重權威結構」

　　「禮」是儒家學說中的重要哲學、制度和文化範疇，是儒學之道與現實社會相銜接的重要一環。禮在中國古代用以定親疏，決嫌疑，別同異，明是非，是治國的根本，「人道之極」。孔子重「復禮」，荀子撰《禮論》，漢學考「三禮」，後儒修禮學，形成了深厚的禮學文化。荀子提出「凝士以禮，凝民以政」，〔註250〕將禮作為規範士行，凝聚士氣的文化根據。

　　咸同時期士風淪喪、兵政敗壞，「薄德行，無節制」一語足以概之。湘軍集團繼承前賢「以禮為理」「禮理合一」的思想，以禮學之充盈補理學之空疏，以禮學之綱紀係集團之節制，為湘軍的赫赫功業奠定了堅實的基礎。郭嵩燾言：「亭林顧氏謂以湯武之仁義為心，以桓文之節制為用，斯謂之律。」〔註251〕如果說程朱義理是湘軍集團的根本宗旨，那麼禮就是實踐這種文化價值的制度載體和工具。

　　湘軍人物高度重視禮學序人倫、正風俗，綱維萬事的經世之效。曾國藩自述：「僕之所志，其大者蓋欲行仁義於天下，使凡物各得其分；其小者則欲寡過於身，行道於妻子，立不悖之言以垂教於宗族鄉黨。」〔註252〕「昔仲尼好語求仁，而推言執禮。孟氏亦仁禮並稱。蓋聖王所以平物我之情，而息天

〔註249〕王鑫，咸豐丙辰日記上；王壯武公遺集：日記，朱漢民，丁平一，湘軍：第7冊，北京：社會科學文獻出版社，2013：10。
〔註250〕荀況，荀子：議兵；荀子選注，天津：天津人民出版社，1975：277。
〔註251〕郭嵩燾，羅忠節公祠堂記；養知書屋詩文集：文集：卷25，朱漢民，丁平一，湘軍：第3冊，234。
〔註252〕曾國藩，答劉蓉；曾國藩全集：書信：第1冊，長沙：嶽麓書社，1995：22。

下之爭，內之莫大於仁，外之莫急於禮。」〔註253〕體現了高度的從禮精神。曾國藩在咸豐九年所作《筆記二十七則》中說：「修身、齊家、治國、平天下，則一秉乎禮。自內焉者言之，捨禮無所謂道德；自外焉者言之，捨禮無所謂政事。」〔註254〕郭嵩燾說：「窮極程朱性道之蘊，博考名物，熟精禮典，以為聖人經世宰物，綱維萬事，無他，禮而已矣。」〔註255〕湘軍集團認為復興禮學，「澆風可以使之醇，敝俗可以使之興，」〔註256〕

劉蓉亦「少承庭訓，篤好禮書」，雖戎馬倥傯，不遑安居，「然抱此區區，未嘗一日或釋。」〔註257〕他讀《儀禮》《郊廟》感歎：「禮教至浸淫於人心，積久以成風俗……古昔哲王治天下之大經大法，將以儀行四方，綱維萬世。後有王者，取而讀之，由幹以達枝，窮源而竟委，則古人之所以制治保邦、化民成俗之意，可坐而得。」〔註258〕劉蓉主張以禮學為經世之具，並有撰寫禮學專著的計劃：「若祭祀、朝聘、宴饗、冠、昏、鄉射、喪紀之屬，據經援傳，薈萃群言，而頗抉發其精義，為禮經發微一書，以著聖人所以體性達情，經世宰物之大經大法，互萬世而不可易者。」〔註259〕羅澤南將禮與經世相貫通，「見得周公當年制作，極廣大，極精密。……達而天下國家，治之無不得其要，此方是真實經濟、有用學問。」〔註260〕

湘軍經世派「以禮經世」，不在學術研究，而側重以禮學原則立身行事，以教化浸淫人心，積久而成風俗。這種禮教精神不僅用以立德治身，亦用以治軍行政，進而成為湘軍軍系文化的重要內核。中國歷史上曾經出現過很多以血緣、地緣、政治利益為紐帶的政治集團，湘軍集團是最具有高度文化自覺性，凝聚力極強的軍政—文化集團。從本質上來說，與歷史上隋唐關隴集團，宋明清流朋黨均有較大差異。其集團內部雖然有血緣、地緣等傳統關係，也可以說

〔註253〕曾國藩，王船山遺書序；曾國藩全集：詩文，長沙：嶽麓書社，1995：278。
〔註254〕曾國藩全集：詩文，長沙：嶽麓書社，1995：358。
〔註255〕郭嵩燾，曾文正公墓誌，朱漢民，丁平一，湘軍：第9冊，9。
〔註256〕郭嵩燾，曾文正公墓誌，朱漢民，丁平一，湘軍：第9冊，9。
〔註257〕劉蓉，鐸禮堂記；養晦堂文詩集：文集：卷1，朱漢民，丁平一，湘軍：第3冊，北京：社會科學文獻出版社，2013：158。
〔註258〕劉蓉，鐸禮堂記；養晦堂文詩集：文集：卷1，朱漢民，丁平一，湘軍：第3冊，北京：社會科學文獻出版社，2013：158。
〔註259〕陸寶千，劉蓉年譜，臺北：中央研究院近代史研究所專刊（40），1979：340。
〔註260〕羅澤南，與劉孟容書；羅忠節公遺集：卷6，羅澤南集，長沙：嶽麓書社，2010；94～95。

有其某種共同的政治利益，但最根本的還是它共同的文化價值觀及實踐這種文化價值時所催生的高度自覺性。

　　湘軍領導核心具有獨特的雙重權威結構。作為政治軍事集團，湘軍有著嚴格的組織形式和較強的凝聚力，然而它之所以又不同於其他集團，就在於其獨特的權威模式。湘軍的聚合，離不開兩個權威，一是來自朝廷「治統」的政治權威，一種是導源於「道統」「學統」的文化權威，這兩種權威模式在湘軍組織系統中互為因果，相互滲透補充，共同維繫著湘軍的存在和發展。

　　曾國藩在湘軍中，同時居有一代儒宗和清廷政治代言人的雙重身份。湘軍初起，其成員多為不得志或疏於科舉的書生，故不得不借助於朝廷的政治權威。曾國藩以在籍侍郎身份出任湖南團練大臣，且與本地士人有鄉土之誼、師生之情，故常能一呼百應，收指臂之效；同時，曾國藩在京期間，與唐鑒、倭仁等名流交遊甚密，關係在師友之間，成為繼陶澍、賀長齡之後又一位集政治權威和文化權威為一身的代表性人物，這也無疑奠定了曾國藩在湘軍集團中不可撼動的地位。後人稱頌曾國藩「以美教化、育人才為己任，而尤以知人名天下」。〔註261〕湘軍中的重要人物，如江忠源、胡林翼、羅澤南、左宗棠、彭玉麟、郭嵩燾、劉蓉等，之所以取得成就，與曾國藩的提攜、帶動或舉薦是分不開的。曾國藩在湘軍內部具有無可比擬的威信。「水師提督楊載福、道員彭玉麟，陸路帶勇道員吳坤修、黎獻等，皆係曾國藩舊部，無不樂為之用。」〔註262〕劉長佑在曾國藩身後評價其：「贊道是儒臣，戡亂是勳臣，輔治是賢臣，品碩重三朝，論定蓋棺，何止名齊韓范。」〔註263〕

　　湘軍以程朱之道、理學正宗自命，以衛道救時為宗旨，這就為湘軍集團烙上了深深的文化烙印。「論者謂曾國藩所訂營制、營規，其與軍禮庶幾近之」。〔註264〕曾國藩認為：「帶兵之道，用恩莫如用仁，用威莫如用禮。仁者，所謂欲立立人、欲達達人是也。待弁兵如待子弟之心，常望其發達，望其成立，則人知恩矣。禮者，所謂無眾寡、無小大，無敢慢泰而不驕也。正其衣冠，尊其

〔註261〕郭嵩燾，曾文正公墓誌，朱漢民，丁平一，湘軍：第9冊，9。
〔註262〕清政府鎮壓太平天國檔案史料：張芾奏請敕下曾國藩督辦皖南軍務整飭寧國軍營片（咸豐十年閏三月初三日錄副），朱漢民，丁平一，湘軍：第5冊，361。
〔註263〕劉長佑，挽曾文正公，劉武慎公遺書：卷29上，朱漢民，丁平一，湘軍：第3冊，142。
〔註264〕趙爾巽等，曾國藩傳；清史稿：卷405，列傳192；第4冊，北京：中華書局，1989：3058。

瞻視，儼然人望而畏之，威而不猛也。持之以敬，臨之以莊，無形無聲之際，常有凜然難犯之象，則人知威矣。」〔註265〕這一集團中，文化符號和權威始終居於強勢地位，甚至高過朝廷名器。

湘軍內部關係遠非簡單的上下級關係。對這種特殊關係的考察，有助於正確理解湘軍集結的維繫方式和集團性質。郭嵩燾在評價與曾國藩關係時言：「論交誼在師友之間，兼親與長」。〔註266〕郭嵩燾認為「朋友非屬員之比，屬員可札調，朋友不可札調；屬員可賞罰，朋友不獨為（法）〔罰〕所不及，亦賞所不及。」〔註267〕當年劉蓉、郭嵩燾初入曾幕，即與其約法數章，以不領薪水，不列名保舉為要，曾國藩在很長時間內，都遵守了這一約定。這種特殊關係為湘軍凝聚起到了重要作用，卻也在湘軍初創期給曾國藩帶來許多不便。湘軍早期援江西失敗，即因領兵者純為書生，激於「忠義」而投身戎行，故不便以軍法部勒。「吾以義聲倡導，同履危亡，諸公之初從我，非以利動也。故於法亦有難施，其致敗實由於此。」〔註268〕

從曾、胡關係來看，胡林翼中進士比曾國藩還要早兩年，早年仕途卻遠不如曾國藩順利，曾因科舉舞弊案被免職，後經朋友湊錢捐官才得任貴州知府。因曾國藩向湖廣總督吳文鎔舉薦而率黔勇入兩湖作戰，遂入湘軍系統。胡林翼具體行政和戰略策劃能力一定程度上還強於曾國藩，也是湘軍系統中第一個取得並行使地方督撫實權的人物（江忠源任安徽巡撫早於胡林翼署理湖北巡撫一年餘，但因軍務未能履職，且僅3月即敗亡）。但因其早年行為不羈，好用權術，自別於理學人士，在湘軍系統中還是受到過質疑。胡林翼自身雖居統帥行列，卻無時不為曾國藩和湘軍集團利益考量，每遇捷報之折，皆不專奏，惟推曾國藩主稿。〔註269〕並多次協調湖廣總督官文及朝廷，竭盡所能欲為曾國藩謀一督撫實缺。在湘軍內部，「先惡劉霞仙，繼折節事之。」而對羅澤南則不僅「執弟子禮甚恭，雖與僚屬語，必稱羅山先生，事無鉅細，諮而後行」，

〔註265〕曾國藩全集：日記：第1冊，長沙：嶽麓書社，1987：391。

〔註266〕郭嵩燾，郭嵩燾日記：第2冊，汪榮祖，走向世界的挫折——郭嵩燾與道光咸同時代，長沙：嶽麓書社，2000：139。

〔註267〕郭嵩燾，郭嵩燾日記，朱漢民，丁平一，湘軍：第7冊，北京：社會科學文獻出版社，2013：221。

〔註268〕朱孔彰，曾文正公別傳，咸豐以來功臣別傳，朱漢民，丁平一，湘軍：第9冊，3。

〔註269〕王之春，椒生隨筆卷1：胡文正公，朱漢民，丁平一，湘軍：第8冊，529。

還「以女弟妻羅公長子。」「以疆臣而為統將晚輩。」〔註270〕

　　王鑫因與曾國藩建軍宗旨不合而自立一軍，直屬湖南巡撫駱秉章。咸豐五年，跟隨曾國藩東下的羅澤南因武昌失陷旋軍回援，留下曾國藩一人在江西戰場苦苦支撐。曾氏雖對羅澤南所為表示理解，但在給親人故舊的私信中仍不無微詞：「羅山於五年八月至南康、湖口一看，知其不足以圖功，即決然捨我而去，另剿湖北。」〔註271〕「今親信如塔如羅如足下，皆捨我而別立門戶，使我一人獨任其難，抑何不仁之甚也！」〔註272〕

　　又如左宗棠，「咸豐初，巡撫張公亮基禮辟公，駱公秉章代為巡撫，尤倚公如左右手，凡察吏治軍，惟公言是聽。」〔註273〕駱秉章主湘貌似粥粥無能者，對幕僚佐宗棠放手任事，甚至出現「師爺專權」的情形。「駱公每公暇適幕府，左公與幕賓二三人慷慨論事，證據古今，談辯風生，駱公不置可否，靜聽而已。世傳駱公一日聞轅門舉炮，顧問何事，左右對曰：『左師爺發軍報折也。』駱公頷之，徐曰：『盍取折稿來一閱？』……惟時楚人皆戲稱左公曰『左都御史』，蓋以駱公官銜不過右副都御史，而左公權尚過之也。」〔註274〕因正因為駱秉章用人不疑，任事以專，使湖南在太平天國風暴中獨得自全。時人評價：「咸同中興，楚材蔚起，其識拔而獎成之，展轉推挽，以應名世之期者，駱文忠公也。」〔註275〕

二、湘軍以禮治軍的重要表現

（一）湘軍以「禮」治軍，首先在以「禮」通上下之情

　　至晚清時，天下承平二百餘載，「將帥皆鮮衣美食，與膏粱子弟無異，上既違道以取乎下，則下得有所以傲之，兵驕而惰，職此之故」。〔註276〕郭嵩

〔註270〕趙烈文，能靜居日記（同治六年九月初三日），長沙：嶽麓書社，2013：1101。
〔註271〕曾國藩，致沅弟，常萬里點評曾國藩兵法，長沙：湖南人民出版社，2014：210。
〔註272〕曾國藩，與李元度書（咸豐五年五月二十一日）；曾國藩全集：第22冊：書信1，長沙：嶽麓書社，2013：475。
〔註273〕朱孔彰，左文襄公別傳；中興以來功臣別傳，朱漢民，丁平一，湘軍：第9冊，118。
〔註274〕薛福成，駱文忠公遺愛；庸庵筆記：卷2，朱漢民，丁平一，湘軍：第8冊，北京：社會科學文獻出版社，2013：679。
〔註275〕陳康祺撰，郎潛紀聞：卷14，朱漢民，丁平一，湘軍：第8冊，589。
〔註276〕龍啟端：書李守備殉節事；經德堂文集：卷3。

燾記李續宜言：「希帥言先須通上下之情，情既通而又處置得宜，則軍心自服。官軍所以不及勇者，彼官派重而壅蔽多也。」〔註277〕道出了湘軍在制度上優於綠營正規軍的根本原委。湘軍鑒於綠營上下情事隔絕的弊端，自建軍之初就強調軍中上下貫通，「譬之木焉，統領如根，由根而生幹、生枝、生葉，皆一氣所貫通。⋯⋯平日既有恩誼相孚，臨陣自能患難相顧也。」〔註278〕「弁勇視營、哨，營、哨視統領，統領視大帥，皆如子弟之事父兄焉。」〔註279〕而一旦主將如統領、分統、營官、哨官等戰死或革差、病退，所部即解散，由新指揮官負責挑募改組。「或帥欲更統領，則並全軍撤之，而令新統領自擇營官如前制；或即其地募其人，分別汰留，遂成新軍，不相沿襲也。」〔註280〕這一規定也將部屬的命運與主將緊密聯繫起來。如江忠濟戰死，「其由通城敗潰之楚勇一千數十名概行撤遣歸籍，其駐岳州之楚勇八百名亦一併裁撤。」〔註281〕王闓運說：「從湘軍之制，則上下相維，將卒親睦，各護其長。其將死，其軍散，其將存，其軍完。豈所謂以利為義者耶？」〔註282〕同時，湘軍通過禮來獎勵奮勇，「營中奮勇邁倫者，雖未弁必假以優禮，否則雖顯秩必黜之。」〔註283〕此外，湘軍實行層級管理，各級均有專責，上級不侵偏裨之權，保障了其自主性和主動性。郭嵩燾曾勸導左宗棠說：「軍法之行，必主於簡易。大帥而侵偏裨之權，則軍政玩。數聞盛怒之言，則士心離。」〔註284〕

中國自古即有禮緣情的說法，林則徐曾言：「以禮之有餘，補情之不足。」〔註285〕曾國藩強調「百將一心，如子弟之事父兄，手臂之捍頭目而覆腹胸也。⋯⋯若夫將於帥不相能，兵與將不相知，是賃傭而戰之，其不攜貳離潰

〔註277〕郭嵩燾，郭嵩燾日記（同治元年壬戌），朱漢民，丁平一，湘軍：第 7 冊，240。
〔註278〕曾國藩，遵旨籌議直隸練軍事宜折（同治八年五月二十一日）；曾國藩全集：第 10 冊：奏稿10，長沙：嶽麓書社，2013：437。
〔註279〕王定安，湘軍記：卷 20，湘軍史專刊之二，長沙：嶽麓書社，1983：338。
〔註280〕王定安，湘軍記：卷 20，湘軍史專刊之二，長沙：嶽麓書社，1983：338。
〔註281〕駱秉章，賊犯湖北通城江道血戰捐軀懇恩優卹折；駱文忠奏稿：卷 4，朱漢民，丁平一，湘軍：第 4 冊，81。
〔註282〕王闓運，湘軍志：營制篇第十五、籌餉篇第十六，長沙：嶽麓書社，1987：163，166。
〔註283〕陳昌撰，霆軍紀略，朱漢民，丁平一，湘軍：第 1 冊，530～531。
〔註284〕郭嵩燾，郭嵩燾日記（咸豐九年八月初七日），朱漢民，丁平一，湘軍：第 7 冊，222。
〔註285〕王定安，湘軍記：卷 1；湘軍史專刊之二，長沙：嶽麓書社，1983：2。

者鮮矣！」〔註286〕劉蓉指出：「故為大臣者，誠有公忠體國之心，則將恪慎憂勤，視國事為家事，視僚屬如弟昆，挹和衷以徧察群情，豁虛懷而兼納眾慮。」〔註287〕待兵勇如子弟，視僚屬如弟昆，這是湘軍以禮補情的一條重要原則。

　　為紀念歷次戰役中陣亡官兵，湘軍先後在湘鄉、武漢、金陵、蘭州等地建立水陸師昭忠祠，以陣亡將領主祀，屬弁兵勇從祀。曾國藩、胡林翼、左宗棠、彭玉麟等對此極為重視，親為作記及楹聯，「唱凱於公庭，飲泣於私舍」。〔註288〕從咸豐七年（1857）至十一年（1861），胡林翼曾先後 17 次為「忠臣義士」請恤。從咸豐十年（1860）至同治四年（1865），曾國藩先後 21 次上「忠義案請恤」折。〔註289〕王鑫在戰敗後「率營中各勇招魂於野，望東哭奠，遂與諸友議起復仇之師。」「而營中諸勇亦皆言之切齒，恨不立嚼仇寇之肉，並肯捐工食製造軍器。」〔註290〕皆為通過紀念儀式激發士卒忠勇之氣。

　　湘軍重視內部情義相契，大至軍國要事、戰略謀劃，小至家室私話、同僚意氣，無不事先函商，見諸書札，議定而行，不僅維持了集團內部的團結，而且對朝廷、對外省口徑基本一致。曾國藩言「蓋楚軍向來和衷之道，重在函商，不重在奏請也。」〔註291〕湘軍大帥與將弁之間，亦不時以函扎稟帖相通。左宗棠西征新疆，「雖裨校來牘必手批答。」〔註292〕「待將士不尚權術，惟以誠信相感孚，然貪夫悍卒亦善駕馭。」〔註293〕曾國藩對屬下將領稟帖時加批示，諄諄勸誡，年幼者稱弟，年長者稱兄，格式不類公文，署名不具官銜，因太不講「規矩」致受左宗棠譏議。曾國藩幕僚趙烈文言：「師與烈恩逾骨肉，非復尋常知遇。」〔註294〕

〔註286〕郭嵩燾，郭嵩燾日記（同治五年，丙寅·五月廿日），朱漢民，丁平一，湘軍：第 7 冊，254。

〔註287〕陸寶千，劉蓉年譜，臺北：中央研究院近代史研究所專刊（40），1979：85。

〔註288〕曾國藩，金陵楚軍水師昭忠祠記；曾文正公全集：文集：卷 4，朱漢民，丁平一，湘軍：第 3 冊，北京：社會科學文獻出版社，2013：69。

〔註289〕張昭軍，晚清民初的理學與經學，北京：商務印書館，2007：119。

〔註290〕王鑫，上羅羅山夫子；王壯武公遺集：卷 8，朱漢民，丁平一，湘軍：第 6 冊，468。

〔註291〕曾國藩，覆晏彤甫中丞；曾文正公全集，沈雲龍，近代中國史料叢刊：續編第 1～10 號，臺北：文海出版社，1974：14731～14732。

〔註292〕姚永樸，舊聞隨筆卷 3：左文襄公，朱漢民，丁平一，湘軍：第 8 冊，845。

〔註293〕朱孔彰，左文襄公別傳；中興以來功臣別傳，朱漢民，丁平一，湘軍：第 9 冊，125。

〔註294〕趙烈文，能靜居日記（同治十一年二月癸亥），朱漢民，丁平一，湘軍：第 7 冊，182。

雖湘軍內部也有人提出要劃清將帥與朋友的界限，如丁果臣言：「任天下事，求將帥不可求朋友。將帥以治事治兵，朋友所以自治。」〔註295〕但湘軍的文化基因決定了其「自治」與「治事」不可明確分途。而正是在這種涵養包容的氛圍之下，湘軍才能內外協調、上下相孚、情義相感，凝聚起強大的力量。

（二）在以「禮」肅正軍紀

軍旅之事，無紀律則無節制。軍法屬軍禮必然之事，而獨言軍法則不足以概軍禮全貌。劉蓉言：「竊惟治軍之道，以申明紀律為先；馭眾之方，以選擇將領為急。將領非才，則兵徒多而不能制；紀律不嚴，則兵雖眾而不可用。」〔註296〕可見湘軍視軍紀與擇將之事為同等治軍要訣。湘軍軍法極嚴。王鑫言：「古人論兵以嚴字為第一義，不嚴，雖孫、吳難為計。」〔註297〕李續賓言：「法立則威行，威行則軍利，古今不能易也。」〔註298〕

劉蓉尤其重視整肅臨陣潰散和「敗不相救」等軍營積習：「坐視其死而不為之援，此豈復有人理者。」因主張戎政廢弛之時，一切治軍行法，均杜絕「優容姑息之意」，而用「不測之威」。〔註299〕咸豐五年（1855）年崇陽壕頭堡之戰，營官彭三元等戰死。羅澤南訊知哨長先逃者一人，臨陣棄主將者二人，皆斬以殉。「於是士卒皆知軍法，以義憤相激，人忘其敗矣。」〔註300〕湘軍李續賓「馭下甚寬，終年不見喜慍之色，而弁勇有罪，揮涕手刃，故刑人無多，軍令肅然。」〔註301〕八年三河大敗，李續燾、趙克漳等七人或輕棄主將，或擅棄城池，曾國藩、胡林翼也欲嚴懲，後雖因官文竭力阻擾，只能從輕處分，但他們仍被逐出湘軍嫡系，改歸多隆阿部下。〔註302〕劉蓉後期在西北克復城固、洋縣、南鄭、西鄉各城，將帶頭私留太平軍遺棄女眷的副將

〔註295〕郭嵩燾，郭嵩燾日記（咸豐九年八月初七日），朱漢民，丁平一，湘軍：第7冊，222。

〔註296〕劉蓉，查明漢郡失守情形折；劉中丞奏議：卷1，朱漢民，丁平一，湘軍：第5冊，153。

〔註297〕王鑫，覆李春醴觀察；王壯武公遺集：卷9，朱漢民，丁平一，湘軍：第6冊，492。

〔註298〕江忠源，與徐仲紳制軍書；江忠烈公遺集：卷1，朱漢民，丁平一，湘軍：第6冊，335。

〔註299〕陸寶千，劉蓉年譜，臺北：中央研究院近代史研究所專刊（40），1979：84。

〔註300〕陸寶千，劉蓉年譜，臺北：中央研究院近代史研究所專刊（40），1979：102。

〔註301〕黃彭年，李忠武勇毅兩公家傳，陶樓文鈔：卷4，朱漢民，丁平一，湘軍：第9冊，北京：社會科學文獻出版社，2013：285。

〔註302〕龍盛運，湘軍史稿，成都：四川人民出版社，1990：219。

黃宗信以下十餘人，均「就地正法，以申紀律而警凶頑」。〔註303〕

湘軍臨陣廣泛施行督陣、連坐之法：「臨陣時隊長在一隊之前，兵勇有退縮者立斬之。哨官在百人之後，……某隊退縮，立斬其隊長。……某哨退縮，立斬其哨官。某營退縮，立斬其營官。某軍退縮，立斬其分統。」〔註304〕「失一營官，斬四哨長；失一哨官，斬護勇及八什長；失一什長，斬二伍長；失一伍長，斬伍內之散勇。如有別故及情可原者，另議。因別營不救而失營官者，並斬應救不救之營官；因各哨不救而失哨長者，並斬應救不救之哨長；各什長、伍長及散勇，照此類推。割取首級報功者，不錄。有故殺良民者，斬首梟示。」〔註305〕臨陣之際，「如他哨勇混入我哨隊內者，即是亂我隊伍，許該隊勇丁將混入之勇登時殺斃。」〔註306〕

為革除舊軍隊冒領剋扣之弊，湘軍明確規定「各長有有意嚼吞本哨、本隊口糧、犒賞、恤養等項至銀一兩者，斬；一兩以下，革職。」〔註307〕

湘軍強調軍權的統一和森嚴。胡林翼說：「且軍旅之事，以一而成，以二三而敗。」〔註308〕強調權歸於一。後期老湘軍亦「軍營體制極嚴，分統之見總統，必長跪請命，非如司道之見督撫也；營、哨各官之見分統，亦長跪請命，非如府縣之見司道也。」〔註309〕

湘軍系統中還有一不成文的慣例，即無論官秩如何，只看在湘軍系統中寄事之輕重，低級別的營官指揮高品秩官員的情狀，比比皆是。湘軍幕僚之去留，將領之進退，甚至生殺予奪，幾乎都在其內部規則的支配下進行。「湘軍法，營官不相統者，無階級，皆平等。統將雖九品官，其營、哨官至一、二品階，聽命唯謹。」〔註310〕「有保至提、鎮而仍當哨官什長，保至副、參、游而仍充親兵、散勇者；有在他軍充當統領而在此軍充當營官，在他軍充當營官而在此軍充當統領者。時地既殊，勢分即異。當統領者必節制營、哨；

〔註303〕劉蓉，收斬部將以申軍律疏；劉蓉年譜，臺北：中央研究院近代史研究所專刊（40），1979：214～215。

〔註304〕陳昌撰，霆軍紀略，朱漢民，丁平一，湘軍：第1冊，530。

〔註305〕王鑫，練勇芻言，朱漢民，丁平一，湘軍：第2冊，286。

〔註306〕劉連捷，臨陣心法序，朱漢民，丁平一，湘軍：第2冊，293。

〔註307〕王鑫，練勇芻言，朱漢民，丁平一，湘軍：第2冊，287。

〔註308〕胡林翼，胡林翼集：第1冊，長沙：嶽麓書院，1999：335。

〔註309〕光緒朝朱批奏摺：禮部右侍郎志銳奏請將湘軍分隊統帶魏光燾陳湜專摺奏事折（光緒二十年十月初三日），朱漢民，丁平一，湘軍：第5冊，487。

〔註310〕王闓運，湘軍志：江西篇第四，長沙：嶽麓書社，1983：52。

當營、哨者必受節制於統領，固無他說也。」〔註311〕王闓運評論湘軍「以意氣相救，恥言爵位，多不肯屬人」，〔註312〕「異軍特起，亦不相統，或令受他將節制，輒不相能，非其所置，莫能屬也。」〔註313〕最著名的例子，就是同治年間，湘軍統領七品文官吳士邁以不聽指揮、錯失戰機為名，斬殺戰場抗令的二品武官、記名總兵、實授處州鎮游擊朱德樹。家屬告至朝廷，朝廷特以詢左宗棠，宗棠明白覆奏，湘軍之中，「軍營體制，只論事寄輕重，不論品秩尊卑。」〔註314〕

　　湘軍人物以儒者領兵，不廢申韓之術，但決不單純倚重軍法。作為理學經世派，湘軍集團十分看重以「禮」自治。曾國藩言：「用兵者必先自治，而後制敵。《得勝歌》中言自治者十之九。」〔註315〕曾國藩重視軍紀軍風，初建湘軍，即作水、陸師《得勝歌》，瓦解敵軍的《解散歌》等，教育士卒廣泛傳唱，通過講道理的方式，化「禮」於無形。

　　在軍法執行方面，湘軍集團也與法家風格迥異。如胡林翼強調「立法宜嚴，用法宜寬，顯以示之紀律，隱以激其忠良，庶幾畏威懷德，可成節制之師。」〔註316〕郭嵩燾致信左宗棠云：「凡軍尚嚴，而以寬而有容為之本。嚴者，法也。寬者，大帥所以聯軍將士卒為一體，而與共功名者也。」〔註317〕均主張將法的制度剛性與禮的柔性管理相結合，注重激發士卒「畏威懷德」之心。

　　湘軍不僅重軍法的執行，更重賞罰執行的環境、動機、效果及合理性。湘軍經世集團繼承了伊川（程頤）關於禮的觀點：「且如宗廟則主敬，朝廷則主莊，軍旅則主嚴，此是也。若發不以時，紛然無度，雖正亦邪。」〔註318〕這個度就是儒家義理。劉蓉主張以重賞激勵天下士，但必須賞當其人，賞當其時：「今天下禍亂方興，士氣彌懦，欲驅天下智勇才辯之士，出沒鋒鏑以與

〔註311〕左宗棠，吳士邁擅殺游擊朱德樹案由折，左宗棠全集：第5冊，長沙：嶽麓書社，2012：54～55。

〔註312〕陸寶千，劉蓉年譜，臺北：中央研究院近代史研究所專刊（40），1979：319。

〔註313〕王闓運，湘軍志：營制篇第十五，長沙：嶽麓書社，1983：162。

〔註314〕左宗棠，吳士邁擅殺游擊朱德樹案由折，左宗棠全集：第5冊，長沙：嶽麓書社，2012：54～55。

〔註315〕曾國藩，與羅萱書（咸豐六年五月十九日）；曾國藩全集：第22冊：書信1，長沙：嶽麓書社，2013：525。

〔註316〕胡林翼，致曾國葆；胡林翼集：第2冊，長沙：嶽麓書社，1999：335。

〔註317〕郭嵩燾，郭嵩燾日記：咸豐九年八月初七日，朱漢民，丁平一，湘軍：第7冊，北京：社會科學文獻出版社，2013：222。

〔註318〕呂思勉，理學綱要，北京：東方出版社，2012：80。

死寇角，非賞不勸。但濫賞則志士恥與庸豎為儕，而吝賞抑無以係天下豪傑之心。」〔註319〕左宗棠奏摺中言：「如賞功罰罪不秉大公，諱敗攘勝不務核實，以及冒餉侵克，皆主兵者所最忌。有一於此，部曲離心。」〔註320〕胡林翼認為「若以殺人示威，則仍是為己之私也。情罪的當，得其平允，可使死者復生而不愧，生者知畏而知感，則善矣。」〔註321〕曾國藩早期治軍一秉於嚴，「有梗令者，誅之不貸。時稱為『曾剃頭』。及克安慶，營官或罪可誅，文書已定，公持不發，乃歎曰：『吾誓自今日不妄戮一人。』公意以初治兵，非嚴不濟，但事稍定，即當行以仁慈也。」〔註322〕曾國藩自述：「余亦深知馭軍馭吏，皆莫先於嚴，特恐明不傍燭，則嚴不中禮耳。」〔註323〕可見，在執法的具體把握上，曾國藩等始終受到儒家道德觀的支配。正如蔡鍔所言，賞罰之權如因私心己意而不中程，或姑息以見好，或苛罰以示威，「以愛憎為喜怒，憑喜怒以決賞罰。」必然造成「賞不知感，罰不知畏。」〔註324〕

（三）在以「禮」進退人才

湘軍百事草創，需才孔亟，用求才若渴形容毫不為過。但在聚才、育才、用才和人才進退方面，卻始終有自己的尺度，這個標準就是儒家的「禮」。

曾國藩在用人方面的氣量遠超同儕，以湖湘士人為主體，兼收並蓄，名將雲集，不僅有外省人，還有滿族人、達斡爾族人；不僅在血性士子、綠營將弁中擢拔人才，還在一線士卒中發掘俊士，予以不次之擢。如湘軍名將劉松山出身農家，水師將領李成謀出身補鍋匠。對不願在其腳下「盤旋」，思欲自立門戶的部下也常惺惺相惜。李續宜致信曾國藩論曰：「馭將得人之道，似須急為推求，不可玩忽，禮貌相尚，誠意相孚，事權相尊，此固馭將得人之本，而先生或能之。」〔註325〕

曾國藩一貫主張用樸實木訥而少大言之人，評價和進退人才以品德修為

〔註319〕劉蓉，寄曾滌生侍郎書；陸寶千，劉蓉年譜，臺北：中央研究院近代史研究所專刊（40），1979：82。

〔註320〕秦湘業，陳鍾英，平浙紀略，朱漢民，丁平一，湘軍：第 2 冊，62。

〔註321〕胡林翼，致糧臺總局；胡林翼集：第 2 冊，長沙：嶽麓書社，1999：247。

〔註322〕姚永樸，舊聞隨筆：卷 3；曾文正公，朱漢民，丁平一，湘軍：第 8 冊，841。

〔註323〕曾國藩全集：日記：第 1 冊，長沙：嶽麓書社，1987：670。

〔註324〕曾胡治兵白話句解，濟南，山東書局（改訂版），民國二十一年（1932）：106～107。

〔註325〕柳詒徵，陶風樓藏名賢手札；李續宜致曾國藩（三），朱漢民，丁平一，湘軍：第 6 冊，北京：社會科學文獻出版社，2013：273。

為尺度，以實事實功為準繩，表現出曾國藩重「質」的禮學思想。其先後力薦的胡林翼、江忠源、左宗棠、李鴻章等，在湘軍發展史上均具關鍵性作用，朝野以知人聞名。蔡鍔高度評價曾國藩薦舉左宗棠而不計私嫌，彈劾李元度而不念舊情，「不以恩怨而廢舉劾。名臣胸襟，自足千古。」〔註 326〕

湘軍重內部團結，對臨事外顧者罔不忌諱。如曾國藩與李元度結契甚深，然而李元度在兵敗徽州被參革職之後，心中怨望，擅自受浙江巡撫王有齡之聘回鄉募軍。曾國藩耿耿於懷：「厥後脫卸未清，遽爾赴浙，則乖睽深矣！」〔註 327〕並再次參奏直至李仍被參革職。曾國藩評價此事說「自問平生不多負人，與次青許與之素，而乃由吾手三次參革，僕固寡恩，渠亦違義。」〔註 328〕就是因為李元度私自外顧，觸犯了湘軍大忌。曾國荃部程學啟開字營奉調入淮軍，仍著湘軍號服，李鴻章轉託曾國藩致信程學啟改換軍裝。程學啟拒不從命，覆信曾國藩稱「必待沅帥（即曾國荃）緘諭，乃敢改換」。曾國藩對程學啟此舉大加讚揚，說「亦足見其不背本矣。」〔註 329〕

（四）在以「禮」節理性情

郭嵩燾謂「是故禮者，人情物理之所不能違也。知其不可違也。範圍曲成，斯禮意也。」〔註 330〕禮既為「人情物理之所不能違」，故其用必在「節理性情」；禮既為群治之法，則其用不僅在治己，更在於節人。湘軍在治己節人、節理性情方面，一本禮道。

湘軍提倡志節，卻未嘗盲信道德，而以緣情立制為根本。胡林翼在家信中說：「侄之立志，必使營哨之官盡廉潔，不私一錢，其章程所定薪水，又實足以養其廉，而兼有愛士之餘力。擴充此議，楚軍可以大強，亦可以久而不弱。」〔註 331〕

湘軍調節內部關係，重在克己和人。曾國藩言：「我楚軍之所以尚足自立

〔註 326〕曾業英編，蔡松坡集，上海，上海人民出版社，1984：1251。
〔註 327〕曾國藩，覆彭儷生孝廉；曾文正公全集；書札：卷 28，朱漢民，丁平一，湘軍：第 6 冊，60。
〔註 328〕曾國藩，覆彭儷生孝廉；曾文正公全集；書札：卷 28，朱漢民，丁平一，湘軍：第 6 冊，60。
〔註 329〕曾國藩，致沅弟（同治元年三月初八）；唐浩明編，曾國藩家書：下冊，長沙：嶽麓書社，2015：8。
〔註 330〕郭嵩燾，禮記質疑：後序，光緒十六年思賢講舍刊。
〔註 331〕胡林翼，覆吳振棫；胡林翼集：第 2 冊，長沙：嶽麓書社，1999：145。

者，全在不爭權勢、不妒功名。」〔註332〕胡林翼言：「克己以待人，屈我以伸人，惟林翼當為其忍，為其難，非如此則事必不濟。」〔註333〕曾國藩則「斂退虛抑，勤求己過，日夜憂危，如不勝剝。自初仕以當天下重任，始終一節，未嘗有所寬假。」〔註334〕其無論在籍在官在軍，也始終保持一種恬淡低調的風格。「咸豐以來，統兵大員惟公平生未嘗臺坐……臺座者，舊制大員見小吏，居中設獨坐而坐，謁者於旁也。」〔註335〕左宗棠在西疆時，「湘部以外，旗營、勇營林立其間，遇有餉項支絀時，無不立予協濟，以是人服其公。然意氣甚盛，雖官秩相等，而言語酬酢，書函往復，皆自處於卑下，則遇有所求，無不如志。」〔註336〕

曾國藩強調用兵之道首在「人和」：「大抵用兵之道，貴得人和而不尚權勢，貴求實際而勿爭虛名。」〔註337〕故能「禮賢下士，俊彥歸之。練兵籌餉，殫竭心力。勝則歸功於人，敗則歸咎於己。」〔註338〕曾國藩評價胡林翼「捨己從人，大賢之量；推心置腹，群彥所歸。」〔註339〕而後來湘軍的表現也證實了曾國藩的預見：「然湘軍起貧苦，忍饑赴敵，喋血千里。其處並無部撥之餉、徵調之兵，徒以將帥恩義相連，感發興起。」〔註340〕

湘軍首領對於僚屬常竭盡苦心維護之能事。胡林翼對部將「均以國士相待，傾心結納，人人皆有布衣昆弟之歡，或分私財以惠其室家，寄珍藥以慰其父母。前敵諸軍求餉求援，竭蹶經營，夜以繼日，書問饋遺不絕於道。……偶一出奏，則稱諸將之功，而己不與焉。其兢兢以推讓僚友、扶植忠良為務。」〔註341〕「披肝瀝膽，無幾微間隔。遇事苦心調護，俾人人有布衣昆

〔註332〕曾國藩，曾文正公書札：卷17，傳忠書局，1876：21。

〔註333〕胡林翼，致曾滌帥三首；撫鄂書牘九；胡文忠公遺集：書牘：卷67，朱漢民，丁平一，湘軍：第6冊，北京：社會科學文獻出版社，2013：168。

〔註334〕郭嵩燾，曾文正公墓誌，朱漢民，丁平一，湘軍：第9冊，9。

〔註335〕姚永樸，舊聞隨筆：卷3：曾文正公，朱漢民，丁平一，湘軍：第8冊，843。

〔註336〕徐宗亮撰，歸廬談往錄：卷1錄上，朱漢民，丁平一，湘軍：第8冊，626。

〔註337〕曾國藩，懇辭節制浙省各官及軍務等情折（咸豐十一年十一月二十五日）；曾國藩全集：第3冊：奏稿3，長沙：嶽麓書社，2013：347。

〔註338〕王定安，湘軍記：卷20；湘軍史專刊之二，長沙：嶽麓書社，1983：348。

〔註339〕曾國藩，贈胡潤之宮保；唐浩明編，曾國藩詩文集，長沙：嶽麓書社，2015：106。

〔註340〕王定安，湘軍記：卷20；湘軍史專刊之二，長沙：嶽麓書社，1983：348。

〔註341〕王定安，求闕齋弟子記卷7：平寇4，朱漢民，丁平一，湘軍：第9冊，69。

弟之歡」，〔註342〕形成「將士千里如家庭」〔註343〕的治軍局面。對下屬功過，胡林翼亦區別對待，「揚善公庭，規過私室。」〔註344〕卒以此能結納士心，薦賢滿天下。以致胡林翼去世後，左宗棠哭祭道：「孰拯我窮，孰救我褊？我憂何訴，我喜何告，我苦何憐，我死何弔？」〔註345〕左宗棠亦對能征善戰的劉錦棠不以常理待之：「毅齋天資豪邁，氣概器識遠異儕偶，……豈有按尺寸之見以繩之理。……總統費每月三百兩，本是尋常營制。……然非所以待毅齋，故每歲擬以萬金。」〔註346〕

　　曾國藩言：「湘軍之所以無敵者，全賴彼此相顧，彼此相救。」〔註347〕湘軍解決綠營軍敗不相救之弊，一靠軍紀維繫，二靠調和諸將。劉蓉言：「丈夫處世，氣誼相感，禍福同之，如值勢迫事急，則效勞分憂，實出於分義之當然，而無可辭避……。」〔註348〕湘軍救敗赴急，不僅在戰陣之中，後期各地督撫也多出自湘人，多相互維持，戮力同心。左宗棠轉戰江、皖之間時言：「廣西巡撫劉長佑、新授貴州巡撫江忠義、湖北巡撫李續宜、署四川布政使劉蓉，皆臣同鄉素契，氣類相許之人，……」〔註349〕同治八年春，左宗棠軍西征新疆時糧餉奇缺，主管長江水師的兵部侍彭玉麟即「以水師月餉節縮盈餘項下所存銀二萬兩，提交湖北省城陝甘後路糧臺，催令迅速解陝，以資接濟。」〔註350〕正因為氣類相許，湘軍集團極少以鄰為壑，敗不相救。

　　湘軍注重以禮來調和內部矛盾。各部以營為基礎，各統領、各營官之間往往恃才爭功，不肯相下，如無相當資歷能力之帥，很難統御。曾國藩認為此是軍人常態，不為違「禮」：「在下則護翼，等夷則擠之，為將常態，亦無

〔註342〕李元度，胡文正公事略；國朝先正事略，朱漢民，丁平一，湘軍：第9冊，133～134。

〔註343〕王闓運，湘軍志：湖北篇第三，長沙：嶽麓書社，1983：24。

〔註344〕曾胡治兵白話句解，濟南，山東書局（改訂版），民國二十一年（1932）：132～133。

〔註345〕左宗棠，祭胡文忠公文；左宗棠全集：詩文家書，長沙：嶽麓書社，1987：386。

〔註346〕左宗棠，答楊石泉；左文襄公全集：書牘：卷23，朱漢民，丁平一，湘軍：第6冊，123。

〔註347〕曾胡治兵白話句解，濟南，山東書局（改訂版），民國二十一年（1932）：155。

〔註348〕劉蓉，覆左季高第三書；養晦堂文集：卷5，朱漢民，丁平一，湘軍：第6冊，北京：社會科學文獻出版社，2013：425。

〔註349〕左宗棠，遵旨督辦浙江軍務據探省城失守敬陳辦理情形折（咸豐十一年十二月十五日）；左宗棠全集：奏稿第1冊，長沙：嶽麓書社，1987：6。

〔註350〕易孔昭，胡孚駿，劉然亮，平定關隴紀略，朱漢民，丁平一，湘軍：第3冊，594。

足怪也。」甚至利用諸將爭功之心採用激將之法促成敢戰之心，「不忌不足以為驍將，不妒不足為美人。」當然，這一切都是統一在曾國藩、胡林翼的戰略考量容忍範圍之內的。如果因個人私怨而敗不相救，影響大局，就會受到嚴詞斥責，甚至軍法從事。故湘軍各部「雖平日積怨深仇，臨陣仍彼此照顧；雖上午口角參商，下午仍彼此救援。」〔註351〕

即使軍區大帥之間，這種矛盾也存在。曾左之間不相契合由來已久。曾國藩曾向胡林翼憤言左宗棠「來示謂國藩將兵則紊亂。鄙人在軍十年，自問聾瞶不至於此！」〔註352〕而曾國藩後任兩江總督，節制四省軍務。胡林翼為左宗棠言於曾氏：「季高謀人忠，用情摯而專一，其性情偏激處，如朝有爭臣，家有烈婦。平時小有拂意，臨危難乃知其可靠。」〔註353〕曾氏遂將浙江全權託付於左，讓其獨領一軍，專摺奏事，不為遙制。而左宗棠在湘軍攻陷天京後攻訐曾氏所奏不實，曾國藩抗疏爭辯，遂斷絕書問。但當劉蓉敗於陝西灞橋，左宗棠西行時，「文正為西征籌餉，始終不遺餘力，士馬實賴以飽騰。又選部下兵最練、將最健者，遣劉忠壯公一軍西征，文襄之肅清陝甘及新疆，皆倚此軍之力。」〔註354〕然而左宗棠並不領情，一旦糧餉稍遲即上疏痛陳，每對部屬痛詈曾氏，語多不堪。而當有人在曾氏面前頌揚「左公之所為，今日朝端無兩」時，曾國藩即「擊案曰：『誠然。此時西陲之任，倘左公一旦捨去，無論我不能為之繼，即起胡文忠於九原，亦恐不能為之繼也。君謂為朝端無兩，我以為天下第一耳！』」〔註355〕一旦戰事稍定，左宗棠即自表甘服，稱曾國藩「知人之明，謀國之忠，實非臣所能及」。〔註356〕並解釋說：「君臣朋友之間，居心宜直，用情宜厚。從前彼此爭論，每拜疏後，即錄稿諮送，……絕無城府。」又說：「吾與侯所爭者，國事兵略，非爭權競勢比。」〔註357〕曾國藩死後，左宗棠贈輓聯「知人之明，謀國之忠，

〔註351〕曾胡治兵白話句解，濟南，山東書局（改訂版），民國二十一年（1932）：155～156。
〔註352〕曾國藩，覆彭宮保；曾文正公全集：書札：卷28，朱漢民，丁平一，湘軍：第6冊，63。
〔註353〕胡林翼，致曾國藩；胡林翼集：第2冊，長沙：嶽麓書社，1999：614。
〔註354〕薛福成，左文襄公晚年意氣；庸庵筆記，卷2，朱漢民，丁平一，湘軍：第8冊，681～682。
〔註355〕陳其元撰，庸閒齋筆記：卷4，朱漢民，丁平一，湘軍：第8冊，516。
〔註356〕左宗棠，左文襄公全集：奏稿：卷28，萃文堂刻刷局光緒十六年：29。
〔註357〕左宗棠，與孝威（同治十一年五月十二）；左宗棠全集：家書：詩文，長沙：嶽麓書社，1987：167～168。

自愧不如元輔；同心若金，攻錯若石，相期無負平生」〔註358〕兩人雖恩怨糾結，然終以家國大事為歸。正如李元度所言：「二公之怨，究非因私，故不至互相傾軋。」〔註359〕

三、湘軍節制文化中的「誠」與「術」

（一）湘軍集團以「誠」為維繫內部關係的紐帶

晚清成都將軍崇實奏摺中評價湘軍「所以能得人、能制敵之故，要皆推誠布公，上下相感，一時才俊輩出。」〔註360〕曾國藩自述馭將之道，「最貴推誠，不貴權術。」〔註361〕「用人當得其心，而後得其力。」〔註362〕並進一步指出：「古來名將，得士卒之心，蓋有在於錢財之外者。後世將弁，專恃糧餉重優，為牢籠兵心之具，其本為已淺矣。是以金多則奮勇蟻附，利盡則冷落獸散。」〔註363〕左宗棠強調待人行事應「歸本於誠。不可因此而疑人之與我者皆非誠也。我不疑人，人自不疑我矣。」〔註364〕其在軍「遇將士不尚權術，惟以誠信相感孚，貪夫悍卒，一經駕馭，罔不貼然。」〔註365〕湘軍是有一定雇傭軍性質的武裝，曾國藩等注重不單純以物質激勵將士功利之心，而以推誠維繫軍心，可謂得治軍之真諦。

胡林翼「小心以事友生，苦心以護諸將。」〔註366〕時人論胡林翼調和諸將，刻刻為國求才，出於至誠。其「見僚屬，必使人於屏後記所問答，故一面之後，其人之家世、志業、技能，無不周知，遇事即用其所長。」〔註367〕胡林翼「所任大將，惟多隆阿、鮑超是所拔擢，其他羅澤南、李續賓、李續

〔註358〕左宗棠，挽曾文正公；左宗棠全集：家書詩文，長沙：嶽麓書社，1987：485。
〔註359〕李伯元撰，蘭亭筆記：卷8，朱漢民，丁平一，湘軍：第8冊，北京：社會科學文獻出版社，2013：734。
〔註360〕駱秉章，川督出缺疏；駱文忠奏稿；續刻四川奏議：卷11，朱漢民，丁平一，湘軍：第4冊，262。
〔註361〕曾胡治兵白話句解，濟南，山東書局（改訂版），民國二十一年（1932）：63。
〔註362〕常萬里點評曾國藩兵法，長沙：湖南人民出版社，2014：10。
〔註363〕曾胡治兵白話句解，濟南，山東書局（改訂版），民國二十一年（1932）：9～10。
〔註364〕左宗棠，與胡潤之；左文襄公全集：書牘卷2，朱漢民，丁平一，湘軍：第6冊，70。
〔註365〕葛虛存，軼事，陳澤琿，長沙野史集鈔（上部古人筆記），長沙：嶽麓書社，2011：267～268。
〔註366〕曾國藩全集：日記：第1冊，長沙：嶽麓書社，1987：659。
〔註367〕姚永樸，舊聞隨筆：卷3：胡文忠公，朱漢民，丁平一，湘軍：第8冊，840。

宜、楊載福、彭玉麟均曾公舊部，撫而有之，遂成偉烈。」〔註368〕方宗誠記載，楊載福、彭玉麟分帶長江內湖水師，因事不和，胡林翼從中勸導，至涕下沾襟，終將二人感化。李續賓接受胡林翼訓導後覆信：「祇聆大諭，字字從肺腑中流出，語語從性情上說透，其憂之也深，故其言之也切，其慮之也遠，故其說之也詳。稍有知覺之萌者，罔弗感激而刻銘心骨，而謂賤兄弟敢不惟命是從乎！」〔註369〕

　　所謂「誠」者，不僅在己，亦用以待人，有寬容包含之心。胡林翼自書楹聯「無欲則剛，有容乃大；慮善以動，強恕而行」〔註370〕作為座右銘。曾、胡皆能容人之過，不念舊惡，終以造就大才。曾國藩駐節祁門，被太平軍所包圍，局勢危甚。李鴻章以故請假回西江，幕府中僅數人，營中隨員多將行李置舟中為遠避計。文正一日忽傳令曰：「敵勢如此，有欲暫歸者，給三月薪水，事平來營，吾不介意也。」眾聞之，感且愧，人心遂固。後在東流軍中，欲保一江蘇巡撫，眾推李鴻章。曾國藩曰：「此君難與共患難耳！」〔註371〕然仍以其名上，並助以精兵宿將，從此開創淮軍格局。曾國藩在軍餉調撥方面，也無專門偏袒其弟曾國荃，「沅軍今年月餉僅解三成，而霆軍五成，實無偏厚沅軍之處。」〔註372〕曾國荃亦「性豪邁，不屑屑於小節。輕財好義，為人謀衣食常恐不足。推心置腹，任人不疑，故豪傑樂為之用。……治軍嚴而有恩，……責大指，不苛細。」〔註373〕

　　湘軍以誠行事，不僅見諸己方，且延至敵方。太平軍曾窘迫請降，「國荃弗許。或勸如蘇州故事，國荃曰：『受而赦之，損國威；詐而殺之，虧國信，吾不為也。』」〔註374〕太平軍程學啟密謀降清事發，夜率千餘眾歸誠，叩壁門呼請入營助守，不以釋兵。曰「信者開門納我，不信急發炮擊我，無兩敗也。」軍中大驚疑，曾貞幹下令開門納其眾，學啟由此願效死。〔註375〕鮑超

〔註368〕王定安，湘軍記；湘軍史專刊之二，長沙：嶽麓書社，1983：42。

〔註369〕李續賓，又覆胡宮保四；李忠武公書牘：卷上，朱漢民，丁平一，湘軍：第6冊，354。

〔註370〕方宗誠，柏堂師友言行記：卷2，朱漢民，丁平一，湘軍：第8冊，495。

〔註371〕陳康祺撰，郎潛紀聞四筆：卷7，朱漢民，丁平一，湘軍：第8冊，北京：社會科學文獻出版社，2013：596。

〔註372〕趙烈文，能靜居日記：同治三年甲子，朱漢民，丁平一，湘軍：第7冊，133。

〔註373〕朱孔彰，曾忠襄公別傳；咸豐以來功臣別傳，朱漢民，丁平一，湘軍：第9冊，295。

〔註374〕朱克敬撰，暝庵雜識：卷4，朱漢民，丁平一，湘軍：第8冊，560。

〔註375〕王闓運，湘軍志：曾軍後篇第五，浙江篇第七，臨淮篇第九，長沙：嶽麓書社，1983：63。

收復皖南各城時，「城中餘賊亦數萬，鮑公單騎入撫，……止宿賊館中，滿飲酣睡，凶渠偽帥侍左右使供令如家僕舍兒。」〔註376〕海寧太平軍守將蔡元隆謀歸誠官軍，湘軍廖安之往撫。蔡元隆因前踞太倉，以詐降陷湘軍四百人，懼而逡巡。安之大言曰：「若等皆朝廷赤子，……故吾知若等歸誠非偽也。如欲用太倉故智者，可斷吾首。」元隆方頓首曰：「方以太倉事自疑，今以死從公。」〔註377〕後蔡氏從湘軍作戰被圍二十餘日，「煮桑皮為糧且六七日，……感義忍死，終無叛逃。」〔註378〕李昭壽（後改名李世忠）嘗手刃曾國藩摯友何桂珍。及其後太平軍勢弱，遂度勢善變，求曾國藩一語「許以不死」乃降。曾國藩「力足以報仇而不能罪，反引公義保全之」。〔註379〕左宗棠「之為帥，開誠布公，不尚詭譎。自東徂西，金積堡、西寧、河、肅，皆經時日惡戰而後得之，明示人以罪不赦」，〔註380〕從未以詐術賺人。

湘軍人物時刻以理來體察「誠」之真偽。史料記載：李續賓在三河戰死之後，胡林翼為留住其弟李續宜，與結為兄弟，迎養其父母，定省如己親。李續宜謂曾文正曰：「胡公未嘗不用權術。」文正曰：「胡公間用權術，待公兄弟乃至誠。」公笑曰：「雖非至誠，吾亦當為之盡力也。」〔註381〕可見胡林翼因略施權術，即為湘軍將領所不滿，故胡林翼嘗謂人曰：「吾於當世賢者，可謂傾心以事矣，而人終樂從曾公。其至誠出於天性，感人深故也」，〔註382〕道出了湘軍對「誠」的執著。

湘軍以「誠」待下，部將也以「誠」報上，在凝聚力上遠超當時任何軍事政治組織，湘軍首領也食報甚厚。「始創義師由國藩，軍將視為轉移……得國藩一紙，千里赴急。」〔註383〕彭玉麟生性耿直，以諸生從戎，與曾國藩「以

〔註376〕陳昌撰，霆軍紀略，朱漢民，丁平一，湘軍：第 1 冊，532。
〔註377〕王闓運，湘軍志：曾軍後篇第五，浙江篇第七，臨淮篇第九，長沙：嶽麓書社，1983：93～94。
〔註378〕王闓運，湘軍志：曾軍後篇第五，浙江篇第七，臨淮篇第九，長沙：嶽麓書社，1983：95。
〔註379〕王闓運，湘軍志：曾軍後篇第五，浙江篇第七，臨淮篇第九，長沙：嶽麓書社，1983：109。
〔註380〕朱德裳，續湘軍志，湘軍史專刊之一，長沙：嶽麓書社，1983：290。
〔註381〕朱孔彰，李勇毅公續宜；咸豐以來功臣別傳，朱漢民，丁平一，湘軍：第 9 冊，290。
〔註382〕李元度，胡文正公事略；國朝先正事略，朱漢民，丁平一，湘軍：第 9 冊，134。
〔註383〕王闓運，湘軍志：江西篇第四，長沙：嶽麓書社，1983：51。

肝膽相託付，以道義相切磋。」平日「待友以信，報國以忠，馭下以嚴持身以正。」〔註384〕「自問十年，別無以對夫子，惟「不欺」二字，敢質神天。他人有蒙蔽夫子者，不知則已，知必直指不諱。」〔註385〕曾國藩自述對彭玉麟、李元度「皆有三不忘焉」，其中彭玉麟在曾國藩困守南昌之時，「直穿賊中，芒鞋徒步，千里赴援」。李元度當靖港敗後，「宛轉護持，入則歡愉相對，出則雪涕鳴憤」。皆令曾國藩「有無涯之感，不隨有生以俱盡。」〔註386〕

（二）湘軍人物以「術」周濟時變

湘軍內部以「任道」為主，亦不廢「權變」，乃時世磨礪所致。曾國藩與左宗棠志趣各異，齟齬甚多，曾氏至鬱憤成疾，謂與左宗棠「誓以後不與相聞問。」及奪情再起，甫到長沙，即集「敬勝義怠勝欲，知其雄守其雌」十二字，屬左公篆書楹聯以見意，交歡如初。後來左公仍舊盛氣，曾文正每以詼諧答之。時論曰：「蓋文正再出督師，一味行以柔道，功名意氣，與世無爭，但求委曲以濟吾事。蓋心彌苦，而學彌進矣。劉霞仙中丞挽文正詩，有『菱角磨成芡實圓』之句，余讀之喟然，不覺涕之無從。」〔註387〕在對待驕將悍弁問題上，曾國藩明確提出：「各輩待之之法，……應寬者：一則銀錢慷慨大方，絕不計較。……二則不與爭功，……應嚴者：一則禮文疏淡，往還宜稀，話不可多，情不可密；二則剖明是非，……應寬者名也利也；應嚴者禮也義也。四者皆全，而手下又有強兵，則無不可相處之悍將矣。」〔註388〕

胡林翼長於權變，御人得法。對權術「不得不假借用之，以濟一時之變……出謀用智，其心亦良苦矣」。〔註389〕作為湖北巡撫，胡與湖廣總督官文主動化解矛盾，「結盟為兄弟，執禮甚恭，出其愛妾拜官文太夫人為義母，月進羨餘多金充督署公費。官文大喜，一切軍政吏事悉讓林翼主持」。為救身

〔註384〕 本館附志；邠報：第2558號（1890年6月4日），朱漢民，丁平一，湘軍：第8冊，北京：社會科學文獻出版社，2013：419。

〔註385〕 柳詒徵，彭玉麟致曾國藩（三十四）；陶風樓藏名賢手札，朱漢民，丁平一，湘軍：第6冊，299。

〔註386〕 曾國藩，與李次青；曾文正公全集：書札：卷6，朱漢民，丁平一，湘軍：第6冊，26。

〔註387〕 陳康祺，郎潛紀聞四筆：卷7，朱漢民，丁平一，湘軍：第8冊，596。

〔註388〕 曾國藩，致沅弟（同治元年四月十一日）；曾國藩全集：第21冊：家書2，長沙：嶽麓書社，2013：16。

〔註389〕 胡思敬，胡文忠權變；國聞備乘卷1，朱漢民，丁平一，湘軍：第8冊，792。

陷獄案的左宗棠,「輦三千金結交朝貴,得潘祖蔭一疏,事遂解。」〔註390〕胡林翼尤善駕馭悍將,認為「凡勇士,非重價,則不能養其身,即不能得其力」。〔註391〕對多隆阿、鮑超兩員悍將,「林翼陰以權術籠絡之」。〔註392〕鮑超在安徽告假回籍三月,並稟請借發二千金寄家,遭曾國藩痛斥,謂時事孔亟,而先謀家室,將何以服前敵軍心?文忠聞其事,即自寄三千金贈之,鮑超遂深感激而致死力焉。〔註393〕鮑超所部軍紀較差,得城常大掠,胡林翼「細詢其家,月須用金若干,為之籌畫周摯,由是忠壯感激,不復如前所為。」〔註394〕故胡思敬評價胡林翼「其精誠貫金石,其妙算如鬼神,其心跡如青天白日,微論左、李望塵不及,即曾侯亦不能不卻步矣。」〔註395〕

〔註390〕胡思敬,胡文忠權變;國聞備乘卷1,朱漢民,丁平一,湘軍:第8冊,792。
〔註391〕胡林翼,致歷雲官;胡林翼集:第2冊,長沙:嶽麓書社,1999:306。
〔註392〕胡思敬,胡文忠權變;國聞備乘卷1,朱漢民,丁平一,湘軍:第8冊,792。
〔註393〕方宗誠,柏堂師友言行記:卷2,朱漢民,丁平一,湘軍:第8冊,495。
〔註394〕姚永樸,舊聞隨筆:卷3:胡文忠公,朱漢民,丁平一,湘軍:第8冊,840。
〔註395〕胡思敬,胡文忠權變;國聞備乘卷1,朱漢民,丁平一,湘軍:第8冊,792。

第四章　以精微之意行威厲之事：
理學導向下的湘軍軍事思想

　　湘軍以理學為圭臬，吸收傳統兵學之精蘊，在長期的軍事鬥爭中形成了獨特的軍事思想，反映了理學義理與方法論對軍事從氣質層面、價值層面和技術層面全方位地深度結合與滲透指導。

第一節　儒學的轉向：兵儒合流的豪俠氣象

　　先秦儒家以《荀子》《呂氏春秋》等為代表，把兵家納入儒家聖王理想，形成「儒兵思想」，以儒釋兵，儒體兵用。後世兵儒分流，大儒少有言兵者。宋以後以文官治軍，范仲淹、王陽明等成為文人領兵的代表性人物，也出現了陳亮等以儒者議兵的實學家。明代，理學思想向兵學全面滲透。一是表現在文人注釋兵書，如王陽明、李贄曾注釋《武經七書》，一批文人對兵書進行整理；二是對武將的儒學教育，如明中期以後衛所子弟皆習儒經，戚繼光等以儒學思想管理軍隊。但整體而言兵儒仍舊分途，儒家主要從文化的角度對兵學進行研究，主流儒者對軍事事務的重視，還沒有達到應有的高度。

　　就氣質而論，宋學多矻矻於小節，漢學者多餖飣於考證。詩書之教，禮儀之文，與經國理政的大經大法相較，自然遜色一籌；特別在內憂外患的嚴峻局勢之下，往往顯得束手無策。正如嚴復所言：「嗚呼，用詩書禮樂之教，獎柔良謹畏之民，期於長治久安也。而末流之弊，耐幾不能自存。」〔註1〕

〔註1〕嚴復，嚴復集，北京：中華書局，1986：864。

　　明末諸儒的儒學文化反思已經觸及到了這一內容。如陳子龍就十分反感文人的巧佞陰柔之態：「使士大夫之精神悉趨於巧佞陰柔之術，而一二廉節有義之士因而在野，則倡為虛空迂遠無用之學，……以為君子小人之辨苟明，則天下可以不治而平，四夷可以不戰而屈，此亦必無之事也。」〔註2〕顏元評價「宋元以來諸儒者卻習成婦女態，甚可羞。無事袖手談心性，臨危一死報君王，即為上品矣。」〔註3〕陳子龍批判儒教以學自錮，喪失了以武經世能力：「今國家所以教儒生者，不特未嘗令其習兵，且與兵事大相反，兵事尚奇而儒者尚平，兵事尚詭而儒者尚正，兵事尚雜學而儒者一切禁止。」〔註4〕

　　湖湘文化歷來有聖賢而兼豪傑的文化人格追求。湖湘理學所推崇的關學創始人張載言：「學必如聖人而後已。知人而不知天，求為賢而不求為聖，此秦漢以來學者之大弊。」〔註5〕湘儒魏源謂「豪傑而不聖賢者有之，未有聖賢而不豪傑者也。」〔註6〕錢基博評論道：「然則湖南人之所以為湖南，而異軍突起以適風土者，一言以蔽之曰強有力而已。」〔註7〕

　　曾國藩認為豪俠之質與聖人之道相通。「豪俠之質，可與入聖人之道者，約有數端。俠者薄視財利，棄萬金而不眄；而聖賢則富貴不處，貧賤不去，痛惡夫墦間之食、龍斷之登。雖精粗不同，而輕財好義之跡，則略近矣。俠者忘己濟物，不惜苦志，脫人於厄；而聖賢以博濟為懷。鄒魯之汲汲皇皇，與夫禹之猶己溺，稷之猶己饑，伊尹之猶己推之溝中，曾無少異。……俠者輕死重氣，聖賢罕言及此。然孔曰成仁，孟曰取義，堅確不移之操，亦未嘗不與之相類。……此數者，乃不悖於聖賢之道。然則豪俠之徒，未可深貶。」〔註8〕羅澤南則「持三尺劍，著等身書，亦純儒，亦良將。」〔註9〕胡林翼「恢廓世外，

〔註2〕陳子龍，尚有為；安雅堂稿：卷10，李紀祥，明末清初儒學之發展，臺北：文津出版社，1992：85。

〔註3〕顏元，四存篇；顏習齋集，清初五大師集：卷5，北京：知識產權出版社：2012：180。

〔註4〕陳子龍，儲將才；陳忠裕全集：卷23，李紀祥，明末清初儒學之發展，臺北：文津出版社，1992：87。

〔註5〕呂思勉，理學綱要，北京：東方出版社，2012：59。

〔註6〕魏源，默觚上：學篇一；魏源集，長沙：湖南大學出版社，2009：6。

〔註7〕錢基博，近百年湖南學風（含經學通志），北京：中國人民大學出版社，2004：39。

〔註8〕曾國藩，勸學篇示直隸士子；曾文正公全集：詩文：雜著：卷4，朱漢民，丁平一，湘軍：第3冊，北京：社會科學文獻出版社，2013：102。

〔註9〕左宗棠，挽羅忠節公；左文襄公全集：詩文：文集：卷5，朱漢民，丁平一，湘軍：第6冊，130。

日進其德，始猶英雄舉動，繼遂漸入道域，幾幾不可限量。」〔註10〕湘系理學經世派正是具備了這種亦儒亦俠的文化氣質，一方面他們是「希聖」的賢人，渴求立德立言，另一方面，他們又是「經世」的強人，期待建功於世，兩者共同薈聚為湖湘經世人格。

曾國藩、胡林翼、左宗棠、羅澤南等均以聖人人格自勵，跳出「小我」，以期成就「大我」。羅澤南批評：「今人一言聖學，動輒驚疑，先自安於卑陋，……志大則不安於小成，識擴則不惑於歧途，理存則不雜於物慾，由是而齊家、而治國，而平天下，是亦何有也哉？」〔註11〕羅澤南極為贊同左宗棠「吾人可以聖賢自勵，卻不可以聖賢自許」〔註12〕的觀點。曾國藩贊羅澤南：「故其為憂也，以不如舜不如周公為憂也，以德不修學不講為憂也。……所謂悲天命而憫人窮，此君子之所憂也。若夫一體之屈伸，一家之饑飽，世俗之榮斥得失，貴賤毀譽，君子固不暇憂及此也。」〔註13〕「不憂門庭多故，而憂所學不能拔俗入聖；不憂無術以資生，而憂無術以濟天下。」〔註14〕胡林翼言「秀才便當以天下為己任，這一腔惻隱之心，越讀書，越忍不住。」〔註15〕曾國藩久有澄清天下之志，左宗棠立志以「儒術策治安」，「身無半畝，心憂天下；讀破萬卷，神交古人。」〔註16〕「萬方多難，吾不能為一身一家之計」。〔註17〕彭玉麟認為：「大丈夫生當為世用，其材不能為世用者，庸人也。」〔註18〕都表明了強烈的用世傾向。

在成聖的道路上，曾、胡、左都不是「完人」，但對於聖賢氣象始終未能忘懷，各因性情，克己自勵。「胡林翼以聰明成其虛懷，可謂善用其長；曾國

〔註10〕趙烈文，能靜居日記（同治六年七月戊申），朱漢民，丁平一，湘軍：第6冊，171。

〔註11〕羅澤南，性理簡語四篇：學問；羅澤南集，長沙：嶽麓書社，2010：45、53。

〔註12〕羅澤南，與左季高先生論湖南協餉書；羅忠節公遺集：卷6，朱漢民，丁平一，湘軍：第6冊，329。

〔註13〕曾國藩，致澄弟溫弟沅弟季弟；曾國藩全集：家書：第一冊，長沙：嶽麓書社，1994：39。

〔註14〕曾國藩，羅忠節公神道碑銘；唐浩明編，曾國藩詩文集，長沙：嶽麓書社，2015：343。

〔註15〕梅英傑，胡林翼年譜；湘軍人物年譜：第一冊，長沙：嶽麓書社，1987：199。

〔註16〕左宗棠，家塾；左宗棠全集：詩文家書，長沙：嶽麓書社，1987：470。

〔註17〕左宗棠，與孝威（咸豐十年九月）；左宗棠全集：詩文家書，長沙：嶽麓書社，1987：13。

〔註18〕楊公道，彭玉麟軼事；幼時之聰穎，朱漢民，丁平一，湘軍：第8冊，782。

藩以愚直成其忠誠，及宗棠以剛愎成其勢銳，則皆善用其短。而澤之以文章，養之以學問，以艱難自勵其志氣，以強毅自振於挫敗」。〔註19〕

　　湘軍人物普遍樹立了一種殉道的信念。郭嵩燾堅信：「人道不終窮也，則常有豪傑不世出之才起承其弊，以與天之氣數爭勝。得則功實昭焉，不得而繼之以死」。〔註20〕劉蓉「自傷所值之時之難，而此身不復為我所有……」。他自許「與吾鄉諸同志共扶厄運，支柱東南，誠亦儒者之壯懷，生民之幸事也。」〔註21〕王鑫自述：「慨然於泄泄沓沓之風，料其必有今日之禍，每仰天大呼，生我者何意？見者憫其愚，聞者笑其狂。」〔註22〕羅澤南臨陣「匹馬當先，有挽之者，曰：『吾受恩深重，固當如此。』」〔註23〕曾國藩辦團練之初，即自勉：「國藩來此，……以自別於畏死之徒」。〔註24〕在湘軍人物看來，救世殉道，是自己的一種宿命，他們堅信「國家治亂盛衰倚伏消長，原本人事」，而「昌勇敢、肩忠義而殉之，乃多出孤介沉淪傑特之士。」〔註25〕

　　湘軍人物有一種傲視群倫，不可方物的氣概。王鑫少年時即立志俯視天下，「置身萬物之表，俯視一切，則理自明氣自壯量自宏。」〔註26〕左宗棠回憶自己「齊年逾冠，意氣方新，不可抑按。」〔註27〕「視天下事若無不可為」〔註28〕「少負奇氣，有大志……與論事，如燭照數計，辯口若懸河」，〔註29〕

〔註19〕錢基博，近百年湖南學風（含經學通志），北京：中國人民大學出版社，2004：46。

〔註20〕郭嵩燾，羅忠節公祠堂記；養知書屋詩文集：卷25，朱漢民，丁平一，湘軍：第8冊，233。

〔註21〕劉蓉，覆郭筠仙觀察書；養晦堂文集：卷6，朱漢民，丁平一，湘軍：第6冊，433。

〔註22〕王鑫，覆道州馮春泉刺史；王壯武公遺集：卷8：書札1，朱漢民，丁平一，湘軍：第6冊，北京：社會科學文獻出版社，2013：473。

〔註23〕朱德裳，續湘軍志；湘軍史專刊之一，長沙：嶽麓書社，1983：277。

〔註24〕曾國藩，曾文正公書札：卷2，陸寶千，劉蓉年譜，臺北：中央研究院近代史研究所專刊（40），1979：82～83。

〔註25〕郭嵩燾，九忠祠碑記；養知書屋詩文集：文集卷25，朱漢民，丁平一，湘軍：第3冊，235。

〔註26〕錢基博，近百年湖南學風（含經學通志），北京：中國人民大學出版社，2004：23。

〔註27〕左宗棠，箴言書院碑銘並序；左宗棠全集：詩文家書，長沙：嶽麓書社，1987：329。

〔註28〕左宗棠著，劉泱泱等點校，左宗棠全集：書信：第1冊，長沙：嶽麓書社，2009：621。

〔註29〕朱孔彰，左文襄公別傳；中興以來功臣別傳，朱漢民，丁平一，湘軍：第9冊，118。

每語人曰：「曾、胡知我不盡。」〔註30〕王闓運評曾國藩「其少時汲汲皇皇，有俠動之志」。〔註31〕劉蓉自述「自束髮受書，志不安於小就。」〔註32〕郭嵩燾亦言其當年：「……未嘗敢以第二流人自處。」〔註33〕左宗棠評彭玉麟：「來書慨當以慷，覺古今英雄失意悲吒無聊之概，畢集豪端，令我不忍卒讀。」〔註34〕

　　湘軍人物自信功業可建，功名可期，「每看豪傑流，皆自布衣起。」「丈夫志四方，肯屑守田裏。」〔註35〕郭嵩燾反對以退讓為賢：「道當任則任之，不以難自沮，亦不以能為其難而自矜。……從古無避患之豪傑，亦無斂怨之聖賢。」〔註36〕曾國藩認為「天下無現成之人才，亦無生知之卓識，大抵皆由勉強磨煉而出耳。《淮南子》曰：『功可強成，名可強立。』」〔註37〕

　　湘軍人物以剛道行事，意氣卓發，給晚清官場帶來清新之氣。曾國藩「以懦弱無剛四字為大恥，故男兒自立，必須有倔強氣。」〔註38〕在其題為「勉強」的劄記條中寫道：「余觀聖賢豪傑多由強作而臻絕詣。」〔註39〕左宗棠言「丈夫事業非剛莫濟。所謂剛者，非氣矜之謂，色厲之謂。任人所不能任，為人所不能為，忍人所不能忍。志向一定，並力赴之，無少夾雜，無稍游移，必有所就。以柔德而成者，吾見罕矣。」〔註40〕左氏「圭角畢張，一切睥睨視之。治軍新疆，廷命所諭，輒以為不是，必加駁辯，詆軍機為無才。」〔註41〕胡林翼

〔註30〕朱孔彰，左文襄公別傳；中興以來功臣別傳，朱漢民，丁平一，湘軍：第9冊，127。
〔註31〕王闓運，湘綺樓日記（光緒四年二月十一日），朱漢民，丁平一，湘軍：第7冊，278。
〔註32〕劉蓉，覆胡詠芝宮保書；養晦堂文集：卷6，朱漢民，丁平一，湘軍：第6冊，426。
〔註33〕郭嵩燾，玉池老人自敘，朱漢民，丁平一，湘軍：第9冊，305。
〔註34〕左宗棠，與彭雪琴；左文襄公全集：書牘：卷4，朱漢民，丁平一，湘軍：第6冊，88。
〔註35〕郭嵩燾輯，會和吟；王有律聲六，朱漢民，丁平一，湘軍：第3冊，316。
〔註36〕郭嵩燾，論居官十五則示兒子慶藩；雲臥山莊家訓，朱漢民，丁平一，湘軍：第3冊，250。
〔註37〕曾國藩，勸誡紳士四條；勸誡淺語十六條；曾國藩全集：詩文，長沙：嶽麓書社，1995：441。
〔註38〕曾國藩，致沅弟；曾國藩全集：家書：第2冊，長沙：嶽麓書社，1985：1139。
〔註39〕曾國藩文集：筆記：勉強，唐浩明編，曾國藩詩文集，長沙：嶽麓書社，2015：494。
〔註40〕左宗棠：與癸叟侄（咸豐六年）；左宗棠全集：詩文家書，長沙：嶽麓書社；1987：5。
〔註41〕葛虛存，軼事，陳澤琿主編，長沙野史集鈔：上部古人筆記，長沙：嶽麓書社，2011：267～268。

「精神四溢，威棱儼人，目光閃閃，如岩下電。」〔註42〕對軍政大事悉力經畫，「問兵事，曰：『惟我任』；問餉事，曰：『惟我取』，一無所委於人。」〔註43〕自言：「蓋英雄作事，以大志為尚，不可作兒女子涕泣自效。」〔註44〕晚清武備衰落，「近時武人大都習為文貌，棄戈矛而習禮儀，以馴順溫柔取悅上官。」〔註45〕曾國藩痛恨「士大夫習於優容苟安，揄修袂而養姁步，昌為一種不白不黑、不痛不癢之風。」〔註46〕並將「久雨初晴，登高而望曠野」「樓俯大江，獨坐明窗淨几之下」及「英雄俠士，褐裘而來，絕無齷齪猥鄙之態」三種意境作為「光明俊偉之象。」〔註47〕劉蓉評價王鑫：「璞山懷忠義之志，有俠烈之風，趨義赴公，不顧利害。」〔註48〕彭玉麟「書生從戎，膽氣過於宿將，激昂慷慨，有烈士風。」〔註49〕湘軍人物大多慷慨磊落，不失為血性男子。

湘軍人物重視獨立不依，以自立自主為強。曾國藩認為道之所在，「不得顧友朋之私誼，即君父論旨所指示，亦有時而不敢盡泥也。」〔註50〕郭嵩燾言：「司馬德操謂；『識時務者為俊傑』，吾則以不為風氣所染為俊傑。」〔註51〕胡林翼提出，君子應「有高世獨立之志，而不與人以易窺；有藐萬乘、卻三軍之氣，而未嘗輕於一發。」〔註52〕江忠源表示：「毀來未必非，譽來未必是。毀譽兩不驚，建樹庶可倚。」〔註53〕王鑫自述：「大丈夫出身為國計，名固不求，罪亦勿避，切勿效小英雄手段，知進不知退，知經不知權，

〔註42〕薛福成，談相，庸庵筆記，53。
〔註43〕李元度，胡文正公事略；國朝先正事略，朱漢民，丁平一，湘軍：第9冊，北京：社會科學文獻出版社，2013：131。
〔註44〕胡林翼，致李續宜；胡林翼集：第2冊，長沙：嶽麓書社，1999：209～210。
〔註45〕姚瑩，覆趙尚書言臺灣兵事第二書；中夏堂全集；東溟文集：卷4。
〔註46〕梁啟超輯，唐浩明點評，曾國藩嘉言鈔：附錄評點曾國藩嘉言類鈔，長沙：嶽麓書社，2007：12。
〔註47〕曾國藩，鳴原堂論文：王守仁申明賞罰以厲人心疏；唐浩明編，曾國藩詩文集，長沙：嶽麓書社，2015：566。
〔註48〕劉蓉，養晦堂文集：卷5，陸寶千，劉蓉年譜，臺北：中央研究院近代史研究所專刊（40），1979：77。
〔註49〕駱秉章，靖港擊賊互有勝負湘潭大捷克復縣城折；駱文忠奏稿：卷1，朱漢民，丁平一，湘軍：第4冊，36。
〔註50〕李志茗，湘軍：成就書生勳業的「民兵」，上海：上海古籍出版社，2007：78。
〔註51〕錢基博，近百年湖南學風（含經學通志），北京：中國人民大學出版社，2004：53。
〔註52〕曾胡治兵白話句解，濟南：山東書局（改訂版），民國二十一年（1932）：43。
〔註53〕江忠源，江忠烈公遺集：卷2，朱漢民，丁平一，湘軍：第3冊，47～48。

膠拘於一成之見，聽操縱於庸人之手也。」〔註54〕

　　清高狷介、寧折不彎的品質在湘軍人物中表現十分突出。這既是儒者的清介，又是俠者的狂狷，兩者很好地統一在湘系集團的經世目標之中。

　　湘軍人物從豪俠的視角對儒學倫理作出了自己的解釋。如對中庸之道解釋為怒必中節，以怒安民，以直報怨等，為其以重典治世提供了理論依據。王鑫言：「古聖賢言怒必中節，曰不遷而已，未嘗於一怒安民者概目為匹夫之勇也。」〔註55〕王鑫否定儒家後學消極的「不報無道」，強調應以直報怨：「言怨曰以直報，不可以德報，未嘗以不報無道即為中庸之強也。……淺矜言寬宏者，徒博一己含忍之美名，而遺天下萬世之實禍，其居心也私而小，其流弊遂至為厚貌深情之小人。」〔註56〕湘軍人物痛切於儒宦之所成為名利之場，期待以一己之力力矯「軟熟合同」之象，恢復儒家剛健之氣。「國藩從宦有年，飽閱京洛風塵，達官貴人優容養望與在下者軟熟和同之象，蓋已稔知之而慣嘗之，積不能平，乃變而為慷慨激烈、軒爽肮髒之一途，思欲稍易三四十年來不白不黑、不痛不癢、牢不可破之習而矯枉過正」。〔註57〕胡林翼明確提出：「居今日而極挽狂瀾，當以痛掃書差積弊為先著，以除莠安良為中權至計。」〔註58〕

　　湘軍人物的豪氣還體現在對尋常禮法的蔑視。胡林翼、江忠源早年均豪宕不羈，胡林翼「在江南幕中，常恣意聲妓。」〔註59〕用財浩繁，人或疑之。其岳父陶澍替其開脫曰：「此子橫海之鱗，勺水豈足資其迴旋邪？」在陶澍教導感化下，胡林翼始「折節讀書，……益留心吏治民生，豪華之習剗除殆盡」，「改官黔中，始勵志政事。軍興而後，益以名節（歷）〔礪〕世，」〔註60〕連曾國藩都謂其「進德甚猛」。〔註61〕江忠源「猿臂長身，目炯炯有神，顧盼

〔註54〕王鑫，覆李迪庵方伯；王壯武公遺集：卷12，朱漢民，丁平一，湘軍：第6冊，593。

〔註55〕王鑫，與左季高先生；王壯武公遺集：卷9，朱漢民，丁平一，湘軍：第6冊，北京：社會科學文獻出版社，2013：512。

〔註56〕王鑫，與左季高先生；王壯武公遺集：卷9，朱漢民，丁平一，湘軍：第6冊，北京：社會科學文獻出版社，2013：512。

〔註57〕梁啟超輯，唐浩明點評，曾國藩嘉言鈔，長沙：嶽麓書社，2007：13。

〔註58〕胡林翼，胡林翼集：第1冊：奏稿，長沙：嶽麓書社，1999：24。

〔註59〕胡林翼，覆程禮門；胡林翼集：第2冊，長沙：嶽麓書社，1999；328。

〔註60〕徐宗亮撰，歸廬談往錄卷1：錄上，朱漢民，丁平一，湘軍：第8冊，623。

〔註61〕姚永樸，胡文忠公；舊聞隨筆：卷3，朱漢民，丁平一，湘軍：第8冊，840。

磊然。與人交，披肝瀝膽，終始不渝。」〔註62〕「自負奇氣，以事功志節相高」〔註63〕主張「人生適志耳，肯為浮名羈。」〔註64〕其「少時遊於博，屢負，至褫衣質錢為博資，間亦為狹斜遊，一時禮法之士皆遠之。」曾國藩因「令閱儒先語錄，約束其身心。」〔註65〕

此外，湘系經世派歐陽兆熊大力批評以理學為名「深情厚貌小廉曲謹」之假理學家僅「襲其貌，敝車羸馬，布衣粗糲，量鹽數米，錙銖計算，即可以得理學名。」實則於事無補，並認為理學家不應排斥豪俠之氣，甚至需要必要的權術，因為「集事者，權術而非理學也。」〔註66〕

湘軍人物的豪俠之氣還體現在對兵儒關係的認識上。湖湘學派創始人張栻高度重視兵學：「蓋君子於天下之事，無所不當究，況於兵者，世之興廢，生民之大本存焉，其可忽而不講哉？」〔註67〕明末黃宗羲在「瑞岩萬公神道碑」中提出兵出於儒，儒士應「以卿相之才而武」的觀點：「上古兵柄本出儒術。思陵矯枉重武，其所重者，皆粗暴之徒。君死社稷，免胄入賊師者，無一人焉；⋯⋯此專任武力之過也。⋯⋯有卿相之才而武，亦猶威寧新建，有將帥之才而文也。」〔註68〕魏源揭示分析了輕視兵學的思想淵源，「後儒特因孟子義利王霸之辯，遂以兵食歸之五霸，諱而不言」。〔註69〕湘軍人物繼承了前人的認識，將兵事視為儒學分內之事。胡林翼言：「兵事為儒學之至精，非尋常士流所能幾及也。」〔註70〕將軍事與儒學緊密結合起來。「人必有卓立不拔之志，方能有成。或作或輟，不濟事。⋯⋯而治軍亦然，必有堅忍不拔之志，方

〔註62〕薛福成撰，江忠烈公殉難廬州；庸庵筆記卷1：史料，朱漢民，丁平一，湘軍：第8冊，671。

〔註63〕左宗棠，江忠烈公行狀；左宗棠全集：詩文家書，長沙：嶽麓書社，1987：326。

〔註64〕江忠源，次韻曾溫甫國華贈別；江忠烈公遺集：卷2，朱漢民，丁平一，湘軍：第3冊，48。

〔註65〕歐陽兆熊、金安青撰，英雄必無理學氣；水窗春囈，朱漢民，丁平一，湘軍：第8冊，539。

〔註66〕歐陽兆熊、金安青撰，英雄必無理學氣；水窗春囈，朱漢民，丁平一，湘軍：第8冊，540。

〔註67〕張栻，南軒文集：跋孫子；南軒集卷34；張栻全集：下冊，吉林：長春出版社1999：1016。

〔註68〕黃宗羲，南雷文定（前集）：卷5，臺北：臺灣商務印書館，1968：67～68。

〔註69〕錢基博，近百年湖南學風（含經學通志），北京：中國人民大學出版社，2004：12～13。

〔註70〕胡林翼，覆李鴻章；胡林翼集：第2冊，長沙：嶽麓書社，1999：653。

能立節立功。否則，如何做得成？」〔註71〕

　　顧炎武引用《宋史》劉忠肅（摯）語曰：曰：「士當以器識為先，一命為文人，無足觀矣。」〔註72〕湘軍人物恰多不以文人自命，如曾國藩言：「余好讀歐陽公《送徐無黨南歸序》，乃知古之賢者，其志趣殊不願以文人自命。」〔註73〕湘系士子多鑽研兵學，以名將自期。羅澤南立志「仗劍天下游」，〔註74〕「相間適逢多難日，持危全仗濟時才。」〔註75〕王鑫自述「亦儒亦將，此中孤意更誰知？」〔註76〕左宗棠自言「年來於兵事頗有所得，自覺倘遭時命，假我斧柯，必能時時做到，絕非紙上談兵。……古人謂，不為良相，即為名醫。吾則謂，不為名儒，即為名將也，亦可一洗凡庸齷齪之胸襟也。」〔註77〕胡林翼強調兵事必須自己措手，「近年督撫以不帶兵為自便之計，亦且以不知兵為自脫之謀。……凡事以謙為美德，惟兵事不可謙，謙則為敗德。」〔註78〕湘軍人物以俠動之氣兼良將與醇儒，可仁可俠，別成一番氣象。

　　湘軍人物以任事為先，其軍事修養亦遠超同儕。晚清官員宗稷辰言：「故儒者將練事先煉心也，心能練成宏毅，乃可以任重遠也。」〔註79〕左宗棠「以書生即戎，……身臨前敵，炮子碎酒杯，命左右更洗以進，晏如也。」〔註80〕較古名將毫不遜色。曾國藩評羅澤南「其臨陣審固乃發，亦本主靜察幾之說。而行軍好相度山川脈絡，又其講求輿圖之效。君子是以知公之功所蓄積者夙也，非天幸也。」〔註81〕錢基博評價「自來言宋儒之理學者，往往小廉曲謹，

〔註71〕方宗誠，柏堂師友言行記：卷3，朱漢民，丁平一，湘軍：第8冊，北京：社會科學文獻出版社，2013：500。

〔註72〕劉永翔校點，顧炎武，與人書十八；顧亭林文集卷之四；顧炎武全集：第21冊，上海：上海古籍出版社，2011：145。

〔註73〕曾國藩，格言四幅書贈李芋仙；曾文正公全集：詩文：雜著：卷3，朱漢民，丁平一，湘軍：第3冊，87。

〔註74〕羅澤南，軍中草；羅忠節公遺集：卷2：詩，朱漢民，丁平一，湘軍：第3冊，29。

〔註75〕羅澤南，軍中草；羅忠節公遺集：卷2：詩，朱漢民，丁平一，湘軍：第3冊，29。

〔註76〕王鑫，王壯武公遺集：日記：咸豐丙辰（正月二十四日），朱漢民，丁平一，湘軍：第7冊，4。

〔註77〕左宗棠，與景喬先生戊申；左宗棠全集：家書，長沙：嶽麓書社，1987。

〔註78〕胡林翼，致左宗棠；胡林翼集：第2冊：書牘，長沙：嶽麓書社，1999：631。

〔註79〕宗稷辰，沈機篇；躬恥齋文抄：卷1，2。

〔註80〕朱德裳，續湘軍志，湘軍史專刊之一，長沙：嶽麓書社，1983：29。

〔註81〕曾國藩，羅忠節公神道碑銘，朱漢民，丁平一，湘軍：第9冊，246～247。

可以持當躬，而不足以任大事。顧澤南義勇憤發，本之問學。朝出鏖兵，暮歸講道。中間屢遭慘敗，而志不撓，氣益壯」。〔註82〕胡林翼自身亦「篤嗜《史記》、《漢書》與《左氏傳》、司馬《通鑒》暨中外輿圖地志，山川扼塞、兵政紀要，探討尤力。」〔註83〕

湘軍人物不僅長於帷幄廟算，更能親臨前敵。「如胡林翼、羅澤南，能以膽為士卒先，遂時有斬獲收復。」〔註84〕「賊之從廣西灌陽入犯道州者，……王鑫身受槍子傷三處，周雲耀身受槍子傷一處，裹創血戰，壯氣彌厲，兵勇感奮」。〔註85〕劉蓉言：「豪傑者流，方思奮袂提戈廓清世宇，而挫抑摧殘惟恐不速。……自軍興以來，交遊朋舊中死事者，先後接踵。」〔註86〕相比咸豐初年徐廣縉、楊霈、鮑起豹、德清等軍政大員手握重兵，或逗留不進，或見敵即逃，或株守無為的表現，〔註87〕〔註88〕湘軍人物以新銳敢戰成為東南砥柱。

第二節　明恥教戰：湘軍建軍治軍思想的核心

《吳子》提出「以治為勝」，「教戒為先」，〔註89〕道出了軍隊建設對作戰的關鍵作用。

由於實行募兵制，湘軍士卒多為應募而出的山野農夫，並非天生的戰士。曾國藩對湘勇的弱點也洞若觀火：「湘勇佳處有二：一則性質尚馴，可以理喻情感；一則齊心相顧，不肯輕棄伴侶。其不佳處亦有二：一則思鄉極切，無長征久戰之志；一則體質薄脆，不耐勞苦，動則多疾病。將帥亦皆煦煦愛人，少

〔註82〕錢基博，近百年湖南學風：導言，北京：中國人民大學出版社，2004：20。
〔註83〕梅英傑，胡林翼年譜，湘軍人物年譜：第 1 冊，長沙：嶽麓書社，1987：201。
〔註84〕宗稷辰，奏請飭保人才備用折；清政府鎮壓太平天國檔案史料，朱漢民，丁平一，湘軍：第 5 冊，北京：社會科學文獻出版社，2013：334。
〔註85〕駱秉章，兩廣匪賊同時犯界各路均獲勝仗折；駱文忠奏稿：卷 1，朱漢民，丁平一，湘軍：第 4 冊，44。
〔註86〕劉蓉，祭黃忠莊公文（黃子春）；養晦堂文詩集：文集卷 9，朱漢民，丁平一，湘軍：第 3 冊，166。
〔註87〕「寇興四年，而湖北軍五潰。楊霈之敗也，實未見寇，亂民一呼，而萬眾瓦解。」（王闓運，湘軍志：湖北篇第三，長沙：嶽麓書社，1983：29）。
〔註88〕「兩廣總督徐在廣西帶兵到湘，不敢到長沙，止住湘潭，殊屬可笑。」（駱秉章，駱文忠公自訂年譜，朱漢民，丁平一，湘軍：第 9 冊，191）。
〔註89〕吳起，治兵第三；歐陽栻主編，武經七書，海南：海南國際新聞出版中心，1991：72，74。

英斷肅殺之氣。」〔註90〕

　　湘軍抱定未訓之軍不可輕出的原則，以理學格物之法大力精置器械，整訓軍隊。湘軍新軍訓練週期，一般以兩月為期，至少亦在一月以上，避免了驅新集之卒「不教而戰」的覆轍。曾國藩建軍之初即言：「此次募勇成軍以出，要須臥薪嚐膽，動操苦練，養成艱難百戰之卒，預為東征不歸之計。……斷不敢召集烏合，倉促成行」，並表示「雖蒙糜餉之譏，獲逗留之咎，亦不敢辭。」〔註91〕

　　所有軍隊都講求一定程序的訓練，而實際效果卻有天淵之別。湘軍將領吳士邁認為：「惟是訓養之法不一，其間巧拙之分，大有霄壤之別」，不可不慎。〔註92〕據羅爾綱先生《湘軍軍志》統計，凡姓名籍貫出身職務有據可查的湘軍將領179人中，出身儒生的104人，占總數的58%。而且這部分儒生，都是經過甄選、服膺理學的文化「精英」。湘軍成員的人才結構，決定了這支軍隊的價值追求和行為方式。

　　湘軍首腦將軍隊整訓置於無以復加的高度，傾注了大量心血，目的是建立一支「以忠義之氣」為主的敢戰之師。王鑫曰：「驅荷鋤秉耒之民，用之交鋒對壘，此孔子所謂『以不教民戰，是謂棄之』，孟子所謂『不教而用，謂之殃民』者也。」〔註93〕曾氏建軍之初即「意欲練勇萬人，呼吸相顧，痛癢相關，赴火同行，蹈湯同往。勝則舉杯酒以讓功，敗則出死力以相救。」〔註94〕在具體訓練內容上，曾國藩稱：「訓有二，訓打仗之法，訓做人之道。訓打仗則專尚嚴明，須令臨陣之際，兵勇畏主將之法令，甚於畏賊之炮子；訓做人之道，則全要肫誠。如父母教子，有殷殷望其成立之意，庶人人易於感動。練有二，練隊伍，練技藝。練技藝則欲一人足御數人，練隊伍則欲百人如一人。」〔註95〕「訓」在於訓思想訓紀律，「練」在於練技藝練陣法，訓與練的結合，充分體現了湘系

〔註90〕曾國藩，覆劉霞仙；曾文正公全集：書札：卷4，朱漢民，丁平一，湘軍：第6冊，20。

〔註91〕曾國藩，覆夏憩亭；曾文正公全集：書札：卷4，朱漢民，丁平一，湘軍：第6冊，20。

〔註92〕杜貴墀，吳士邁傳；巴陵縣志：卷35：人物志八傳，朱漢民，丁平一，湘軍：第9冊，680。

〔註93〕王鑫，練勇芻言，朱漢民，丁平一，湘軍：第2冊，北京：社會科學文獻出版社，2013：289。

〔註94〕曾國藩，與文希范，咸豐三年九月初二日；曾國藩全集：第22冊：書信五，長沙：嶽麓書社，2013：188。

〔註95〕曾國藩，曾文正公書札：第2卷，傳忠書局，1876：42。

理學經世派在軍隊整訓問題上既突出了思想性，同時也不放鬆技術層面的提升，將明恥教戰原則貫徹到軍事活動的各個層面。

一、湘軍立德明恥的軍事訓導思想

蔡鍔選錄《曾胡治兵語錄》，共列 13 個門類，除「兵機」與「戰守」外，其餘 11 個門類，均偏重於軍紀軍風，這就很明顯地表現出湘軍治兵的重點與偏好。湘軍所重之訓，一為紀律之訓，二為忠愛之訓。三為義利之訓。四為恩親之訓。

（一）紀律之訓

湘軍所訓紀律，在於節制士卒，使千萬人如一人，在於仁愛百姓，保持湘軍的社會名聲。湘軍紀律在形式上包括軍法、營規及相關歌訣等，在內容上涉及上下級關係、內部關係、對外關係，囊括了行軍、駐營、器械保養、戰守規定、行為規範、財務管理，戰俘政策等。具有以下特點：

1. 嚴行軍法

軍興以來，清軍軍法廢弛，「糜爛六省，未嘗行一失律之誅，按一縱寇之罪。」〔註96〕「自是將弁均不畏法而畏賊。」〔註97〕長期在一線作戰的江忠源對軍法施行有深刻的認識：「將不能行法，是謂無將，兵不知畏法，是謂無兵。軍興以來，法玩極矣，……士卒以逃死為長計，而臨敵無鬥心；州縣以避賊為固然，而守城無堅志。……法立則威行，威行則軍利，古今不能易矣。」〔註98〕

曾國藩指出：「溺愛不可以治家，寬縱不可以治軍。」〔註99〕王鑫提出：「非嚴立軍法，有進無退，難期奏功。……若稍優容姑息，即有不可問之處。」〔註100〕胡林翼強調：「不戰而潰散之營，亦須嚴懲。」〔註101〕與明代戚家

〔註96〕江忠源語，江忠烈公行狀；左宗棠全集：詩文家書，長沙：嶽麓書社，1987：316～317。

〔註97〕張亮基，籌辦軍務據實直陳折；張大司馬奏稿，朱漢民，丁平一，湘軍：第 4 冊，3。

〔註98〕江忠源，與徐仲紳制軍書；朱克敬撰，雨窗消意錄甲部：卷 2，朱漢民，丁平一，湘軍：第 8 冊，545。

〔註99〕曾國藩，筆記二十七則：敕；曾國藩全集：詩文，長沙：嶽麓書社，1986：359。

〔註100〕王鑫，與帶煉鳳健海勇委員；王壯武公遺集：卷 9：書札 2，朱漢民，丁平一，湘軍：第 6 冊，489。

〔註101〕胡林翼，再致鄂中僚友；撫鄂書牘一；胡文忠公遺集：書牘：卷 59，朱漢民，丁平一，湘軍：第 6 冊，139。

軍相似，湘軍軍法主重簡約，且全部公開，甚至以俚語傳唱，成為士卒熟習的基本內容。

　　湘軍早期有功必賞，有罪必究，對於違反戰場紀律，包括戰陣中亂行伍者，皆就地處決，對於違反其他軍事紀律和生活紀律者，分別視情節予以杖責、插箭遊營、革職黜退等處理，直至梟首示眾。如湘軍中戰鬥力最強的霆軍「令出悄然無聲，勇者不得獨進，怯者不得獨退，奇正分合，使萬眾如一身。稍有卻者，雖鎮將立按軍法。身臨前敵，將士功過一一周知，故營哨各官，必稱其職。」〔註102〕湘軍劉連捷部「營規大要，其最重有三：一曰臨陣亂隊，退後而不向前者，登時正法；一曰操練亂隊及勾結哥弟會，擾亂營規者，及時處治；一曰籍風鬧餉、強姦婦女者，梟首處治。至開差勇丁騷擾民間，准其指名喊稟查察究治。」〔註103〕

　　江忠源批評歷來帶兵大員因遠離一線，僅憑奏報施行賞罰，導致「功過不明、賞罰因之失當，士卒因之解體。」因此提出「苟非親歷行間，雖至明不能無所壅蔽。」〔註104〕郭嵩燾亦言：「自非親歷行陣，開誠心、布公道，何以慰士卒之懷而振積疲之習乎？」〔註105〕後湘軍大員每遇戰事，多靠前屯駐，甚至策馬前敵，故能指揮如意，賞罰得當，軍中法令齊一，耳目一新。王鑫賞罰嚴明，不稍涉偏私。每處斷一事，必「說明所以賞罰之故，使遍諭散勇，以為勸懲。」目的在於令「聽者激發天良，鼓舞感格而不自己。」〔註106〕

2. 禁革陋習

　　胡林翼曰：「淫逸酒色，取敗之媒；征逐嬉娛，治兵所戒。……治軍之道，必以苦其心志、勞其筋骨為典法。」〔註107〕曾國藩將革除陋習和行為養成列為「家規」範疇：「禁嫖賭、戒遊惰、慎語言、敬尊長，此父兄教子弟之家規

〔註102〕陳康祺，郎潛紀聞四筆：卷5，朱漢民，丁平一，湘軍：第8冊，北京：社會科學文獻出版社，2013：595。

〔註103〕劉連捷，臨陣心法序，朱漢民，丁平一，湘軍：第2冊，294。

〔註104〕江忠源，與徐仲紳制軍書；朱克敬撰，雨窗消意錄甲部：卷2，朱漢民，丁平一，湘軍：第8冊，544。

〔註105〕郭嵩燾，贈總督安徽巡撫江忠源行政；養知書屋文集：卷17，朱漢民，丁平一，湘軍：第9冊，174。

〔註106〕王鑫，練勇芻言，朱漢民，丁平一，湘軍：第2冊，281。

〔註107〕胡林翼，飭各統帶查辦各營；胡林翼集：第2冊，長沙：嶽麓書社，1999：1007～1008。

也。」〔註108〕湘軍中「凡禁令有七：曰洋煙，……曰賭，……曰喧嘩，……曰姦淫，……曰謠言，……曰結盟拜會，……曰異服；」〔註109〕水師營規「絕不犯者三：一曰不許登岸居，二曰不許喫食洋煙，三曰不許賭博。」〔註110〕並明確規定，不得隨意離營及留宿營外之人，不得飲酒，不得私藏金銀等。湘軍在禁革陋習時不僅繩以軍紀，而且曉以道理。如曾國藩在《勸誡營官四條》中，對「戒煙賭以儆惰」中列舉理由：「洋煙、賭博二者，既費銀錢，又耗精神，不能起早，不能守夜，斷無不誤軍事之理。……賭博勞夜之人，神魂顛倒，竟日癡迷，全是一種暮氣。」〔註111〕

湘軍各部因統將不同在查禁陋習具體內容上頗有差異，但禁革影響軍隊戰鬥力的軍營習氣則基本一致。唐訓方「所部子弟兵，先後遞更者逾萬人，餉缺同食粥豆，仍未敢以一錢自私。惟戒煙、賭、姦淫、擄掠從嚴。」〔註112〕特別是王鑫「老湘營查禁頗多，較曾國藩尤有過之。」〔註113〕

3. 提倡愛民

儒臣帶兵，既注重社會責任感，尤重社會輿論，同時也深切地認識到民眾的支持是戰爭勝負的重要因素，故多禁止騷擾民間。郭崑燾言：「曾節相督師，自撰愛民得勝之歌，發各營講誦，其言俚而易曉，質而動人，是以部下多有名將，此皆有得於訓之道也。」〔註114〕

太平軍早期軍紀頗嚴，不甚焚殺，「且所過之處，以攫得衣物散給貧者，布散流言，謂將來概免租賦三年，鄉民德之。」〔註115〕而腐敗的清軍常怯於殺敵，勇於擾民，形成鮮明反差。翼王石達開「能合眾，約束凶黨，所過不擾。胡文正公撫湖北，左文襄公佐駱文忠治兵援江西，每遣將御石寇，則勝

〔註108〕曾國藩，勸誡營官四條；曾文正公全集：詩文：雜著：卷3，朱漢民，丁平一，湘軍：第3冊，88。

〔註109〕王定安，湘軍記；湘軍史專刊之二，長沙：嶽麓書社，1983：342。

〔註110〕長江水師章程；湖北通志：卷64，武備2：兵制，朱漢民，丁平一，湘軍：第7冊，616。

〔註111〕曾國藩，勸誡營官四條；曾文正公全集：詩文：雜著：卷3，朱漢民，丁平一，湘軍：第3冊，88。

〔註112〕唐訓方，告祖文；唐中丞遺集：文集：卷下，朱漢民，丁平一，湘軍：第3冊，212。

〔註113〕小橫香室主人，清朝野史大觀，中華書局，民國四年（1915）：164。

〔註114〕郭崑燾，覆黃伯海明府元齡；雲臥山莊尺牘：卷1，朱漢民，丁平一，湘軍：第6冊，北京：社會科學文獻出版社，2013：658。

〔註115〕張德堅，賊情匯纂；太平天國；中國近代史料叢刊：第3冊，271。

書相誇。」〔註116〕曾國藩也說：「民間倡為謠言，反謂兵勇不如賊匪安靜。國藩痛恨斯言，恐人心一去不可挽回，誓欲練成一旅，秋毫無犯，以挽民心而塞民口。」〔註117〕

可見，湘軍對軍紀重要性的考量並非過度敏感的文人情懷，而確為軍事鬥爭的現實需要。早期湘軍以外的湖南勇營就曾發生過因軍紀敗壞失卻民心而全軍潰敗的例子。如湖南「辰勇、勝勇、彪勇「在長沙皆能殺賊。其後歸鄧紹良統帶，駐鎮江府城外，淫掠殺戮至激民控愬於賊，甘心為賊嚮導，頃刻之間全軍潰敗。」〔註118〕左宗棠在征新疆時，「且令中外回民均曉然於官司並無專剿回民之意，亦知覆載甚宏，必不挾以謀我。將來鋤其桀黠，策其善良，便可百年無事。若專逞兵威，……究竟止戈何時。」〔註119〕在處理民族關係上，「愛民」也就成為一項政治策略了。

曾國藩總結說：「用兵之道，以保民為第一義。……故兵法千言萬語，一言以蔽之，曰愛民。」〔註120〕在此，他前所未有地將「愛民」上升到「兵法」的高度，不能不說是十分有見地的。故曾國藩叮囑曾國荃「望常以愛民誠懇之意、理學迂闊之語時時與兵弁說及，庶勝則可以立功，敗亦不至造孽。」〔註121〕他還常「每逢三、八操演，集諸勇而教之，反覆開說至千百語，但令其無擾百姓。」「雖不敢云說法點頑石之頭，亦曾欲苦口滴杜鵑之血。」「蓋欲感動一二，冀其不擾百姓，以雪兵勇不如賊匪之恥，而稍變武弁漫無紀律之態。」〔註122〕

湘軍將士卒與百姓的口碑作為考評將領的重要依據。曾國藩言「本部堂訪察諸將之聲望，多採諸部卒與百姓之口」。〔註123〕對於違反軍紀的傳聞，

〔註116〕朱孔彰撰，陳巡撫士傑別傳；咸豐以來功臣別傳，朱漢民，丁平一，湘軍：第9冊，468。

〔註117〕梁啟超輯，唐浩明點評，曾國藩嘉言鈔：附錄，長沙：嶽麓書社，2007：1133。

〔註118〕江忠源，答曾滌生侍郎師書；江忠烈公遺集：卷1，朱漢民，丁平一，湘軍：第6冊，340。

〔註119〕左宗棠，與孝威（同治八年四月廿四日）；左宗棠全集：家書詩文，長沙：嶽麓書社，2009：142。

〔註120〕曾國藩，營制；曾文正公全集：詩文‧雜著：卷2，朱漢民，丁平一，湘軍：第3冊，84。

〔註121〕曾國藩，致沅弟（咸豐十年四月二十二日）；曾國藩全集：第20冊：家書1，長沙：嶽麓書社，2013：483。

〔註122〕曾國藩全集：書信：第1冊，長沙：嶽麓書社，1990：208。

〔註123〕曾國藩，批統帶貞右等營成參將大吉稟覆固始縣紳民列控及呈請病假緣由

曾國藩「每遇人告我部下擾民之案，不敢護短以拒人言，不敢信我兵之皆良，不敢疑告者之皆誣也。」又認為「在百姓最存公道」，交代帶兵將領「凜之，凜之！」〔註124〕

　　曾國藩對於不能約束部屬的統將，即使為至近之人，在人格上便低看一等。曾自述：「從前次青（李元度）之於平江勇，一味寬縱，識者知其無能為。至丙辰三月燒殺辰州勇二百餘人，次青不究，又庇護之，鄙人則深恨之矣。今日之與次青決裂，其根尚伏於彼案。」〔註125〕曾國藩對於能護佑百姓之人，即使在敵方陣營，亦能給予相當之尊重。如曾國藩曾勸降九江的太平軍將領林啟容，贊其「堅守不屈，有強固之志。」且於官軍拔營以後，「未嘗屠殺百姓，……無殄民之罪。爾在賊黨中，可謂傑出矣。」〔註126〕胡林翼則以鐵的軍律維護官軍紀律，一次遇川勇搶當鋪。「憤甚，令章往剿，殺斃二百餘，生擒六十餘，公令一併正法。」〔註127〕

　　在曾、左、胡等強力推動和表率作用下，湘軍多數統將均能嚴格管束部眾，特別在湘軍早期表現尤為突出。「比歲楚師出境，甫將群賊擊退，輒便拔營而歸，中丞以其旋師太速，時加批飭。」後來才知，「楚師所到之處，地方官往往以供應軍米為詞，勒派民間捐助」，「楚師不欲居其名，則惟有趨而避之。」〔註128〕蔣益澧在浙江「治軍最嚴，有私取民間一物者立置重典。」〔註129〕王鑫因持法頗峻，嚴令公平買賣，而民間「黠者益因是故昂其值，有百錢而不得一飽者。」〔註130〕即使如此，卻始終未能動搖其堅持軍紀的決心。後其軍

　　　　（同治二年十一月初六日）；曾國藩全集：第13冊：批牘，長沙：嶽麓書社，2013：273。

〔註124〕曾國藩，批統帶老湘營易鎮開俊遵示謹肅營規由（同治二年十二月初七日）曾國藩全集：第13冊：批牘，長沙：嶽麓書社，2013：280。

〔註125〕曾國藩，覆李鴻章（同治元年八月初五日）；曾國藩全集：第25冊：書信4，長沙：嶽麓書社，2013：469。

〔註126〕曾國藩，諭賊目林啟容；曾文正公全集：詩文：雜著：卷1，朱漢民，丁平一，湘軍：第3冊，北京：社會科學文獻出版社，2013：78。

〔註127〕朱洪章，從戎紀略，朱漢民，丁平一，湘軍：第1冊，615。

〔註128〕郭嵩燾，致張石卿撫部亮基；雲臥山莊尺牘：卷5，朱漢民，丁平一，湘軍：第6冊，705。

〔註129〕中外新聞七日錄：第七十四號（同治五年五月十六日），朱漢民，丁平一，湘軍：第8冊，9。

〔註130〕王鑫，覆曾滌生侍郎；王壯武公遺集：卷8，書札1，朱漢民，丁平一，湘軍：第6冊，466。

「始至藤田。百姓歡聲如雷，挑泉水、備湯茶，以饗士卒。又念肩挑難於過嶺，撥百餘人往接擔子，並……令各家摘小菜，平價出賣」。〔註131〕

（二）忠愛之訓

湘軍不僅強調行為規範的紀律之訓，更側重思想層面的忠義、仁愛教育。「顯以示之紀律，隱以激其忠良」，〔註132〕注重以儒家倫理和理學思想訓導軍隊，使將士畏威懷德。這一思想訓練通過書生為主體的各級統領營官，得到了較好的貫徹。曾國藩總結湘軍成功之道曰：「君子之道，莫大乎以忠誠為天下倡。……克己而愛人，去偽而崇拙，躬履諸艱而不責人以同患，浩然捐生如遠遊之還鄉而無所顧悸。由是，眾人效其所為，亦皆以苟活為羞，以避事為恥。」〔註133〕

1. 從源頭著手，排除軍隊中的不堅貞分子

湘軍在建軍之初，即不收潰勇，不收油滑之徒、無業之民，招募「有土作之氣」的山地農夫為勇，取其質樸可靠。「軍營宜多用樸實少心竅之人，則風氣易於純正。今大難之起，無一兵足供一割之用，實以官氣太重，心竅太多，漓樸散醇，真意蕩然。湘軍之興，凡官氣重、心竅多者，在所必斥。」〔註134〕「楚軍水陸之好處全在無官氣而有血性，若官氣增一分則血氣必減一分。」〔註135〕曾國藩言：「吾欲以勞、苦、忍、辱四字教人，故且戒官氣，而姑用鄉氣之人。」〔註136〕「將領之浮滑者，一遇危險之際，其神情之飛越，足以搖惑軍心；其言語之圓滑，足以淆亂是非。故楚軍歷不喜用善說話之將。」〔註137〕對於帶頭鬧餉，不服約束的勇丁，事定之後，湘軍將領往往借他事裁汰之。

2. 在軍營中讀書講學，灌輸理學思想

王鑫在軍中「嘗教士卒習字讀書，日課《四書》《孝經》，以義理反覆訓諭，

〔註131〕王鑫，咸豐丙辰日記上（閏五月初七日）；王壯武公遺集，朱漢民，丁平一，湘軍：第7冊，57。
〔註132〕胡林翼，覆曾事恒貞幹茂才；胡文忠公遺集：撫鄂書牘5，朱漢民，丁平一，湘軍：第6冊，163。
〔註133〕曾國藩，金陵湘軍陸師昭忠祠記；曾國藩詩文集，長沙：嶽麓書社，2011：173。
〔註134〕曾胡治兵白話句解，濟南，山東書局（改訂版），民國二十一年（1932）：59。
〔註135〕曾胡治兵白話句解，濟南，山東書局（改訂版），民國二十一年（1932）：58～59。
〔註136〕曾胡治兵白話句解，濟南，山東書局（改訂版），民國二十一年（1932）：29。
〔註137〕曾胡治兵白話句解，濟南，山東書局（改訂版），民國二十一年（1932）：61。

而引論經史大義，譬曉譬切，聽者至潸然淚下。」〔註138〕「每營門夜局，書聲琅琅出壕外，不知者疑為村塾也。」〔註139〕王鑫軍「出隊則上馬衝鋒，回營則投戈講學。其教勇，皆令日誦四子書，駐軍之處書聲琅琅，故紀律較諸軍為特優，至今老湘營出身者，猶秩秩有文焉。」〔註140〕

在行軍作戰中，王鑫也常對士卒進行理學文化教育和薰陶。咸豐四年底，王鑫部抵達道州，參謁周子祠堂，「集其裔孫與邑中秀俊，講明正學，令各勇環聽。」〔註141〕咸豐六年二月王鑫日記記載：「晚間，呼各勇目，教以為人之道，舜、跖心性同，而相去天淵之故，又舉羅斯舉及萬生招勇事以愧歷之，二更始罷。」〔註142〕可見，湘軍還隨時以軍中案例施行思想教育。經過長期訓導，在湘軍中形成了濃厚的理學氛圍，綱常等級深入人心，「相獎以忠義，雖不肖者亦將革心向善，勉自附於君子之途。」〔註143〕曾國藩督師，「部下多名將，此皆有得於訓之之道也。」〔註144〕

3. 注重經常性思想教誡，使士卒明德知恥

湘軍早期安土重遷的鄉土意識十分濃厚。「各勇丁止肯保衛桑梓，不肯出境剿賊。幸羅致讀書明理、有志報國之士為之將領，曉以大義，乃得奮身出戰。」〔註145〕湘軍士卒在體力上也不佔優勢，劉蓉就說「湘軍柔脆特甚，裹糧急趨，遠涉三千餘里，勞疲既極，而欲使與逆夷爭鋒，技藝短長，殊其故習」。〔註146〕

〔註138〕錢基博，近百年湖南學風（含經學通志），北京：中國人民大學出版社，2004：25。

〔註139〕陳康祺，郎潛紀聞：卷15，朱漢民，丁平一，湘軍：第8冊，北京：社會科學文獻出版社，2013：589。

〔註140〕郭崑燾，覆黃伯海明府元齡；雲臥山莊尺牘：卷1，朱漢民，丁平一，湘軍：第6冊，658。

〔註141〕王鑫，覆藍山張即山大令；王壯武公遺集：卷8：書札1，朱漢民，丁平一，湘軍：第6冊，474。

〔註142〕王鑫，王壯武公遺集：日記（咸豐丙辰日記上），朱漢民，丁平一，湘軍：第7冊，10。

〔註143〕劉蓉，與曾滌生侍郎書（一）；養晦堂文集：卷5，朱漢民，丁平一，湘軍：第6冊，422。

〔註144〕郭崑燾，覆黃伯海明府元齡；雲臥山莊尺牘：卷1，朱漢民，丁平一，湘軍：第6冊，658。

〔註145〕送陳舫仙方伯歸農序；申報第4201號（1884，12～21），朱漢民，丁平一，湘軍：第8冊，289～290。

〔註146〕陸寶千，劉蓉年譜，臺北：中央研究院近代史研究所專刊（40），1979：129。

因此，湘軍領袖人物更注重提升兵勇的戰鬥意志，在行軍作戰之餘，「時傳集士卒，剴切教誡，俾知大義所在，而漸以書理馴擾之」。〔註147〕王鑫訓導士紳兵勇說：「也不是為名利，不過是不服這口氣。這口氣是天地間正氣，我們、你們，人人皆有，不過你們的自己未發出來。若照我們的發出來，便是人人有萬夫不當之勇。」〔註148〕劉長佑部立訓兵六則，而以「忠愛」為第一，敢戰、守法、勤習、敦睦、信義等以次例舉。〔註149〕李續賓教士「以知恥為先，以樸誠為貴」。〔註150〕李續宜「治軍一秉忠節遺法，日以忠義禮讓訓士卒。」〔註151〕湘軍中「奮勇邁倫者，雖末弁必假以優禮，否則雖顯秩必黜之。部將有恃功驕蹇跡涉挾持者，立奪其權，……及其人悔過輸誠，仍還其兵，不復念其前過。」故湘軍將士「以獨當前敵、衝鋒陷陣為樂事，以怯大敵、落人後為恥辱。……其不得請者，或愧憤涕泣求易令，或以恣詞掉罄得請之，人如怨如忮，透爪握拳，以快於一洩。」〔註152〕曾國藩評論湘軍「前者覆亡，後者繼往，蹈百死而不辭，困厄無所遇而不悔者何哉？豈皆迫於生事逐風塵而不返與？亦由……忠誠所感，氣機鼓動，而不能自己也。」〔註153〕

（三）義利之訓

湘軍初起，以新寧楚勇、湘鄉湘勇為優，也是後來湘軍成軍的基幹力量。然受軍營風氣影響，亦不免有所沾染。據江忠源所述，咸豐初年，楚勇、湘勇都因求利而出現一些不穩定跡象。「諸勇之中，惟楚勇較馴，無從前數者之弊，然南昌求賞一事，亦大不成事體。……湘勇較楚勇尤馴，然斗山所統，八月二十六日為索賞項，幾於潰嘩；實峰所統，在德安一哄而散。」「然而羅山（羅澤南）之勇無是，璞山（王鑫）之勇無是，即忠源前此之楚勇，亦

〔註147〕郭崑燾，覆黃伯海明府元齡；雲臥山莊尺牘：卷1，朱漢民，丁平一，湘軍：第6冊，658。

〔註148〕王鑫，團練說；王壯武公遺集：卷24·雜著，朱漢民，丁平一，湘軍：第3冊，145。

〔註149〕劉長佑，訓兵六則，朱漢民，丁平一，湘軍：第2冊，291。

〔註150〕黃彭年撰，李忠武勇毅兩公家傳；陶樓文鈔：卷4，朱漢民，丁平一，湘軍：第9冊，3285。

〔註151〕彭鴻年輯，紫光閣功臣小像並湘軍平定粵匪戰圖：李續宜，朱漢民，丁平一，湘軍：第10冊，273。

〔註152〕陳昌撰，霆軍紀略，朱漢民，丁平一，湘軍：第1冊，530～531。

〔註153〕曾國藩，金陵湘軍陸師昭忠祠記；曾文正公全集：詩文：文集：卷4，朱漢民，丁平一，湘軍：第3冊，68。

不聞有是。」〔註154〕諸勇表現不一的根源,在於統將平日是否訓導有方,約束得力。

曾國藩始終對這支來自民間的武裝憂心忡忡:「本部堂既怕各營打敗仗,尤慮各營學壞樣。小敗不過誤於一時,學壞則誤及終身矣。」〔註155〕荀子提出「干賞蹈利」之兵,則「勝不勝無常」。指出單純以利益驅動的軍隊,是沒有必勝把握的。湘系經世派繼承了儒家重義輕利的傳統,認為利益關係節操,必須慎重對待。在嚴義利之辨的同時,對他人、下屬的合理利益又多方考慮,以消除其後顧之憂。如林翼「視同壯勇如一身一命,與同甘苦。疾病死亡,撫恤最重。」〔註156〕

曾國藩訓誡鮑超道:「貴軍門不愧名將,惟利心太重,不足以服眾。」教導他「利之所在,當與人分之,名之所在,當與人共享之。」〔註157〕後來又批示霆軍分統婁慶雲:「霆軍戰守本屬可靠,惟積習太深、利心太重。」〔註158〕唐訓方顧慮兵勇驕墮貪婪,步綠營後塵。遂「日集諸營弁而申警之,曰:『毋貪、毋詐、毋忌、毋矜……』」〔註159〕湘軍早年在湖北戰勝,繳獲敵貨船甚多,慮兵勇得財而驕,彭玉麟督令全部予以焚毀。曾國藩聞訊後十分欣慰「各哨官謹遵我『不許搶貨』之令,將六十餘號空船一概焚燒。岸上百姓焚香於辮頂,跪在岸上歡迎,呼各勇為青天大人。各勇每見一人,即得如些稱呼,高興之至。」〔註160〕兵勇們雖未得財,卻感受到道德昇華帶來的前所未有的榮譽感、成就感。

王鑫嚴禁兵勇私自拾取敵軍財物,發現端倪之後,即「夜問拾賊金事,為

〔註154〕江忠源,答曾滌生侍郎師書;江忠烈公遺集:卷1,朱漢民,丁平一,湘軍:第6冊,北京:社會科學文獻出版社,2013:340。

〔註155〕曾國藩,批王副將品高呈報開用管帶強中前營關防日期並回徽城訓練(同治二年正月十六日);曾國藩全集:第13冊:批牘,長沙:嶽麓書社,2013:228。

〔註156〕胡林翼,致湖南永綏廳但梓村文恭四則;胡文忠公遺集:書牘:卷54:宦黔書牘6,朱漢民,丁平一,湘軍:第6冊,133。

〔註157〕曾國藩,批鮑超稟請發一二月滿餉;王澧華評點曾國藩批牘,長沙:嶽麓書社,2014:54~55。

〔註158〕曾國藩,批婁鎮慶雲稟奉批嚴查各節遵即更改請示由;王澧華評點曾國藩批牘,長沙:嶽麓書社,2014:81。

〔註159〕唐訓芳,荊橋練勇,朱漢民,丁平一,湘軍:第9冊,355。

〔註160〕曾國藩,澄溫沅洪四弟左右(咸豐四年閏七月十四日);常萬里點評曾國藩兵法,長沙:湖南人民出版社,2014年:248。

詳解『富貴在天』一語，各勇慚懼謝罪。」〔註161〕王鑫「每見各勇困苦之狀，輒為淚下，乃呼各勇痛陳大義，涕泗滂流，各勇亦皆感泣」。〔註162〕1854年老湘營在一次戰鬥中攻破敵壘，繳獲頗豐。王鑫為給父母做壽，掏錢從兵勇處買了兩隻鐵製西洋小酒杯和兩隻鐵製調羹寄至家中。可見湘軍對待戰利品的態度及將弁與士兵的淳樸關係。

在嚴督勤訓之下，湘軍基層將弁兵勇多有重義輕財之輩。如湘潭籍營官胡松江為曾國藩身邊什長出身，「人極質樸，官至總兵，見大帥猶執廁役之禮不改。」一次繳獲太平軍赤金百七十餘兩，盡以歸撫恤局。營中財政結餘，循例可歸營官私人，而「胡輒持問曾國藩此當何所用之？其不貪利如此。」〔註163〕

（四）恩親之訓

湘軍強調軍隊應平時固結恩義，上下相孚，同心同德，結成堅不可摧的整體。「湘軍之興，諸將患難相從，皆迫於師友之誼。……氣機鼓動，輕死重義，有發育不能自已者也。」〔註164〕曾國藩評價江忠源：「孝友肫肫，交友有信，與士卒同甘苦，臨陣常居人先。死生患難，實可依仗。」〔註165〕吳士邁引述顧炎武言曰：「古之為將者，必有素豫之卒。」提倡將領作戰必須有平日熟悉、上下親附的基幹部隊。具體方法上，「信義有所必明，亦非專恃教令術數之所能致也。又在開誠心，布公道，以感孚於其間。久之，兵識將意，將識士情，不待期月後，皆欲一戰以報上。」〔註166〕左宗棠亦言：「凡統馭全軍者，必與所部將領士卒平日素習，意氣交孚，然後可收同德同心之效。」〔註167〕

為練成「素豫之卒」，湘軍繼承了戚繼光施恩用情的帶兵之法，十分注重

〔註161〕王鑫，王壯武公遺集：日記：咸豐丙辰日記上，朱漢民，丁平一，湘軍：第7冊，4。

〔註162〕王鑫，覆曾滌生侍郎；王壯武公遺集：卷8：書札1，朱漢民，丁平一，湘軍：第6冊，465。

〔註163〕趙烈文，能靜居日記（同治三年四月初七日），朱漢民，丁平一，湘軍：第7冊，北京：社會科學文獻出版社，2013：133。

〔註164〕徐珂，清稗類鈔；陳澤琿主編，長沙野史集鈔：上部古人筆記，長沙：嶽麓書社，2011：149。

〔註165〕曾國藩，與劉霞仙；曾文正公全集：書札卷1，朱漢民，丁平一，湘軍：第6冊，3。

〔註166〕杜貴墀纂，吳士邁傳；巴陵縣志：卷35：人物志八傳，朱漢民，丁平一，湘軍：第9冊，680。

〔註167〕左宗棠，兩江總督左宗棠陳明江南防軍實存軍營名數折，光緒朝中法交涉史料：卷4，朱漢民，丁平一，湘軍：第5冊，516。

與部屬建立恩信關係。曾國藩言：「吾輩帶兵，如父兄之帶子弟一般。無銀錢，無保舉，尚是小事。切不可使之因擾民而壞品行，因嫖賭、洋煙而壞身體。個個學好，人人成材，則兵勇感恩，兵勇之父母亦感恩矣。」〔註168〕曾國藩「於諸將來謁，無不立時接見，諄諄訓誨，上勸忠勤以報國，下戒騷擾以保民，別後則寄書告誡，頗有師弟督課之象。」並自信「從不誑以虛語。各將士諒其苦衷，頗有家人父子之情。此臣昔日之微長也。」〔註169〕曾國藩《批牘》中，即有不少是對霆軍鮑超、淮軍劉銘傳稟帖的批語，幾乎篇篇充滿鞭策、鼓勵之意，語重心長，寄望殷切。綠營出身的鮑超經曾國藩多方教導，不僅消去不少暴戾之氣，後來秩秩然如儒將，而且得保令名以終身。

胡林翼言：「能與士卒比飲食，可得士卒之死力，……」〔註170〕彭玉麟述其治兵之心得謂「第一秘訣，在與士卒同甘苦。……即克己力行是也。又曰：治兵宜嚴，然此『嚴』字，當使己與兵共之，不可獨施之於兵也。」〔註171〕王鑫指出：帶兵「尤須同甘苦、均勞逸、恤飢寒、問疾病，以為各長、各勇倡」。〔註172〕湘軍中下級將弁都要長期與兵勇一起摸爬滾打，同甘苦，共進退，而下級兵勇感上級獎拔之恩，上下相孚，培植起強烈的恩信關係。左宗棠「入軍以來，非宴客不用海菜，窮冬猶衣縕袍，冀與士卒同此苦趣」。〔註173〕王鑫發自內心地讚揚自己的士卒「甚哉，士之報我何厚，我之待士何薄也，念之輒潸然感泣。」〔註174〕

經過長時期的薰染教導，湘軍呈現出一種新型官兵關係和精神風貌。時人評價「時湘軍將校大抵重性情，不重勢分，重功業，不重財利。哨官有餘金多存於營官所，或不識字欲作家書，即請營官為之，若家人父子然。」〔註175〕

〔註168〕曾胡治兵白話句解，濟南，山東書局（改訂版），民國二十一年（1932）：129～130。
〔註169〕曾國藩，病難速痊請開各缺仍留軍中效力摺（同治五年十月十二日）；曾國藩全集：第9冊：奏稿九，長沙：嶽麓書社，2013：213。
〔註170〕胡林翼，條陳勦苗匪啟；盛康輯，皇朝經世文編續編：卷92：兵政蠻防，朱漢民，丁平一，湘軍：第3冊，350～451。
〔註171〕楊公道，彭玉麟軼事：治兵之心得，朱漢民，丁平一，湘軍：第8冊，775。
〔註172〕王鑫，練勇芻言，朱漢民，丁平一，湘軍：第2冊，281。
〔註173〕左宗棠，與孝威（同治元年十月）；左宗棠全集：詩文家書，長沙：嶽麓書社；1987：64。
〔註174〕王鑫，與左季高先生；王壯武公遺集：卷12：書札6，朱漢民，丁平一，湘軍：第6冊，北京：社會科學文獻出版社，2013：579。
〔註175〕姚永樸，胡文忠公；舊聞隨筆：卷3，朱漢民，丁平一，湘軍：第8冊，840。

湘軍之中尚樸而少文法，官兵之間貴乎恭敬，然亦「不可徒以唯諾相尚」。〔註176〕曾國藩自言：「臣等一軍勇逾萬餘，……有夙昔之恩誼，無軍營之習氣。不特臣國藩、臣塔齊布二人親如兄弟，合如膠漆，即在事人員亦其文與武合，水與陸和，兵與勇和，將與卒和，糧臺官紳與行間偏裨均無不和，全軍二萬人幾如家人骨肉之聯為一體。」〔註177〕

湘潭之戰中主將塔齊布偶然離散，兵勇「即相與痛哭尋覓，入群賊中，若無人者」。〔註178〕王鑫「馭眾嚴而有恩，……或有申約，莫敢仰視，赴敵莫敢反顧。」其偏裨如劉松山、張運蘭、王開化、王文瑞、劉典、王開琳、黃萬有、丁長勝皆為良將。劉典在戰場上曾回馬以統將之尊救回陷入敵軍的兩名兵勇。「有兩勇被騎賊所追及，予與大謨、劉敬亭回馬救之。賊跟追，又半里，賊與予並行，而不敢舉刀向刺。予謂賊道：『爾追我已過五里，予刀能殺爾。』敵聞言而卻。」〔註179〕彭玉麟「待遇士卒，又如子弟。故兵心歸附，奮力死戰，所向無敵」。〔註180〕劉長佑領軍三十年，「未嘗誅將佐，然諸將憚若嚴父，亦無敢犯約。」〔註181〕新寧劉華軒「治軍三十餘年，絲毫不苟，能與下同其苦。凡有小勞，則解囊鼓勵之，故豪傑樂為之用。」〔註182〕

湘軍人物以誠為尚，首重訓士，尤為敦尚名節，注重以理學思想浸染行伍，激發其天良血性，並以此打造出一支前所未有的理學之軍，也激發出較其他軍隊更強的戰鬥力。這種軍系文化產生了代代傳承的效果，支持著湘軍四十年南征北伐，晚清中國歷次重要內戰和反侵略戰爭，作為非常備軍的湘軍幾乎「無役不從」。「一縣之人征伐遍於十八行省，近古未曾有也。」〔註183〕正因為其文化積纍之厚，一定程度上打破了歷史上一些曾經強大的軍隊「驟興」「驟勝」「驟驕」「驟敗」的格局。

〔註176〕劉連捷，臨陣心法序，朱漢民，丁平一，湘軍：第2冊，294。

〔註177〕王定安，求闕齋弟子記：卷4：平寇一，朱漢民，丁平一，湘軍：第9冊，25。

〔註178〕左宗棠，與胡潤之；左文襄公全集：書牘卷2，朱漢民，丁平一，湘軍：第6冊，70。

〔註179〕劉典，從戎紀實，朱漢民，丁平一，湘軍：第1冊，595。

〔註180〕楊公道，馭下之明察；彭玉麟軼事，朱漢民，丁平一，湘軍：第8冊，778。

〔註181〕朱孔彰，劉武慎公別傳；咸豐以來功臣別傳，朱漢民，丁平一，湘軍：第9冊，229。

〔註182〕萬國公報第59冊（1893年12月），朱漢民，丁平一，湘軍：第8冊，89。

〔註183〕曾國藩，金陵湘軍陸師昭忠祠記；曾文正公全集：詩文：文集：卷4，朱漢民，丁平一，湘軍：第3冊，68。

二、湘軍務實勤勉的軍事技能訓練思想

晚清「恬熙已久，八旗世冑，多溺貴寵，習文弱。」〔註184〕綠營也基本喪失了戰鬥力。為起衰振弊，湘軍在重視思想訓練的同時，也高度注重士兵膽識技藝訓練。湘軍所重戰法訓練，一為練膽識，二為練技藝，三為練陣法。

（一）練膽氣

胡林翼強調：「兵事畢竟歸於豪傑一流，氣不盛者，遇事而氣先懾，而目先逃，而心先搖。平時一一稟承，奉命惟謹，臨大難而中無主，其識力既鈍，其膽力必減。」〔註185〕

湘軍在兵器與膽氣兩者之間，偏重於膽氣。因火器受技術、天氣、訓練等限制，在當時戰場上並非壓倒性的致勝之技，過分依賴火器反而削弱戰鬥力。胡林翼批評依仗火器「是有偏重之名，究無偏重之實也。以此毫無可恃之技臨陣，未見賊，氣已餒矣。既開仗，心益惶，手益戰矣。……一二槍不中，則相與棄槍反走，又何怪每戰必敗乎。」他進一步提出兩者交相使用的思想，「火器當前，刀矛繼之，火器精可壯刀矛之先聲，刀矛精則火器有恃無恐。」〔註186〕湘軍初建水師，楊載福、彭玉麟等百計防砲，未得善法。至乾脆「盡撤屏藩，乘砲而前，砲不能必中，舟師已逼壘。」〔註187〕「有俯首避鉛丸者，眾目笑之，以為大恥。……寇從城上望見，相顧失色。」〔註188〕

鮑超提出選募軍士「專挑多力之人亦是一法，然終以膽量為先，隊伍為上。多力者亦可備一格耳。」〔註189〕江忠源言武藝不足恃，惟以膽氣為尚：「選兵之道，膽氣第一，樸實耐苦次之，技藝嫻熟次之，巧滑懦怯為下。有武藝而無膽氣，則臨陣忙亂，……故常有力敵百夫、藝高群卒，而臨陣一揮即撲，與未習技藝之人等者。」〔註190〕

〔註184〕王定安，湘軍記：卷20；湘軍史專刊之二，長沙：嶽麓書社，1983：347。
〔註185〕胡林翼，致湘鄉劉霞仙；胡林翼集：第2冊，長沙：嶽麓書社，1999：291。
〔註186〕胡林翼，啟陳剿盜十三條；胡林翼集：第2冊，長沙：嶽麓書社，1999：109～110。
〔註187〕王定安，湘軍記：卷20；湘軍史專刊之二，長沙：嶽麓書社，1983：344。
〔註188〕王闓運，湘軍志：水師篇第六，長沙：嶽麓書社，1983：74。
〔註189〕陳昌，霆軍紀略，朱漢民，丁平一，湘軍：第1冊，北京：社會科學文獻出版社，2013：389。
〔註190〕江忠源語，江忠烈公行狀；左宗棠全集：詩文家書，長沙：嶽麓書社，1987：316。

為鍛鍊兵勇膽氣，湘軍一是注重嚴格訓練，「尤注意於練膽、練心。」〔註191〕熟悉技藝，以自保殺敵，臨陣自然膽大。「兵有可以殺賊之具，則膽氣自壯，而無畏避遷延之禍。」〔註192〕二是注重激發士卒愛上赴死之心以培植根本。「不怕死三字，言之易，行之實難，非真有膽有良心者不可。僅以客氣為之，一敗即挫矣。」〔註193〕

（二）練技藝

綠營訓練水平低下，水陸師訓練多為花式，有名無實，對於火器「十餘日或數月始一操，一操只打三槍，命中者十不得一」。〔註194〕水師則「承平時用朦朧巨艦，繪以雲龍。無事委棄江畔，帆檣窳馳，弗之問。遇大操則新之，軍士腰皮帶，浮水面，往來攢刺，務為美觀。虛應故事而已。」〔註195〕

湘軍將軍事技術訓練作為日常必修課，全在「精熟」上下工夫。謂「將有敢死之心，則訓練必勤。」〔註196〕曾國藩曰：「練卒宜十分精強，器械宜十分精緻；乃可臥薪嘗膽、艱難百戰。」〔註197〕為此，曾國藩制訂了嚴格的以十日為程的訓練科目計劃，要求所部逢三、六、九日上午練習武藝和陣法，並親往觀看；逢一、四、七上午，帶兵官要演示陣法，並看兵勇抬槍、鳥槍打靶練習；逢二、八日上午，督促兵勇到城外跑坡、搶旗、跳坑；逢五、十日上午，兵勇在軍營中演練連環槍法；每日下午，兵勇都要在軍營中練習拳棍刀矛鈀叉，不得間斷。其目的「總不外一熟字：技藝極熟，則一人可敵數十人；陣法極熟，則千萬人可使如一人。」〔註198〕對單兵軍事技術，曾國藩提出了自己的嚴格要求，即「一、練縱步上一丈高之屋，跳步越一丈寬

〔註191〕錢基博，近百年湖南學風（含經學通志），北京：中國人民大學出版社，2004：25。

〔註192〕江忠源，答曾滌生侍郎師書；江忠烈公遺集：卷1，朱漢民，丁平一，湘軍：第6冊，340。

〔註193〕胡林翼，致湖南永綏廳但梓村文恭四則；宦黔書牘6；胡文忠公遺集：書牘：卷56，朱漢民，丁平一，湘軍：第6冊，133。

〔註194〕胡林翼，啟陳剿盜十三條；胡林翼集：第2冊，長沙：嶽麓書社，1999：109。

〔註195〕王定安，湘軍記：卷20，湘軍史專刊之二，長沙：嶽麓書社，1983；342。

〔註196〕江忠源，答曾滌生侍郎師書；江忠烈公遺集：卷1，朱漢民，丁平一，湘軍：第6冊，北京：社會科學文獻出版社，2013：340。

〔註197〕曾國藩，與駱中丞；曾文正公全集：書札卷3，朱漢民，丁平一，湘軍：第6冊，19～20。

〔註198〕曾國藩，勸誡營官四條；曾文正公全集：詩文：雜著卷3，朱漢民，丁平一，湘軍：第3冊，88。

之溝，以便踹破賊營。一、練手拋火球，能至二十丈以外。一、練腳繫沙袋，每日能行百里。練鳥槍抬槍，必須打靶較準。」〔註199〕王鑫部則「以鐵瓦縛士卒足，習超距；以重械勒士卒運，練臂力。習步伐，演陣式，無日不申儆所部。」〔註200〕王鑫自述，自帶兵以來：「每夜放二砲即睡，有暇時即習拳技，以其能壯筋骨，袪風寒也。而各勇靡不踊躍奮興，操練無間，……大改從前之觀。」〔註201〕

（三）練陣法

曾國藩對陣法尤為重視。「破賊陣法，平日男訓誡極多，兼畫圖訓諸營官。」〔註202〕曾國藩將陣法分為隊陣和營陣，「練每十人一隊，皆習戚氏之鴛鴦陣、三才陣，以求行伍不亂。」〔註203〕講求同隊中執不同兵器的士兵相互配合、呼應，並能根據地形和戰鬥需要化整為零，靈活機動地作戰（根據戚繼光的原則，一個鴛鴦陣可以在追擊敵軍或根據地形變化分為三個三才陣）。「以一營言之，則一正兩奇，一接應，一設伏，四者斷不可缺。」〔註204〕講究奇正配合，並保留預備隊。湘軍還根據軍事需要形成一個慣例，作戰中都留有兵勇守營守輜重守後路，一般在一線戰鬥中只出五、六、七成隊。

湘軍在不同地域地形作戰，往往創制出不同的陣型和戰術。如在山區丘陵作戰則用鴛鴦、三才陣，平原闊野作戰則用大一字陣、方陣。鮑超部改創「三才陣」，「其式……總不外三路進攻，兩路策應之法。……馬步萬數千人，靜如陰闔，動如陽闢，無堅不摧，其陣法實變而不變。」另所創進步連環戰術，「勇者不得獨先，怯者不得獨後，……勞逸有節，步伐有度，勢極緊，……他軍當賊逼近時，每將劈山大砲運回陣後以防遺失，霆軍則大砲不

〔註199〕曾國藩，與駱中丞；曾文正公全集：書札卷3，朱漢民，丁平一，湘軍：第6冊，19～20。

〔註200〕錢基博，近百年湖南學風（含經學通志），北京：中國人民大學出版社，2004：25。

〔註201〕王鑫，王壯武公遺集：卷17：家書一（四年八月二十九日），朱漢民，丁平一，湘軍：第6冊，627。

〔註202〕曾國藩，稟父書（咸豐四年三月二十五日）；唐浩明編，曾國藩家書：上冊，長沙：嶽麓書社，2015：221。

〔註203〕曾國藩，與駱中丞；曾文正公全集：書札：卷3，朱漢民，丁平一，湘軍：第6冊，19～20。

〔註204〕曾國藩，與王璞山；曾文正公全集：書札：卷4，朱漢民，丁平一，湘軍：第6冊，22。

退，隨矛隊逐漸轉移，相機點放，仍不外進步連環之法。馬隊……亦仍用連環疊進。」〔註205〕老湘營在西北作戰，依王鑫遺教，「善用城牆、梅花、大鵬諸陣以角悍回，雖突騎萬千，堅不能入。迨其佈陣方圓，平銳迭用，得古人靜如山、動如水之意。」〔註206〕

湘軍練習陣法，「進則同進，站則同站，登山不亂，越水不雜。」〔註207〕王鑫所部「分行布伍，耳聽鼓，目視旗，疾走而周馳，變化分歧，無聲息。」〔註208〕將陣法練到了出神入化的地步。鮑超霆軍「行止一視旗幟。如偶遇歇息時，前隊大旗向東倒，則各隊之旗向東倒，軍士皆各向東坐。止則齊止，行則齊行，數十里長之隊伍，絕無參差不齊者。如中途遇伏，則各營立即依式佈陣拒戰，無倉皇失措，首尾不相救應，軍火不便運用之虞。」〔註209〕

三、湘軍明恥教戰思想的理學特徵

曾國藩早年改名滌生，自勵「無愧詞臣」，「以文章報國」〔註210〕歷史卻將以他為首的理學經世派推向了軍事鬥爭的前沿。湘軍以理學思想整軍經武，明恥教戰，具有以下特點：

（一）以「訓」為重，知恥明義，以理學思想重鑄軍魂

按照曾國藩等的理念，訓與練是分立統一的。訓側重於思想訓導，練側重於戰術技能，兩者相輔相成，不可偏廢，而必獨以「訓」為重。王鑫認為：「竊謂將兵者練固不可廢，而訓尤不可緩。……三代以後，節制之師尚多，仁義之師絕少，降及今日，則並節制之師亦無之矣。」〔註211〕郭崑燾認為，

〔註205〕陳昌，霆軍紀略，朱漢民，丁平一，湘軍：第1冊，北京：社會科學文獻出版社，2013：530。

〔註206〕錢基博，近百年湖南學風（含經學通志），北京：中國人民大學出版社，2004：25。

〔註207〕曾國藩，勸誡營官四條；曾文正公全集：詩文・雜著：卷3，朱漢民，丁平一，湘軍：第3冊，88。

〔註208〕朱孔彰，王壯武公別傳；咸豐以來功臣別傳，朱漢民，丁平一，湘軍：第9冊，274。

〔註209〕陳昌，霆軍紀略，朱漢民，丁平一，湘軍：第1冊，北京：社會科學文獻出版社，2013：530。

〔註210〕曾國藩全集：日記：第1冊：道光二十年四月廿二日，長沙：嶽麓書社，1987：43。

〔註211〕王鑫，覆曾季洪茂才；王壯武公遺集：卷8：書札1，朱漢民，丁平一，湘軍：第6冊，462。

「第意訓之一字，尤為緊要，選勇取其精壯，而在營日久，視殺人為故常，即往往流於獷悍而不易制。」如一味重視軍隊武力建設，則兵形似火，可能反噬己身。「軍興十年，湖南兵勇甲於天下，目前之得力在此，將來之可慮亦即在此。」〔註212〕表現出強烈的憂患意識和政治遠見。湘軍將思想訓練融入到軍隊日常管理和文化建設方方面面，「日日申誡將領，訓練士卒。……或且泣且教，終日絮聒不休，正所以愛其部曲，保其本營之門面聲名也。」〔註213〕因為未雨綢繆，湘軍雖然有一定的私屬性，但在曾國藩、胡林翼、左宗棠在世時前後三十餘年，始終不忘初心，不廢節義，基本保持了對朝廷的忠誠和較強的戰鬥力，不能不歸功於理學思想教育之效。

（二）湘軍將帥往往以身作則，擔負起轉移風氣之責

蔣介石評論道：「夫滿清之所以中興，太平天國之所以失敗者，蓋非人才消長之故，而實德業隆替之征也。彼洪楊石李陳韋之才略，豈不能比擬於曾胡左李之清臣？然而曾氏標榜道德，身體躬行，以為一世倡，其結果竟能變異風俗，挽回頹靡。」〔註214〕

湘軍曾、左、胡、駱，江忠源、劉蓉、郭嵩燾、羅澤南、王鑫、彭玉麟、李續賓、楊載福、劉長佑等，都能服膺理學，以禮治軍，誠正為心，持身忠貞，清廉自守，對凝聚士心，轉移風氣起到了重要表率作用。在他們帶領下，湘軍將領多以操守自持，恥言爵祿，正史、筆記記載不絕如縷。如彭玉麟以「不諳吏事」為由推卸巡撫之職，且將任職長江水師期間養廉銀 60 萬兩捐為公費。李續賓「臨陣專以救敗為務，顧大局為先。」〔註215〕其「俸餉贏餘分他軍，不以一錢入私橐。」〔註216〕李續賓之弟李續宜接統湖北湘軍，「所得廉俸，悉以犒軍，故將兵十餘年，位巡撫而家無餘積雲。」〔註217〕多隆阿「統兵十餘年，所得祿賜，分贍將士，未嘗私其家。每家書至，輒手碎之曰：

〔註212〕郭崑燾，覆黃伯海明府元齡；雲臥山莊尺牘：卷2，朱漢民，丁平一，湘軍：第 6 冊，658。
〔註213〕常萬里點評曾國藩兵法，長沙：湖南人民出版社，2014：103。
〔註214〕曾胡治兵語錄：蔣中正序，廣州：中山大學出版社，2012：16。
〔註215〕朱孔彰，李忠武公別傳；咸豐以來功臣別傳，朱漢民，丁平一，湘軍：第 9 冊，北京：社會科學文獻出版社，2013：280。
〔註216〕黃彭年，李忠武勇毅兩公家傳；陶樓文鈔：卷 4，朱漢民，丁平一，湘軍：第 9 冊，285。
〔註217〕彭鴻年輯，紫光閣功臣小像並湘軍平定粵匪戰圖：李續宜，朱漢民，丁平一，湘軍：第 10 冊，273。

『勿令擾我慮也』。」〔註218〕

在晚清「將帥工於趨避，士卒習於潰逃」〔註219〕的情況下。湘軍崛起，有每戰必死之心，軍容為之一變。曾國藩言：「我不知戰，但知無走。……平生久要，臨難不苟。」〔註220〕李續賓道：「軍興九年，皆以退走損國威，長寇志，吾前後數百戰，每出隊，即不望生還。」〔註221〕塔齊布臨陣「每捨騎而徒，自持幟為士卒先。」〔註222〕鮑超誡諸將曰：「所不愧於此心者，當矢石交加之際，從未令諸君獨在前敵耳。」〔註223〕劉連捷「往來於大小戰陣之中，十餘年來，歷戰一千七百餘次，瀕於危者屢矣」。〔註224〕

（三）持「勤樸」為鵠的，以禹道強軍

在具體治兵策略上，曾國藩言：「用兵久則驕惰自生，驕惰則未有不敗者。勤字所以醫惰，慎字所以醫驕。二字之先，須有一誠字以為之本。」同時提出「以誠為之本，以勤字、慎字為之用，庶幾免於大戾，免於大敗。」〔註225〕曾國藩闡述了「勤」對於軍事的重要性：「治軍以勤字為先，實閱歷而知其不可易。未有平日不早起，而臨敵忽能早起者，未有平日不習勞，而臨敵忽能習勞者，未有平日不忍饑耐寒，而臨敵忽能忍饑耐寒者。」〔註226〕曾國藩勸誡其弟曾國荃曰：「往往積勞之人非即成名之人，成名之人非即享福之人。……吾兄弟但在積勞二字上著力，成名二字則不必問及，享福二字則更不必問矣。」〔註227〕

胡林翼分析綠營覆敗之因在於淫逸酒色、征逐嬉娛，「淫心蕩志，樂極忘疲，以致兵氣不揚，禦侮無備，全軍覆沒」，他進而提出「治軍之道，必以苦

〔註218〕王定安，湘軍記：卷13，湘軍史專刊之二，長沙：嶽麓書社，1983：202。

〔註219〕張培仁，靜娛亭筆記：卷4，朱漢民，丁平一，湘軍：第8冊，824。

〔註220〕曾國藩，曾文正公全集：文集卷3，朱漢民，丁平一，湘軍：第9冊，536～537。

〔註221〕黃彭年，李忠武勇毅兩公家傳；陶樓文鈔：卷4，朱漢民，丁平一，湘軍：第9冊，284。

〔註222〕張培仁撰，靜娛亭筆記卷4：塔軍門，朱漢民，丁平一，湘軍：第8冊，824。

〔註223〕湖北通志：卷72：武備志十：兵事六，朱漢民，丁平一，湘軍：第7冊，638。

〔註224〕劉連捷，臨陣心法序，朱漢民，丁平一，湘軍：第2冊，292。

〔註225〕曾胡治兵白話句解，濟南，山東書局（改訂版），民國二十一年（1932）：56～58。

〔註226〕梁啟超輯，唐浩明點評，曾國藩嘉言鈔，長沙：嶽麓書社，2007：35。

〔註227〕常萬里點評曾國藩兵法，長沙：湖南人民出版社，2014；146。

其心志、勞其筋骨為典法。」〔註228〕他自我警示道:「兵事如學生功課,不進則退」。〔註229〕「凡兵之氣,不見仗則弱,常見仗則強。久逸則終無用處,異日則必不可臨敵。」〔註230〕

曾國藩強調「禹墨為體,老莊為用」〔註231〕贊許「墨子之摩頂放踵,以利天下」,強調:精神愈用而愈出,智慧愈苦而愈明,〔註232〕「堅其志,苦其心,勤其力,事無大小,必有所成也。」〔註233〕「久驕而不敗者,容或有之,久惰則立見敗亡矣。」〔註234〕

湘軍將領帶頭提倡勤樸,懲治遊墮,治軍訓練,日日不輟。無事則講求戰略,督練士卒,有熙洽揖和之象,有事則策馬掠陣,爭勝於呼吸交睫之間,士卒皆習於器械,熟於行陣,能積苦耐勞,不懼戰陣。湘軍習於勤勞,故常能忍他人之不能,能為他人所不能為。

為革除軍營習氣,湘軍諸人皆能「自苦」,不慕奢華,與士卒同甘苦。劉連捷曰:「既身為營主,實司一營之命,即當為一營之表率,必先克己而後能正人。飯食只求飽腹,不可過於豐盈;衣服只求蔽體,不可稍涉華麗。」〔註235〕曾國藩「蔬食自甘,幕府諸人,咸以為苦。」〔註236〕胡林翼中年無子,「夫人以立嗣故來,取決文忠」,有幕僚謂「麾下將士割父母、妻子之愛,喋血從公,公不宜與異苦樂。」胡林翼竟遣家室歸。〔註237〕

左宗棠白首臨邊西征,歷甘陝新疆,「師行萬里沙磧之地,雖酷暑嚴寒,必居營帳,與士卒同甘苦,⋯⋯家私一無所營,玩好一無所嗜。」〔註238〕

〔註228〕胡林翼,飭各統帶查辦各營;胡林翼集:第 2 冊,長沙:嶽麓書社,1999:1008。
〔註229〕胡林翼,致羅遵殿;胡林翼集:第 2 冊,長沙:嶽麓書社,1999:469。
〔註230〕胡林翼,致毛鴻賓;胡林翼集:第 2 冊,長沙:嶽麓書社,1999:443〜444。
〔註231〕歐陽兆熊,金安清,一生三變;水窗春囈,北京:中華書局,1984:17。
〔註232〕常萬里點評曾國藩兵法,長沙:湖南人民出版社,2014:149。
〔註233〕曾國藩,與李幼泉;曾文正公全集:書札:卷 25,朱漢民,丁平一,湘軍:第 6 冊,北京:社會科學文獻出版社,2013:57。
〔註234〕曾國藩,勸誡營官四條;曾文正公全集:詩文:雜著:卷 3,朱漢民,丁平一,湘軍:第 3 冊,88。
〔註235〕劉連捷,臨陣心法,朱漢民,丁平一,湘軍:第 2 冊,292。
〔註236〕徐宗亮,歸廬談往錄:卷 1:錄上,朱漢民,丁平一,湘軍:第 8 冊,623。
〔註237〕杜貴墀等纂,廖景象傳;巴陵縣志:卷 34:人物志 7,朱漢民,丁平一,湘軍:第 10 冊,253。
〔註238〕劉錦棠,臚陳已故大臣賢勞事實懇宣付史館折;劉襄勤公奏稿:卷 11,朱漢民,丁平一,湘軍:第 5 冊,48。

「雖兵間積苦，未嘗以況瘁形於辭色。……擁緇布絮裘，手批圖籍，口授方略，自晨至於日中，矻矻不少休。軍書旁午，官書山積，亦必一一省治。」〔註239〕老湘營劉松山「辛苦十八年，僅回籍省親一次。」訂婚後逾二十年未娶，後治兵西北始得成婚，居不過旬日又投袂而行。松山戰死後，夫人語其姪錦棠：「吾於汝叔，尚未盡識其面也。」〔註240〕

（四）注重以實戰檢驗整軍治軍成效

湘軍訓練之法，不僅立足於建設節制之師，更刻刻以仁義之師為期。郭崑燾評價經過整訓後的湘軍前後判若兩人：「當咸豐三、四年間，湖南兵勇何嘗不潰，王壯武羊樓峒之役幾於全軍覆沒，曾滌相靖港之役各營望風而逃，其來書斥湘勇為梟獍之不若」。〔註241〕王鑫對自己練軍之法十分自信：「蓋月餘來訓練整頓，氣象一新，……自旗長、百長以下，淘汰精選，……要之自弟帶勇以來未有如此之整齊者。況又持之以小心，出之以多算，嚴申號令，明示賞罰，屢勝而氣不驕，無賊而備不敢馳，禁騷擾以收民心，作忠義以邀天眷，讓功能以和諸將，如此圖之，必當有濟。」〔註242〕

經過重新集中整訓的湘軍，爆發出較強的戰鬥力。「用數萬之眾，堂堂原野之間，法明令審，動止有則。」「視死為易，視令為尊」。〔註243〕思想訓練讓湘軍明確作戰目的和意義，士人出身的軍官分布到營、哨等基層單位，使之更有紀律，較其他部隊更能承受傷亡。如羅澤南部圍武昌「力攻九十餘日，督催至嚴，雖水陸弁勇傷逾三千人，而忠義之氣不稍懈。」〔註244〕湘軍水師在戰場上，「有復側避砲者，皆目笑之，以為大恥。」〔註245〕特別是理學信仰灌輸和湘軍將領對理學真學真信真用的示範效應，使湘軍士卒更以

〔註239〕朱孔彰，左文襄公別傳；中興以來功臣別傳，朱漢民，丁平一，湘軍：第9冊，125。

〔註240〕朱德裳，續湘軍志；湘軍史專刊之一，長沙：嶽麓書社，1983：270。

〔註241〕郭崑燾，覆劉霞仙撫部；雲臥山莊尺牘：卷2，朱漢民，丁平一，湘軍：第6冊，676。

〔註242〕王鑫，王壯武公遺集：卷18：家書2，朱漢民，丁平一，湘軍：第6冊，649。

〔註243〕李志茗，湘軍：成就書生勳業的「民兵」，上海，上海古籍出版社，2007：53。

〔註244〕清史列傳：羅澤南，朱漢民，丁平一，湘軍：第9冊，北京：社會科學文獻出版社，2013：249～250。

〔註245〕朱孔彰，彭剛直公別傳；咸豐以來功臣別傳：卷7下，朱漢民，丁平一，湘軍：第9冊，157。

戰死為榮，以退避為恥，作戰之時「人人憤怒，如報私仇。」〔註 246〕在現實作戰中，湘軍敗而不潰，潰而不散，旋敗旋集，表現出極強的凝聚力和堅韌性。駱秉章稱湘勇「兵勇樸誠敢戰，臨陣則為死士。急公家之難，不以小挫而損聲威，不以屢勝而形驕悍。」〔註 247〕湘軍是當時國內凝聚力最強的軍隊，少數湘勇戰死，往往激發其更強烈的戰鬥意志。如咸豐七年湘軍在湖北崇仁縣太平市與太平軍作戰，「湘勇劉學久、沈玉亭首先陷陣，死之。各勇憤怒，大呼衝殺，十蕩十決，賊如山頹河決……」〔註 248〕

　　美國學者貝爾斯在研究左宗棠湘軍之後，有這樣一段評論：「他們有士氣，有團隊精神，有血性，不一而足。有一種微妙的東西，使這支部隊中的每一個人，不論他在戰事謀劃中的地位多麼卑微，都會從心底裏感到他跟遠在蕭州的老大帥有某種私人的關聯。他們以能在他軍中服役而自豪。……這是一根存在於記憶裏的紐帶，溫暖著基層軍士的靈魂。直到他們垂亡的時刻，還會驕傲地回憶起，他曾是左宗棠軍中的士兵。……這是戰爭的一種因素，它的重要性無法估量。」〔註 249〕這種無與倫比的戰爭因素，正是湘軍人物以人格魅力和思想訓練精心培植的結果，正是湘軍獨特理學軍營文化的具象化表徵。

第三節　湘軍「兵爭」思想中的儒學向度

　　「兵爭」是中國傳統兵學的一個範疇，其內涵十分豐富，涵蓋了軍事謀略、戰術運用、行軍作戰等軍事學運作方面的內容。湘軍「兵爭」思想，其突出特點，就是深度融合了傳統兵學思想及理學哲學理念，是理學思想全面運用到軍事實踐中去的集中表現。

　　中國兵儒融合創議於先秦，起源於荀子儒兵之說；從宋代開始，因文人領兵成為傳統，呈現出加速的趨向，至明代逐漸深入，再至晚清全面滲透。曾國藩言：「要以精微之意，行吾威厲之事。」〔註 250〕表明其以理學指導作戰的重要思想特徵。湘軍經世派以理學思想為指導，從哲學層面將「兵儒合

〔註 246〕常萬里點評曾國藩兵法，長沙：湖南人民出版社，2014：21。
〔註 247〕劉鐵銘，湘軍與湘鄉，長沙：嶽麓書社，2006：70。
〔註 248〕駱秉章，王道續獲大捷片；駱文忠奏稿：卷7，朱漢民，丁平一，湘軍：第4冊，113。
〔註 249〕〔美〕W，L 貝爾斯著，王紀卿譯，左宗棠傳，南京，江蘇文藝出版社，2011：223～224。
〔註 250〕曾國藩，與李瀚章書，王澧華評點曾國藩批牘，長沙：嶽麓書社，2014：19。

一」推向了傳統兵學發展的頂峰。張亭玉將儒學思想對軍事的影響分為三個階段：「如果說宋代以前儒家對兵家的影響還侷限在戰爭觀層次，從明代開始，儒家對兵家的影響進入了治軍的層次，到了曾國藩的時代，儒家對於兵家的影響就已經進入了作戰指導的層次。換言之，儒家對兵家已經發生了全面的滲透。」〔註251〕

湘軍注重自覺地從哲學層面以理學主導軍事鬥爭。如左宗棠自言「行軍用兵之法，皆得力於《四書注》中。」〔註252〕左宗棠語兵「嘗論用兵須全體《周易》，知進退存亡而不失其正，才為萬全。」〔註253〕羅澤南亦「練勇之暇，即覽《周易》，於進退消長之理，頗有所得。古人於憂患中作之，吾人於憂患時讀之，愈親切而有味也。」〔註254〕可見以《四書》為主要文本的理學，不僅為理學經世派提供了「修齊治平」的內聖外王理想範式，而且以豐富的哲學方法論為其認識和探索軍事活動規律提供了具體借鑒；以研究變易關係為重的《易經》涵育了豐富的辯證法思想，也為其在錯綜複雜的軍事活動中明辨主次，預判趨向提供了理論指導。

在湘系理學經世派看來，「天下無理外之事」。〔註255〕軍事活動自然屬理學之事，且兵事關係國家存亡、王朝興替、正學興衰，不得不予以講求。兵學又充滿著辯證關係，操之於己，驗之於事，通曉之難，駕馭之艱，絕非俗儒所能就，必須持之以方，行之有度，才能扶危持顛，化危為安，出神入化。故胡林翼認為「兵學為儒學之至精，非尋常士流所能及也」。〔註256〕王鑫在經歷初期軍事慘敗、摯友戰亡的痛苦之後，多方「深求古人所以致勝於萬全之道」，以明戰爭成敗之由，終「參以今日之所宜，若恍然有所得。」在徹悟之後引用唐代名將張巡的詩句「不辨風塵色，安知天地心」，表明自己「順理行將去，憑天分付來」的思想定力。〔註257〕

〔註251〕張亭玉，明代兵儒合流與《陳忠裕公兵垣奏議》，青海師範大學學報，2007（1）：54。

〔註252〕秦翰才輯錄，左宗棠逸事彙編，長沙：嶽麓書社，1986：12。

〔註253〕朱金泰，湘軍之父羅澤南，上海，上海古籍出版社，2009：211～212。

〔註254〕羅澤南，與劉孟容論水陸各分兩軍進攻書；羅忠節公遺集：卷6，朱漢民，丁平一，湘軍：第6冊，北京：社會科學文獻出版社，2013：326～327。

〔註255〕左宗棠，左宗棠全集：書牘卷8，上海，上海書店，1986：60～61。

〔註256〕胡林翼，胡林翼全集：書牘：卷15，上海圖書集成印書局，光緒二十七年：35。

〔註257〕王鑫，與羅雲浦大令；王壯武公遺集：卷8：書札1，朱漢民，丁平一，湘軍：第6冊，470～471。

　　王定安評價：「曾公國藩，敬慎儒緩，觀其奏疏，彷徨四顧，不急目前之效，宜若迂遠而闊於事情，然其堅定不搖，排眾議而孤行己意，其成功亦卒以此，由學力勝也。」〔註258〕《清史稿》評價：「國藩事功，本於學問」。〔註259〕不是說，曾國藩仗打得好，就因為他學問做得好，而是指其軍事行政有其文化根底，是理論指導實踐的典範。這一評價，也適用於整個湘軍。如羅澤南「在軍四載，論數省安危皆為一家骨肉之事，與其所注《西銘》之指相符。其臨陣審固乃發，亦本主靜察幾之說。而行軍好相度山川脈絡，又其講求輿圖之效。君子是以知公之功所蓄積者夙也，非天幸也。」〔註260〕

　　下面，著重分析湘軍軍事思想中的幾個基本軍事—理學哲學範疇。

　　湘軍人物以理學思想為導向，從格物致知的認識論角度分析把握軍事規律，高度提煉出的「心智」「主客」「動靜」「奇正」「氣幾」「人器」「形勢」等對立統一、相互關聯的哲學概念，形成了自身對軍事活動理學化的深刻認識，並以此指導軍事實踐。

（一）心　智

　　按照理學觀念，心統性情，對意識和情感具有統攝作用。心是理，亦即性的表現，心正則行正，心定則應事自然裕如，心靜方能謀劃遠略。湘軍人物秉承理學心性之學，從正心入手，盡心即為盡性，克己方能應物。軍務喧囂，尤重正心、養心，養成此心不動，不為物撓，才能始終保持對外在事物客觀清醒的認識和判斷。黃埔軍校版《曾胡治兵語錄》特增補「治心」一章，正是反映了湘軍這一理學治軍的思想特色。

　　羅澤南謂「王伯安先生所謂臨陣止爭此心不動，……澤南不才，竊願從事乎此。」〔註261〕羅氏又言：「惟此一心，可以出九天而入九地。兵在將，將在心，心亂則無以臨機觀變，而調度失宜，一軍皆亂矣。不動心本領非臨時所能辦，便由平日學養得來。」〔註262〕曾國藩在軍中「日必圍棋一局，以養其心。前敵交

〔註258〕王定安，湘軍記：卷8，湘軍史專刊之二，長沙：嶽麓書社，1983：119。

〔註259〕趙爾巽等，曾國藩列傳；列傳192；清史稿：第4冊：卷405，北京：中華書局，1989：3058。

〔註260〕曾國藩，羅忠節公神道碑銘，朱漢民，丁平一，湘軍：第9冊，246～247。

〔註261〕羅澤南，與左季高先生論湖南協餉書；羅忠節公遺集：卷6，朱漢民，丁平一，湘軍：第6冊，北京：社會科學文獻出版社，2013：329。

〔註262〕郭嵩燾，郭嵩燾日記（咸豐十一年十月初九日），朱漢民，丁平一，湘軍：第7冊，237。

綏，或逢小挫，亦無太息諮嗟之狀。其器量誠過人遠矣。」〔註263〕李續宜「平日在軍中，與軍士言，只是定心法，無他兵法。」〔註264〕以為兵法隨機應變，不能預言。平日只要操練不動心，拿得定，站得住，臨陣自然會隨機應變。

胡林翼言：「兩軍交餒，不能不有所損。固不可因一眚而撓其心，亦不可因大勝而有自驕輕敵之心。……惟心念國家艱難，生民塗炭，勉竭其愚，以求有萬一之補救。成敗利鈍，實關天命，吾盡吾心而已。」〔註265〕曾國藩亦曰：「事之成敗，不暇深思，餉只有無，亦不暇熟計，但期稍振人心而作士氣，即臣區區效命之微誠也。」〔註266〕都表達了正人心以求外功，盡己心以待天命的思想意識。

湘軍以心為自治之具，「盡心」「養心」，追求知止、知靜的人生境界，兵家勝負常能不撓於心，心亦不受制於物。與佛家不同，理學家治心不歸於玄虛枯寂，而時時保持一種積極進取的「活潑潑」狀態，故能發而不泄，勞而不竭。王鑫言：「練心全無歇時。第一，要練得此心極穩極靜，無絲毫忙亂躁暴，方為有用。……練到純熟時，雖入百萬賊中，此心也有把握。」〔註267〕故左宗棠曰：「璞山以治心之學治兵，克己之學克敵。知兵事以氣為主，而多方養之，俾發而不泄，故其勞烈遂至於此。」〔註268〕

湘軍還有一個重要的治軍思想，即「求智」思想。梁啟超說：「欲強其兵，必自智其兵始。」〔註269〕這一出現在戊戌年間的新銳思想，其實在四十多年前，湘軍就已經開始實踐了。只不過受當時社會知識條件限制，主要強調對將弁士卒進行理學思想訓練和儒家經典教育，還沒有完全形成專門的近代軍事教育體系。

湘軍多推崇智將、智兵，反對愚兵。胡林翼以智、器作為衡量統將的重要標準，認為統將「必須智略足以知兵，器識足以服眾，乃可勝任。總須智、勇二字相兼，有智無勇，能說而不能行；有勇無智，則兵弱而敗，兵強亦敗，

〔註263〕李伯元，蘭亭筆記：卷8，朱漢民，丁平一，湘軍：第8冊，730。
〔註264〕方宗誠，柏堂師友言行記：卷2，朱漢民，丁平一，湘軍：第8冊，498。
〔註265〕胡林翼，致多隆阿；胡林翼集：第2冊，長沙：嶽麓書社，1999：439。
〔註266〕曾國藩，報東征啟程日期折（咸豐四年二月初二日），曾國藩全集：第1冊：奏稿1，長沙：嶽麓書社，2013：126。
〔註267〕王鑫，練勇芻言，朱漢民，丁平一，湘軍：第2冊，286。
〔註268〕左宗棠，左宗棠全集：書信：第1冊，長沙：嶽麓書社，2009：237。
〔註269〕梁啟超等，公車上書請變通科舉折；戊戌變法：第2冊，神州國光社，1953：345。

不明方略，不知布置，不能審勢，不能審機，即千萬人終必敗也。」〔註270〕曾國藩強調大將統帥必須胸懷全局，「戒貪小功而誤大局。」〔註271〕胡氏強調智略之士是軍隊的核心和靈魂：「設五百人之營，無一二謀略之士、英達之才，必不成軍。千人之營，無六七謀略英達之士，亦不成軍。」〔註272〕王鑫為將「機神敏妙，屢建大功，賊眾駭懼，至有『出隊莫逢王老虎』之謠。」〔註273〕郭嵩燾「考求倫敦募兵之法，皆先使讀書，通知兵法，而後入選。遣醫士相其血脈膽氣筋骨堅強，而後教之跳躍。次第盡槍炮技藝之能事，乃編入伍。其根柢厚矣！」〔註274〕可見當時湘系經世派已經對英國募兵及近代軍事教育有了初步感受。

同時，湘軍中除綠營出身的鮑超仍持有「眾人皆愚，而主帥獨智」〔註275〕的愚兵觀念外，多無「上智下愚」的階級偏見，而是強調「才不擇地而生」，「衡材不拘一格，論事不求苛細。……雖愚蒙而可勉」，〔註276〕從而廣泛搜羅培植人才。曾國藩以「成人」為帶兵的最高境界，湘軍將弁「常教士卒作字讀書，書聲琅琅，如家塾然。又時以義理反覆訓諭，若慈父之訓愛子，聽者潸然淚下。」〔註277〕在湘軍追求個人價值實現的軍營理學啟蒙文化影響下，從基層將弁、士卒成長起來的將帥不乏其人。他們或曾為農夫苦力，或曾為兵弁群氓，皆起自民間而彪炳史冊。王鑫所部，其手下小卒兵勇，如張運蘭、蔣益澧、劉松山等，日後都成為一方大將疆吏。

（二）主　客

蔡鍔稱讚：「曾、胡之論兵，極主主客之說，謂守者為主，攻者為客；主逸而客勞，主勝而客敗。尤戒攻堅圍城。其說與普法戰爭前法國兵學家所主張者殆同。」〔註278〕

〔註270〕胡林翼，致彭玉麟；胡林翼集：第2冊，長沙：嶽麓書社，1999：282。
〔註271〕曾胡治兵白話句解，濟南，山東書局（改訂版），民國二十一年（1932）：18。
〔註272〕胡林翼，覆李雲麟；胡林翼集：第2冊，長沙：嶽麓書社，1999：198。
〔註273〕陳康祺，郎潛紀聞：卷15，朱漢民，丁平一，湘軍：第8冊，北京：社會科學文獻出版社，2013：589。
〔註274〕朱克敬撰，瞑庵二識：卷1，朱漢民，丁平一，湘軍：第8冊，566。
〔註275〕陳昌，霆軍紀略，朱漢民，丁平一，湘軍：第1冊，531。
〔註276〕曾胡治兵白話句解，濟南，山東書局（改訂版），民國二十一年（1932）：24～25。
〔註277〕羅正鈞，王壯武公年譜：上冊，光緒18年江寧刻本。
〔註278〕曾胡治兵白話句解，濟南，山東書局（改訂版），民國二十一年（1932）：185～186。

曾國藩作戰指導思想極講主客之道。他說：「主氣常靜，客氣常動。客氣先盛而後衰，主氣先微而後壯。故善用兵者，每喜為主，不喜作客。」〔註279〕胡林翼與曾國藩觀點十分近似，他認為：「先安排以待敵之求戰，然後起而應之，乃必勝之道。」〔註280〕

太平軍眾而不整，故「每遇雄師則圖踞堅城老之」，每憑堅城用大砲，而湘軍以血肉之軀當之，往往冒險仰攻，斃命於彈丸之下。「若徒以攻堅為能，而不思變計，恐適墮賊奸術，仍於事無俾也。」〔註281〕湘軍在實戰中體會到：主強而客弱、主逸而客勞、主有利而客不利，作戰中主張以主待客、以逸待勞。基於這種認識，曾國藩不贊同單純追求先發制人和採取攻勢作戰，亦不求軍事上的速效，而是採取穩紮穩打的戰術。曾國藩極為重視紮穩營盤，「去賊百里而遙，營壘未成，不敢止宿；去賊雖十里而近，營壘未立，亦不出隊趨利。」〔註282〕蔡鍔也認為湘軍「攻擊精神未由奮興。故戰術偏重於攻勢防禦，蓋亦因時制宜之法。」〔註283〕

胡林翼也說：「言戰不如言守，用兵不如用民。用民力以自衛，不如先用地利以衛民。」〔註284〕強調利用地形，以守為攻。左宗棠分析清軍屢敗的因由：「論者不得其要，輒謂賊勇而我怯也，賊詐而我拙也。亦知賊常為主乎，我常為客乎？」「故賊暇而我忙，賊逸而我勞，賊設伏設險以待我，而我輒中其計。兵法曰『謀定而後戰』，又曰『善用兵者，致人而不致於人』，賊知而我不悟，此勝敗利鈍之機所由分也。」〔註285〕

同時在實戰中，湘軍也並非一味強調後發和防守，而是兩者交錯使用，講求變化，甚至化客為主。湘軍自東征以來，總體上採取攻勢作戰態勢，而具體到一城一地，則多採守勢。除王鑫、鮑超游擊之師和李續賓部外，湘軍

〔註279〕曾胡治兵白話句解，濟南，山東書局（改訂版），民國二十一年（1932）：188～189。

〔註280〕曾胡治兵白話句解，濟南，山東書局（改訂版），民國二十一年（1932）：174～175。

〔註281〕駱秉章，援江西各軍會攻袁州鄂省援軍收復新昌上高進攻端州折；駱文忠奏稿：卷5，朱漢民，丁平一，湘軍：第4冊，85。

〔註282〕陳昌，霆軍紀略，朱漢民，丁平一，湘軍：第1冊，529～230。

〔註283〕曾胡治兵白話句解，濟南，山東書局（改訂版），民國二十一年（1932）：203。

〔註284〕胡林翼，請通飭修築碉堡啟；胡林翼集：第2冊，長沙：嶽麓書院，1999：64。

〔註285〕左宗棠，答胡潤之（一）；左文襄公全集：書牘：卷2，朱漢民，丁平一，湘軍：第6冊，北京：社會科學文獻出版社，2013：69。

各軍行軍遲緩，一日約三、四十里，營盤不成不休息，不作戰；湘軍作戰水陸相依，水軍進，陸軍跟，戰勝利於清剿，戰敗便於撤離；湘軍早期奪取城池多取強攻，後克九江、安慶、天京，則多採取長圍、堡壘、長壕困敵，憑險據守，阻擊援軍，「城賊不得出，援賊不得入。我軍安坐以待賊糧之盡」。〔註286〕從而達到化攻為守，變客為主，以時間換空間的目的。

這種看來相對保守的作戰思想之所以在湘軍中根深蒂固，且多能行之有效，除學術思想動因之外，還有以下幾個原因：一是受當時兵力對比等現實條件影響。太平軍人數眾多，且長於就地裹挾發動，清軍受兵額、糧餉限制，兵員必然有限，故不宜多取主動攻勢作戰。「惟賊數太多，官軍大支活兵太少，其野戰十分可靠者尤少。」〔註287〕二是與當時武器裝備水平相匹配。當時交戰雙方火器均以前膛抬槍、鳥槍和劈山炮為主，攻堅能力有限，憑險據守一方往往有利。而湘軍有國庫、地方財政、他省協餉、士紳財力支持，所以裝備較好，訓練有素，火力較強，故採用防守戰術是揚長避短的優案選擇。三是湘軍陸師多為步兵，不利於長途奔襲，必須時時以防後路，保糧道為重，惟水師機動性較強，在與太平軍作戰之時主要在於爭奪制江權，而不在於一城一地之得失。

（三）動　靜

動、靜是重要的理學範疇。周敦頤《太極圖說》中描述了動靜轉化之道：「太極動而生陽，動極而靜；靜而生陰，靜極復動。一動一靜，互為其根。」唐鑒云，束檢身心，讀書明理，「最是靜字工夫要緊。……若不靜，省身也不密，見理也不明，都是浮的，總是要靜。」〔註288〕如果說，哲學層面的動靜觀，還是一種對本體運動的描述和認識，理學工夫論中的動靜觀還是一種對修身之道的探求和體味，而軍事層面的動靜觀，則是一種對戰爭規律的深刻認識和戰爭法則的高度提煉了。在湘軍人物軍事思想言論中，不難看出其對「靜」這一狀態的偏好。

曾國藩以諸葛亮、王陽明為榜樣，「千軍萬馬金鼓皇聯之中，未始非寧靜致遠，精思通神之地。」〔註289〕曾國藩言「須將生前之名，身後之事與一切

〔註286〕李元度，胡文正公事略；國朝先正事略，朱漢民，丁平一，湘軍：第9冊，131。
〔註287〕曾國藩，覆李少荃中丞；曾文正公全集：書札卷22，朱漢民，丁平一，湘軍：第6冊，50。
〔註288〕曾國藩全集：日記：第1冊，長沙：嶽麓書社，1987：123。
〔註289〕曾國藩，批候補縣丞王鑫稟奉箚調湘勇回省聽候差遣、探據廣東樂昌、江西萬安賊匪糾眾離近、桂東團勇未成餘匪不盡、暫留防堵、謹候示遵由，王澧

妄念剷除淨盡，自然有一種恬淡意味，而寂定之餘，真陽自生。此以靜制動之法也。」〔註290〕羅澤南自述臨陣制敵之道：「無他，熟讀《大學》『知止而後有定，定而後能靜，靜而後能安，安而後能慮，慮而後能得』數語，盡之矣。《左氏》『再衰三竭』之言，其注腳也。」〔註291〕「制敵無妙法，只是以靜制動。凡初大事，臨大敵，所守者約而所施者博。」〔註292〕王鑫解釋「靜」之一字：「若推其本，則必先使我心真如鑑之渣滓淨盡，而後妍媸畢照，如衡之毫釐不爽，而後輕重不淆，而要非於靜之一字實有會心者不能。周子曰無欲故靜，靜之體也。朱子曰靜則明自生，靜之用也。此非獨居安閒為然，即極之倉皇急遽之中，尤當力持此心。」〔註293〕

　　求靜之道在去噪沈機。曾贊助湘軍，且力薦左宗棠的晚清官員宗稷辰曰：「故朝廷之上非沈機則政令不肅，軍旅之事非沈機則籌策不精，進退人才之際非沈機則機緘不密，判決是非之地非沈機則斷制不嚴，扶危定傾去邪鋤暴之時非沈機則幹濟不足。」〔註294〕胡林翼戰時百事紛紜，而親撰「主靜箴」以自勵，力求「日對三軍，我慮則一，彼紛不紛」。〔註295〕曾國藩言：「打仗不慌不忙，先求穩當，次求變化」。〔註296〕「軍事變幻無常，每當危疑震撼之際，愈當澄心定慮，不可發之太驟。」〔註297〕

　　求靜之道在守拙斂神。在湘軍人物看來，軍事行動須靜專才能動直，即使形勢不利，益當澄心定慮，制己察敵，先求不敗。胡林翼曰：「破天下之巧者以拙，馭天下之至紛者以靜。」〔註298〕左宗棠高度讚賞王鑫「氣愈王而神愈

　　　　華評點曾國藩批牘，長沙：嶽麓書社，2014：85。

〔註290〕曾國藩，批朱鎮品隆稟賊攻城壘、我軍出擊獲勝由；王澧華評點曾國藩批牘，長沙：嶽麓書社，2014：67。

〔註291〕錢基博，近百年湖南學風（含經學通志），北京：中國人民大學出版社，2004：20～21。

〔註292〕郭嵩燾，郭嵩燾日記（咸豐十一年辛酉），朱漢民，丁平一，湘軍：第7冊，北京：社會科學文獻出版社，2013：237。

〔註293〕王鑫，與朱石魁太守書；王壯武公遺集：卷8：書札1，朱漢民，丁平一，湘軍：第6冊，461。

〔註294〕宗稷辰，沈機篇，躬恥齋文抄：卷1，2。

〔註295〕曾國藩，五箴並序；曾文正公全集：詩文：文集：卷1，朱漢民，丁平一，湘軍：第3冊，52。

〔註296〕曾國藩全集：卷19，長沙：嶽麓書社，1995：365。

〔註297〕曾國藩，致沅弟；梁啟超輯，唐浩明點評，曾國藩嘉言鈔，長沙：嶽麓書社，2007：77。

〔註298〕胡林翼，請通飭修築碉堡啟；胡林翼集：第2冊，長沙：嶽麓書社，1999：64。

斂」一語，認為「直揭古今用兵要訣。」〔註 299〕湘軍後期名將劉錦堂認為：「惟古之善於用兵者，每多意思安閒如不欲戰，而戰則必勝。」〔註 300〕

在湘軍人物看來，靜之一字，可以去燥養心，臨陣整齊劃一，不留瑕疵予人相乘。以靜制動在湘軍軍事行動中屢見不鮮：曾國藩要求湘軍「不出隊，不喊吶，槍炮不能命中者不許亂放一聲，穩住一二日，則大局已定。」〔註 301〕李續賓「臨陣安閒靜鎮，談笑指揮三軍，幅巾綏帶，如與客燕見之儀。……恒曰：『事由心定，毋張皇。』」〔註 302〕李續宜治兵，「只實做程朱主敬存誠工夫，終日靜默，不妄言，不妄動，……謀定後發，慮勝後戰。」平日訓士卒，「只訓其勤於各人職分內事。凡各人器械行李，無不收拾鋒利，整整肅肅。如臨戰，如移營，絕無臨時預備之事。」〔註 303〕咸豐十一年樂平之戰，侍王李世賢率大股撲營，湘軍堅壁不出，劉典與王開化酣睡帳中，眾亦相安不驚。待敵軍疲憊，遂一齊出擊，「彼竭我盈，遂大破之，殺賊甚多，逐北十餘里，我兵僅傷一人。此以靜制動之力也。」〔註 304〕可見「靜」是主敬存誠的修煉工夫，不僅深刻影響著湘軍將弁的心理素質、行為方式，而且在靜的蟄伏狀態中，並非被動無為，而是養蓄精銳，預備一切。

（四）奇　正

「奇正」二語是中國兵學傳統範疇，正兵講求堂堂之陣，奇兵講求變化莫測。而湘軍對此從理學的視角進行了發揮。一是強調奇正兼用。胡林翼認為：「大抵兵事不外奇正二字，……有正無奇，遇險而覆；有奇無正，勢極而沮。」〔註 305〕二是在戰術上以正為體，以奇為用。湘軍人物的動靜觀既以靜為本，就決定了其在作戰中以正為體。王闓運評價曾國藩用兵，「最重『紮硬寨，打死仗』，不尚詭謀奇計，而為人力求穩慎，不喜冒險。」〔註 306〕曾國

〔註 299〕朱金泰，湘軍之父羅澤南，上海古籍出版社，2009：211。
〔註 300〕劉錦棠，布置南路暨哈密等處防務折；劉襄勤公奏稿：卷 2，朱漢民，丁平一，湘軍：第 5 冊，3。
〔註 301〕曾國藩全集：家書：第 1 冊，長沙：嶽麓書社，1995：333。
〔註 302〕朱孔彰，李忠武公別傳，咸豐以來功臣別傳，朱漢民，丁平一，湘軍：第 9 冊，280。
〔註 303〕方宗誠，柏堂師友言行記：卷 2，朱漢民，丁平一，湘軍：第 8 冊，北京：社會科學文獻出版社，2013：498。
〔註 304〕劉典，從戎紀實，朱漢民，丁平一，湘軍：第 1 冊，589。
〔註 305〕胡林翼，致李雨蒼雲麟茂才；胡林翼集：第 2 冊，長沙：嶽麓書社，1999：198。
〔註 306〕徐一士，王闓運與湘軍志；一士類稿。

藩自我解釋道：「吾輩讀書人，大約失之笨拙，即當自安於拙，而以勤補之，以慎出之，不可弄巧賣智，而所誤更甚。」「平日非至穩之兵，必不可輕用險著；平日非至正之道，必不可輕用奇謀。」〔註307〕

　　湘軍用奇，在於多留後手，保持源源不竭之勢。胡林翼提出：「有圍城之兵，須先另籌打仗之兵。有臨陣打仗之兵，必須安排後勁，或預杜抄後之敵，或備策應之舉。」〔註308〕曾國藩言：「如以萬人與彼交戰，只可以一成為正兵，以二成為接應兵，而以七成為張翼設伏之兵。」〔註309〕「前隊用好手五百以備衝鋒，後隊要好手五百以備救敗，中間大隊略弱些也不妨。」〔註310〕左宗棠亦言：「辦賊之法，必避長圍，防後路，……然後可以制賊而不為賊制。」〔註311〕

　　湘軍用奇，還講求審度形勢，搶佔先著。「莫若從賊所不經意之處下手；既得之後，賊乃知其為要隘，起而爭之，則我佔先著矣。」〔註312〕胡林翼曰：「軍事有先一著而勝者，如險要之地，先發一軍據之，此必勝之道也。有最後一著而勝者，待敵有變，乃起而應之，此必勝之道也。」「兵事之妙，古今以來，莫妙於拊其背、沖其腰、抄其尾，惟須審明地勢、敵情。」〔註313〕

　　湘軍對於奇正關係認知的反思。咸豐九年，李鴻章奉師命赴吉字營習練軍事，事後對人說：「吾以為湘軍有異術也，今而知其術無他，唯聞寇至而站牆子耳。」〔註314〕曾國藩由於過度強調穩紮穩打，一生少有軍事奇謀，他自我反省道：「吾平生用兵，失之太呆，」〔註315〕因此勸喻曾國荃「以後宜多用活兵，少用呆兵；多用輕兵，少用重兵。」〔註316〕同時訓誡下屬「酌定時候，本有可打之機，卻又不可太斯文了。一經得手，即須痛剿窮追。」否則「如此

〔註307〕梁啟超輯，唐浩明點評，曾國藩嘉言鈔，長沙：嶽麓書社，2007：34～35。
〔註308〕曾胡治兵白話句解，濟南，山東書局（改訂版），民國二十一年（1932）：199。
〔註309〕劉連捷，臨陣心法序，朱漢民，丁平一，湘軍：第2冊，301。
〔註310〕曾國藩，曾文正公全集：詩文‧雜著卷2：營制，朱漢民，丁平一，湘軍：
　　　　第3冊，84。
〔註311〕秦湘業，陳鍾英，平浙紀略，朱漢民，丁平一，湘軍：第2冊，5。
〔註312〕清史稿：第4冊：卷412：列傳199：左宗棠，北京：中華書局，1989：3085。
〔註313〕胡林翼，致各帥；胡林翼集：第2冊，長沙：嶽麓書社，1999：434。
〔註314〕劉體智，異辭錄：第1卷，北京：中華書局，1988：23。
〔註315〕常萬里點評曾國藩兵法，長沙：湖南人民出版社，2014：213。
〔註316〕曾國藩，致沅弟（同治元年十月二十日）；唐浩明編，曾國藩家書：下冊，長
　　　　沙：嶽麓書社，2015：79。

則永無痛剿之時，賊亦永無吃虧之日。」〔註317〕

　　左宗棠對於曾國藩這種求穩怕亂的用兵心理十分不滿，認為是才略欠缺的表現，且不能予敵有生力量大量殺傷。他認定曾國藩「於兵事終鮮悟處。」〔註318〕「鄉曲氣太重，才亦太缺。」〔註319〕甚至懷疑其「才略太欠，自入窘鄉，恐終非戡亂之人」。〔註320〕曾國藩從祁門自攻徽州，一戰大敗，而左宗棠以新集之眾，擊敗太平軍李侍賢部，奪回景德鎮，使曾國藩和山內各軍絕處逢生。曾國藩在給九弟曾國荃的信中也稱：「余因用呆兵太多，徽、祁全借左軍之力，受氣不少。」〔註321〕

　　湘軍以考察奇正關係為重點，結合理學動靜觀，打造了攻守相依，游擊之師與常駐之兵相結合，既能嚴密防守，又能攻城野戰的戰法，豐富了傳統兵學實踐。如左宗棠雖持重，但一旦發現戰機，即敢於冒險出奇。他說：「靠定營盤，可打穩仗也；然其不能打大勝仗，亦即自此。與此賊戰，須取勢、用奇、苦戰，然後可得大勝。」〔註322〕胡林翼也表示「兵事怕不得許多，算到五六分，便須放膽放手，本無萬全之策也。」〔註323〕再如王鑫「臨陣好以奇勝，疾馳掩擊，出人意表。」〔註324〕李續賓則主張將靜駐之兵與游擊之軍結合，「靜駐之兵既得以制賊死守之命，而常動之軍又得以制賊飛揚之患，庶可以定澄清之局矣。」〔註325〕

（五）氣　幾

　　氣是理學思想中具有物質意義的概念。無論是朱熹還是張載，都關注氣的

〔註317〕曾國藩，批朱鎮品隆椝賊攻城壘、我軍出擊獲勝由；王澧華評點曾國藩批牘，長沙：嶽麓書社，2014：67。

〔註318〕左宗棠，致胡林翼，左宗棠未刊書牘，長沙：嶽麓書社，1989：26。

〔註319〕左宗棠，致胡林翼，左宗棠未刊書牘，長沙：嶽麓書社，1989：27。

〔註320〕左宗棠：與孝威（咸豐十年廿三）；左宗棠全集：詩文家書，長沙：嶽麓書社；1987：14。

〔註321〕曾國藩，致沅弟（同治二年五月初二日）；唐浩明編，曾國藩家書（下），長沙：嶽麓書社，2015：157。

〔註322〕左宗棠，與胡潤之；左文襄公全集：書牘：卷2，朱漢民，丁平一，湘軍：第6冊，北京：社會科學文獻出版社，2013：69。

〔註323〕胡林翼，覆左宗棠；胡林翼集：第2冊，長沙：嶽麓書社，1999：748。

〔註324〕朱孔彰，王壯武公別傳；咸豐以來功臣別傳，朱漢民，丁平一，湘軍：第9冊，274～275。

〔註325〕李續賓，又覆王觀察（二）；李忠武公書牘：卷下，朱漢民，丁平一，湘軍：第6冊，361。

重要作用。朱熹認為氣本於理，理先氣後，理具有本體意義，而萬物生化則本於氣。而張載是氣學的開創者，認為理是氣的運行規律，不能離氣而言理，由此提出「太虛即氣」的氣本論宇宙觀；同時儒家強調察物入微，「窮神知幾」。幾者，動之微，事變將起而未起、善惡將分而未分之機，也可說是新事物初現端倪的動變之「勢」。「氣」具有宏觀的本體性或本原性，「幾」則具有縱向的歷時性、發展性。湘軍人物自覺地將這兩種命題與軍事活動相結合，形成了自己的氣、幾軍事理論。

　　湘軍注重軍隊的養氣、練氣，認為氣與軍隊內在精神和勝負密切相關，是理的集中體現。羅澤南言：「戰陣所爭者在理，亦在氣也。」〔註326〕胡林翼認為：「兵勇之氣，如豬脬然。當其盛時，千錘不破；一針之隙，全脬皆消。」〔註327〕左宗棠強調「惟兵事強弱，在乎氣之盛衰，無以司其消長之權，則強者弱矣；有以妙其鼓舞之用，則弱者能強。」〔註328〕彭玉麟自述「近讀孟子養氣章，覺與軍人大有裨益。吾願私淑孟子至大至剛之氣，摧堅克敵。」〔註329〕曾國藩認為「勝負不在形而在氣，有屢敗而無傷，亦有一厥而不振，氣為之也。」〔註330〕「為將者設謀定策，攻則必取，不然毋寧弗攻；守則必固，不然毋寧弗守；攻之而為人所逐，守之而為人所破，雖全軍不遺一鏃，其所傷實多。」〔註331〕在這裡，氣被解釋為全軍上下所普遍具有的一種精神氣質和氣概，它是作戰勝負的關鍵性因素，甚至強過傳統兵學所推崇的「形」。

　　湘軍提出了軍中養氣之法。曾國藩經過體認，認為「夫戰，勇氣也，……大約用兵無他巧妙，常存有餘不盡之氣而已。」〔註332〕又言「軍事不可無悍鷙之氣，而驕氣即與之相連；不可無安詳之氣，而惰氣即與之相連。有二氣之利而無其害，有道君子尚難養得恰好，況弁勇乎？」〔註333〕胡林翼指出：「軍中取材，專尚樸勇，尚須從有氣概中講求，特恐講求不真，則浮氣夾雜其中，

〔註326〕羅澤南，與左季高先生論湖南協餉書；羅忠節公遺集：卷6，朱漢民，丁平一，湘軍：第6冊，北京：社會科學文獻出版社，2013：329。

〔註327〕胡林翼，再致鄂中僚友；胡林翼集：第2冊，長沙：嶽麓書社，1999：208。

〔註328〕左文襄公全集：答曾節相（二）；書牘：卷6，朱漢民，丁平一，湘軍：第6冊，100～101。

〔註329〕彭玉麟，稟母；周惟立點校，清代四名人家書，48。

〔註330〕趙烈文，能靜居日記，朱漢民，丁平一，湘軍：第7冊，166。

〔註331〕趙烈文，能靜居日記，朱漢民，丁平一，湘軍：第7冊，166。

〔註332〕曾胡治兵白話句解，濟南，山東書局（改訂版），民國二十一年（1932）：167。

〔註333〕曾國藩全集：書信，長沙：嶽麓書社，1990：937。

非真氣耳。」〔註334〕郭崑燾提倡軍中之氣,「欲其聚,不欲其散,束之愈固,則發之愈剛。」〔註335〕湘軍強調以「靜」養氣,培植「主氣」「真氣」,消除「客氣」「浮氣」,更要防止銳氣太甚,客氣為主,一挫即可不振;軍中養氣,必須「有餘不盡」,才是制勝之道。因此,為將者必須講求提倡之法,蓄養之法、節宣之法。

湘軍的「氣論」影響著軍隊文化建設。曾國藩治軍,講求「哀氣」「樸氣」,「凡軍氣宜聚不宜散,宜憂危不宜悅豫。」〔註336〕其軍「愀然若秋」,「雖忠勇憤發,兵氣慘鬱極矣。」〔註337〕而同為湘軍的胡林翼所部則「熙熙如春,上下歡欣而少禮紀」,鮑超霆軍更是銳氣常新,鐵血之氣一往無前。鮑超自言:「臣以偏師常破數十萬之眾,而能使海宇廓清者,氣足以勝之也。」〔註338〕

湘軍的「氣論」影響著軍隊訓練管理。左宗棠強調:「治軍先養氣。」〔註339〕曾國藩提出「氣斂局緊四字,凡用兵處處皆然」。〔註340〕湘軍中,「凡禁喧嘩,寡言笑,皆養氣也。養氣有素,無論平日起居、視聽、言動,並無絲毫躁暴。即奮勇衝殺之時,如波濤洶湧,龍虎跳躍,而其中自有一種深固不搖之氣存焉。」〔註341〕駱秉章在湘軍中推行資修養、均勞逸的管理方針:「其因傷病請假者,皆隨時體察更換,俟痊癒後仍遣令歸營,以資休養而均勞逸,故士氣常新而不竭」。〔註342〕

湘軍的「氣論」影響著戰略實施和戰術選擇。湘軍在軍事決策和戰略謀劃中,十分看重「辨氣析理」。劉蓉指出:「夫屈伸者,氣也,其所以屈伸者,理也。」〔註343〕理是氣的內在支配者,氣是理的物質載體,不應離氣言理,亦

〔註334〕胡林翼,致李續宜;胡林翼集:第2冊,長沙:嶽麓書社,1999;210。

〔註335〕郭崑燾,致劉霞仙撫部蓉;雲臥山莊尺牘:卷1,朱漢民,丁平一,湘軍:第6冊,656。

〔註336〕常萬里點評曾國藩兵法,長沙:湖南人民出版社,2014:93。

〔註337〕朱德裳,續湘軍志,湘軍史專刊之一,長沙:嶽麓書社,1983:270。

〔註338〕陳昌,霆軍紀略,朱漢民,丁平一,湘軍:第1冊,549。

〔註339〕左宗棠,左宗棠全集:書信:第1冊,長沙:嶽麓書社,2009:79。

〔註340〕常萬里點評曾國藩兵法,長沙:湖南人民出版社,2014:168。

〔註341〕王鑫,練勇芻言,朱漢民,丁平一,湘軍:第2冊,北京:社會科學文獻出版社,2013:289。

〔註342〕駱秉章,蕭道假歸所部聽曾侍郎汰選片;駱文忠奏稿:卷8,朱漢民,丁平一,湘軍:第4冊,146。

〔註343〕劉蓉,覆羅中嶽論養氣說書;養晦堂文集:卷3,劉蓉集:第2冊,長沙:嶽麓書社,2008:68。

不可離理言氣。

　　曾國藩言：「故昔剿匪，以靜待動，今宜以攻為守，以動制靜，皆用朝氣之法也。」〔註344〕正是在保「有餘不盡」之氣思想的指導下，湘軍創造出「各軍更番互戰，步步穩進，我之銳氣常新」的戰術。「銳進須防其退速，後勁尤重於前茅。」〔註345〕同時，在戰場上不求速勝，先求其穩，不求於敵有大殺傷，而求不自亂隊伍。「其殺賊之多，則在攻破賊巢時認真搜剿。」〔註346〕曾國藩反對打疲勞戰，「將卒之精神心血只有此數，既疲而用之，則有暮氣，必不得力。」〔註347〕因此自江西肅清後，曾國藩更是「屢囑霆軍休息，以養鋒銳。」〔註348〕當西征太平軍攻擊武漢，征戰江西的湘軍陷入上下游腹背受敵的嚴峻局勢時，曾國藩從保持軍隊銳氣的角度出發，堅決反對退兵。「無故退兵，兵家上忌，此不可也。」〔註349〕從而樹立了湘軍「不輕進，不輕退」的軍事傳統，並保住了湘軍前期戰爭的基本成果。湘軍的這些軍事決策，都離不開「辨氣析理」的理學工夫。

　　湘軍將帥常以軍容軍風察量軍隊思想狀況，預判戰爭勝負。李續賓「每閱營伍，不在觀其操演，只於平時到其營前，觀其兵士之勤惰整散，可以決之，且不必觀全營，即一、二人可決耳。」〔註350〕曾國藩言「凡臨敵觀氣色，有二可慮：驕氣則有浮淫之色，惰氣則有晻滯之色」。〔註351〕「兵之囂者無不罷，將之貪者無不怯。觀其將知其兵，觀其兵亦知其將。」〔註352〕「久驕而不敗者，容或有之，久惰則立見敗亡矣。」〔註353〕

〔註344〕曾國藩，金陵湘軍陸師昭忠祠記；曾文正公全集：詩文・文集卷4，朱漢民，丁平一，湘軍：第3冊，67～68。

〔註345〕錢基博，近百年湖南學風（含經學通志），北京：中國人民大學出版社，2004：42～43。

〔註346〕曾國藩，批銘字營劉軍門銘傳稟連日追賊獲勝情形；王澧華評點曾國藩批牘，長沙：嶽麓書社，2014：114～115。

〔註347〕郭振鏞，湘軍志平議；湘軍史專刊之一，長沙：嶽麓書社，1983：240。

〔註348〕陳昌，霆軍紀略，朱漢民、丁平一，湘軍：第1冊，425。

〔註349〕朱孔彰，曾文正公別傳；咸豐以來功臣別傳，朱漢民，丁平一，湘軍：第9冊，5。

〔註350〕方宗誠，柏堂師友言行記：卷2，朱漢民，丁平一，湘軍：第8冊，498。

〔註351〕李志茗，湘軍：成就書生勳業的「民兵」，上海，上海古籍出版社，2007：91。

〔註352〕李元度，胡文正公事略；國朝先正事略，朱漢民，丁平一，湘軍：第9冊，133。

〔註353〕曾國藩，勸誡營官四條；曾文正公全集：詩文・雜著卷3，朱漢民，丁平一，湘軍：第3冊，88。

曾國藩還有一個通過「辨氣」得來的重要論斷，他通過前線兩軍狀態的體察分析，認為「咸豐三年以前，粵匪為衰者；咸豐十年以後，官軍為衰者。」〔註354〕應該說，這個判斷準確勾畫出了作為城市佔領者太平軍戰鬥意志逐漸衰退，而起自山農的湘軍經過多年征戰漸入佳境的這樣一種此消彼長的重大變化，從而精準地把握住了大局轉捩的關鍵。

在理學思想中，「幾」是事物將發未發，將動未動之時的一種臨界狀態。它包含了事物變化內因驅動、外因作用等種種因素，是把握事物發展規律趨向的重要哲學概念。湖湘學人對《易經》中描述事物變動「前狀態」的「幾」十分重視，並直接將之運用於軍事領域。胡宏曾言：「天下有三大：大本也，大幾也，大綱也。」並具體分析了天下之變「其大幾有四：一曰救弊之幾，二曰用人之幾，三曰應敵之幾，四曰行師之幾。」其中後兩條與軍事直接相關。胡宏提出了應幾之法：「幾之來也，變動不測，莫可先圖，必寂然不動，然後能應也。」〔註355〕胡宏的這些思想對湘軍有著極大的啟發意義。

郭嵩燾認為幾的存在有極大的普遍性：「聖賢處事，只重在一『幾』字。所謂幾者，動之微也。雖處一人，治一事，莫不有幾焉。」〔註356〕「天下事無論大小，只是一個幾。得幾則勢如破竹，不得幾則寸寸牴牾，事勞而功不能半。」〔註357〕胡林翼言「兵事貴乎審機以待戰，尤貴蓄銳以待時。」〔註358〕李續賓強調軍事應力奪先機：「軍事之成敗，所爭則在利鈍，成與敗顯然易解。所謂利鈍者，大約先一著為利，後一著為鈍。竊見軍興以來，逆賊每先走一著，官軍每走後一著，以致坐失良機，貽患數省。」〔註359〕

「幾」與「機」是相互關聯而又各具內涵的概念，幾是隱含的、未發的，機是表面的、已發的。通過察幾觀物，才能把握事機。機同時又具有機心、

〔註354〕曾國藩，致沅弟（同治六年正月十二日）；曾國藩全集：家書，長沙：嶽麓書社，1995：1320。

〔註355〕胡宏，知言：卷5；胡宏著作兩種，長沙：嶽麓書社，2008：43～44。

〔註356〕郭嵩燾，郭嵩燾日記（咸豐十一年四月初七日），朱漢民，丁平一，湘軍：第7冊，北京：社會科學文獻出版社，2013：234。

〔註357〕郭嵩燾，郭嵩燾日記（咸豐九年閏三月廿八日），朱漢民，丁平一，湘軍：第7冊，220。

〔註358〕王之春，多忠勇公；椒生隨筆：卷8，朱漢民，丁平一，湘軍：第8冊，535。

〔註359〕李續賓，又上官宮保（一）；李忠武公書牘：卷上，朱漢民，丁平一，湘軍：第6冊，345。

機括等涵義，因此不能以機代幾。湘軍從儒學倫理視角出發，對過度強調「機」表示否定。如曾國藩言：「天下惟忘機可以消眾機，惟懵懂可以祓不祥。」〔註360〕表達了傳統文化中以誠為本，忘機應物的價值傾向。

　　湘軍人物在察「幾」過程中，突出了誠的概念，認為審情「察幾」，持之以誠，方可觀物入微。郭嵩燾引用周敦頤語曰：「『誠、神、幾，謂之聖人。』誠者本體，神者作用，幾者作用微妙之發端也。……然幾之失，大抵由於一念之私。或蔽而不見，或見及之而不能決，皆此一私之縈繞也。故審幾者，尤以誠為本。」〔註361〕又言：「凡戰有數，其動也為幾，其發也為情。審其情之所以終極，以察其幾之動，則得應敵之術。」〔註362〕

　　在湘軍人物看來，幾是決策的重要依據。幾既然是將發未發的，就必須提前考量謀求先機；幾既然是隱含入微的，就必須澄心靜慮，察幾觀變，幾既然是有徵可察的，就必須觀物入微，持之以誠，幾既然是變動不測的，就必須深入實質把握機理。總之，只有循理而為，方能察幾用神，運用自如。縱觀湘軍發展史，其對「幾」的體察運用，每在關鍵時刻均能在時機、條件、態勢予以準確把握，從而化被動為主動。如早期謀劃籌建水師，不僅為湘軍發展史上一大轉機，而且江南戰場局勢為之一變；再如咸豐帝徵調鮑超部北上抵禦英法，曾、胡等就敏銳地預見到對外戰爭當以和局收場，且目前外國勢力尚不足以對帝國王朝產生顛覆性的破壞，從而採取拖延政策，避免了江南力量空虛，又不致引起最高統治者猜忌。咸豐十年，江南大營再陷，蘇、常相繼失守。左宗棠卻在此中看見了大局轉捩的契機，曰：「大營將蹇兵罷，非得此洗蕩，何由措手？」〔註363〕再如左宗棠分析甘陝形勢，於同治六年七月「奏五年可竣。」〔註364〕「迨左宗棠移師西征，挽東南之兵與餉全力注之，且鑒於歷任覆轍，不急爭蘭州，力顧後路，節節掃蕩，至癸酉而奏肅清，適

〔註360〕曾國藩全集・日記：第1冊：咸豐九年九月十六日，長沙：嶽麓書社，1987：419。

〔註361〕郭嵩燾，郭嵩燾日記（咸豐九年閏三月廿八日），朱漢民，丁平一，湘軍：第7冊，220。

〔註362〕郭嵩燾，曾沅甫宮保六十壽序；養知書屋詩文集：文集卷15，朱漢民，丁平一，湘軍：第3冊，232。

〔註363〕姚永樸，舊聞隨筆，朱漢民，丁平一，湘軍：第8冊，北京：社會科學文獻出版社，2013：841。

〔註364〕朱孔彰，左文襄公別傳；中興以來功臣別傳，朱漢民，丁平一，湘軍：第9冊，121。

符入觀五年巌事之對。」〔註365〕

（六）人　器

在武器和人的因素孰輕孰重的問題上，湘軍人物高度肯定人的因素是決定性的。更重視人的主觀能動性和「氣」與「志」在作戰中的重要地位，為打造一支有理學信仰的軍隊提供了理論依據。

胡林翼富有遠見地提出「兵以火器強，亦以火器弱」的辯證觀點：「兵事以人才為根本，人才以志氣為根本；兵可挫而氣不可挫，氣可偶挫而志不可挫。」〔註366〕軍隊建設「以選精銳，不可專用火器也，……叔世人心怯懦，偏重火器，謂可殺賊於百步內外，無跳蕩搏擊之危，……兵因火器強，亦因火器弱」。針對每營刀矛手少，火器手多，且訓練荒馳的現狀，他明確表示，伺後軍營「以火器四三成，刀矛六七成為要。」〔註367〕軍興以來，官軍多以遠擊為長技，「無搏戰之事，短兵相接，自湘潭始。我軍自此始知戰事不以砲為生死，而名將飆起」。〔註368〕

曾國藩明確提出：「制勝之道，實在人而不在器」。他用「真美人不甚爭珠翠，真書家不甚爭筆墨」來比擬將領對武器的追求，認為「真善戰者，豈必力爭洋槍洋藥乎？」〔註369〕湘軍在初講水師時，「用魚網、藤牌編髮為甲，皆不驗，」後乃盡屏弗用，水師將弁露身挺立船頭，披襟當砲矢，反而令敵軍奪氣。〔註370〕曾國藩總結撚軍作戰特點時說：「撚僅用長矛二丈，飛騰入陣，槍砲不得再施。知撚之可以勝官軍，則知西夷之可以戰也。……勝負在人不在器。然安得二三孟浪不畏死者，為吾前驅哉！」〔註371〕

湘軍所處的時代，正是世界工業化萌發的時代。自十九世紀六、七十年代後，兵器發展幾乎日新月異。湘軍重人輕器之說似乎顯得有些落伍。而實

〔註365〕曾毓瑜撰，征西紀略卷二；陝甘靖寇記中，朱漢民，丁平一，湘軍：第 8 冊，658。
〔註366〕胡林翼，致楊昌濬朱宗程；胡林翼集：第 2 冊，長沙：嶽麓書社，1999：290。
〔註367〕胡林翼，啟陳剿盜十三條；胡林翼集：第 2 冊，長沙：嶽麓書社，1999：109
　　　　～110。
〔註368〕朱孔彰，陳巡撫士傑別傳；咸豐以來功臣別傳，朱漢民，丁平一，湘軍：第
　　　　9 冊，468。
〔註369〕曾國藩，致沅弟；梁啟超輯，唐浩明點評，曾國藩嘉言鈔：附錄評點曾國藩
　　　　嘉言類鈔，長沙：嶽麓書社，2007：1079。
〔註370〕朱孔彰，楊勇愨公別傳；咸豐以來功臣別傳，朱漢民，丁平一，湘軍：第 9
　　　　冊，260。
〔註371〕王定安，湘軍記；湘軍史專刊之二，長沙：嶽麓書社，1983：261。

際上湘軍集團對武器的改進裝配亦非常重視。湘軍水師東征之初即擁有大小洋炮五百七十門；陸師火器配比也不斷增加，並因此屢改營制。左宗棠將軍中抬炮改為劈山砲和西洋火炮，並在蘭州創辦蘭州機器局生產武器彈藥，在西征時面對兇悍異常的回軍騎兵部隊，「每用火炮，庶幾致勝。」〔註372〕李鴻章對使用洋槍洋炮更為積極，言：「中外人人談兵，皆不知有兵無器與無兵同。自明以前尚有徒手搏戰者，今非其時，非其敵矣。」〔註373〕

　　然而，湘軍將人的因素看成是戰爭勝負的決定性因素，則是顛撲不破的真理。湘軍集團中也有人洞察到，西洋軍隊的強盛，並非專靠武器裝備，而是法制、政事、人才、文化的綜合作用。如湘軍幕僚李宗羲認為：「論中國自強之策，決非專恃火器所能致勝，……自古覘國勢者，在人材之盛衰，不在財用之贏絀；在政事之得失，不在兵力之強弱，未聞以器械為重輕也。且西人之所以強者，其心志和而齊，其法制簡而嚴，其取人必課實用，其任事者無欺詐侵漁之習，其選兵甚精，故臨陣勇敢而不畏死。不察其所以強，而徒效其器械，豈足恃哉？」〔註374〕

（七）形　勢

　　形主要指包括兵力部署、地理環境在內的兵形地勢，勢主要指宏觀上的政治軍事態勢和微觀上的戰場形勢。兩者相輔相成，對戰爭勝負起到了不可估量的作用，也是古今中外軍事戰略家不可迴避的重要課題。

　　湘軍極為重視軍事地理知識，並以此作為經世之學的必備科目。嚴樹森評價湘軍「行軍之道，以審地勢為先。……近來督撫中如曾國藩、左宗棠等，均能講求地理，是以所向有功。」〔註375〕

　　左宗棠自青年時期開始，即注重研習地學，「迨年十八九，於書肆購得顧祖禹《讀史方輿紀要》，潛心玩索，喜其所載山川險要，戰守機宜，瞭如指掌。又參以顧炎武《郡國利病書》及齊召南《水道提綱》，彙編手抄。又讀賀長齡所纂《皇朝經世文編》，丹黃殆遍。」〔註376〕「於山川關隘，驛道

〔註372〕劉泱泱等點校，左宗棠全集：書信：第2冊，長沙：嶽麓書社，2009：16。
〔註373〕李鴻章，李文忠公全書：朋僚函稿：卷19，30。
〔註374〕清史列傳：卷54：李宗羲，朱漢民，丁平一，湘軍：第10冊，北京：社會科學文獻出版社，2013：141。
〔註375〕清史列傳：卷54：嚴樹森，朱漢民，丁平一，湘軍：第10冊，134。
〔註376〕左宗棠，答劉霞仙；左文襄公全集：書牘卷2，朱漢民，丁平一，湘軍：第6冊，74。

遠近，分門記錄，為數十巨冊。」同時「為輿地圖說，於山川、道里、疆域沿革外，條列歷代兵事。」〔註377〕左宗棠不是僵化地學習，而且將地理地形與風土文化、歷代兵事相結合，作具體靈活的把握。「蓋以地無常險，險無常恃，攻守之形，不可前定也。」〔註378〕他認為攻守之形，取決於具體的戰爭特點和戰略需要，不可預先謀劃；因此一旦兵權在握，即能「審機最微，取勢甚遠」。〔註379〕

湘軍重視在實戰中對地勢進行考察，以取得先機。胡林翼認為：「兵事決於臨機，而地勢審於平日」。〔註380〕郭嵩燾言：「地利云者，非僅國史所載山川一定之險也。……雖漸車之澮、數仞之岡，苟形勢在所必爭，即機會不可偶失。」〔註381〕如霆軍「凡敵營之前後左右、山川向背、徑途紆折，了然於心。歸詢諸將之願戰者，飭取軍令狀，乃於廳事畫地為賊壘，令諸將各議進兵路徑，次第按行，使人人如虜在目中，次日乃決戰。」〔註382〕湘軍對地勢的分析把握運用，可謂達到了出神入化的地步。

湘軍多利用地勢求立於不敗之地。曾國藩強調楚軍最講紮營，「凡善紮營者，即稱勁旅。」「雖僅一宿，亦須為堅不可拔之計。」〔註383〕鮑超嘗曰：「用兵之道，必先深溝高壘，自立於不敗之地，然後能百戰百勝。……凡紮營，先審地勢，必使糧路無虞，聲援聯絡，我便於控制，而敵不利於圍攻。牆外護以壕，壕外加以鹿角柵或梅花坑。以掘壕之土為牆，牆加高一尺，壕即加深一尺。所部有牆不高堅，壕不寬深者，必重懲其營官」。〔註384〕胡林翼云：「凡

〔註377〕羅正鈞，左宗棠年譜；左宗棠全集：第20冊，上海：上海書店，1986年影印：17042。

〔註378〕左宗棠，答劉霞仙；左文襄公全集：書牘卷2，朱漢民，丁平一，湘軍：第6冊，74。

〔註379〕清政府鎮壓太平天國檔案史料：同治三年：蔣益澧奏報聞省軍情吃緊現派兵進駐蒲城折，朱漢民，丁平一，湘軍：第5冊，381。

〔註380〕曾胡治兵白話句解，濟南，山東書局（改訂版），民國二十一年（1932）：173。

〔註381〕郭嵩燾，贈總督安徽巡撫江忠源行政；養知書屋文集：卷17，朱漢民，丁平一，湘軍：第9冊，175。

〔註382〕陳康祺，郎潛紀聞四筆：卷5，朱漢民，丁平一，湘軍：第8冊，595。

〔註383〕曾胡治兵白話句解，濟南，山東書局（改訂版），民國二十一年（1932）：192～193。

〔註384〕陳昌，霆軍紀略，朱漢民，丁平一，湘軍：第1冊，北京：社會科學文獻出版社，2013：529～230。

兵事只畏三面、四面受敵耳，有一面可恃，則強兵可戰可守；有三面可恃，則弱兵亦可戰可守。」〔註385〕即通過地形營寨減少受敵面，以確保戰守。

湘軍軍事思想中的「勢」既包括戰場形勢，又包括軍事戰略態勢。胡林翼認為「兵事當布遠勢，忌近謀。」〔註386〕具體到戰場形勢上，湘軍主張明察地理，搶佔先機，蓄勢而發，傾盡全力奪取戰場主導權。胡林翼強調：「戰事之要，不戰則已，戰則須挾全力；不動則已，動則須操勝算。」〔註387〕在戰略態勢上，曾、胡、左等大帥乃至羅澤南、劉蓉、彭玉麟、楊載福等將領都注重結合地形地勢和戰爭雙方軍事政治態勢進行分析，制定不同階段的戰略目標，充分體現了湘軍長於謀略的軍事思想特徵。

湘軍初出，即確定了以奪取武漢為重點的第一個軍事戰略目標。曾國藩分析長江「有三大鎮，荊州為上鎮，武昌為中鎮，九江次之，建業為下鎮，京口次之。」並準確預見到「今粵逆已得下鎮矣，其意固將由中鎮以漸及上鎮。」〔註388〕這與江南大營向榮將太平軍西征描述為立足難穩，分股流竄的意見，高下之別立見。曾國藩進一步分析，如太平軍得武昌，「則大江四千里遂為此賊專而有之」，將切斷南北軍事通道、信息通道和糧餉通道，造成極其嚴重的後果，「鄂省亡，則賊雖不南竄，長沙斷無獨存之勢。然則今日之計，萬不可以援鄂為先籌」。〔註389〕

羅澤南在與太平軍作戰中感到軍勢難振，主要在於湘軍只有一路兵，太平軍才得以從容應對。羅氏曾最早提出平定太平軍的「一江兩岸」整體戰略，他指出「東南爭戰，必恃水陸之兼濟。」〔註390〕他察覺到太平軍得地不守在戰略上是重大失誤：「利金陵之富侈，厭一己之貪求，自岳而鄂而潯，皆得之而不守。使收武、漢之餘燼，據上游以自固，居高臨下，亦無難制賊之命。」〔註391〕「東南大勢在武昌，得武昌乃可控制江、皖，大局乃有轉旋之望」，

〔註385〕胡林翼，致曾國藩；胡林翼集：第2冊，長沙：嶽麓書社，1999：231。

〔註386〕胡林翼，致曾國藩；胡林翼集：第2冊，長沙：嶽麓書社，1999：534。

〔註387〕胡林翼，覆余際昌伍茨蓀；胡林翼集：第2冊，長沙：嶽麓書社，1999：733。

〔註388〕曾國藩，與王璞山（二）；曾文正公全集：書札：卷3，朱漢民，丁平一，湘軍：第6冊，17。

〔註389〕曾國藩，與王璞山（二）；曾文正公全集：書札：卷3，朱漢民，丁平一，湘軍：第6冊，17。

〔註390〕羅澤南，與曾滌帥論東南戰守形勢書；羅忠節公遺集：卷6，朱漢民，丁平一，湘軍：第6冊，329～330。

〔註391〕羅澤南，與曾滌帥論東南戰守形勢書；羅忠節公遺集：卷6，朱漢民，丁平一，湘軍：第6冊，329～330。

並自請率所部援武昌以「取建瓴之勢」。〔註392〕羅澤南又述其平太平軍之兩路並進戰略曰：「自岳州渡江而下漢陽以搗漢口，……漢口破，即由蘄黃下安慶，以攻北岸。……潯城（九江）下，即渡湖口出彭澤擊蕪湖以定南岸。南北兩軍各自為戰，……彼此相資，先後相應。」「其後曾國藩之平太平天國，根本戰略，即羅氏之議也。」〔註393〕湘軍曾國荃部圍城一年有餘後終陷安慶，天京自此失去上游屏障。時人評價「安慶之復，為東南一大轉機。……而兩公（指曾胡）注意不撤安徽之圍，則同一老謀。……古來辦大事者，譬如著棋，一子落盤，全局勝負因之。……若枝枝節節為之，如向、張二帥之在金陵，終歸一敗而已。」〔註394〕

曾國藩獲督兩江，胡林翼遺之以書曰：「吳督之任，以包攬把持，恢廓宏遠為用。今宜起兩軍，一出杭州，一出淮陽，請放膽為之。」〔註395〕而後，曾國藩以江蘇委李鴻章，以浙江委左宗棠，正是運用了胡的這一謀劃。曾國藩在其弟所部吉字營進逼天京之時叮囑道：「至進兵金陵之早遲，亦由弟自行審察機勢。機已靈活，勢已醇足，早進可也；否則不如遲進。與其囤兵城下，由他處有變而退兵，不如在四處盤旋作勢，為一擊必中之計。兄不遙制也。」〔註396〕可見，湘軍作戰，第一需要審視的就是軍勢。而且在必要的時候，還會將重要決策付諸前線統將，大帥不為遙制。

同治年間，湘軍在謀劃西征戰略時，仍體現出循理因勢的思想特徵。當時因督撫不合、灞橋失利、獲罪言官而去職的原陝西巡撫劉蓉不遺餘力地為左宗棠進行謀劃。他本著曾國藩「謀江南者。必以上游為本。謀西域者。必以關內為本」的原則，〔註397〕向左宗棠建議用兵之策五條：一是先肅清關隴，關地屯田，儲糧糧，練馬隊，再振旅出關收復新疆；二是甘肅用兵當以陝西為根本。三是甘肅軍事當先清隴東，次搗河狄。四是非寬籌糧餉，保障

〔註392〕朱孔彰，曾文正公別傳；咸豐以來功臣別傳，朱漢民，丁平一，湘軍：第9冊，4。

〔註393〕陸寶千，劉蓉年譜，中央研究院近代史研究所（臺北）專刊（40），1979：97～98。

〔註394〕徐宗亮，歸廬談往錄：卷1，朱漢民，丁平一，湘軍：第8冊，北京：社會科學文獻出版社，2013：622。

〔註395〕胡林翼，覆曾國藩；胡林翼集：第2冊，長沙：嶽麓書社，1999：569。

〔註396〕曾國藩，致沅弟（同治元年三月二十七日）；唐浩明編，曾國藩家書：下冊，長沙：嶽麓書社，2015：10～11。

〔註397〕曾國藩，通籌滇黔大局折（同治四年三月十五日）；曾國藩全集：第8冊：奏稿8，長沙：嶽麓書社，2013：247。

運輸，切勿進兵。五是須博求艱貞堅苦仗義相從之侶，以資襄助。〔註398〕同時在戰術上建議：「關外平沙廣漠，敵騎雨驟風馳，……勇者無所施其銳，謀者無所售其巧，雖勁必折。其惟堂堂之陣，正正之旗，馬隊、車營相輔而行，始克有濟。」〔註399〕從後來左宗棠平定關隴，西征新疆的軍事實踐來看，基本上運用了劉蓉的戰略、戰術謀劃。

第四節　湘軍對傳統兵學的繼承與揚棄

　　湘軍在繼承兵學優秀傳統的基礎上，將理學思想全面貫通於戰爭觀層面、治軍層面、軍人素養層面、戰略戰術層面，形成其「崇禮」「尚質」「弘德」等「儒兵」思想，將古典兵學推向高峰，並重點突破了文人議兵玄虛說、軍事謀略詭詐說，對傳統兵學思想進行了總結、提升和揚棄。同時，湘軍在戰爭中採用西式武器，探索改造軍制陣法，又成為古典兵學的終結、近代軍事體制變革的開端。

一、儒學對兵學的全面滲透和融合

（一）在戰爭觀層面上

　　湘軍繼承了中國儒兵思想優秀傳統和湖湘先賢的軍事學術思想，認為「兵凶戰危」，發揚了以「仁」「禮」為核心的傳統戰爭觀，將戰爭與社會倫理緊密結合，綜合考量，反對違背「理」的原則要求，不追求社會效果，不關注民瘼民意的不義戰爭，盡量減少戰爭對社會的殘害性。

　　湘軍推崇仁戰思想。曾國藩發揚了老莊對戰爭的看法，「兵者，陰事也，哀戚之意，如臨親喪；肅靜之心，如承大祭」。並以此提出兵氣應謹慎哀戚，以應天順人，「故軍中不宜有歡欣之象。有歡欣之象者，無論或為和悅，或為驕盈，終歸於敗而已矣」。〔註400〕「兵者，不得已而用之，常存一不敢為天下先之心。」〔註401〕曾國藩對家人說：「此事難於見功，易於造孽，尤易

〔註398〕陸寶千，劉蓉年譜，臺北：中央研究院近代史研究所專刊（40），1979：330～331。
〔註399〕劉蓉，覆左季高中丞書；養晦堂文集：卷6，朱漢民，丁平一，湘軍：第6冊，438。
〔註400〕曾胡治兵白話句解，濟南，山東書局（改訂版），民國二十一年（1932）：163，192～193。
〔註401〕曾國藩全集：日記：第1冊，長沙：嶽麓書社，1987：362。

於貽萬世口實。余久處行間，日日如坐針氈，所差不負吾心，不負所學者，未嘗須臾忘愛民之意耳。」〔註402〕對當時劈山炮等殺傷力很大的武器，曾國藩評價其為「不仁之器，莫甚於此矣。」〔註403〕胡林翼言：「兵，陰事也，以收斂固強為主；戰，勇氣也，以節宣提倡為主」。〔註404〕這些觀點，不僅與老子「惟兵不詳」「不得已而用之」「戰勝以喪禮處之」的觀點是高度一致的，而且與儒家「仁戰」「慎戰」的內涵也是相通的。湘軍認為軍事服從於社會倫理秩序。湖湘理學先驅張栻曾言：「夫兵政之事，在於仁義，其為教，根乎三綱。然至於法度、紀律、機謀、權變，其條不可紊，其端為無窮，非素考索烏能極其用？」〔註405〕湖湘理學經世派正是本著這一信念投身軍事活動，以擔負起維護理學綱常名教的社會責任。

湘軍形成了自己的慎戰思想。曾國藩認為好言兵者，是對戰爭規律的懵懂，是心浮氣躁的表現。「未經戰陣之兵，每好言戰，帶兵者亦然。若稍有閱歷，但覺我軍處處瑕隙，無一可恃，不輕言戰矣。」〔註406〕故「好談兵事者，其閱歷必淺；……欲禁大言，請自不輕論兵始。」〔註407〕左宗棠言：「慎之一字，戰之本也。」〔註408〕其每當軍事策劃之際，即多方籌劃，思慮萬千，「每一發兵，鬚髮為白者」。〔註409〕湘軍慎戰而不忘戰避戰。羅澤南提出：「不以好大勤遠略，不以太平忘武功。」〔註410〕左宗棠言：「先事不忘戰，以備臨事之一戰，幸而可以不戰，而我可戰之具自在。」〔註411〕

〔註402〕曾國藩，與沅弟書（咸豐十年四月二十二日）；曾國藩全集：第20冊：家書1，長沙：嶽麓書社，2013：483。
〔註403〕曾國藩，筆記二十七則：干盾・擋牌；唐浩明編，曾國藩詩文集，長沙：嶽麓書社，2015：440。
〔註404〕胡林翼，覆多隆阿；胡林翼集：第2冊，長沙：嶽麓書社，1999：566。
〔註405〕張栻，跋孫子，南軒集卷34；張栻全集：下冊，吉林：長春出版社，1999：1016。
〔註406〕曾胡治兵白話句解，濟南，山東書局（改訂版），民國二十一年（1932）：163，192～193。
〔註407〕曾國藩，勸誡紳士四條；勸誡淺語十六條；曾國藩全集：詩文，長沙：嶽麓書社，1995：441。
〔註408〕左宗棠，李道耀南等稟分營駐紮徽縣等處並繕稟錯誤由（同治八年），左宗棠全集：第14冊，長沙：嶽麓書社，2012：180。
〔註409〕羅正鈞：左宗棠年譜，長沙：嶽麓書社，1982：291。
〔註410〕羅澤南，人極衍義，羅澤南集，長沙：嶽麓書社，2010：199。
〔註411〕左宗棠，遵旨布置海防並辦理漁團詳細情形折（光緒九年十二月初七日），左宗棠全集：第8冊，長沙：嶽麓書社，2012：364。

湘軍認為軍事之根本在於政事。「兵末政本」，政事不修則軍事亦無從措手。羅澤南言：「禦戎之法，不在邊陲，而在朝廷之政事也。」〔註412〕郭嵩燾分析日本派遣赴英留學生專業分布情況，佐證了「兵者末事」的論斷。「日本在英國學習技藝二百餘人，……而學兵法者甚少。蓋兵者末也，各種技藝皆立國之本也。」〔註413〕他進一步分析道：「所以為富強者，人民樂利勸業，厚積其勢以拱衛國家，行之固有本矣。」〔註414〕

（二）在將才養成層面

湘軍認為將才是軍事勝負的決定因素。曾國藩言：「行軍之道，擇將為先，得一將則全軍振興，失一將則士氣消沮。」〔註415〕左宗棠認為：「其實天下無可恃之兵勇，而有可恃之將」。〔註416〕胡林翼言：「有不可戰之將，無不可戰之兵。有可勝不可敗之將，無必勝必不勝之兵。」〔註417〕因此，優秀將領的地位強過一支軍隊。「軍事傷，尚可完；大將亡，不可贖。」〔註418〕軍隊強弱，隨將才優劣為轉移。將得其人，弱兵可強，將非其人，強兵可弱。如自塔齊布病歿後，接統其軍的部將周鳳山治軍無方，軍氣衰落，一再敗績。曾國藩等遂評價周為因人成事者也。

在湘軍看來，主要將領往往是一支軍隊的靈魂，不僅籌劃全局，謀定戰略，而且主導著軍營風氣和軍隊文化。

湘軍將理學工夫論的方法轉用到將才培養方面。如羅澤南從軍以來堅持以理學方法克己修身，「惟喜得朋友數人，時時砭我痼疾，凡得朋友箴規語，必早答之，如服藥見效，須告之醫者。」〔註419〕湘軍戎馬倥傯，各首領之間

〔註412〕羅澤南，人極衍義，羅澤南集，長沙：嶽麓書社，2010：199。
〔註413〕朱克敬，瞑庵二識：卷1，朱漢民，丁平一，湘軍：第8冊，北京：社會科學文獻出版社，2013：566。
〔註414〕錢基博，近百年湖南學風（含經學通志），北京：中國人民大學出版社，2004：56～57。
〔註415〕王定安，求闕齋弟子記：卷5：平寇2，朱漢民，丁平一，湘軍：第9冊，北京：社會科學文獻出版社，2013：35。
〔註416〕左宗棠，與胡潤之；左文襄公全集：書牘卷2，朱漢民，丁平一，湘軍：第6冊，70。
〔註417〕曾胡治兵白話句解，濟南，山東書局（改訂版），民國二十一年（1932）：172。
〔註418〕胡林翼，致郭嵩燾；胡林翼集：第2冊，長沙：嶽麓書社，1999：206。
〔註419〕羅澤南，與左季高先生論湖南協餉書；羅忠節公遺集：卷6，朱漢民，丁平一，湘軍：第6冊，329。

常以信函交通，不僅商議軍謀，而且以道德相砥礪，以得失相規誡。湘軍講求才識兼備，注重「擴識」以應物。湘軍將領吳士邁認為為將應「才大而善讀書，通古法不泥古法」。〔註420〕並提出「今自旅長以上，應請延知兵者授以兵法，而於練技之暇，復為之陳說往事，推古人之所以得與古人之所以失，反覆辯論。」〔註421〕這些都不乏真知灼見。

湘軍同時提出將領之職在立其大者，雖觀照入微，卻不宜管得過細。「為統將必明大體，知進退緩急機宜；其次知陣法；又其次勇敢，此大小之分也。」〔註422〕「元戎之職，在明賞罰、別功罪、一號令，其於戰陣之事，籌畫大局而已。若節節籌度，則明有所蔽，而機勢反凝滯而不靈。」〔註423〕

湘軍以理學標準衡量將才優劣。其將才之格，主要在於兩方面，一是個性氣質的標準，這是先天的基礎。如胡林翼認為：「果決之人宜兵，柔懦之人不宜；直爽之人宜兵，修邊幅之人不宜也。」〔註424〕二是理學的標準，這是後天的修為。曾國藩認為：「取人之式，以有操守而無官氣，多條理而少大言為要。」〔註425〕「選將以忠。不必有過人之才智，盡吾心而已矣，……忠至而智生焉。」〔註426〕選將以「耐冷，耐苦，耐勞，耐閒」為主，提倡「習苦為辦事之本」。要求將領幕僚辦事「身到、心到、眼到、手到、口到」，〔註427〕只要能秉承「盡心」的理學標準，即使智慧經驗不足，也可彌補鍛鍊而成。在湘軍人物看來，後天的修為更超過先天的基礎。

在用才方面，湘軍強調用當其時，用其朝氣。「蓋用兵忌暮氣，宜年壯氣銳，素有遠志、未建大功之人。」〔註428〕綜觀湘軍選拔將帥士卒，多以親舊

〔註420〕杜貴墀，吳士邁傳；巴陵縣志：卷35，朱漢民，丁平一，湘軍：第9冊，679。

〔註421〕杜貴墀，吳士邁傳；巴陵縣志：卷35，朱漢民，丁平一，湘軍：第9冊，680。

〔註422〕李元度，國朝先正事略；胡文正公事略，朱漢民，丁平一，湘軍：第9冊，133～134。

〔註423〕左宗棠，答曾節相（一）；左文襄公全集：書牘卷6，朱漢民，丁平一，湘軍：第6冊，99～100。

〔註424〕方濬師，蕉軒隨錄：卷4：讀「胡文忠遺集」，朱漢民，丁平一，湘軍：第8冊，507。

〔註425〕梁啟超輯，唐浩明點評，曾國藩嘉言鈔，長沙：嶽麓書社，2007：31。

〔註426〕常萬里點評曾國藩兵法，長沙：湖南人民出版社，2014：7。

〔註427〕常萬里點評曾國藩兵法，長沙：湖南人民出版社，2014：7。

〔註428〕清史列傳：卷54：李宗羲，朱漢民，丁平一，湘軍：第10冊，140。

為主，取平日素相豫者、得士心且臨陣敢戰者；尤其在年齡結構上，多取壯年之人，不拘資格。同時，對人才不求全責備，而是儘量給予相對寬鬆的環境：「要以衡材不拘一格，論事不求苛細。無因寸朽而棄連抱，無施數罟以失巨鱗。斯先哲之恒言，雖愚蒙而可勉。」〔註429〕

　　湘軍特別重視在實戰中積累經驗。其將才大多以艱苦磨礪而出，具有很強的務實應變精神。曾國藩評價道：「此次軍務，如楊、彭、二李、次青輩皆係磨煉出來，即潤翁、羅翁亦大有長進，幾於一日千里」。〔註430〕咸豐初年，平日十分自負的王鑫率新軍抵禦銳氣方張的太平軍，「一敗於羊司樓，再潰於岳郡」，受到曾國藩嚴厲斥責。遂發憤極意講求兵法，「以圖差蓋前愆」。〔註431〕「後公每戰，氣益厲，心益慎，以少擊眾，百戰而無一挫，遂稱名將，號無敵，其發憤基於此也。」〔註432〕知恥而能自奮，成為湘軍將士的一個重要特點。

（三）在治軍層面

　　湘軍強調治軍先治己，克敵先自治。既繼承了傳統兵學知己知彼的思想，又融匯了理學克己修德的工夫。湘軍的一切管理方法，如營制章程、招募之法、訓練之道、後勤支持等都經過反覆考量，極盡所能地精細入微。

　　湘軍高度強調審力而為，先求立於不敗之地。「審機審勢，猶在其後，第一先貴審力。審力者，知己彼之切實工夫也。……不審力，則所謂驕也；審力而不自足，即老子之所謂哀也。」〔註433〕在曾國藩看來，對自己實力沒有清醒認識，即為驕；審力而發現不足，奮發圖強，則為「哀」。從自己的角度闡述了老子「哀兵必勝」的道理。胡林翼認為軍事上應「不問敵之強弱，而先審己之強弱。」〔註434〕湘軍後期將領魏光燾亦言：「勿論賊勢強弱，且自問官軍真強與否。」〔註435〕

〔註429〕曾胡治兵白話句解，濟南，山東書局（改訂版），民國二十一年（1932）：24～25。

〔註430〕常萬里點評曾國藩兵法，長沙：湖南人民出版社，2014：149，118。

〔註431〕王鑫，覆道州馮春彙刺史；王壯武公遺集：卷8：書札1，朱漢民，丁平一，湘軍：第6冊，473。

〔註432〕朱孔彰，王壯武公別傳；咸豐以來功臣別傳，朱漢民，丁平一，湘軍：第9冊，273。

〔註433〕常萬里點評曾國藩兵法，長沙：湖南人民出版社，2014：149，118。

〔註434〕胡林翼，致都興阿；胡林翼集：第2冊，長沙：嶽麓書社，1999：199。

〔註435〕魏光燾，勘定新疆記序，朱漢民，丁平一，湘軍：第2冊，618。

湘軍重視軍隊日常訓練和建設。左宗棠言:「用兵最貴節制精明,臨陣勝負只爭一刻工夫。譬如在家讀書、作詩文、習字是平時治軍要緊工夫,而接仗不過如入場就試耳。得失雖在一日,而本領長短卻在平時。」〔註436〕胡林翼指出,軍隊建設必重「敬」「整」「和」三字。「敬則勝,整則勝,和則勝。三勝之機,決於是矣。」〔註437〕敬者,以誠治軍,通上下之情;整者,軍紀嚴明,陣法技藝嫻熟,全軍張弛有度,收放自如;和者,民心和揖,將帥和睦,上下和順,士卒歸心。這也是湘軍明恥教戰,整軍經武的最高境界。

(四)在戰略指導層面

一曰能反求諸己以自固。湘軍戰略指導思想有強烈的反求諸己的思維傾向,發揮了傳統兵學「以不可勝而待敵之可勝」的思想。曾國藩認為:「用兵者必先自治,而後制敵。《得勝歌》中言自治者十之九。」〔註438〕郭嵩燾也強調:「用兵之道,能守而後能戰,能制人而後不制於人,能避賊之長而後可用吾之短。」〔註439〕王鑫自言其帶兵「嚴明約束,謹依孫子『為不可勝以待敵之可勝』一語,慎重行去」。〔註440〕「戰守之敗,總是自己先亂,自己如果整齊嚴肅,軍心安定,人自無從乘我。」〔註441〕湘軍在戰場遇到頓挫之時,往往能迅速自我反省。如羅澤南「自岳州而下,轉戰千里,所向克捷,一渡潯江,諸軍皆鈍。」即認為:「意者人事有未盡,天命有不佑與?君子行事,求盡其在己者而已。」〔註442〕

二曰能化客為主以制敵。湘軍從理學「動靜」「氣幾」等概念出發,對古典兵法主客之說的內涵進行了充實改造,使之浸染了濃厚的理學色彩。湘軍高度重視戰略和戰場的主動權,在繼承傳統兵學「致人而不致於人」軍事思想的

〔註436〕 左宗棠,與孝威(咸豐十一年七月十一日);左宗棠全集:詩文家書,長沙:嶽麓書社;1987:36。

〔註437〕 胡林翼,致余際昌丁華先;胡林翼集:第2冊,長沙:嶽麓書社,1999:446。

〔註438〕 曾國藩,與羅萱書(咸豐六年五月十九日);曾國藩全集:第22冊:書信1,長沙:嶽麓書社,2013:525。

〔註439〕 郭嵩燾,贈總督安徽巡撫江忠源行政;養知書屋文集:卷17,朱漢民,丁平一,湘軍:第9冊,174。

〔註440〕 王鑫,王壯武公遺集:卷18:家書2(咸豐五年二月初二日),朱漢民,丁平一,湘軍:第6冊,637。

〔註441〕 方宗誠,柏堂師友言行記:卷2,朱漢民,丁平一,湘軍:第8冊,北京:社會科學文獻出版社,2013:498。

〔註442〕 羅澤南,與劉孟容論水陸各分兩軍進攻書;羅忠節公遺集:卷6,朱漢民,丁平一,湘軍:第6冊,326。

基礎上，提出了以靜制動，察幾審機，化客為主的戰爭指導思想。

　　與孫子所反對的『蟻附』攻城，「將不勝其忿」〔註443〕的人海戰術的態度一樣，湘軍反對一味強攻，特別是頓兵於堅城之下的消耗戰。胡林翼曰：「兵事以攻城為下策，得一堅城，破數十巨壘，殺賊不多，賊氛仍熾，而士卒傷殘，元氣不復，非用兵之計。」〔註444〕曾國藩言：「孫子以攻城為下策。攻城不破，非戰之罪也。吾之所望者，但望賊匪來撲，野戰交鋒之時，我軍進退嚴明，確有不可搖撼之象，則此支漸成勁旅。」〔註445〕表明了湘軍希望調動敵人，以守為攻的戰略思想。

　　鑒於李續賓所部進軍太銳，導致在三河覆亡，前所得太、潛、舒、桐四城旋不戰自潰的慘痛教訓，湘軍一再強調：「兵事以全軍為上，得土地次之，善戰多殺賊為上，攻堅斯下矣。」〔註446〕「保國之道，全軍為上，審時、審勢、審機為上，得土地次之。」〔註447〕「古之謀大事者克一二名城不以為喜，得一二良將、數千精卒則以為大喜；失一二名城不以為憂，失一二良將、損傷數十壯士則以為憂。」〔註448〕將保存己方有生力量而消耗敵方有生力量作為爭奪戰爭主導權的重要方法。

　　在太平軍後期閉城堅守，避免與湘軍野戰的情況下。湘軍又採取「攻其必救」的方針，先後以重兵圍困九江、安慶等長江中游重要軍事據點，逼迫太平軍主力來援。為避免攻堅作戰，湘軍仍然化客為主，採取切斷城中給養，長期圍困，圍點打援的戰略，既避免了損傷精銳、挫傷士氣，又有效地調動了太平軍在營壘下進攻，從而達到大量消滅敵方有生力量的戰略目標。實際上以重兵圍城，曠日持久，仍然存在極大的軍事風險。胡林翼在籌劃安慶之圍時說：「古之圍者必四面無敵，又兵法十則圍之。若我兵困於一隅，賊必以弱者居守，而旁軼橫擾，乘我於不及之地，此危道也。然不圍城，則無以致賊而求戰。」故將軍隊三分，一軍圍，兩軍戰。〔註449〕

　　曾國藩同治年間征撚，依據化客為主的原則提出「練有定之兵，制無定之

〔註443〕孫子兵法新注，北京：中華書局 1977：22。
〔註444〕胡林翼，與各帥論兵事；胡林翼集：第 2 冊，長沙：嶽麓書社，1999：221。
〔註445〕曾國藩，與羅萱書（咸豐六年五月十九日）；曾國藩全集：第 22 冊：書信 1，長沙：嶽麓書社，2013：525～526。
〔註446〕胡林翼，致都興阿；胡林翼集：第 2 冊，長沙：嶽麓書社，1999：199。
〔註447〕胡林翼，致李續宜；胡林翼集：第 2 冊，長沙：嶽麓書社，1999：210。
〔註448〕王定安，求闕齋弟子記：卷 5：平寇 2，朱漢民，丁平一，湘軍：第 9 冊，31。
〔註449〕王闓運，湘軍志：湖北篇第三，長沙：嶽麓書社，1983：42～43。

賊」，〔註450〕「築長牆，守運河暨沙、魯諸河，聞者皆笑其迂。其後李公鴻章
踵而行之，……遂藏厥功。夫築牆千里，合數省兵力守之，寇至或不能保，亦
計之至拙者也。然天下之至巧，非至拙者不能勝。」〔註451〕

　　三曰能伸縮開合以濟變。理學是充滿辯證法的哲學體系，古典兵學也含有
豐富的權變思想。湘軍結合兵學和理學的辯證思想，在戰爭中靈活運用。曾國
藩意識到：「古人用兵，最重變化不測四字」。〔註452〕胡林翼言：「荀悅之論兵
也，曰：『權不可預設，變不可先圖。與時遷移，隨物變化。』誠為用兵之至
要。」〔註453〕王鑫言：「其實我兵或分或合，或先或後，或同時進剿，隨機應
變，固不預設成見也。」〔註454〕

　　為應對變幻不測的戰場局勢，湘軍既強調集中兵力，造成局部兵力優勢，
又注重合理分布，奇正配合。如在守勢作戰中，反對分兵處處設防，「惟擇
其緊要必爭之地，厚集兵力以守之」。〔註455〕在兵力不敷的情況下，湘軍往
往採取縮營戰術，以求集中守點。「縮營之說，我極以為然。既不能圍城賊，
又不能破援賊，專圖自保，自以氣斂局緊為妥，何必以多占數里為美哉？」
〔註456〕在圍城戰中，九江圍城動用兵員三萬五千餘人，在圍天京時曾國荃
部一度達到五萬多人，還不包括彭玉麟、楊載福水軍和鮑超游擊之師。同時，
又注重將有限的兵力在戰場上合理分布，以分兵而得勢。胡林翼言：「夫兵
以分而得勢，譬如手之五指，以分枝長而得力，足之五指，以不能分枝而不
得力，此兵事之大勢也。」〔註457〕湘軍的伸縮分合均立足於對戰場態勢的
綜合分析和整體把握，並服從於一定的軍事目標。從曾國藩早年直以「數省
軍務一身克當」，〔註458〕羅澤南三路南北兩軍分剿之策，到後期左宗棠楚軍、
李鴻章淮軍自立門戶，分別全權負責浙江、江蘇兩省戰區，都體現了湘軍在

〔註450〕王定安，湘軍記；湘軍史專刊之二，長沙：嶽麓書社，1983：246。
〔註451〕王定安，湘軍記：卷16，湘軍史專刊之二，長沙：嶽麓書社，1983：261。
〔註452〕常萬里點評曾國藩兵法，長沙：湖南人民出版社，2014：210。
〔註453〕曾胡治兵白話句解，濟南，山東書局（改訂版），民國二十一年（1932）：183。
〔註454〕王鑫，覆曾滌生侍郎；王壯武公遺集：卷8，朱漢民，丁平一，湘軍：第6
　　　　冊，北京：社會科學文獻出版社，2013：463。
〔註455〕曾胡治兵白話句解，濟南，山東書局（改訂版），民國二十一年（1932）：
　　　　197。
〔註456〕常萬里點評曾國藩兵法，長沙：湖南人民出版社，2014：168。
〔註457〕胡林翼，致都興阿；胡林翼集：第2冊，長沙：嶽麓書社，1999：199。
〔註458〕王定安，求闕齋弟子記：卷4：平寇一，朱漢民，丁平一，湘軍：第9冊，14。

戰略布局上立足全局，開合有度的特點。

　　四曰能克己堅忍以求勝。湘軍認為軍事重在克己以善事。克己者，克畏難之心，克好勝之心，克功名之心，克驕逸之心，克矜慢之心，養得此心不動，在戰場上才能惕厲不懈，兵氣常新，剛柔相濟，危難不傾。左宗棠反對在戰爭中以功名等個人私欲為念，主張「毀譽固不足道，功名亦不足道，能盡吾心以善吾事，斯可矣。」又認為「兵事屬陰，當以收斂閉塞為義；戰陣尚氣，當以磅礡鬱積為義；知柔知剛，知微知彰，則皆干之惕若之心為之也。」〔註459〕曾國藩總結說：「故余治兵以來，每介疑勝疑敗之際，戰兢恐懼，上下驚懼者，其後常得大勝。當志得意滿之候，各路雲集，狃於屢勝，將卒矜慢，其後常有意外之失。」〔註460〕羅澤南曰：「辦天下之大事者，不可畏難，畏難則苟且而不進；不可欲速，欲速則急遽而無序。統籌全局，奮迅以圖之，從容以應之，事雖難，未有不可辦就者。」〔註461〕

　　湘軍尤重堅忍，對軍事目標抱定決心，不求速效，以量變求質變，將積銖累寸的工夫用到極致。曾國藩曰：「賊以堅忍死拒，我亦當以堅忍勝之。」「迨瓜熟蒂落，自可應手奏功也。」〔註462〕湘軍圍九江、安慶，皆過年餘；同治元年，曾國荃一部先駐雨花臺，鍥入天京外圍一隅之地，死戰不退，卒拔堅城，皆堅忍之效。其時，曾國荃「合水師不滿二萬」，曾國藩屢議退軍，國荃力持不可：『諸軍士自應募起義，人人以功金陵為志，今不乘勢薄城下，還軍待寇，曠日持久，非利也。……逼城而壘，亦足以致寇，軍勢雖危，顧不可求萬全。』」〔註463〕

　　五曰能集思擴識以廣謀。湘軍以治學之法治軍，重視集思廣益。湘軍水師之謀始於郭嵩燾、江忠源，成於曾國藩，出省作戰之議創始於江忠源、羅澤南、郭嵩燾，成於駱秉章、曾國藩；置南北兩路會同作戰之說始於羅澤南，

〔註459〕左宗棠，與王璞山（一）；左文襄公全集：書牘：卷2，朱漢民，丁平一，湘軍：第6冊，75。

〔註460〕曾胡治兵白話句解，濟南，山東書局（改訂版），民國二十一年（1932）：169。

〔註461〕羅澤南，與劉孟容論水陸各分兩軍進攻書；羅忠節公遺集：卷6，朱漢民，丁平一，湘軍：第6冊，327。

〔註462〕曾國藩，覆蔣益澧書（同治二年正月十六日）；曾國藩全集：第26冊：書信5，長沙：嶽麓書社，2013：379。

〔註463〕朱孔彰，曾忠襄公別傳；咸豐以來功臣別傳，朱漢民，丁平一，湘軍：第9冊，北京：社會科學文獻出版社，2013：294。

成於胡林翼；河防剿撚之策始於曾國藩，成於李鴻章；西征之規劃創於劉蓉，成於左宗棠。可見湘軍作為一個整體，能夠自覺以國家、王朝利益為重，從善如流，鍥而不捨，終有實功。王鑫認為將領的見識智略是培植軍氣的重要條件。「識益長，則氣益充；氣益充，則戰益勇。可知聖人『我戰則克』端不外「識」之一字。」〔註464〕史料記載，王鑫臨陣前一日，常召集諸將作戰局推演，各抒己見，「何處進兵，何處行軍，何處埋伏，議定而行。各出一紙給諸將，翌日臨陣，不按其議者，雖勝亦罪。」〔註465〕王鑫言：「凡戰陣之事，原貴集思廣益。……因用所獻計而成功者，即以獻計之人為頭功。」〔註466〕王鑫部老湘營無論是制度建設、軍紀軍風、作戰之機動靈活，均能在湘軍中獨樹一幟，即得益於其博採眾議。

（五）在戰術組織運用層面

湘軍戰術上的根本原則即羅澤南所言《大學》中的「知止而後有定，定而後能靜，靜而後能安，安而後能慮，慮而後能得。」

1. 戒浪戰，積極防禦

湘軍在軍事思想上主靜，講求致人而不致於人，故在戰術上亦以積極防禦為主，不喜浪戰，不喜為客。曾國藩強調：「凡與賊相持日久，最戒浪戰。兵勇以浪戰而玩，玩則疲；賊匪以浪戰而猾，猾則巧。……故余昔在營中誡諸將曰：『寧可數月不開一仗，不可開仗而毫無安排算計。』」〔註467〕左宗棠在征戰西北之時，亦不輕用其鋒，戰時「總要站得穩，多用槍砲連環，待其衰竭，然後以馬隊抄截其步隊，乃有勝理，非徒矜勇銳剽悍者所能為功。」〔註468〕湘軍的積極防禦，是在攻勢前提下的防禦，也是在防禦基礎上的進攻。在大局態勢上保持進攻，而在具體戰場上，湘軍則多化攻為守，穩紮穩打，多顧後路，不留破綻。特別是強調不打倉猝應敵之戰，不打無把握之戰，少打擊潰戰，多打殲滅戰。這些戰術思想，都從不同的角度豐富了中國兵學思想。

〔註464〕王鑫，練勇芻言，朱漢民，丁平一，湘軍：第 2 冊，289：284。

〔註465〕曾國藩，與李幼泉；曾文正公全集：書札：卷 25，朱漢民，丁平一，湘軍：第 6 冊，57。

〔註466〕王鑫，練勇芻言，朱漢民，丁平一，湘軍：第 2 冊，289：284。

〔註467〕常萬里點評曾國藩兵法，長沙：湖南人民出版社，2014：162～163。

〔註468〕左宗棠，答劉克庵京卿；左文襄公全集：書牘：卷 9，朱漢民，丁平一，湘軍：第 6 冊，106。

2. 精行伍，敢當大敵

湘軍精兵之道，以「能戰為第一義。……故探驪之法，以善戰為得珠。」〔註469〕湘軍不僅精選將領、士卒，而且注重培育依靠骨幹部隊。曾國藩認為：「營雖多而可恃者惟在一二營，人雖多而可恃者惟在一二人。……遇大敵時，全靠根株培得穩，柱梁立得固。」〔註470〕針對太平軍在戰場上動輒一兩萬人，甚至數萬，十數萬人，曾國藩言：「鄙意以為壯勇貴精，而不貴多，……但得敢死之士四百人，則固可以一戰。要須簡擇精嚴，臨陣不至獸駭鳥散，則雖少亦決有濟。」〔註471〕

劉典提出：「賊不怕多，越多越好打，何也？以人多則心志不一也。」〔註472〕湘軍在實戰中多次創造以少擊眾的戰例。如王鑫在實戰中曾僅以三千人，自馳剿吉安、水東以來，「月餘之久，轉戰數百里，前後八獲大捷，共殺賊二萬三四千，擒斬賊目多名，實軍興以來僅見之事。」〔註473〕光緒元年，左宗棠薦劉錦棠率老湘軍並總行營營務，以圖收復新疆。問：「用兵幾何？」錦棠曰：「勝兵萬人，足以橫行，不在多也。」宗棠偉其言，大閱涼州。〔註474〕阿古柏「動以萬騎突陣，乃不敵一二千眾。」〔註475〕

3. 講協同，奇正相依

湘軍在戰術上以正為體，以奇為用。陸師每營轄親兵6隊和前、後、左、右4哨，實行「一正、兩奇、一接應、一設伏」的基本戰術部署。而在大軍野戰之時，「令出悄然無聲，勇者不得獨進，怯者不得獨退，奇正分合，使萬眾如一身。」〔註476〕胡林翼主張審勢擇利，避堅蹈瑕，「臨陣分枝，不嫌其散；先期合力，必求其厚。」〔註477〕湘軍劉連捷總結實戰情形認為「打寬處仗重

〔註469〕常萬里點評曾國藩兵法，長沙：湖南人民出版社，2014：149。
〔註470〕曾國藩，致沅弟（咸豐七年十月二十七日）；唐浩明編，曾國藩家書：上冊，長沙：嶽麓書社，2015：313。
〔註471〕曾國藩，與劉霞仙；曾文正公全集：書札卷1，朱漢民，丁平一，湘軍：第6冊，3。
〔註472〕劉典，與喻葵生；劉果敏公書札：卷1，朱漢民，丁平一，湘軍：第6冊，北京：社會科學文獻出版社，2013：782。
〔註473〕駱秉章，援江王道疊獲大勝折；駱文忠奏稿：卷7，朱漢民，丁平一，湘軍：第4冊，112。
〔註474〕何維樸撰，劉襄勤史傳稿，朱漢民，丁平一，湘軍：第9冊，432。
〔註475〕何維樸撰，劉襄勤史傳稿，朱漢民，丁平一，湘軍：第9冊，434。
〔註476〕陳康祺，郎潛紀聞四筆：卷5，朱漢民，丁平一，湘軍：第8冊，595。
〔註477〕錢基博，近百年湖南學風（含經學通志），北京：中國人民大學出版社，2004：34。

接應，打窄處仗重正兵，未打時宜看明地勢，臨打時尤要整齊隊伍。」〔註478〕

胡林翼分析江南大營潰敗之因正是因為未能採取奇正之術，開始遲疑不敢分兵，而後又被迫分兵所致：「患在有圍兵而無備戰之兵，有守兵而無備剿之兵。以七萬人頓於城下，賊從後路、旁路紛擾。聞江南大帥遲疑吝嗇而不肯速分兵，又不肯多分兵。繼因所分之兵敗挫不力，後路、旁路已陷，餉道已阻，始不得已再分兵，則應戰之兵氣已挫」。湘軍以此為鑒，形成了協同配合，集中兵力圍城打援，重在打援的戰術：「只應以一處合圍以致賊，其餘盡作戰兵、援兵、雕剿之兵。」〔註479〕

湘軍在平定西南苗變山地作戰之時，多採取不顧後路，不帶給養，精兵銳進，犁庭掃穴的「雕剿」戰術。席寶田言「言苗事者必曰雕剿，此勇夫名將之事也。夫雕剿者，縣軍深入，饑因敵糧，夜宿敵壘，行不持營帳，居不依城寨，軍不時出，出不時反，乃可以入穴得虎而申其威力，然其敗莫救，徒有策無能行之者。」〔註480〕這實際上就是長途奔襲的大穿插斬首戰術，作為對正兵的有力協同與補充，非勇氣過人者不能用。

在長期艱苦的作戰環境中，湘軍協同作戰的意識和能力不斷增強。如在收復新疆之戰中，已能大規模有效實行步騎炮協同作戰，在中法戰爭中，步炮協同更為普遍，而且在防守臺灣時出現了水陸協同的抗登陸作戰。陣地防禦戰不僅注意在正面縱深防禦，而且注意翼側防禦和側後抄襲，重創敵人後又主動追擊，擴大戰果，充分體現了協調作戰、積極防禦的思想。〔註481〕

4. 重料敵，謀定而戰

傳統兵學歷來重視廟算，主張知己知彼，謀定而戰。湘軍繼承了這一軍事思想，並且在理學格物思想的指導下作了進一步發揮。如湘軍將領戰前多親自對地形實地勘察，取得最切實的第一手資料。而且在軍中設置專門機構收集敵情，審訊戰俘，編撰叢書《賊請匯纂》，留下了關於太平軍軍事政治文化的詳細資料，可謂對敵情瞭如指掌。曾國藩強調：「古之覘敵者，不特知賊首之性情伎倆，而並知某賊與某賊不和，某賊與偽主不協。」〔註482〕

〔註478〕劉連捷，臨陣心法序，朱漢民，丁平一，湘軍：第 2 冊，297。
〔註479〕胡林翼，致李方伯多都護；撫鄂書牘14；胡文忠公遺集：書牘：卷72，朱漢民，丁平一，湘軍：第 6 冊，175。
〔註480〕王闓運，湘軍志：援貴州篇第十二，長沙：嶽麓書社，1983：128～129。
〔註481〕施渡橋，晚清軍事變革研究，北京：軍事科學出版社，2003：8。
〔註482〕曾國藩，致沅弟（咸豐七年十月二十七夜）；唐浩明編，曾國藩家書：上冊，

太平軍戰術亦靈活多變，常利用其人多的優勢，迷目驚心。湘軍也承認：「與此賊戰有兩難御者：一則以多人張虛聲，紅衣黃旗漫山彌谷，動輒二萬三四萬不等。……一則以久戰伺暇隙。我進則彼退，我退則彼又進。頑鈍詭詐，揉來揉去。若生手遇之，或有破綻可伺，則彼必乘隙而入矣。」〔註483〕這就需要有相當準確的戰場判斷力和鎮定心。彭玉麟言：「至於用兵，則不可以擇敵，然亦須量力而動，料敵而行，或挑或避，因時制宜」。〔註484〕沈葆楨云：「鮑超之治軍也，算定後戰，度不中不發。雖倉猝遇敵，必深溝固壘，偵探四出，務得賊情。躬率諸將，親觀戰地」。〔註485〕

（六）在軍政結合層面

湘軍繼承和發揚儒兵思想，高度重視軍事與政治的關係，注重軍事問題政治解決。咸同時期，政治敗壞，人心思亂，從太平軍者往往旬日間盈千過萬，至有「殺我一百，只需一刻，殺我一千，只需一天」之謠。〔註486〕湘軍清醒地認識到，僅憑軍事力量無法解決民變問題。「至吏治之頹，實兵禍之所由起。」〔註487〕「推尋本源，何嘗不以有司虐用其民，魚肉日久，激而不復反顧。」〔註488〕郭崑燾認為：民亂紛起，「亦由官紳之惟知自利。」勢不能盡以武力鎮壓。因此主張「凡剿外來之匪，則全恃兵力，剿本地之匪，則兼資吏治。辦匪於初起之時，則宜先示兵力，而以吏治輔之。辦匪於積亂之後，則宜先清吏治，而以兵力輔之。」〔註489〕

曾國藩言：『劉、項興亡，是天意也，亦民意也。」〔註490〕「凡覘軍事之

長沙：嶽麓書社，2015：314。

〔註483〕曾國藩，致沅弟（咸豐六年十二月二十七日）；唐浩明編，曾國藩家書：上冊，長沙：嶽麓書社，2015：300。

〔註484〕楊公道，彭玉麟軼事：好棋之癖，朱漢民，丁平一，湘軍：第8冊，北京：社會科學文獻出版社，2013：777。

〔註485〕陳康祺撰，郎潛紀聞四筆：卷5，朱漢民，丁平一，湘軍：第8冊，595。

〔註486〕駱秉章，先籌布置疏；駱文忠奏稿：續刻四川奏議：卷2，朱漢民，丁平一，湘軍：第4冊，193。

〔註487〕胡林翼，覆吳振棫；胡林翼集：第2冊，長沙：嶽麓書社，1999：144。

〔註488〕曾國藩，覆胡蓮舫；曾國藩全集：第22冊：書信1，長沙：嶽麓書社，2011：70。

〔註489〕郭崑燾，答貴東道陳琴山觀察枚；雲臥山莊尺牘：卷7，朱漢民，丁平一，湘軍：第6冊，727。

〔註490〕楊公道，與曾滌生論兵書；彭玉麟軼事，朱漢民，丁平一，湘軍：第8冊，773。

勝敗，先視民心之從違。」〔註491〕「故兵法千言萬語，一言以蔽之，曰愛民。」
〔註492〕「愛民乃行軍第一義，須日日三令五申，視為性命根本之事，毋視為
要結粉飾之文。」〔註493〕希望通過緩解階級矛盾以挽回喪亂之天心民意。曾
國藩進一步指出：羅澤南「其治軍以不擾民為本。而視東南安危，民生冤苦，
如饑溺之在己，與其所注《西銘》之指相符。」「以宋儒之理學治兵，以兵衛
民，皎然不欺其志。此湘軍所以為天下雄，而國之人歸頌焉。」〔註494〕

　　湘軍人物多將兵事置於政治格局中考量，透過軍事現象分析把握解決政
治中的弊病。為瓦解太平軍，湘軍採取了強大的政治宣傳攻勢。「曾文正公治
兵時，發酋固結不解，而文正最得攻堅攻瑕之法，故終克奏膚功也。有《解
散歌》告示，遍貼鄉村鎮堡，所謂賊要聚，我要散也。」〔註495〕曾國藩為此
說服清朝統治者於同治三年五月諭令：「嗣後如有從賊已久，蓄髮較長，但能
誠心歸順，均準剃髮免死，給予牌照路費，資遣回籍，攜帶眷口、資財悉歸
本人，兵勇不得搶奪。」而鮑超「每收降眾，均以誠心相待，威信素著，大
股敗匪用能悔罪投誠。」〔註496〕

二、湘軍對傳統兵學的揚棄

（一）對文人議兵傳統的批判

　　湘軍人物多有較高的學術文化修養，他們以史為鑒，結合自身對軍事實
踐的切身體察，以格致誠正之法，獨立提出對軍事問題的看法。曾國藩認為
「軍事是極質之事，二十三史，除班馬而外，皆文人以意為之。不知甲仗為
何物、戰陣為何事。浮詞偽語，隨意編造，斷不可信。」〔註497〕郭嵩燾也
看到宋、明以來，文人多言戰，「書生之言，競其虛而不務詳其實。持其末
而不務競其原」。為反對儒者經院學派空談守殘的做法，他擬撰寫《綏邊徵

〔註491〕曾國藩全集：奏稿：第1冊，長沙：嶽麓書社，1987：346。
〔註492〕曾國藩，營制；曾國藩全集：詩文，長沙：嶽麓書社，1995：466。
〔註493〕梁啟超輯，唐浩明點評，曾國藩嘉言鈔，長沙：嶽麓書社，2007：39。
〔註494〕錢基博近百年湖南學風（含經學通志），北京，中國人民大學出版社，2004：
　　　　20～21。
〔註495〕丁克柔撰，柳弧卷3：解散歌，朱漢民，丁平一，湘軍：第8冊，北京：社
　　　　會科學文獻出版社，2013：618。
〔註496〕楊岳斌，陳炳文等投誠片；楊勇慤公遺集：卷3，朱漢民，丁平一，湘軍：
　　　　第4冊，539。
〔註497〕曾國藩全集：書信：第2冊，長沙：嶽麓書社，2011：666。

實》一書，以明「興衰治亂之大原」，「砭南宋以後虛文無實之弊」。〔註 498〕湘軍反對脫離對事物的理性考量，僅憑書生意氣、血氣之勇就作戰爭決策的做法，為其「慎戰」思想做注腳。「不考事端之本末，不察事理之得失，以戰為嘉名，以主戰為偉倫，恒然南宋以來之恒態，無足論者。」〔註 499〕「兵事須在營閱歷，不可空談。」曾國藩則對「德行文學之儒，則奉為上賓，出入談論，亦不肯煩以吏事。」〔註 500〕

　　曾國藩極力反對大言言兵，他說：「以諸葛之智勇，不能克魏之一城；以范韓之經緯，不能制夏之一隅。是知兵事之成敗利鈍，皆天也，非人之所能為也。近年書生侈口談兵，動輒曰克城若干，拓地若干，此大言也。……好談兵事者，其閱歷必淺；……欲禁大言，請自不輕論兵始。」〔註 501〕湘軍將領陳士傑領軍時，有幕友鄢太愚、何應祺「喜談兵，才智縱橫，恒默聽之。」「一日寇至，見侍郎部署出戰，及營中守備井井，明日不復縱談。問之，則曰：『被公騙久矣，今何得瞞我？』」〔註 502〕咸同時期，江蘇巡撫許乃釗「頗負文名，喜談經濟。著有叢書七種，兵書其一也。……惜空言無補，兼貪生畏死。其撫蘇時，賊至圍城，一籌莫展，棄城而逃。……卒以宰相子而免罪戾也。」〔註 503〕

　　湘軍以「疑古」心態，對文人主導下的傳統兵學理論並不盲從，必經己身體察貼切之後，方才化為己用。如對將才的選拔，胡林翼就認為：「竊疑古人論將，神明變幻不可方物，幾於百長並集，一短難容。恐亦史冊追崇之詞，初非預定之品。」〔註 504〕劉連捷也提出：「運用之妙，在乎一心，是在心腹者見機而作，不可泥古。」〔註 505〕吳士邁認為對待傳統兵法應參其同異，證諸實

〔註 498〕郭嵩燾，綏邊徵實序；文集：卷 3，郭嵩燾全集：第 14 冊，長沙：嶽麓書社，2012：295。

〔註 499〕郭嵩燾，郭嵩燾日記（咸豐十一年辛酉・正月初五日），朱漢民，丁平一，湘軍：第 7 冊，231。

〔註 500〕方宗誠，柏堂師友言行記：卷 3，朱漢民，丁平一，湘軍：第 8 冊，499。

〔註 501〕曾國藩，勸誡紳士四條；勸誡淺語十六條；曾國藩全集：詩文，長沙：嶽麓書社，1995：441。

〔註 502〕朱孔彰撰，陳巡撫士傑別傳；咸豐以來功臣別傳，朱漢民，丁平一，湘軍：第 9 冊，476。

〔註 503〕歐陽昱，見聞瑣錄：許乃釗，長沙：嶽麓書社，1987：168。

〔註 504〕曾胡治兵白話句解，濟南，山東書局（改訂版），民國二十一年（1932）：24～25。

〔註 505〕劉連捷，臨陣心法序，朱漢民，丁平一，湘軍：第 2 冊，北京：社會科學文獻出版社，2013：295。

事:「以有定之言,求無定之機,得其一而失其二,舉其常則遺其變矣。間嘗以《十三篇兵法》證諸二千年戎事,其間同事異勢,同勢異情,正有不容膠柱者。……誠以兵家之勝不可先傳,兵家之變不可勝窮耳。是則求之空言,不若征諸實事。事與法合,則引法以證事。事與法違,則因事以通法。」〔註506〕

(二)對軍事謀略詭詐說的批判

湘軍高度強調軍事謀略,「臨事而懼,好謀而成,足以包括古今兵書。」〔註507〕王鑫「師行所至之處,總須多問多思。思之於己,問之於人,皆好謀之實跡也。」其「每與賊遇將接仗之前一夕,傳令營官齊集,與之暢論敵情地勢,袖中出地圖十餘張,每人分給一張,令諸將各抒所見,……其平日無事,每三日必傳各營官熟論戰守之法。」〔註508〕

湘軍人物在一定程度上亦贊同兵事尚詭的說法。胡林翼言:「兵,詭道也,乘勢以為用者」。〔註509〕表達了對兵法「詭道」在實戰中的推崇,而且以藏形為要。曾國藩也認為:「圍城之法,紮營不宜太近。一則開仗之勢太蹙,一則軍事尚隱尚詭,不宜使敵人絲毫畢知也。」〔註510〕然而,受理學思想思想影響,湘軍對「詭道」的認識與運用是有底線的。如左宗棠西征甘陝,對於屢降屢叛的地方回民武裝首領馬文祿即明告其不赦,不接受其投降。〔註511〕這一點與王陽明有所不同。王陽明認為:「鄙猥之行,平時不恥於士列。而使貪使詐,軍事有所不廢也。急難呼吸之際,要在摧鋒克敵而已,而暇逆計其他乎?」〔註512〕

曾國藩所重兵書,側重理論方面的主要有《孫子》《六韜》,且補之以黃老

〔註506〕 杜貴墀纂,吳士邁傳;巴陵縣志:卷35:人物志八傳,朱漢民,丁平一,湘軍:第9冊,679。
〔註507〕 曾國藩,覆李榕(同治二年三月初八日);曾國藩全集:第26冊:書信5,長沙:嶽麓書社,2013:479。
〔註508〕 曾國藩,與李幼泉;曾文正公全集:書札:卷25,朱漢民,丁平一,湘軍:第6冊,57。
〔註509〕 胡林翼,通鑒:漢記1;讀史兵略卷3;胡林翼集:第3冊,長沙:嶽麓書社,2013:140。
〔註510〕 常萬里點評曾國藩兵法,長沙:湖南人民出版社,2014:160。
〔註511〕 易孔昭,胡孚駿,劉然亮,平定關隴紀略,朱漢民,丁平一,湘軍:第2冊,583。
〔註512〕 王陽明,再辭爵封恩賞以彰國典疏;文錄,方爾加,王陽明心學研究,長沙:湖南教育出版社,1989:67。

之術；側重實戰方面的主要推崇戚繼光《練兵實紀》。其主要特點是重謀略而不尚詭詐。嘗曰：「兵不厭奇，而奇須出於正；兵不厭詐，而詐必歸於誠。」故顯得仁厚有餘，機變不足，「輒為胡、左諸公所不滿意。彭公尤嘗輕視之，目為宋襄之仁。」〔註513〕縱觀湘軍用兵，向重謀略而少有陰謀奇計，行兵一以正道。即使百戰艱難，亦多以布局取勢，堅忍制敵。胡林翼亦強調軍事應「以靜制動，以預應猝，以我料敵，以經行權，讀兵書而通其變，而知進知退，能正能奇，雖古名將，不是過矣。」特別強調「凡事當有遠謀，有深識。……蓋僥倖而圖一勝之功，不如堅忍以規遠大之謀。」〔註514〕拋棄權謀詐術圖僥倖之功，深謀遠慮，創遠大之格局，這才是湘軍追求的用兵境界。

（三）對軍事玄學思想的批判

中國古典兵學之流弊，在於祖尚玄虛。部分兵書過於玄妙，且摻雜陰符八卦、陰陽五行之說，缺乏實踐根底。湘軍軍事活動中，以經世理學的實證方法力矯其弊。郭崑燾言：「今人稍有才氣，即往往惡庸而好奇，其實戰陣之事，有平實而無奇巧，從平實入者，雖無大功，亦無奇禍；從奇巧入者，未有不貽誤者也。」〔註515〕曾國藩也認為治軍應該摒棄一切高深神奇之說，專就粗淺纖悉處致力。〔註516〕

湘軍將領吳士邁著《名將傳》八十二卷品評歷代兵家名將：「兵家宗孫、吳、司馬，尚矣。然穰苴得兵家之經，其失也誇；起得兵家之權，其失也蔓。」均各有不足，「惟孫子論卑而效近，辭簡而義賅。蘇氏以為天下兵說皆歸其中，豈虛與哉。」〔註517〕在中國浩繁的兵家著作中，湘軍惟推《孫子》十三篇和戚氏《紀效新書》，蓋因其切實可用也。

湘軍人物的軍事策略建議甚至得到當時最高統治者讚賞，咸豐帝稱「江忠源奏軍務情形一折。……均屬切中機宜。該臬司親歷行間，兩載以來，目擊軍

〔註513〕楊公道，彭玉麟軼事：與曾滌生論兵書，朱漢民，丁平一，湘軍：第8冊，773。
〔註514〕錢基博，近百年湖南學風（含經學通志），北京：中國人民大學出版社，2004：33～34。
〔註515〕郭崑燾，覆趙玉班廉訪；雲臥山莊尺牘：卷2，朱漢民，丁平一，湘軍：第6冊，北京：社會科學文獻出版社，2013：673。
〔註516〕梁啟超輯，唐浩明點評，曾國藩嘉言鈔：附錄：評點曾國藩嘉言類鈔，長沙：嶽麓書社，2007：1153。
〔註517〕杜貴墀纂，吳士邁傳；巴陵縣志：卷35：人物志八傳，朱漢民，丁平一，湘軍：第9冊，679。

情,自非空談韜鈐者可比。」〔註518〕

三、湘軍主要儒兵思想特徵

(一)湘軍儒兵思想特徵之一:崇禮

湘軍崇禮思想內容在前章從以禮經世和以禮治軍的角度已有論述,在此主要探討湘軍之「禮」與兵學思想的關係。在湘系理學經世派心中,禮既是經世之具,更是文化範式和價值載體。其兵學思想深受儒家禮學的影響。

「禮」作為一種具象化的文化價值或制度文化,成為溝通內在價值與外在制度,溝通人格修為與行為方式的橋樑。正因為「禮」「自治治人」的這一特質,使之成為超越於軍法、營制之上,較之一般義理更具操作性的內在價值體系。可以說,「禮」和與之緊密相關的「誠」構成了湘軍軍系文化的底色。如果軍隊違禮,自治不嚴,持心不誠,軍氣不斂,則氣浮而難戰。「自治毫無把握,遽求成效,則氣浮而乏」。〔註519〕自荀子議兵以來,從未有人像湘軍一樣,高度重視「禮」對軍隊建設的重要作用。

湘軍人物雖沒有以禮治軍的專著,卻時時以「禮」的意蘊指導治軍實踐,促進了「兵學」與「禮學」在整軍實戰層面的融合。湘軍以禮學精義為指導,探索形成了一套與禮文化相銜接的軍隊管理制度,包括聚才之法、選將之法、募兵之法、營制之法、訓練之法等。同時,湘軍在禮法上極力講求實用,反對「文法太煩,官氣太重」和過分講求禮儀的「在官人役氣象」,「營規只有數條,此外別無文告,管轄只論差事,不甚計較官階。」〔註520〕

相對於「禮」的形式,湘軍人物更重視對「禮」內在價值的把握和踐行。如胡林翼認為,軍中平時奉令慎謹,「而真意不存,則成敗利鈍之間,顧忌太多,而趨避愈熟,必致敗乃公事。」〔註521〕因此,湘軍協和上下之情,嚴軍紀軍容之肅,壯勇士赴敵之志,皆一本於禮。在軍事行動中,湘軍強調「誠立而應物」。王鑫論:「殺賊推本於誠,……當今之日,鮮有不以此等議論為

〔註518〕清政府鎮壓太平天國檔案史料(咸豐三年四月十五日):寄諭向榮等著江忠源所陳八條悉心商榷認真辦理並查辦吸食鴉片之兵丁,朱漢民,丁平一,湘軍:第3冊,358。
〔註519〕常萬里點評曾國藩兵法,長沙:湖南人民出版社,2014:157。
〔註520〕曾國藩,遵旨籌議直隸練軍事宜折(同治八年五月二十一日);曾國藩全集:第10冊:奏稿10,長沙:嶽麓書社,2013:437。
〔註521〕胡林翼,致羅遵殿;胡林翼集:第2冊,長沙:嶽麓書社,1999:468。

迂闊矣。」〔註522〕曾國荃自述其治兵方略為：「吾謹持吾氣，仁、廉、信、勇，內求之一心，以應無窮。左之右之，參伍變化而其應如響，故吾所以治軍，反己存誠之學也。」〔註523〕郭嵩燾因而激賞其言勝荀卿氏之言兵。

湘軍以禮治軍而不拘泥於禮法之具文，而是強調立本通變。曾國藩言：「禮俗政教，邦有常典，前賢猶因時適變，不相沿襲，況乎用兵之道，隨地形賊勢而變焉者也，豈有可泥之法，不敝之制？……惟乎忠臣謀國，勇士赴敵，視死如歸，斯則常勝之理，萬古不變耳。其他器械財用，選卒校技，凡可得而變革者，正賴後賢相時制宜，因應無方，彌縫前世之失，俾日新而月盛。」〔註524〕湘軍以從禮而不泥禮的精神，改革軍制民政，「得禮經之精意，化裁變通，以成一代之制。」〔註525〕

王闓運言：「湘軍興而東南定，旂常之績不可勝記。然曾太傅自負能教練，必澤之以詩書矛砲之間，雜陳於經史五等之□，師事青衿行陣之間，侊侊如也，故虎賁之士不得脫劍而知禮矣。自余遊軍間，所見名將，皆隆儒術。」〔註526〕「至今湘軍尊上而知禮，畏法而愛民，猶可用也。」〔註527〕

（二）湘軍儒兵思想特徵之二：弘德

湘軍發揚傳承了傳統兵學中的「義兵」「仁兵」思想，同時從理學的角度以「民胞物與」「良心血性」之說充實其「仁戰」思想，強調戰爭的正義性。湘軍「諸君子詢詢儒素，豈嘗閉戶學為陰符之謀哉？義憤以激同袍，氣節以立堅壁，久在行間歷練，於行軍用兵之道，又皆變化從心，忠與勇並，故克平大難耳。」〔註528〕蔡鍔評價曾、胡「均一介書生，出身詞林，一清宦，一僚吏，其於兵事一端，素未夢見。所供之役，所事之事，莫不與兵事背道而馳。乃為良心、血性二者所驅使，遂使其『可能性』發展於絕頂，武功燦然，

〔註522〕王鑫，覆李春醴觀察；王壯武公遺集：卷9：書札2，朱漢民，丁平一，湘軍：第6冊，505。
〔註523〕郭嵩燾，曾沅甫宮保六十壽序；養知書屋詩文集，朱漢民，丁平一，湘軍：第3冊，232。
〔註524〕曾國藩，金陵楚軍水師昭忠祠記；曾文正公全集：詩文：文集：卷4，朱漢民，丁平一，湘軍：第3冊，70。
〔註525〕陸寶千，劉蓉年譜，臺北：中央研究院近代史研究所專刊（40），1979：340。
〔註526〕田海籌鎮軍「稽古詩」序；申報（光緒十七年七月廿五日附張），朱漢民，丁平一，湘軍：第8冊，351。
〔註527〕王闓運，湘軍志：營制篇第十五，長沙：嶽麓書社，1983：159。
〔註528〕新寧縣志：卷16：兵事志，朱漢民，丁平一，湘軍：第7冊，480。

澤被海內。」〔註529〕認為正是良心血性的道德律令，促使湘軍知其不可而為之，創造出不世之功。

湘軍人物多以聖人人格自勉。曾國藩言：「君子之立志也，有民胞物與之量，有內聖外王之業，而後不忝於父母之生，不愧為天地之完人。」〔註530〕胡林翼曰：「上將之道，嚴明果斷，以浩氣舉事，一片肫誠。」〔註531〕羅澤南認為：「戰勝之道，不在殺戮，而在德威之素箸也。是故佳兵者不祥，有德者無敵。」〔註532〕胡林翼評價李續宜「純一不二，蓋此公是志在聖賢、心無纖毫妄念者也。」〔註533〕左宗棠「平生雖不屑以宋儒自囿，然踐履篤實，不為欺人之談，雖曾國藩亦羨慕焉。」〔註534〕正因為湘軍人物格局之大，才造就了其軍政上的道德優勢和人格自信。「毀譽固不足道，功名亦不足道，能盡吾心以善吾事，斯可矣。」〔註535〕

湘軍即使在軍政劇勞之際，仍兢業惕厲，不忘修身淑心。「心中常養得一段瀟瀟活潑之致，精神日長，百病不生。又時讀性理諸書以陶淑性情。」〔註536〕湘軍雖果於殺伐，同時受儒家「仁愛」思想影響，也為軍事行動增添了一絲人道主義的亮色。如湘軍克復武昌，太平軍失敗逃竄，「湖汊淺處賊屍塞滿，後至踐屍而逃，行至中流，亦皆漂溺。中有兒童數百人先後奔投湖水，塔齊布飭將士大呼救小兒，不許投水，救活二百餘人，賊見小兒免死，遂長跪乞命，降者七百餘人。」〔註537〕

彭玉麟曾致信曾國藩，分析道：「夫治軍者，莫先於信，莫要於誠，（若）〔莫〕貴於愛，莫重於專。……今逆賊（指洪楊）信不能守，誠不能敷，愛不

〔註529〕曾胡治兵白話句解，濟南，山東書局（改訂版），民國二十一年（1932）：19～21。

〔註530〕曾國藩，致澄弟溫弟沅弟（道光二十二年十月二十六日）；曾國藩全集：家書：第1冊，長沙：嶽麓書社，1985：138。

〔註531〕胡林翼，致羅遵殿；胡林翼集：第2冊，長沙：嶽麓書社，1999：468。

〔註532〕羅澤南，人極衍義；羅澤南集，長沙：嶽麓書社，2010：199。

〔註533〕胡林翼，致羅方伯；撫鄂書牘五；胡文忠公遺集：書牘：卷63，朱漢民，丁平一，湘軍：第6冊，北京：社會科學文獻出版社，2013：156。

〔註534〕朱德裳，續湘軍志；湘軍史專刊之一，長沙：嶽麓書社，1983：310。

〔註535〕左宗棠，與王璞山（一）；左文襄公全集：書牘卷2，朱漢民，丁平一，湘軍：第6冊，75。

〔註536〕王鑫，王壯武公遺集：卷18：家書2，朱漢民，丁平一，湘軍：第6冊，654。

〔註537〕王定安，求闕齋弟子記：卷4；平寇1，朱漢民，丁平一，湘軍：第9冊，23。

足以動人，專不足以集權，其敗也必矣。」〔註538〕厥後洪楊果以諸王不和，自相殘殺，自入衰途。這也從反面論證了德對於軍政的極度重要性。

（三）湘軍儒兵思想特徵之三：尚質

湖湘理學尚質，湘軍在軍事上亦崇尚質樸，反對虛浮。曾國藩認為：「軍事是極質之事」〔註539〕「歷九州而戡大亂，非拙且誠者之效與。」〔註540〕「十餘年來，但知紮硬寨，打呆仗，從未用一奇謀，施一方略制敵於意計之外。」〔註541〕胡林翼也說：「軍旅之事，勝敗無常，總貴確實而戒虛捏。確實則準備周妥，虛飾則有誤調度，此治兵之最要關鍵也。」〔註542〕左宗棠說：「兵事均須從質實處著想，不必弄巧。」〔註543〕「打仗是過硬之事，一分乘巧著不得。」〔註544〕

湘軍早期會同廣東水師進擊岳州，時總兵陳輝龍「以為書生新軍猶敗賊，賊易與耳，遂自將先進。乘拖罟大舟，旌旗鮮明，洋裝銅砲，聲震山谷。湘軍自失，以為不及。」結果因風順水溜，大船輕進中伏而大敗。陳龍輝及隨同作戰的沙鎮幫、褚汝航、夏鑾皆戰死。〔註545〕血的教訓再次教育湘軍，光鮮的軍容在實戰中並不足恃。自此更加重視在切實上下工夫。

湘軍在將才選拔上，堅決不用浮華誇示之人。曾國藩說：「人之才品，萬有不同，大要惟質樸可為久。世未嘗無貌為質樸以濟其深險者，究而論之，以質樸失者不過二三，以才華失者十常居八九焉。……竊見近時之能為大言者，每不能任大事。」〔註546〕「生手而自居於熟手，無學而自詡為有學，志兀而

〔註538〕楊公道，彭玉麟軼事：料敵之神奇，朱漢民，丁平一，湘軍：第 8 冊，771。

〔註539〕曾胡治兵白話句解，濟南，山東書局（改訂版），民國二十一年（1932）：61～62。

〔註540〕曾國藩，金陵湘軍陸師昭忠祠記；曾文正公全集：詩文‧文集卷 4，朱漢民，丁平一，湘軍：第 3 冊，68。

〔註541〕曾國藩，病難速瘥請開各缺仍留軍中效力摺（同治五年十月十二日）曾國藩全集：第 9 冊：奏稿：9，長沙：嶽麓書社，2013：212～213。

〔註542〕曾胡治兵白話句解，濟南，山東書局（改訂版），民國二十一年（1932）：71。

〔註543〕劉泱泱等點校，左宗棠全集：書信：第 1 冊，長沙：嶽麓書社，2009：502。

〔註544〕劉泱泱等點校，左宗棠全集：書信：第 1 冊，長沙：嶽麓書社，2009：236。

〔註545〕朱孔彰，彭剛直公別傳；咸豐以來功臣別傳，朱漢民，丁平一，湘軍：第 9 冊，157。

〔註546〕郭崑燾，致伯兄家書（一）；雲臥山莊尺牘：卷 8，朱漢民，丁平一，湘軍：第 6 冊，北京：社會科學文獻出版社，2013：734。

行不能踐，氣浮而幾不能審，施之他事尚不可，況兵凶戰危乎！」〔註547〕左宗棠言：「倜儻權奇近乎俠，議論縱橫近乎文，精細周密近乎史，此三者皆非將兵之才也。將兵無他，只有『樸、茂』二字而已。」〔註548〕

羅澤南自覺將理學運用於指導行軍打仗，「貌樸氣沈，究心濂洛之書，通知世務，期見諸施行。……前後克城二十，大小二百餘戰，其臨陣以堅忍勝，如其為學。」湘軍狀貌樸拙，卻臨陣敢死，轉戰南北，「使湘勇之名遠出營兵上，羞武夫之顏，關其口而奪之氣。」〔註549〕王鑫「述及將兵一節，於忠、勤、苦三字之外更舉愚字」。「自古經天緯地之業，非愚不成，聖賢豪傑忠臣孝子，自世俗觀之，皆至愚者也。」〔註550〕劉連捷認為兵法「徒得之簡編，則虛懸而無薄，不若我輩之實見而有徵也。」〔註551〕

湘軍的質樸之氣貫注於方方面面。「皆非別有過高之論，任用出奇之人，惟以實心為本，愛民為務。問之洋學，則不能舉其詞；問之軍器，亦未嘗講諸外。」〔註552〕「楚軍之所以耐久者，亦由於辦事結實，敦樸之氣，未盡澆散。」〔註553〕如在軍事訓練方面，建軍之初，曾國藩即因華而不實革去武術教頭，「周金成之教藝，盡是花法，不中實用。其徒八十人，多油滑浮動，難可深恃。」〔註554〕在協調內部上，「凡與諸將語，理不宜深，令不宜繁，愈易愈簡愈妙也。」〔註555〕在軍情報送方面，即使軍事棘手、物議指謫，曾國藩仍抱定「稟報不可諱飾」。〔註556〕在軍事行動上，湘軍人物主張銖積寸累，不求速效，「君子赴勢

〔註547〕曾國藩，批管帶義字營吳主簿國佐兩次接仗敗挫、難於復振、兼病體難支、懇即撤遣各情；王澧華評點曾國藩批牘，長沙：嶽麓書社，2014：88。

〔註548〕郭嵩燾，郭嵩燾日記（咸豐九年己未·四月十三日），朱漢民，丁平一，湘軍：第7冊，220。

〔註549〕李元度，羅忠節公事略；國朝先正事略，朱漢民，丁平一，湘軍：第9冊，245。

〔註550〕王鑫，與周小春明經；王壯武公遺集：卷9：書札二，朱漢民，丁平一，湘軍：第6冊，497。

〔註551〕劉連捷，臨陣心法序，朱漢民，丁平一，湘軍：第2冊，291。

〔註552〕清史列傳（卷59）：新辦大臣傳三：李宗羲徐振禕，朱漢民，丁平一，湘軍：第10冊，146～147。

〔註553〕曾胡治兵白話句解，濟南，山東書局（改訂版），民國二十一年（1932）：64。

〔註554〕曾國藩，覆張石卿中丞；曾文正公全集：書札卷2，朱漢民，丁平一，湘軍：第6冊，10。

〔註555〕李志茗，湘軍：成就書生勳業的「民兵」，上海，上海古籍出版社，2007：91。

〔註556〕曾胡治兵白話句解，濟南，山東書局（改訂版），民國二十一年（1932）：83。

甚鈍，取道甚迂，德不苟成，業不苟名，艱難錯迕，遲久而後進，銖而積，寸而累，及其成熟，則聖人之徒也。」〔註557〕曾國藩堅信「天下之事，有其功必有其效，……天下之事，必皆有漸，……是故君子之用功也，如雞伏卵不捨，而生氣漸充；如燕營巢不息，而結構漸牢；如滋培之木，不見其長，有時乃大；如有本之泉，不捨晝夜，盈科而後進。」〔註558〕

（四）湘軍儒兵思想特徵之四：精微

湘軍將理學中的精微之意用於兵政，不僅求義理之精微，更求事理之精微，與孫子所言「多算者勝」同。

湘軍將領不同於綠營只需負責作戰，而常常「以一身而兼管籌兵、籌餉及應酬各處書啟奏牘等件，又每戰必親自督陣」。〔註559〕高強度的實踐鍛鍊增強了他們見微知著的才幹。王鑫「竊謂我輩以書生從事戎行，原無他長，惟以認真二字辦事，庶克有濟。」〔註560〕曾國藩總結道「今世萬是紛紜，要之，不外四端：曰軍事，曰吏事，曰餉事，曰文事而已。……講究之法，不外學問二字。學於古，則多看書籍；學於今，則多覓榜樣。問於當局，則知其甘苦；問於旁觀，則知其效驗。勤習不已，才自廣而不覺矣。」〔註561〕

曾國藩言：「軍中閱歷有年，益知天下事當於大處著眼，小處下手。陸氏但稱先立乎其大者，若不輔以朱子銖積寸累工夫，則下手全無把握。」〔註562〕他更提出：「吾輩寧失之慎，毋失之疏。」〔註563〕曾國藩甚至致函吳坤修，詢問軍中「擔子重若干斤？足下試一察之。」〔註564〕可見其觀物入微之深。初立水

〔註557〕曾國藩，送郭筠仙南歸序；曾文正公全集：詩文・文集卷1，朱漢民，丁平一，湘軍：第3冊，55。

〔註558〕曾國藩，雜著：筆記：功效；唐浩明編，曾國藩詩文集，長沙：嶽麓書社，2015：429〜430。

〔註559〕曾國藩，加羅遵殿片（咸豐八年十月二十七日）；曾國藩全集：第22冊：書信1，長沙：嶽麓書社，2013：694。

〔註560〕王鑫，覆文輔卿大令；王壯武公遺集：卷12：書札6，朱漢民，丁平一，湘軍：第6冊，北京：社會科學文獻出版社，2013：571。

〔註561〕曾國藩，勸誡淺語十六條；唐浩明編，曾國藩詩文集，長沙：嶽麓書社，2015：447〜448。

〔註562〕曾國藩，致吳廷棟（咸豐九年十月二十一日）；曾國藩全集：書信：第2冊，長沙：嶽麓書社，2013：281。

〔註563〕八賢手記：曾國藩致郭崑燾（五），朱漢民，丁平一，湘軍：第6冊，254。

〔註564〕曾國藩，覆吳坤修書（咸豐六年七月初十日）；曾國藩全集：第22冊：書信1，長沙：嶽麓書社，2013：544。

師之時前無成法，曾國藩「每遇廣東員弁及長年三老能行船者，周諮博採，屢更其制」。後王冕獻言，以為「長江千里，汊港紛歧，賊船易於藏匿，江南小戰船曰三板者，每營請添十號以備搜剿港汊之用。」曾國藩「大韙之，即日改訂營制，每營置快蟹一，營官領之。長龍十，曰正哨，三板十，曰副哨；……水師之制於是大備。」〔註565〕左宗棠算計「每三板一隻用錢至百緡以外」，理由是「木料、油灰、麻筋、鐵釘、槳篙，事事俱取最上者，計一船可得兩船之用。」而曾國藩以為侈，後實際造價與左宗棠所計相符。〔註566〕

曾國藩認為：「凡將才有四大端：一曰知人善任，二曰善覘敵情，三曰臨陣膽識（峙有膽，迪、厚有膽有識），四曰營務整齊。」〔註567〕其中知人善任、善察敵情、營務整齊均與精微之意相關。曾國藩言：「凡人作一事，便須全副精神注在此一事。首尾不懈，不可見異思遷，」要以「掘井九仞而不及泉」為鑒。「現在管勇，即埋頭盡力以求帶勇之法，早夜孳孳，日所思，夜所夢，捨帶勇以外一概不管。」〔註568〕「治軍總須腳踏實地，克勤小物，乃可日起而有功。」〔註569〕

胡林翼治軍理政，亦本於精微，「其於闔署事務大小、各軍強弱以及鄰省之優劣高下，燭照數計，洞然於心。」〔註570〕「治事必統籌全局，而於用人、理財二者，罔不措置精密。」〔註571〕左宗棠、郭崑燾輔助駱秉章營辦軍務，「內簡軍實，外籌天下大局，援江，援鄂，援皖，援浙，援粵，援滇，援黔，援蜀。徵兵四出，隨事緩急，聞警輒赴。凡軍行山川險要，策應遲緩，及將帥能否高下，審事量敵，受成於心，惟所指發，應弦赴節。……亦視所治事若治其私。」〔註572〕

〔註565〕王定安，求闕齋弟子記：卷4：平寇1，朱漢民，丁平一，湘軍：第9冊，16。

〔註566〕左宗棠，答劉霞仙；左文襄公全集：書牘卷2），朱漢民，丁平一，湘軍：第6冊，74。

〔註567〕曾國藩，致沅弟（咸豐七年十月二十七日）；唐浩明編，曾國藩家書：上冊，長沙：嶽麓書社，2015：313～314。

〔註568〕常萬里點評曾國藩兵法，長沙：湖南人民出版社，2014：204。

〔註569〕常萬里點評曾國藩兵法，長沙：湖南人民出版社，2014：85。

〔註570〕李元度，胡文正公事略；國朝先正事略，朱漢民，丁平一，湘軍：第9冊，133～134。

〔註571〕姚永樸，胡文忠公；舊聞隨筆：卷3，朱漢民，丁平一，湘軍：第8冊，840。

〔註572〕郭嵩燾，樗叟家傳；養知書屋文集：卷10，朱漢民，丁平一，湘軍：第10冊，北京：社會科學文獻出版社，2013：128。

湘軍在軍事行動中遵循「博訪以資眾論，沉思以審敵情」〔註573〕的原則，認為「非算定，非多算一二著，不能成功。」〔註574〕在軍事籌算上下足了工夫。同時，多能察幾觀物，見微知著，舉一反三。如郭嵩燾從太平軍戰俘口中得知，其在城外軍壘中「不駐一兵」，原因是「瀕江一面無牆，人皆舟居」，主要依靠船隻機動。遂建議「非急治水師，不足以應敵。」〔註575〕左宗棠移師西征甘陝新疆，「經營邊計，如操左券。」〔註576〕「不急爭蘭州，力顧後路，節節掃蕩，至癸酉而奏肅清，適符入覲五年蕆事之對。」〔註577〕體現出精準的謀劃預見能力。

美國學者貝爾斯評價以左宗棠為代表的湘軍採用了一種「新的作戰理念」。「他有一種天賦的能力，能夠以清晰的了悟面對整個戰場。這一點超越了和他同時代任何一個人。」〔註578〕這正是對左宗棠和整個湘軍以理學指導策劃戰略和運用戰術能力的高度肯定。

四、湘軍儒兵思想簡評

（一）從實踐的角度對傳統兵學進行了總結

湘軍人物多出儒生，更有多年征戰經驗和軍事生活的切身體會，對軍事規律的把握比較全面深刻，既有思辨的高度，又有實踐的內涵，既有強烈的目的性，又有較強的超越性，既有廣闊的社會視野，又有豐富的知識儲備，他們不僅是軍事問題的觀察者，更是參與者甚至是主導者。因此，湘軍集團主要人物，較之當時其他人，更具有對傳統兵學進行總結的「話語權」。

從初步梳理看，湘軍人物所讀兵書，較為集中的，一為歷代兵家名典，如《孫子》《吳子》《六韜》《孫子十家注》《衛公問答》《陰符經》《太白陰經》《虎鈐經》《練兵實紀》等；二是清人所著本朝軍事紀實之書。包括了清初

〔註573〕曾胡治兵白話句解，濟南，山東書局（改訂版），民國二十一年（1932）：184～185。

〔註574〕錢基博、李肖聃，近百年湖南學風：湘學略，長沙：嶽麓書社，1985：30。

〔註575〕郭振墉，湘軍志平議，朱漢民、丁平一，湘軍：第1冊，135。

〔註576〕朱孔彰，左文襄公別傳；中興以來功臣別傳，朱漢民，丁平一，湘軍：第9冊，125。

〔註577〕曾毓瑜撰，陝甘靖寇記中；征西紀略：卷2，朱漢民，丁平一，湘軍：第8冊，658。

〔註578〕〔美〕W·L貝爾斯著，王紀卿譯，左宗棠傳，南京，江蘇文藝出版社，2011：85。

開國及康雍乾道嘉歷代用兵實錄,如《聖武記》《開國龍興記》《康熙勘定三藩記》《國朝綏服蒙古記》《康熙親征準格爾記》《雍正西征厄魯特記》《乾隆蕩平準部記》《乾隆勘定回疆記》《國朝綏服西藏記》及《康熙乾隆俄羅斯盟聘記》《國初征撫朝鮮記》《乾隆征緬甸記》《雍正西南夷改流記》《乾隆初定金川土司記》《乾隆甘肅再征叛回記》《乾隆湖貴征苗記》《道光湖粵平猺記》《國初東南靖海記》《康熙勘定臺灣記》《嘉慶東南靖海記》《嘉慶川湖陝靖寇記》等;〔註 579〕三是與軍事相關的史地輿圖專著等。如顧炎武《天下郡國利病書》及大量歷史地理圖籍等。胡林翼曾主持繪製《大清一統輿圖》,為中國當時較完整的全國地圖。從所列書目來看,以近人所著為主,以實務戰例為主。

除羅澤南外,湘軍人物理論著作不多,文翰多為奏章、批示、公函等應用型文件和家書,但這並不妨礙對其軍事思想總結者身份的確定。因為,在這大量的史料文獻中,蘊含了豐富的軍事文化思想。值得注意的是,在湘軍人物為數不多的著述中,如胡林翼之《讀史兵略》、劉連捷之《臨陣心法》、吳士邁八十二卷的《名將傳》,王鑫所著《練勇芻言》《陣法新編》《練勇臆說》及後人編輯的《曾胡治兵語錄》等與軍事密切相關者佔據了較高比重。湘軍人物軍事思想最突出的特點,就是運用理學思想指導,立足實戰,兼採百家,將軍事問題與歷史情境、當前境遇相結合,集中體現了湖湘理學崇禮重德、協和上下,旨意精微和以史證事的重要特徵。湘軍集中批判了傳統兵家誇蔓玄虛、不切實用的不良傾向,極力推崇有哲學思辨思想的《孫子》和儒學思想背景的《練兵實紀》,成為中國古典兵學的總結者。

(二)將儒戰思想推向了高峰

「明代以前,儒學向兵學滲透的現象主要表現在戰爭觀層面上,至明代受文臣掌兵體制制約和實學思潮影響,兵儒關係同前代相比較發生很大第變化。體現出深層次的兵儒結合、寓儒於兵等重要特色。」〔註 580〕起自於先秦荀子的儒兵思想,侵假而至晚清,值湘軍興起,達到了其歷史的頂點。儒學對兵學的指導和支配,不僅在常見的戰爭觀思想層面,而且深入到了戰略、治軍、作戰及軍政關係等各個層面,將「兵儒合一」推向了傳統兵學的頂峰。

〔註 579〕王鑫,王壯武公遺集:日記:咸豐丙辰日記:上,朱漢民,丁平一,湘軍:第 7 冊,7～10。

〔註 580〕趙海軍,孫子學通論,北京:國防大學出版社,2000:96～97。

1. 湘軍儒戰思想具有總結性

湘軍立軍的根基在於文化，建軍之初，就自覺地把儒學注入靈魂，造就以「忠義血性」為主的軍隊。胡林翼說：「秀才便當以天下為己任，這一腔惻隱之心，越讀書，越忍不住。」〔註581〕曾國藩更是將儒家政治道德原則轉化為軍事組織和管理手段。曾、左、胡等熟知傳統兵法及歷代軍政得失，且更具較強的抽象思維能力，能從軍事、政治、思想、制度等多方面反思軍事問題，並制定正確的治軍之法和戰略戰術，較之歷代兵家，其系統性、綜合性、實用性更強。

2. 湘軍儒戰思想具有原創性

湘軍主要人物對於軍事而言，可以說幾乎是完全在戰爭中自學成材的。曾國藩自陳「於用兵行軍之道，本不素講，而平時訓練，所謂拳經棍法不尚花法者，尤懵然如菽麥之不辨。」〔註582〕他們憑藉著對儒學的信仰，以滿腔血誠投入軍事活動之中，以史為鑒、以戰為師，從失敗中不斷探索，逐漸形成了一套行之有效的治軍之策、戰陣之法。左宗棠曾奏：「臣於軍旅一切，向雖研求其理，未嘗練習其事。近年親履行陣，於軍情、賊勢、地形，刻意講求，頗有所悟。」〔註583〕湘軍注重在實戰中體味用兵之道，集思廣益，反覆堪磨，較之歷代兵家，其對軍事活動的深入程度有過之而無不及。如湘軍以文化立軍的思想、重謀尚智的思想、愛民博濟的思想、克己自固的思想，以靜制動的思想、圍點打援的思想等，既從傳統兵學中總結而出，又具有自身的創造性。

3. 湘軍儒戰思想具有貫通性

湘軍軍事思想既有對歷史儒兵思想的繼承，又自成體系，一以貫之，顯示出特有的延續性和開放性。

在近四十年的軍事活動中，經歷過不停滯的堅持和修正，苦心經營，通過師友相繼、將帥傳承、士卒感奮，在理論上、踐履上達均到了那個時代所能企及的最高境界。它通過一種深入人心的儒學軍系文化，深刻影響到湘軍上下的思想和靈魂微妙之處，一定程度影響和改變了軍隊的氣質作風，求軍事之效而

〔註581〕梅英傑，胡林翼年譜；湘軍人物年譜：第 1 冊，長沙：嶽麓書社，1987：199。
〔註582〕曾國藩，與劉蓉（咸豐二年十月）；曾國藩全集：第 22 冊：書信 1，長沙：嶽麓書社，2013：89。
〔註583〕秦湘業，陳鍾英，平浙紀略，朱漢民，丁平一，湘軍：第 2 冊，北京：社會科學文獻出版社，2013：6。

去武悍之氣。「胡林翼行軍必講《論語》、曾國藩臨戎不廢書史。」〔註584〕曾國藩在軍中「規矩準神，尺寸不失……而始終不脫儒者氣象，使末世風氣不專注於武悍」。〔註585〕「羽檄交馳，不廢吟誦。」〔註586〕左宗棠「身在行間，講學不輟，嘗手書《孝經》《東、西銘》《正氣歌》之類，付手民刊布。素性嗜學，博通經史，旁及與地、掌故，罔不追蹤探賾，得其指歸。凡有設施，援古證今，不泥不悖，……章奏悉由手出，連篇累牘，何啻等身。其所發明，多出人意表。」〔註587〕

（三）具有重要的過渡性意義

晚清學者馬佳評論：「良以數十年來，西國槍炮盛行戰陣之間，舊日成法已難膠執，誠兵事變幻之一大關鍵也。」〔註588〕軍事技術等物資條件的改變，最終將促成軍事思想的深刻轉變。

湘軍所處的時代，是舉國知識界真正開眼看世界的時代，是社會劇烈轉型，風聲鶴唳，英雄輩出的時代。湘軍自最傳統的歷史文化中吸取精華，以應世變之亟，無論內戰外戰，均有赫赫武功，給予了當時高勢位西洋文明一定程度的抗衡，也賦予了民族最基本的自信。

可以說，在軍事發展史上，湘軍所創兵制，所秉承的儒學信條，所維護的社會文化秩序，均有較強的保守性，在軍事思想上整體而論仍屬傳統範疇。然而，湖湘理學的經世之風，理學格物致知的踐履方法等，也使得湘軍因緣時會，引進或創造新的軍事科學技術、新的軍隊組織方式，形成新的軍事理論和思想。左宗棠、曾國藩等「自始治軍時，即欲稍取外國長技用自輔益。」〔註589〕在湘軍所創江南機器總局所屬譯書局中，一批當時國內一流的幕僚學者已經開始翻譯西方近代兵學典籍。據江南機器局翻譯西書分類表，所譯西方兵制類

〔註584〕錢基博，近百年湖南學風（含經學通志），北京：中國人民大學出版社，2004：46。

〔註585〕趙烈文，能靜居日記（同治六年七月十九日），朱漢民，丁平一，湘軍：第7冊，北京：社會科學文獻出版社，2013：171。

〔註586〕清史稿：第4冊：卷405：列傳192，曾國藩，北京：中華書局，1989：3056。

〔註587〕劉錦棠，臚陳已故大臣賢勞事實懇宣付史館折；劉襄勤公奏稿：卷11，朱漢民，丁平一，湘軍：第5冊，48。

〔註588〕陳龍昌輯，馬佳序；中西兵略指掌：卷20。

〔註589〕朱孔彰，左文襄公別傳；中興以來功臣別傳，朱漢民，丁平一，湘軍：第9冊，127。

有 12 種，兵法類有 21 種，這兩類占所有 160 種譯書中的 20.6%。〔註 590〕如 19 世紀 70 年代初，英國傳教士傅蘭雅與曾國藩幕僚華蘅芳合作翻譯了德國人希里哈 1868 年所著《海防新論》，這很可能是輸入中國的首部近代外國軍事理論著作，對同光之際清廷海防理論探索實踐產生了重要影響。梁啟超分析「中國官局舊譯之書，兵學幾居其半。中國素未與西人相接，其相接者兵而已，於是震動於其屢敗之烈，怵然以西人之兵法為可畏，……固其所譯專以兵為主，其間及算學、電學、化學、水學諸門者，則皆將資以製造，以為強兵之用。」〔註 591〕

湘軍所創軍制及其軍事思想具有明顯的過渡性作用，作為一種軍事思想體系，在剛成熟趨向定型之時，即被新的軍事思想所替代，湘軍不自覺地又成為古典兵學的終結者。

值得注意的是，湘軍所創軍事思想雖然未能作為一個完整的體系保留並全面指導新軍建設，但對中國近代軍事改革產生著十分深遠的歷史影響。湘軍人物的事功和修身、治軍之道，仍然為許多後人所景仰、學習。如《曾胡治兵語錄》先後在雲南新軍、黃埔軍校和八路軍中作為軍事教科書使用。湘軍「以文統武」、博濟愛民的傳統和思想建軍的方式，一直影響到今天。

〔註 590〕熊月之，西學東漸與晚清社會，上海：上海人民出版社，1995：500。
〔註 591〕梁啟超，變法通議：論譯書，梁啟超全集：第一冊，北京：北京出版社，1999：46。

第五章　湘軍軍系與理學

　　湘軍自咸豐三年（1853）正式創軍，至光緒二十年（1894）甲午之役後漸次消亡，凡 40 餘年。在這一時期，湘軍形成了自身獨特的軍系和軍系文化。之所以說甲午之後湘軍消亡，主要指咸同湘軍所確立的軍制及其文化的消亡。湘軍史大致可分兩期。早期湘軍是指 1864 年攻克天京前，由團練發展為勇營，由地方軍逐漸取代國防軍，表現為內部軍系的形成和逐漸成熟，戰區主要在湖南、湖北、江西、安徽、浙江、江蘇、廣西、貴州、雲南等地。此時湘軍主要以兩湖為根據地，在內外兩線作戰，軍事謀略是居上（游）而制下（游）。後期湘軍經裁撤後軍力大減，剩餘部隊除水師改長江水師歸於經制軍序列外，其餘成為勇營制度下的防軍。剿滅太平軍殘部後，湘軍在剿撚之戰中擔任輔助軍角色。但隨著湘系軍事人物在政治上的崛起，將湘軍傳統向全國輻射。剿撚之役的主要謀略是「練有定之師，制無定之賊」，淮軍因之以畢其全功。這一時期，盛名之下的霆軍衰落解體，左系湘軍興起，湖湘子弟遠征甘陝、新疆，參與中法之戰、中日戰爭，防禦京畿、閩浙、臺灣。特別是湘軍在國勢陵夷中「隱圖自強」，力破「不勤遠略」的軍事傳統，開啟了湘軍發展的新篇章。

第一節　湘軍軍系文化表徵

一、湘軍共性文化表徵

　　湘軍不同於歷代軍隊，在於其以文化立軍。湘軍軍系文化受到多種社會政

治因素影響，體現著豐富的內涵。湘軍作為一個整體，有著基本相近的招募方式、治軍原則、軍制營制和鮮明的軍系文化。

湖南巡撫毛鴻賓曾奏陳召勇流弊一折曰：「疆場之間勇多於兵。湖南之勇又常居十之七八，各省督撫習聞湖南勇丁得力，紛紛委員前來招募，震其名而昧其實，流弊不可勝言。」因湘軍「章程以擇將為主，將領而下有營官、百長、什長，遞相鈐制，凡勇夫皆取具的保，其姓名、籍貫、戶鄰、團長遂一登注於冊，按籍可稽，經營籌畫實具苦心。至帶勇之多寡又必因其人之材力為等差任之。」〔註1〕毛鴻賓所奏，道出了湘軍本質是制度文化的產物，湘軍的真正戰鬥力來源於其軍制文化，而不是單純以湖南籍論。

湘軍軍系文化表徵集中體現在：

（一）講求忠勇血性

湘軍以書生領兵，以禮治軍，明恥教戰，講求「忠義血性」。「原湘軍創立之初，由二三儒生被服論道，以忠誠為天下倡。生徒子弟，日觀月摩，漸而化之。於是耕氓市井，皆知重廉恥，急王事，以畏難苟活為羞，克敵戰死為榮。」〔註2〕湘軍功業的基礎，來自於這支軍隊的價值觀。曾國藩言：「嗟我湘人，銳師東討。非秘非奇，忠義是寶。」〔註3〕

湘軍「十餘年來，……將士一心，朝募夕發，天戈所指，幾於無役不從。」〔註4〕譚嗣同描述湘軍軍功之熠，人才之盛：「自有湘軍以來，司馬九伐之威，暢於荒裔，踔屬中原，震襲水陸，劍稠西域，戈橫南交，東撻甌粵，北棱遼海。」〔註5〕曾國藩亦自言：「東南數省，莫不有湘軍之旌旗，中外皆歡異焉。……一縣之人，征伐遍於十八行省，近古未嘗有也。……然而前者覆亡，後者繼往，蹈百死而不辭，困厄無所遇而不悔者，何哉？豈迫於王事，逐風塵而不返與？亦由前此死義數君子者為之倡。忠誠所感，氣機鼓動，而不能

〔註1〕清政府鎮壓太平天國檔案史料：咸豐十一年十二月初九寄諭僧格林沁等著各統兵大員督撫選將應就地取才（剿捕檔），朱漢民，丁平一，湘軍：第3冊，北京：社會科學文獻出版社，2013：473。

〔註2〕王定安，湘軍記；湘軍史專刊之二，嶽麓書社，1983：2。

〔註3〕曾國藩，金陵湘軍陸師昭忠祠記；曾文正公全集：詩文·文集卷4，朱漢民，丁平一，湘軍：第3冊，67。

〔註4〕湘鄉縣志：卷8上：選舉志6，朱漢民，丁平一，湘軍：第7冊，北京：社會科學文獻出版社，2013：503。

〔註5〕譚嗣同，忠義家傳；譚嗣同全集，北京：中華書局，1998：40。

自已也。君子之道，莫大乎以忠誠為天下倡。」〔註6〕

「戎馬書生無智略，全屏忠憤格蒼穹。」〔註7〕在湘軍價值體系中，忠勇具有最核心的意義。曾國藩部將唐訓方言：「士君子讀祖父書，幸以科名登仕籍，一旦遭時多故而束手無策，坐視逆焰燎原，生民塗炭，不獲少出所學，為國家宏濟艱難。此不足報朝廷，即何以對祖宗？……凡以先世所眷於後人者，非徒紆青拖紫，博取人間富貴之謂。其謂常則承流宣教化盡其心，變則扶末（危）定傾盡其力，培再實之木，將以綿世澤於無窮也。」〔註8〕湘軍奮發踔厲，皆源於一個共同的價值目標，即捍衛理學所倡導的社會倫理秩序，實現治國平天下的理想。湘軍成功地把這一價值觀念灌輸於各級將弁乃至基層兵勇，在作戰中表現出高度的自覺性和物我兩忘，視死如歸的精神。揆諸史料，嫡系湘軍（不包括綠營歸建及降將）營官以上者，所見尚無戰場叛降之記錄。

湘軍一線將領多為理學信徒而兼具將才軍略，臨陣恒為士卒先。王鑫說：「我嘗說父母生我之日，便是可死之時，……大丈夫得戰死沙場，名傳千古，血食千秋，較之抱妻湧子，大數到來，死得寂寂無聞，其相去奚啻天淵也。」〔註9〕羅澤南等書生初上戰場，即能在城陵磯戰中「大呼衝擊，陣斬偽國宗石姓，奪其黃綾大旗。」〔註10〕塔齊布與李續賓「皆恃勇，每合戰，逼賊，席地坐，槍彈如雨，不顧，忽躍起突陣，橫屬無前，習以為常。」〔註11〕湘軍名將鮑超常身先士卒，「前後十有餘年，大小數百餘戰，攻城破壘，陷陣衝鋒，受巨創者十餘，突重圍者數次，裂腦折肱，縮筋損骨，鱗傷遍體，痛楚纏心。雖節次醫痊，而時愈時發，左手成廢，騎則猶能執。」〔註12〕

即湘軍偏師中亦不乏忠勇之將。苗民義軍首領張秀眉與湘軍接仗後，語群

〔註 6〕曾國藩，湘鄉昭忠祠記；唐浩明編，曾國藩詩文集，長沙：嶽麓書社，2015：173。

〔註 7〕俞越署檢，彭玉麟著，創立水軍為肅清長江收復金陵計；彭剛直公詩稿：詩集：卷2，朱漢民，丁平一，湘軍：第3冊，186。

〔註 8〕唐訓方，告祖文；唐中丞遺集：文集：卷下，朱漢民，丁平一，湘軍：第3冊，212。

〔註 9〕王鑫，練勇芻言，朱漢民，丁平一，湘軍：第2冊，288。

〔註10〕清政府鎮壓太平天國檔案史料：咸豐四年閏七月十三日：諭內閣著將克服岳州之羅澤南等獎賞並陣亡之都司褚殿元優恤，朱漢民，丁平一，湘軍：第3冊，383。

〔註11〕清史稿第4冊：李續賓；卷480：列傳195，北京：中華書局，1989：3066。

〔註12〕陳昌，霆軍紀略，朱漢民，丁平一，湘軍：第1冊，474。

苗曰：「苗疆危矣，往日官軍敗則走，今深入尋戰，此癡軍也」。〔註13〕同治八年，湘軍在貴州黃飄中伏，傷亡慘重。席寶田部年僅二十七歲的將領榮維善已越過敵前，立即回援。得知後路將領黃潤昌、鄧子垣力戰而死，「榮維善慟哭，袒衣奮長刀回馬，……向東面圍賊深處奮擊」。「在賊中轉鬥二十餘里，遇寨即焚，連破七八處，……子藥悉罄，刀矛俱折，……復振臂一呼，傷痍皆起。」〔註14〕所帶二百餘勇，僅逸出勇丁一人。

湘軍基層弁勇苦戰而亡，甚至身名未留者亦不知凡幾。王定安回憶，攻安慶時，「一營官戰甚力，所部死傷甚眾，……此營官方歸就食，金創遍體，部卒已亡其半，忿怒大言：『不破此壘，誓不生還。』云云。比暮，壘拔，又往視之，則其人已陣亡，殘卒亦幾盡矣。」咸豐辛酉（1861）四月十九日，太平軍自湯溪撲金華，有楚勇五百出守大橋。「見一勇方據地蓐食，一勇荷戈至，謂之曰：『賊勢甚盛，我與若去乎？』其人大怒，目光如炬，擲其碗，起曰：『吃伊口糧，此時可言走乎？若與我往殺賊耳！』即持一槍疾馳而去。」後金華失守，「此人計必死矣，然其姓名並不能知也。」〔註15〕

曾國荃後來總結說，僅漣湘一地「竊計三十年之間，湘人出而為士卒，歷東西南朔，更番迭代勤勞王事者，為數不下二十餘萬人。兄戰死於前，弟鬥傷於後，在外則流為無定河邊之骨，在裏則時聞老父慈母及垂髫孤寡哭泣之聲，幾於比屋皆是。大約捐軀疆場及積勞病歿軍次者，不止六七萬人，……其而終不悔親上死長之初心。」〔註16〕

（二）風氣質樸沉毅

曾國藩言：「楚軍水、陸師之好處，全在無官氣而有血性。若官氣增一分，血性必減一分。」〔註17〕曾國藩後比較湘軍與直隸練軍時言，湘軍「勇丁帕首短衣，樸誠耐苦，但講實際，不事虛文。……挖壕築壘，刻日告成，運米搬柴，崇朝而集事。」而兵與練軍「則編籍入伍，伺應差使，講求禮儀，

〔註13〕王闓運，湘軍志：援貴州篇第十二，長沙：嶽麓書社，1983：127。

〔註14〕劉崐，援軍克復克復施秉進平各寨遇伏失利折（同治八年）；劉中丞奏稿：卷5，朱漢民，丁平一，湘軍：第4冊，北京：社會科學文獻出版社，2013：393～394。

〔註15〕陳其元，庸閒齋筆記：卷10，朱漢民，丁平一，湘軍：第8冊，521。

〔註16〕曾國荃，湘鄉試館記；曾忠襄公文集：文集卷下，朱漢民，丁平一，湘軍：第3冊，204。

〔註17〕曾胡治兵白話句解，濟南，山東書局（改訂版），民國二十一年（1932）：58～59。

即有一種在官人役氣象。……而前此所定練軍規條，至一百五十餘條之多，雖士大夫不能驟通而全記，文法太煩，官氣太重。」〔註18〕王闓運也說：「時湘軍樸魯，凡京朝官從軍者，皆帕首腰刀，習勞苦，無敢鮮衣美食。」〔註19〕

為保持湘軍勤樸勞作之氣，曾國藩常督令士卒閑暇之時用營中空地種菜養豬，還親自督課叮囑。「祁營種菜茂盛否？喂豬肥大否？有青菜，有豬油，糧臺有米可領，則此外花錢無多矣，不可視屯圃為緩圖也。至囑！」〔註20〕左宗棠遠征新疆，「自涼州以西至玉門關，井灶相望，而楊柳夾道，延數千里，綠陰沉沉。蓋所部楚軍。向募農家，不收遊惰，而偏裨亦多來自田間，故以其所習課其所能，不煩教督而自勸也。」〔註21〕光緒年間，湘軍駐直隸，「先則合修涿郡永濟橋堤工，繼復分赴永定河上下游修建渠壩，挑挖河道。……踴躍趨公，歷時年餘之久。雖值嚴寒酷暑，猶復胼胝經營，不稍休息。」〔註22〕依舊保持了習於勞苦的傳統。

（三）以愛民博濟為懷

湘軍將弁多出身農家，對農人有樸素的情感。這種愛民情懷既有軍紀的嚴格約束，又有思想教育後發自內心的價值認同。

曾國藩曰：「用兵既久，民間厭苦，吾輩宜格外體恤。凡兵勇與百姓交涉者，總宜伸民氣而抑兵勇，所以感召天和者在此，即所以要獲名譽者亦在此。」〔註23〕唐訓方在軍中「全活難民以數萬計，……為設校士館以招士，立屯墾田局以招農，裁釐稅卡以招商，其老弱婦孺力難自食者施膳粥，而又鋤強扶弱，使各聊生。」〔註24〕劉典軍收復蘭溪、浦江，所得太平軍積糧「不准勇丁據為己有，概行賑濟殘黎，救活甚眾。」〔註25〕

〔註18〕曾國藩，遵旨籌議直隸練軍事宜折（同治八年五月二十一日）；曾國藩全集：第 10 冊：奏稿 10，長沙：嶽麓書社，2013：437。

〔註19〕王闓運，湘軍志：江西篇第四，長沙：嶽麓書社，1983：50。

〔註20〕曾國藩，批易大令潤壇稟報近日進剿機宜由（咸豐十一年六月十五日），王澧華評點曾國藩批牘，長沙：嶽麓書社，2014：47。

〔註21〕朱東安，曾國藩集團與晚清政局，北京：華文出版社，2007：159。

〔註22〕光緒朝東華錄：光緒八年，朱漢民，丁平一，湘軍：第 5 冊，501。

〔註23〕王定安，求闕齋弟子記：卷 23，9，沈雲龍主編，近代中國史料叢刊第 6 輯；臺北：文海出版社，1780。

〔註24〕唐訓方，告祖文；唐中丞遺集：文集卷下，朱漢民，丁平一，湘軍：第 3 冊，北京：社會科學文獻出版社，2013：212。

〔註25〕劉典，從戎紀實，朱漢民，丁平一，湘軍：第 1 冊，593。

時人記，有民人赴羅澤南營「訴牛為他營兵盜去」，主帥命勇丁往索，至發生械鬥，終以牛歸，並請一秀才代為轉給原主。〔註26〕王鑫所部在行軍途中，「沿途多蘿蔔，勇夫欲買食之而無主，余命其擲錢土中，量取之。」〔註27〕咸豐三年（1853），王鑫一部在桂陽縣田壚莊駐紮，當地一黃性士紳出自家米肉犒軍，士卒因未得令不肯食，至次日主將趕到，才下令進食。王鑫部一次修建工事「開壕處古冢太多，乃請鈴叔往堪，迂繞數丈地，只移冢數處」。兵勇中並有焚香化紙錢者，令王鑫深感『諸勇居心之厚如此，余心亦稍安焉。』」〔註28〕

（四）堅忍耐戰

再好的軍事部署和謀略，亦必恃能戰之軍。湘軍無論勝敗，皆持以「堅忍」，前仆後繼，旋敗旋起，旋潰旋聚，較之他軍能忍人所不能忍，能承受極限傷亡。曾國藩評價說：「楚勇強半曾歷戎行，其百長皆百戰之餘，精悍而明練，甚可倚恃。」〔註29〕湘軍戰績之著，以至於當局一再降低殺敵賞格：「當洪、楊初起時，……督師著令有能殺賊獻一元者賞白金五十兩，生擒一名者百兩，楚軍得之者甚多。後遞減至數金，及是僅與銅錢八百枚而已。」〔註30〕

早期太平軍軍氣甚銳，東下金陵時，一路上「千船健將，兩岸雄兵，鞭敲金鐙響，沿路凱歌聲。」〔註31〕「舟船萬餘艘，戈鋌照耀，帆檣如雲，順大江而下，貨財、子女、輜重置舟中，精壯賊分兩岸。夾江蘆莽為枯，匪馬踏成坑塹。」〔註32〕

湘軍早期與太平軍戰於田家鎮、半壁山，強攻突破長江封鎖線。「每傷一

〔註26〕（清）佚名，清代之竹頭木屑；陳澤琿，長沙野史集鈔：上部古人筆記，長沙：嶽麓書社，2011：157。

〔註27〕王鑫，王壯武公遺集：日記（咸豐丙辰·正月十三日），朱漢民，丁平一，湘軍：第7冊，3。

〔註28〕王鑫，王壯武公遺集：日記（咸豐丙辰·四月二十八日），朱漢民，丁平一，湘軍：第7冊，49。

〔註29〕曾國藩，與張石卿制軍；曾文正公全集：書札：卷2，朱漢民，丁平一，湘軍：第6冊，10。

〔註30〕劉長佑等纂，新寧縣志：卷26：李明惠傳，朱漢民，丁平一，湘軍：第9冊，675。

〔註31〕李汝昭，鏡山野史；中國近代史資料叢刊：太平天國：第3冊，上海：上海人民出版社，1957：5。

〔註32〕湖北通志：卷71：武備志9：兵事5：粵匪，朱漢民，丁平一，湘軍：第7冊，620。

人，則拖入船艙，進擊如故，又傷則又入艙，又進如故，終無一人退縮者，將其鐵鎖筷纜立時斫斷。」而太平軍方面，「簰已燃燒過半，而未燒之一面賊仍開炮不絕。尤可異者，望樓之賊屹立不動，直待全簰火滿，望樓傾倒，始自投烈焰，或投身緣簰底良久旋波以出，其狠忍如此！」〔註33〕此役，曾國藩自言：「我自行軍以來，攻克不下數十城，從未有殲賊如此次之多，喪師如此次之慘。」言畢，放聲大哭。〔註34〕

在相持戰中，湘軍陣地與太平軍犬牙交錯，每以堅忍勝。如屈蟠軍「與賊共一塹，語笑聲相聞，槍彈穿幄如敝網，軍士不能炊，……相持三十八晝夜，賊不支，退屯二里許。」〔註35〕後太平軍見湘軍野戰鋒不可當，遂改變戰略專以守為長策，「圖憑堅城用大砲以老我師而挫其銳。」駱秉章「披閱每次呈賚傷亡清冊，皆係中賊槍砲所致，而刀矛傷者百無一二，為之惻然。」〔註36〕湘軍克九江，圍城一年餘，「城破，數萬賊尤巷戰於烈風雷雨之中」，「屍擁長江水不流」。〔註37〕曾國藩也承認太平軍戰守得法，堅忍不屈：「李開芳守馮官屯、林啟容守九江、葉芸來守安慶，皆堅忍不屈。」〔註38〕

湘軍攻天京，圍城兩年，迭經惡戰，又逢瘟疫，戰士死傷枕藉。水師僅攻克南京外圍九洑州據點就「經六晝夜，陣亡營官三員、哨官若干員，傷亡弁勇至二千餘人之多。」〔註39〕陸師不僅要抵抗李秀成援軍攻擊，「無日不以開花大炮子打壘內，洋槍隊多至二萬扞。所以此次損我精銳不少，傷我士卒不少。……」〔註40〕且「疾疫大行，兄病而弟染，朝笑而夕僵，十幕而五不常爨；一夫暴斃，數人送葬，比其反而半殣於途。」戰後「國藩至自安慶，

〔註33〕李成謀，丁義方，石鐘山志：卷10：武功：國朝紀實，朱漢民，丁平一，湘軍：第7冊，669。

〔註34〕朱洪章，從戎紀略，朱漢民，丁平一，湘軍：第1冊，北京：社會科學文獻出版社，2013：618。

〔註35〕李元度，布政使銜選用道屈君別傳；天岳山館文鈔：卷7，朱漢民，丁平一，湘軍：第9冊，649。

〔註36〕駱秉章，援江官軍克復袁州分宜郡縣兩城折（咸豐六年十一月十三日）；駱文忠奏稿：卷5，朱漢民，丁平一，湘軍：第4冊，90。

〔註37〕俞越署檢，彭玉麟著，彭剛直公詩稿：詩集卷2：攻克九江屠城，朱漢民，丁平一，湘軍：第3冊，191。

〔註38〕李成謀，丁義方，石鐘山志：卷10：武功：國朝紀實，朱漢民，丁平一，湘軍：第7冊，684。

〔註39〕曾國荃，與官中堂；曾忠襄公遺集：書札：卷7，朱漢民，丁平一，湘軍：第6冊，212。

〔註40〕八賢手記：曾國荃覆郭崑燾（一），朱漢民，丁平一，湘軍：第6冊，262。

犒勞士卒，見吾弟曾國荃面顏焦萃，諸將枯脊，神色非人。……每破一壘，將士須臾殞命，率常數百人，回首有餘慟焉。」戰畢統計，僅陸軍「取有冊可稽者，造神主一萬一千六百三十有奇。」〔註41〕

湘軍因籌餉困難及後勤保障不足，常處於「以饑軍御強寇，如履春冰臨白日」〔註42〕的危戰局面。「霆軍自咸豐十年六月改隸曾文正公部下，陸續欠餉至百數十萬。」〔註43〕咸豐末年，在廣西的劉長佑部更「欠餉已逾一年，……萬餘人待哺嗷嗷，形同餓殍」。〔註44〕同治三年三月，曾國藩直轄湘軍更「欠餉十六七個月不等」〔註45〕「從戎已三年，絕無三日之餘糧，足以從吾所志。……本年又欠至數十萬，軍心尚堅，軍政尚有律，然心彌苦矣。」〔註46〕湘軍因早期無籌餉抽糧之權，常受制於地方官，如畢金科部「歲暮，士有饑色，有司責金科能破景德鎮，軍食可圖也。」金科被迫以正月二日出師攻景德鎮，中伏慘死，年僅二十五。〔註47〕

在西北在與機動性極強的撚軍作戰時，劉蓉部「每食洋芋、包穀，或竟日不得一飽，士有饑疲之色，日聞嗟歎之聲。」〔註48〕楊岳斌部奉調援陝，因物價昂貴，得餉無多，「久將衣被典賣罄盡，周身藍褸，形同乞丐，苦不堪言。……竟至掘草根、剝樹皮，以期苟延殘喘。每遇進戰，必須籌措十數日，始能裹帶一二日之糧。即或戰勝，而手足疲軟，荷戈無力，步行難前，仍坐困而不能追賊。」〔註49〕

即使是在艱難危局中，湘軍仍能鼓勇而戰。左宗棠軍在浙江，「時已缺餉七八月，即病弱稍能起者，俱不忍言去，士氣若此，識者知賊不足平矣。」

〔註41〕曾國藩，金陵湘軍陸師昭忠祠記；曾文正公全集：詩文：文集：卷4，朱漢民，丁平一，湘軍：第3冊，67。

〔註42〕吳慶坻，蕉廊脞錄：卷2，朱漢民，丁平一，湘軍：第8冊，868。

〔註43〕陳昌，霆軍紀略，朱漢民，丁平一，湘軍：第1冊，465。

〔註44〕劉長佑，覆曾沅浦（咸豐十一年）；劉長佑集：第2冊，長沙：嶽麓書社，2011：1000。

〔註45〕曾國藩，江西牙釐請照舊經收折；曾文正公全集：奏稿卷30。

〔註46〕吳慶坻，蕉廊脞錄：卷2，朱漢民，丁平一，湘軍：第8冊，867。

〔註47〕王定安，求闕齋弟子記：卷5：平寇2，朱漢民，丁平一，湘軍：第9冊，42。

〔註48〕劉蓉，秦漢郡失陷籌剿辦情形疏（同治二年九月十七日）；劉中丞奏議：卷1，朱漢民，丁平一，湘軍：第5冊，北京：社會科學文獻出版社，2013：152。

〔註49〕楊岳斌，瀝陳才力病勢並營餉賊情折；楊勇愨公遺集：卷10，朱漢民，丁平一，湘軍：第4冊，617。

〔註 50〕陝西湘軍「往往忍饑殺賊，屢挫賊鋒。約計大小數十戰，迭獲捷勝，並數擒首逆，連踹賊營。……每每懸釜無炊，猶復荷戈出戰。」〔註 51〕收復新疆的瑪納斯城之戰，「諸將肉搏以升，顛而復上者數次，卒不得入。游擊胡耀群，營官張大發、杜生萬、司世道、邵芝、楊占魁均死城下。九月戊午，……韓刑臏中砲死。己巳，提督楊必耀中槍殞，孔才拔幟繼進，亦中彈墜馬，官軍死者九百餘人。」〔註 52〕

（五）果決擔當

當太平軍銳氣方張，橫掃江南之時，湘軍挺身而出，力撼強敵，經反覆拉鋸戰，不僅在兩湖站穩了腳跟，而且將戰區擴大到周邊各省。左宗棠言「頻年以來，江西事棘，諸侯咫尺不相救，獨吾楚出死力持之，……」〔註 53〕曾經巡撫湖南的張亮基調任山東巡撫後回憶說：「吾在兩湖，得君二人（指左宗棠、郭崑燾）為助，以有成功多，山東求一人不得，是以無成。」〔註 54〕

為維護兩湖穩定，湘軍主動出擊，除進援江西、安徽外，更派兵援助兩廣、雲南、貴州、四川、陝西等地。綠營全線崩潰後，湘軍更是撐起了江南半壁江山。所以說「國家不可一日無湖南」。〔註 55〕當時湖南「以一省而兼及五省之寇。一省兵勇既供四省調發，又需防五省之賊」，〔註 56〕確為東南支柱。同治初湘軍北援甘陝，「特為顧全大局，非其力果豐饒。」〔註 57〕湘軍從咸豐四年（1854）東征開始，前十年主要是擊敗太平天國，後期二十多年，戰爭輻射四方，遍及十八行省和邊疆地區。主要戰役結束後，朝廷將湘軍水師改為長江經制水師，對湘淮軍也保留一部分，改稱防軍，擔負起國防軍的重任。

〔註 50〕秦湘業，陳鍾英，平浙紀略，朱漢民，丁平一，湘軍：第 2 冊，21。
〔註 51〕楊岳斌，南字各營疊勝並涼郡解嚴折；楊勇愨公遺集：卷 9，朱漢民，丁平一，湘軍：第 4 冊，611。
〔註 52〕袁大化修，王樹枬等纂，新疆圖志：卷 116：兵事 2，朱漢民，丁平一，湘軍：第 7 冊，799。
〔註 53〕左宗棠，與彭雪琴；左文襄公全集：書牘：卷 4，朱漢民，丁平一，湘軍：第 6 冊，88。
〔註 54〕郭嵩燾，樗叟家傳；養知書屋文集：卷 18，朱漢民，丁平一，湘軍：第 10 冊，128。
〔註 55〕朱克敬，暝庵雜識：卷 2，朱漢民，丁平一，湘軍：第 8 冊，556。
〔註 56〕羅正鈞，左宗棠年譜：卷 5，長沙：嶽麓書社，1982：45。
〔註 57〕劉蓉，致駱籥門宮保書；養晦堂文集：卷 7，朱漢民，丁平一，湘軍：第 6 冊，441。

　　湘軍不僅在眾多團練武裝中脫穎而出，且遠勝朝廷正規軍。其根本原因，在於湘軍上下普遍有著「澄清天下」的志向，以天下為己任，在危難關頭敢於不計後果，不瞻成敗。曾國藩言：「兵凶戰危，一經帶勇，則畏縮趨避之念決不可存。」〔註58〕曾國藩一生困厄，最甚者在靖港喪師、湖口戰敗、南昌被圍、祁門困守，甚至每次都做好了自殺準備，但都憑藉「我不知戰，但知無走」的信念堅持下來。曾氏將人生中的一切磨難，均視為德業修煉的必由之路：「古人患難猶虞之時，正是德業長進之時。」〔註59〕

　　胡林翼初撫湖北，正值「武昌三次淪陷，公私掃地赤立，無可措手。其時水陸萬人，多新募，賊至常數萬，見者奪氣。公從容談笑，雖挫而其氣彌屬。……為書告鄰省求助，情詞深痛，人感其誠，稍資濟之，旋發私家之谷濟軍食。」〔註60〕加之駱秉章、曾國藩源源不斷地派遣湘軍援鄂，才一步步站穩了腳跟。胡氏「生平以天下為己任。……武昌始復，即規取九江，九江復，即規安慶，越境千里討賊，制其死命。督撫之以全力援剿鄰省，自湖北始也。」〔註61〕胡林翼常年在外省領軍作戰，以致湖廣總督官文致信指責其不顧湖北安危，「公為皖計，獨不為鄂計耶？」〔註62〕

　　咸豐初，太平軍北上之後，廣西仍未安靖。「土寇蜂起，省城戒嚴，告急於湖南。」湖南宿將盡出征，巡撫駱秉章選派赴援之將而顧左右無人，惟蔣益澧慨然請行。〔註63〕當時廣西局勢十分複雜，因濫行詔安，省城內「守將皆盜魁，人人寒心。公至，乘湘軍威，悉案誅桀黠者，易置守軍，然後巡撫以下坦然安枕。」〔註64〕體現出湘軍偏師將領果決善斷的能力和擔當。

　　左宗棠作為後起的湘軍核心領袖，堅信「天下無不辦之事，無不可為之時，朔雪炎風，何容措意。」〔註65〕復言：「吾湘二十年以來，內固封守，外

〔註58〕常萬里點評曾國藩兵法，長沙：湖南人民出版社，2014：216。
〔註59〕梁啟超輯，唐浩明點評，曾國藩嘉言鈔，長沙：嶽麓書社，2007：58。
〔註60〕李元度，胡文正公事略；國朝先正事略，朱漢民，丁平一，湘軍：第9冊，北京：社會科學文獻出版社，2013：130。
〔註61〕李元度，胡文正公事略；國朝先正事略，朱漢民，丁平一，湘軍：第9冊，北京：社會科學文獻出版社，2013：134。
〔註62〕歐陽昱，見聞瑣錄：前集卷1：闇有國，朱漢民，丁平一，湘軍：第8冊，702。
〔註63〕朱孔彰，蔣果敏公別傳；咸豐以來功臣別傳，朱漢民，丁平一，湘軍：第9冊，457。
〔註64〕朱孔彰，蔣果敏公別傳；咸豐以來功臣別傳，朱漢民，丁平一，湘軍：第9冊，458。
〔註65〕左宗棠，與兩江總督劉峴莊制軍；左宗棠全集：書牘15，長沙：嶽麓書社，1987：22。

從王事，所歷多危險阻絕之境。他人咋舌斂手不敢引為己任者，吾湘毅然一身當之。」〔註66〕左宗棠自覺以繼承湘軍精神自勵：「吾軍在楚人中最晚出，最講營規，數年後當與王壯武部齊觀。……四方多難，吾湘人士獨出其志節當之，此勁未可松也。」〔註67〕

相對於湘軍而言，其他督撫大臣在大難來臨之時，則巧於應對，多方趨避。如徐廣縉受命赴湖南代賽尚阿統軍，聞長沙危，遂「逗留不進。逮至長沙將次圍解，始抵湘陰。……逆賊順流而下，窺伺武昌，猶籍剿辦巴陵土匪為名，擁兵自衛，坐視省會之危急而不救。」〔註68〕導致時任湖南巡撫駱秉章憤怒參奏，且請咸豐帝奪情啟用曾國藩代徐廣縉統軍。欽差大臣陸建瀛「所帶兵勇不為不厚，乃怯懦不前，一聞前軍失利，即以退保為詞。不思統兵大員首先退縮，則沿江大小官員民心士氣自必同時瓦解。」〔註69〕湖口之戰後，湖廣總督楊霈「擁重兵駐黃梅，聞賊至，即率兵連夜退走，任賊長驅，武漢復失。」〔註70〕

二、湘軍諸部軍系文化表徵

湘軍因兵由將招，內部形成了不同軍系。主要有三大支，一是曾國藩率領的湘軍，主要由湖南、湖北供餉，二是胡林翼所領湖北湘軍，由湖北供餉，三是駱秉章、左宗棠管理的湖南防軍及援西南各省軍，由湖南供餉，其他各省協餉。湘軍各部之間，往往你中有我、我中有你，各軍系之間也往往因地域之別、歷史淵源、統帥性情差異，形成不同的軍系文化。湘軍作為非經制軍，有強烈的私屬性，慣例以統將的姓、號、爵位為其軍名，如曾國藩的曾軍、鮑超「霆軍」、李續賓的「迪軍」、左宗棠的「恪靖軍」、周達武的「武軍」；管理方式上也往往有別，就營制而論，王鑫湘軍有營有旗，320人為一旗（一說為360人），曾國藩的曾軍以500人為一營，李續賓迪軍700人為

〔註66〕錢基博，近百年湖南學風（含經學通志），北京：中國人民大學出版社，2004：45。
〔註67〕八賢手記：左宗棠致郭崑燾（二），朱漢民，丁平一，湘軍：第6冊，258。
〔註68〕清政府鎮壓太平天國檔案史料：咸豐二年：馮譽驥奏陳軍務孔亟請將徐廣縉向榮拿問治罪特命曾國藩統理軍務折（十二月二十四日原折）》，朱漢民，丁平一，湘軍：第5冊，307。
〔註69〕清政府鎮壓太平天國檔案史料：咸豐三年：黃彭年奏陳敵眾東竄急宜選才裏辦以全大局折（正月二十二日原折），朱漢民，丁平一，湘軍：第5冊，309。
〔註70〕俞越署檢，彭玉麟著，次麻竹師孝廉見贈原韻即以書感；彭剛直公詩稿：詩集卷2，朱漢民，丁平一，湘軍：第3冊，188～189。

一營，鮑超霆軍以 1000 人為一營。在徵調關係上，湘軍強調只對直接上級負責，別部抽調某軍，只能函商其統領同意，甚至軍區大帥也不能隨意直接越級指揮下層軍隊。特別是在軍隊文化的具體表徵上，各軍也不盡相同。

胡林翼注意到將領氣質與軍隊風貌的關係：「觀其將，知其兵，觀其兵，亦知其將。」〔註71〕王闓運言：「昔曾滌公治軍，愀然如秋，有愁苦之容，胡文忠軍熙熙如春，上下歡欣而少禮紀。兩軍皆興盛有功。」〔註72〕體現在戰法上，有以奔襲耐勞、堅忍不拔為能的老湘營，有以紮硬寨、打死仗為本的曾軍，也有看上去自由放任而實則形散神不散，擅長野戰攻堅的霆軍。

（一）江忠源系湘軍

江忠源所部號「楚勇」，是以新寧團練為基礎整訓的一支軍隊。李元度言：「楚軍中，新寧勇最先出」〔註73〕楚勇成軍之初，首次出省圍剿太平軍，即以敢戰聞名。在廣西戰場上，「楚勇初至，敝衣槁項，諸軍皆竊笑。」〔註74〕人以為弱。然而就是這樣一支裝備簡陋如乞丐般的軍隊，在廣西、湖南戰場竟取得驚人戰績，對太平軍兩蹶名王，致南王馮雲山、西王肖朝貴先後戰死，表現出湘軍初期強悍敢戰的風格。後因江忠源戰死廬州，該軍軍勢稍不如從前。

該軍後起如劉長佑、劉坤一、江忠義等，亦能彪炳一時，位列督撫。「繼忠義者曰雲南按察使席寶田，又別起一軍，肅清貴東，今湖南留防各營提督龔繼昌、蘇元春，猶習軍之遺也。」〔註75〕時人評席寶田軍「有江岷樵、劉印渠之風，於湘霆之外，另有家數。」〔註76〕其後期主要戰場在貴州、廣東等地，地處偏僻，然艱難萬狀，對湘軍主戰場起到強大的配合作用。

江忠源系湘軍軍紀較嚴，耐苦敢死，戰術上擅長奔襲及山地雕剿。郭崑燾評價「楚勇耐苦戰而有天良，實遠勝他處。」〔註77〕楚軍在湘軍系統中傷

〔註71〕李元度，胡文正公事略：國朝先正事略，朱漢民，丁平一，湘軍：第9冊，北京：社會科學文獻出版社，2013：149。
〔註72〕王闓運，湘綺樓日記：光緒七年：辛巳，二月十九日，朱漢民，丁平一，湘軍：第7冊，292。
〔註73〕李元度，贈知府童君別傳；天岳山館文鈔：卷7，朱漢民，丁平一，湘軍：第10冊，71。
〔註74〕黃鈞宰，金壺七墨：金壺浪墨卷7：打虎將，朱漢民，丁平一，湘軍：第8冊，511。
〔註75〕湘陰縣圖志：卷12：選舉表下，朱漢民，丁平一，湘軍：第7冊，591。
〔註76〕常萬里點評曾國藩兵法，長沙：湖南人民出版社，2014：203。
〔註77〕郭崑燾，覆江幼陶觀察；雲臥山莊尺牘：卷3，朱漢民，丁平一，湘軍：第6冊，681。

亡較重，然從未有嘩潰記錄：「吾楚自江忠烈公以後，將才蔚起，其捐命疆場者奚啻千百。」〔註78〕「楚軍自九年來粵，死於鋒鏑，死於瘴癘者，今已過半，而其存者欠餉至四百餘日，衣食不給，醫藥無資，窮苦萬狀，不忍聞見。然猶復跋涉長途，觸冒鋒刃，不即嘩潰，不敢騷擾，是亦可以告無罪於地方矣。」〔註79〕

（二）曾系湘軍

曾系湘軍為曾國藩直屬，是在湘鄉勇基礎上組建的軍隊。其早期陸軍有兩大枝：塔齊布、羅澤南；水軍亦有兩大枝：楊載福（後改名楊岳斌）、彭玉麟。曾系湘軍尤恃水師為重，戰時水陸相依，後又立淮陽水師，以長江提督黃翼升領之，立太湖水師，以江南提督李朝斌領之。塔齊布既卒，所部先由由普承堯、彭三元分領。羅澤南戰歿，接統者為李續賓、李續宜。羅澤南及水師一系後歸屬湖北巡撫胡林翼指揮，又屬胡系湘軍。此外，安徽巡撫唐訓方訓字營、雲南按察司李元度平江營，亦隸湘軍。而按察司蕭啟江、道員黃淳熙入四川，陝西巡撫劉蓉入四川、陝西，雲貴總督劉昭岳入雲南，提督譚仁芳領湖北全軍，則皆由湘軍因緣而起者。

曾系湘軍早期以能戰著，塔齊布、羅澤南所部在水師配合下取得自軍興以來官軍第一次收復省會城市的殊功，並水陸聯合作戰，敗太平軍燕王秦日剛於田家鎮，為扭轉清軍戰場頹勢起到關鍵作用。羅澤南再次進攻武昌，連月大小數十戰，肉薄城下，傷亡枕藉。湘軍水陸師之制：固壘深溝，取捷短衣，首重質樸，尤其水師在楊、彭率領下，以「戰死是榮，巧避為恥」。〔註80〕塔、羅歿後，繼起者唯李續賓一支，「治軍一守羅澤南之法」。〔註81〕繼續保持了強悍的戰鬥力。曾國藩評價李續賓曰：「湘軍之興，威震海內。創之者羅忠節公澤南，大之者公也。」〔註82〕自李續賓戰死三河，湘軍陸師開始衰落。胡林翼敏銳地感覺到李續賓原帶諸部多講邊幅，「憂其後起難繼」。果然自續

〔註78〕劉長佑，覆趙玉班觀察（咸豐十年），覆蘇虞階（咸豐十一年）；劉武慎公全集：卷26：尺牘上，朱漢民，丁平一，湘軍：第6冊，373。
〔註79〕劉長佑，覆趙玉班觀察（咸豐十年），覆蘇虞階（咸豐十一年）；劉武慎公全集：卷26：尺牘上，朱漢民，丁平一，湘軍：第6冊，375。
〔註80〕王定安，湘軍記自敘；湘軍史專刊之二，長沙：嶽麓書社，1983：1。
〔註81〕趙爾巽，清史稿：卷408：列傳195：李續賓，北京：中華書局，1989：3071。
〔註82〕曾國藩，李忠武功神道碑銘；唐浩明編，曾國藩詩文集，長沙：嶽麓書社，2015：340。

賓卒後,「所部分駐皖北,漫無統紀,……蓋自勇毅之卒,而湘軍精銳竭矣。」〔註83〕自「安慶克復,四散不振。」〔註84〕曾國荃吉字營再起而盛,為湘軍中期最大軍系,至江寧破城前,達 120 營,六萬人,主要將領有曾國葆、蕭孚泗、李臣典、彭椿年、朱洪章、劉連捷、彭毓橘、郭松林、陳湜、易良虎、張詩日等。因糧餉缺乏,仍瀕嘩潰。天京破,湘軍焚掠無遺,被曾國藩以「暮氣」為由大量裁撤。同治五年,曾國荃任鄂撫,重募 30 營,在湖北與捻軍作戰遭重創,遂日趨寥落。至甲午抗日,惟陳湜獨存。

曾系湘軍後期除水師外,用兵頓結,與曾國藩軍事指導思想不無關係。曾國藩用兵主持重,左宗棠對此不以為然,責備道:「朱(朱品隆)、唐(唐訓方)本庸才,非堪一路之寄者,既無能戰之實,又懷怯戰之隱。公復慮其戰,面以勿浪戰申儆之,宜其不戰矣。」〔註85〕曾國藩也自我反省:「我師能戰之將僅多、鮑二人,此外唐、蔣、余、吳、金諸公皆恐難當大敵。」〔註86〕「從前楚軍初立,塔軍門有八分冒險,後來多、鮑有七分冒險,李忠武亦有六分冒險,近來各軍專圖十分把穩,不肯冒一二分險,雖窮餓之賊、殘敗之賊,亦不猛打痛追,以致窮蹙者不肯降,裹脅者不肯散。」〔註87〕

(三)胡系湘軍及霆軍

胡林翼所部多由曾系湘軍轉化而來,如羅澤南、李續賓、李續宜、楊載福、彭玉麟等,所部自所擢拔者惟多隆阿、鮑超,均孔武而不識字者。多隆阿軍堅整,一次太平軍懸重金購敢死隊數百謀攻多軍,其士卒皆環跪泣曰:「多某軍令如山岩,堅如鐵石,未易圖也。」〔註88〕「鮑超一軍曰霆軍,名最著。」〔註89〕鮑超在水師時,「懸紅綾丈餘以自異,曰:『戰勝,令人易辨

〔註83〕徐宗亮,歸盧談往錄:卷 1:錄上,朱漢民,丁平一,湘軍:第 8 冊,北京:社會科學文獻出版社,2013:624。

〔註84〕徐宗亮,歸盧談往錄:卷 1:錄上,朱漢民,丁平一,湘軍:第 8 冊,北京:社會科學文獻出版社,2013:622。

〔註85〕左宗棠,答曾節相(一);左文襄公全集:書牘:卷 6,朱漢民,丁平一,湘軍:第 6 冊,99。

〔註86〕曾國藩,致左季高;曾文正公全集:書札:卷 9,朱漢民,丁平一,湘軍:第 6 冊,33。

〔註87〕曾國藩,批唐鎮義訓稟連日擊賊獲勝由(同治二年四月初七日);曾國藩全集:第 13 冊:批牘,長沙:嶽麓書社,2013:244。

〔註88〕雷正綰輯:多忠勇公勤勞錄,朱漢民,丁平一,湘軍:第 9 冊,366。

〔註89〕湘陰縣圖志:卷 12:選舉表下,朱漢民,丁平一,湘軍:第 7 冊,北京:社會科學文獻出版社,2013:591。

也。』」〔註 90〕胡林翼與鮑超結昆弟交，百方籠絡，並令其由水師改陸，「令赴長沙募三千人，立五營，規伍一遵林翼指畫，以字名其軍（超字春霆），是為霆軍之始。」〔註 91〕

霆軍在湘軍中幾為異類，一者軍紀最差，二者廣收降眾，三者戰功最著。「其部下精銳，皆收降卒，……皆敢死士。與賊戰，奮勇直前，無堅不破。破後，淫掠在所不免，然亦不至於甚。……故謂之為節制之師則不可，而以之擊賊，中興諸將，實無其匹。賊聞鮑軍至，如聞雷霆之震。」〔註 92〕「又賊中相詬詈輒曰：『會見汝出遇鮑軍也。』」〔註 93〕惟有鮑超所部霆軍之營哨弁勇，以長沙省城人居多，樸者頗少，卻能屢拒大敵，致曾國藩言：「兵事誠不可一律相繩乎？」〔註 94〕

驍勇能戰是霆軍最大的特點。曾國藩言：「霆軍諸將皆百戰餘生。」〔註 95〕鮑超「馭軍嚴而有恩，進必賞，退必誅，他事不苟細，故得士卒死力而樂為用。其進戰也，疾如風，善用大眾，有排山倒海之勢。」〔註 96〕曾國藩評價霆軍「臨陣隊伍整齊，逢山過山，遇水鳧水，實為群賊所憚，有非楚勇、湘勇、淮勇所能及者，故欲存此一家之法，以備緩急之用。」〔註 97〕可見其對霆軍之看重。

霆軍亦與湘軍他部一樣重視訓令，「平日訓以義命，謂既受國家豢養之恩，義當效死。命當生則雖親冒矢石仍生，命當死雖退縮不前仍死。……況軍令嚴肅，退者立斬，必無生路。……故往往別軍甫敗，流血成渠，積屍若阜，而霆軍繼至，踐屍進擊，抗方張之兇焰，毫無畏心。」〔註 98〕「他軍臨陣之時帕首屨足，將官裝束與士卒無殊。」霆軍出戰，自主帥以至小校，「俱用本品服色，取其功多易分，且使將官無所混假以倖脫，而後能致死於敵。……每一臨陣，珊瑚之頂、孔雀之翎點綴輝映於山谷原野之間，自成一種風

〔註 90〕朱孔彰，鮑忠壯公別傳；咸豐以來功臣別傳，朱漢民，丁平一，湘軍：第 9 冊，416。

〔註 91〕湖北通志：卷 71：武備志 10：兵事 6，朱漢民，丁平一，湘軍：第 7 冊，635。

〔註 92〕歐陽昱，見聞瑣錄：後集：卷 2：鮑武襄，朱漢民，丁平一，湘軍：第 8 冊，717。

〔註 93〕陳昌，霆軍紀略序，朱漢民、丁平一，湘軍：第 1 冊，375。

〔註 94〕陳昌，霆軍紀略，朱漢民、丁平一，湘軍：第 1 冊，433。

〔註 95〕陳昌，霆軍紀略，朱漢民、丁平一，湘軍：第 1 冊，376。

〔註 96〕朱孔彰，鮑忠壯公別傳；咸豐以來功臣別傳，朱漢民，丁平一，湘軍：第 9 冊，418。

〔註 97〕陳昌，霆軍紀略，朱漢民、丁平一，湘軍：第 1 冊，529。

〔註 98〕陳昌，霆軍紀略，朱漢民、丁平一，湘軍：第 1 冊，531。

致。」〔註99〕鮑超平日「夏露坐，冬圍爐，仰胡床而臥，諸將環之，如家人子弟。初無束縛。」〔註100〕戰時「用千里鏡觀陣。士卒能陷陣者，立令戈什哈賞銀牌陣前，營官不得冒其私。」〔註101〕戰後「聽大小將士各用新銜翎頂相互稱賀，椎牛肆宴，豪飲歡呼；一遇戰事，志氣彌新，功力百倍。」〔註102〕

鮑超保持了湘軍諸部中戰場不潰的紀錄。清人陳康祺評價霆軍：「戰績洸洸，高出湘楚諸將帥上。」〔註103〕十餘載中，「大小七百餘戰，擒偽王數十名，斬首三十餘萬級，降二十餘萬眾。」〔註104〕同治七年，霆軍全撤，其舊部「如仁字營之剿撚匪，備海防；擢勝營之平臺番；霆慶、霆匯等營之屯戍江南、福建，皆謹守霆軍家法，甚著聲績。」〔註105〕

（四）老湘營及左系湘軍

老湘軍創始者為王鑫，主力為湘鄉勇組成的湖南防勇。湘軍創設之初，王鑫即與曾國藩意見不合，遂自立一軍，號老湘營，歸屬湖南巡撫駱秉章管轄，與左宗棠有淵源。曾國藩創立湘軍軍制，「諸軍尊用之，獨王壯武公鑫不用，別為營制。……有營有旗，旗凡三百廿餘人。」〔註106〕王鑫軍紀律整嚴，機神敏妙，除建軍初期曾敗衄之外，屢建大功，太平軍中至有「出隊莫逢王老虎「之謠。〔註107〕王鑫病歿，張運蘭、王開化復歸曾部。而陝西巡撫劉典、浙江巡撫楊昌濬、甘肅提督劉松山亦皆從王鑫立功，左宗棠並調以入浙，後隨左入甘陝剿回，「文襄督師，恃以為重。」〔註108〕

王鑫軍紀律最嚴，理學思想浸染最深。王鑫性格張揚，敢於任事，與曾國

〔註99〕陳昌，霆軍紀略，朱漢民、丁平一，湘軍：第 1 冊，531。

〔註100〕汪康年，汪穰卿筆記：卷 8：附錄：紀鮑子爵軼事，朱漢民，丁平一，湘軍：第 8 冊，816。

〔註101〕汪康年，汪穰卿筆記：卷 8：附錄：紀鮑子爵軼事，朱漢民，丁平一，湘軍：第 8 冊，816。

〔註102〕陳昌，霆軍紀略，朱漢民、丁平一，湘軍：第 1 冊，531。

〔註103〕汪康年，汪穰卿筆記：卷 8：附錄：紀鮑子爵軼事，朱漢民，丁平一，湘軍：第 8 冊，595。

〔註104〕朱孔彰，鮑忠壯公別傳；咸豐以來功臣別傳，朱漢民，丁平一，湘軍：第 9 冊，419。

〔註105〕陳昌，霆軍紀略，朱漢民、丁平一，湘軍：第 1 冊，376。

〔註106〕朱孔彰，左文襄公別傳；中興以來功臣別傳，朱漢民，丁平一，湘軍：第 9 冊，127。

〔註107〕陳康祺，郎潛紀聞：卷 15，朱漢民，丁平一，湘軍：第 8 冊，北京：社會科學文獻出版社，2013：589。

〔註108〕徐宗亮，歸廬談往錄：卷 1：錄上，朱漢民，丁平一，湘軍：第 8 冊，622。

藩的分歧不是理學原則的分歧，主要是個性氣質的差異。曾國藩曾致信王鑫曰：「僕素敬足下馭下有方，三次立功。近日忠勇奮發，尤見慷慨擊楫之風，心中愛重，……又察足下志氣滿溢，語言誇大，恐持之不固，發之不慎，將來或至僨事，天下反以激烈男子為戒。」〔註109〕王鑫以訓導之功激士氣，以辯難之法謀戰守，具有較強的軍事民主作風，與鮑超愚兵之法迥異。「將出戰，必手地圖，召偏裨，環而坐，為言敵軍出入何路，我師奇正孰出，揣情審勢，人人獻議，而相詰難，各盡其意，然後定謀。謀之既定，然後部分諸人，各專其任。有不如議，則罰無貸。紀律之嚴，諸將莫及也。」〔註110〕

王氏軍中嚴絕蒲摴、飲酒，暇則日習超越拳擊陣法之技，立格賞罰，故兵少而精，常能以少勝多。時人評價王軍「不避嫌，不避親。……姊子某犯令，……揮淚斬之。……沿途強啖人飯不給錢，及取民一物值百文以上者，斬！……賊所遺財物，無一拾取者。」〔註111〕王鑫禁止軍人私蓄財物，然預為其謀家事，下令軍中「一人積銀十兩者，斬！所有月餉及賞賚資交糧臺，每月遣人分送其家，取書回。將士得書，無不感服。」〔註112〕

王鑫老湘營也是湘軍系統中政治生命最長的一支軍隊。所部多書生，「其後平浙、克新疆大將皆在其中。」〔註113〕「故老湘營者，珍始之，松山中之，錦棠終之。其功在湖南、江西，平洪、撚、回亂，創安夷，自陝西、甘肅以至新疆，時逾四紀，行路三萬里，比曾軍尤久遠。」〔註114〕「老湘全軍，得劉忠壯（劉松山）統之，三起而殿，前後凡三十年，實與兵事相始終焉。」〔註115〕

左宗棠獨立成軍較晚，亦號「楚軍」，後名「恪靖軍」。左宗棠創軍之初，即以王鑫為模仿，「吾軍在楚人中最晚出，最講營規，數年後當與王壯武部

〔註109〕曾國藩，與王璞山（二）（咸豐三年九月）；曾文正公全集：書札：卷3，朱漢民，丁平一，湘軍：第6冊，18。
〔註110〕錢基博，近百年湖南學風（含經學通志），北京：中國人民大學出版社，2004：25。
〔註111〕歐陽昱，見聞瑣錄：前集：卷1：軍令嚴肅，朱漢民，丁平一，湘軍：第8冊，701。
〔註112〕歐陽昱，見聞瑣錄：前集：卷1：軍令嚴肅，朱漢民，丁平一，湘軍：第8冊，701。
〔註113〕朱孔彰，陳巡撫士傑別傳；咸豐以來功臣別傳，朱漢民，丁平一，湘軍：第9冊，468。
〔註114〕朱德裳，續湘軍志：湘軍史專刊之一，長沙：嶽麓書社，1983：277。
〔註115〕徐宗亮，歸盧談往錄：卷1：錄上，朱漢民，丁平一，湘軍：第8冊，624。

齊觀。」〔註116〕左宗棠「佐湖南軍事十年，勇將健卒多歸心，……又雅善王鑫，諸王多從之。」〔註117〕故左宗棠對王鑫留下來的老湘營尤為倚重，「凡鑫偏裨，悉羅致，而以鑫從弟開化領營務處，行軍佈陣，一依鑫規。」〔註118〕此外，左宗棠在用人思路上較曾國藩更為開闊，在其麾下羅致了大量曾營「用之不盡，或吐棄不肯召者。」〔註119〕如出征廣西的蔣益澧、高連陞部，出徵貴州的席寶田部及湘軍劉典部等。且有意識地擴充使用湘鄉以外的兵員，「數處皆用湘鄉勇丁，無論一縣難供數省之用，且一處有挫，士氣均衰，非計也」。〔註120〕楚軍自成軍之初所部皆宿將，表現出強大的戰鬥力。「援黔之師七獲勝仗，將賊老巢蕩除淨盡，首逆僅漏一人，銅郡一律肅清，楚軍之雄如此。」〔註121〕左宗棠用楚軍平浙平閩平黔，殲太平軍餘部於廣東嘉應州，為天國劃上了最後的句號。而後西出潼關，平陝甘，再出玉門，復新疆，寫下了湘軍歷史上最光彩的一頁。

第二節　湘軍軍系文化中的「氣節觀」

一、湘軍人物的氣節觀

　　氣節，是中國特有的倫理概念。先秦孟子提出「浩然之氣」和「富貴不能淫、威武不能屈、貧賤不能移」時，就已經形成了關於氣節的基本觀念。宋代理學家繼承了儒家這一傳統，並以義理之說予以生發。如張載論「在古氣節之士，冒死以有為，於義未必中，然非有志者莫能，況吾於義理已明，何為不為！」〔註122〕表明宋代理學家對於氣節一事，已經注入了義理的新內涵。義理的注入，強調義理為先，義理主導氣節，防止了以血氣為主的偏執。

〔註116〕左宗棠，與郭意成；左文襄公全集：書牘卷5，朱漢民，丁平一，湘軍：第6冊，97。

〔註117〕王闓運，湘軍志：浙江篇第七，長沙：嶽麓書社，1983：89。

〔註118〕錢基博，近百年湖南學風（含經學通志），北京：中國人民大學出版社，2004：25。

〔註119〕左宗棠，與胡潤之（咸豐七年）；左宗棠全集：書信：第1冊，長沙：嶽麓書社，1996：211。

〔註120〕左宗棠，與胡潤之；左文襄公全集：書牘：卷5，朱漢民，丁平一，湘軍：第6冊，95。

〔註121〕左宗棠，答王璞山；左文襄公全集：書牘卷3，朱漢民，丁平一，湘軍：第6冊，北京：社會科學文獻出版社，2013：80。

〔註122〕張載，張子全書：卷10，長海：商務印書館，1930：272。

　　氣節是儒家追求的道德品性、價值觀念和文化人格的在立身行事上的綜合體現，它包含了對儒家「仁、義、禮、智、信」，「忠、孝、仁、義」等「達德」的信仰和堅守。在理學人士看來，氣節的養成是心、知、情、志統一運作的過程，需要道德理想的指引，道德價值的認同，道德判斷的精準，道德意志的堅毅。氣節源於義理，作用於心性，是個體對儒家文化價值的堅定認同和持續修為，最終在人格上的集中發抒，也可以說是儒家文化理想在社會人格層面的最後完成。作為一種道德人格，氣節又是心性之說在立身應物上的綜合表現。它反映出士人個體道德水平和人格境界的高低，以及對於道德原則的信念和持守，因此也是儒學價值的試金石。氣節觀一旦普遍動搖，整個儒家的價值體系將面臨嚴重危機。因為，只有義理演繹而無行為持守，只有志之所向而無行之所致，道義義理本身就淪為一句空言。有了持守，氣節中的德性力量才能充分彰顯，儒家的道德理想才可能實現。

　　湘系理學經世派面臨的同樣是一個士風頹喪，氣節不倡的亂世格局，因此特別強調欲成聖賢，必先修氣節。「大抵聖賢不可必得，必以志氣節操為主。嘗論孔孟之訓，注意狂狷。狂是氣，狷是節，有氣節，則本根已植」。〔註123〕胡林翼認為修持氣節是成就聖賢人格的基礎和前提，無氣節，則本根難植。為強調道義的踐履，他甚至將過去主流儒家所批判的孔門「狂狷」納入氣節的範疇，並賦予其新的涵義。

　　1849 年六月，曾國藩在與朋友談論中剖析氣節、意氣之別，謂：「易動者意氣，難立者氣節。意氣不可有，氣節不可無。吾輩此時當惟當平意氣，立氣節，到得閱歷深時，意氣自然平矣。所慮者，意氣衰而氣節亦與之俱衰耳。若能培養氣節，老而彌堅，乃可以為完人也。」〔註124〕在曾國藩看來，意氣與義理背離，屬氣質之性，隨時而易動；而氣節則歸於義理，需要長期的歷練磨礪，表現出強烈地以義理制意氣的道德傾向。湘軍人物不僅在傳統氣節理論的基礎上進行闡發，而且更注重在氣節踐行方面的力行。羅澤南說：「人之所以能撐持世運者節義，節義豈必時窮而後見哉？天下無事，士人率以名節相尚，處則浴德澡身，出則為斯民興利除害，斯世必不至於亂。即亂矣，相與倡明大義，振厲士氣，當萬難措手之際，從而補救之，削平之，未

〔註123〕胡林翼，致劉齊衙（咸豐九年正月二十三日）；胡林翼集：第 2 冊，長沙：嶽麓書社，1999：227。

〔註124〕郭嵩霖，曾滌生論氣節意氣之辯；日誌堂筆記：卷上，朱漢民，丁平一，湘軍：第 8 冊，492。

始不可挽回。」〔註125〕

王爾敏評價說「湘軍創軍基礎，人材實為首要。而人材所恃，志節識力實為首要。」〔註126〕可以說，氣節是湘軍軍系文化的綜合表現。在湘軍人物的大力提倡和示範帶動下，傳統儒學以理學為核心的忠義觀、氣節觀都在咸同時期達到了一個高峰。湘軍中普遍樹立了以身許國、克己廉介的價值觀。湘軍以自己的道德踐履為傳統氣節觀作出了無愧歷史的注解。

湘軍的氣節踐履包括人格氣節、政治氣節和民族氣節等。

人格氣節為個人修為所得，也是政治氣節和民族氣節的底色和基礎。儒學倫理強調個體德性修為，在個人道德人格塑造中，理學心性之論、內聖之說更賦予道德主體一種明理求道後堅毅的實踐品格。湘軍人物大多能堅守自身道德原則，具有強烈的自我道德尊嚴感。

氣節的養成過程就是道德人格的形成過程。湘軍人物自束髮讀書，就受到嚴格的湖湘理學思想訓練和文化薰陶。他們將這種集體意識與個人進德修身相結合，砥礪德行，希聖求賢。梁啟超評論曾氏說：「其一生得力在立志，自拔於流俗，而困而知，而勉而行，歷百千艱阻而不挫屈；不求近效，銖積寸累，受之以虛，將之以勤，植之以剛，貞之以恒，帥之以誠，勇猛精進，堅苦卓絕。如斯而已，如斯而已！」〔註127〕他們有堅定的理學信念，並以此為行為導向，不為利動，不為物移，始終保持個體人格尊嚴，並以此賦予生命更崇高的意義。當生逢亂世，面臨義與利、身與仁、生與死的激烈衝突時，他們往往選擇以生命去維護道德理想和原則。因此，作為氣節之士，湘軍人物不是空泛的道學家，而是儒家道德理想最後的真誠信仰者和守護者，追求的是遵仁循義、不懼生死、與天地參的聖賢境界。

王鑫自述，其與太平軍為敵，為「以抒恫瘝之憂，以洗國家之恥，勿使後世之論史者謂朝廷養士二百餘年，不得少食其報也。」〔註128〕此中固然有個人恩遇的因素，而更多地應從士人階層與朝廷的互動關係來解讀其政治立場。

〔註125〕羅澤南，重修謝疊山先生祠引；羅忠節公遺書：卷5，羅澤南集，長沙：嶽麓書社，2010：81。

〔註126〕王爾敏，湘軍軍系的形成及其維繫；近代史研究所集刊第8期，1979：13。

〔註127〕梁啟超輯，唐浩明點評，曾國藩嘉言鈔：梁啟超序文，長沙：嶽麓書社，2007：序文1。

〔註128〕王鑫，示友人書（咸豐二年十月□日）；王壯武公遺集：卷8：書札1，朱漢民，丁平一，湘軍：第6冊，北京：社會科學文獻出版社，2013：458。

如早期湘軍人物除曾國藩、胡林翼、駱秉章等少數進士出身的大員外，其餘皆起身寒素。如羅澤南早年曾貧困潦倒，「假館四方，窮年汲汲」，家人致有窮餓死者。「家酷貧，大父拱詩屢典衣市米，節縮於家，……十年之間，迭遭期功之喪十有一，至二十九歲，而長子、次子、三子連殤，……澤南益自刻厲。」〔註129〕可見湘軍人物主要還是從持「義」守「道」的角度認同和維護清廷統治的，其政治氣節觀的思想內核也是士人對於道義的堅守。

　　與太平軍單純強調民族認同不同，湘軍更強調文化認同和倫理認同，而這一點更符合當時多數士紳乃至平民的社會文化心態。對倫理的認同，必然上升到社會政治的認同。湘軍人物與其說忠誠於清廷，更不如說忠誠於儒家文化和政治倫理。湘軍高度重視先覺者的示範效應，「余謂氣節者，亦一二賢者倡之，漸乃成為風會，不盡關國家養士之厚薄也。」〔註130〕

　　湘軍集團不是一個簡單的以個人功利驅動的集團，理學思想的浸染，使其以更開闊的視野審視政治問題。他們將世變之亟歸因於「上下縱於亡等之欲」，是社會倫理的失範。「世之亂也，上下縱於亡等之欲，姦偽相吞，變詐相角，自圖其安而予人以至危，畏難避害，曾不肯捐絲粟之力以拯天下。」〔註131〕因此，他們期待著「得忠誠者起而矯之，克己而愛人，去偽而崇拙，履諸艱而不責人以同患，浩然捐生如遠遊之還鄉而無所顧悸。」〔註132〕

　　在晚清逢迎成風，請託遍地的官場中，湘軍人物以其志氣節操為浮躁的官場增添了一股清流。「咸豐末，肅順當國，內外官爭趨炎附勢，倚為泰山。……及得罪，籍其家，搜出私書一箱，內惟曾文正無一字。太后太息，褒為第一正人。於是天下督撫皆命其考察，憑一言以為黜陟。」〔註133〕彭玉麟在平定太平天國後奏言：「士大夫出處進退，關係風俗之盛衰。臣墨絰從戎，志在滅賊，賊已滅而不歸，近於貪位；長江既設提鎮，責有攸司，臣猶在軍，近於戀權；改易初心，貪戀權位，則前此辭官疑於作偽；……天下之

〔註129〕錢基博，近百年湖南學風，北京：中國人民大學出版社，2004：19～20。
〔註130〕梁啟超輯，唐浩明點評，曾國藩嘉言鈔，長沙：嶽麓書社，2007：165。
〔註131〕曾國藩，金陵湘軍陸師昭忠祠記；曾文正公全集14冊：詩文，長沙：嶽麓書社，2011：173。
〔註132〕曾國藩，金陵湘軍陸師昭忠祠記；曾文正公全集14冊：詩文，長沙：嶽麓書社，2011：173。
〔註133〕歐陽昱，見聞瑣錄：前集卷4；黃忠壯純熙，朱漢民，丁平一，湘軍：第8冊，709。

亂不徒在盜賊，而在士大夫進無禮，退無義。」〔註134〕並表明自己「以寒士來，願以寒士歸。」〔註135〕相對於自身權益而言，湘軍優秀人物更多的關注人心風俗，以期用自身的政治節操作出表率，無愧於心，而外鑠其人。

從民族氣節來看，湘軍所處正是國事陵夷，外患頻仍的時代。特別是內亂平定之後，民族矛盾逐步上升為主要矛盾，湘軍集團對外政策和軍事策略雖不盡相同，而其對國家民族之忠貞則不容置疑。在對外交往中，維持民族尊嚴和自身氣節意識十分強烈，也賦予了傳統儒家氣節觀以新的內涵。

早在第一次鴉片戰爭期間，劉蓉、左宗棠等就關注戰爭進程，表達了強烈的民族憂患意識，郭嵩燾則以幫辦幕僚身份親身目睹了戰爭情狀，這些都深深地刺激了湘軍人物「隱圖自強」的國防意識。左宗棠自言「臣自道光十九年（1839）海上事起，凡唐宋以來史傳別錄說部，及國朝志乘載記，官私各書，有關海國故事者，每涉獵及之。」〔註136〕

早期湘軍傾注主要精力對抗太平軍、撚軍，不願與洋人直面衝突。但從對第二次鴉片戰爭和戰後清政府「借師助剿」政策的態度來看，湘軍總體上的國權意識民族意識要強於同時代的多數官僚。曾國藩雖然一度認為英法軍隊在第二次鴉片戰爭前後「不傷毀我宗廟社稷；目下在上海、寧波等處助我攻剿發匪。二者皆有德於我」，〔註137〕存在一定的感恩心理，但涉及民族尊嚴方面，湘軍毫不含糊。曾國藩接《天津條約》印本時「閱之不覺嗚咽」，認為「比之五胡亂華，氣象更為難堪。」〔註138〕「四更成眠，五更復醒。念（夷）縱橫中原，無以御之，為之悸憂。」〔註139〕對於清廷與洋人協議「借師助剿」計劃，曾國藩、左宗棠等則堅決反對，提出「中華之難，中華當之。」〔註140〕

〔註134〕朱孔彰，彭剛直公別傳；咸豐以來功臣別傳，朱漢民，丁平一，湘軍：第 9 冊，153。

〔註135〕朱孔彰，彭剛直公別傳；咸豐以來功臣別傳，朱漢民，丁平一，湘軍：第 9 冊，153。

〔註136〕左宗棠，左文襄公奏稿：卷 18，王爾敏，清季兵工業的興起，桂林：廣西師範大學出版社，2009：40～41。

〔註137〕曾國藩，同治元年五月初七日日記；曾國藩全集：第 17 冊：日記 2，長沙：嶽麓書社，2013：289。

〔註138〕曾國藩全集：日記：第 1 冊，長沙：嶽麓書社，1994：557。

〔註139〕曾國藩，咸豐十一年十月初二日記；曾國藩全集：第 17 冊：日記 2，長沙：嶽麓書社，2013：212。

〔註140〕曾國藩，議復調印度兵助剿折（同治元年六月二十二日），曾國藩全集：奏稿 4，長沙：嶽麓書社，1987：2390。

以維護國家主權和軍隊控制權。面對日益深重的海防危機，針對洋人所恃堅船利炮，曾國藩提出「師夷智以造炮製船」，「欲求自強之道，總以修政事、求賢才為急務，以學做炸炮、學造輪舟等具為下手工夫。但使彼之長技我皆有之，順則報德有其具，逆則報怨亦有其具。」〔註141〕左宗棠主張「仿造輪船以奪彼族之所恃」，並在福建開創福州船政學堂和造船廠，開啟了創建近代海軍以禦外侮的海防自強歷程。左宗棠因而被稱為中國「近代海軍之父」。

湘軍對外敵入侵具有高度的警惕性和防範心理。胡林翼在安慶前線視師，策馬瞻眄形勢，「忽見二洋船鼓輪西上，迅如奔馬，疾如飄風。文忠變色不語，勒馬回營，中途嘔血，幾至墜馬。」閻敬銘曾在胡氏幕府，「每與文忠論及洋務，文忠輒搖手閉目，神色不怡者久之，曰：『此非吾輩所能知也。』」〔註142〕太平天國之役結束後，彭玉麟將歷年所積私銀六十萬，「存為長江水師公費，且以備外患，」〔註143〕

作為中國近代首任駐外公使的郭嵩燾，親身體察到中外政治文化質的差距，明確提出中國之弱，在於政教文化的落後，「自漢以來，中國教化日益微滅，而政教風俗，歐洲各國乃獨擅其勝，其視中國，亦猶三代盛時之夷狄也。」〔註144〕言雖痛切，而實為誅心之論，並進而提出長期深入開展政治文化改革以圖自強的主張。郭嵩燾考量國際軍事形勢，提出審時度勢的避戰思想，「計戰和二者，存乎當國者之運量而已。未有不問國勢之強弱，不察事理使是非，惟嗔目疾呼，責武士之一戰，以圖快愚人之心，如明來持論之乖戾者也。」〔註145〕這一思想在後期郭嵩燾政治主張中據主導地位。

「不輕啟邊釁」思想與郭嵩燾相近者，還有後來的兩江總督劉坤一。中俄因伊犁交惡之時，劉坤一疑似批評左宗棠：「乃有身膺柱石之寄，舊曆戎馬之場，外強中乾，故作豪語以附和言路，自取名高，……是豈公忠體國之大臣、老臣所為耶？……以俄比回，是以干將比鉛刀也。……真是大言欺人者。元老尚然，國是何賴。」並表示自己這番言論雖觸犯時忌，卻不得不言。「眾人之毀譽何恤焉，

〔註141〕曾國藩全集：第 17 冊，長沙：嶽麓書社，1993：289。
〔註142〕薛福成，庸庵筆記，卷 1：史料：蓋臣憂國，朱漢民，丁平一，湘軍：第 8 冊，北京：社會科學文獻出版社，2013：674～675。
〔註143〕朱孔彰，彭剛直公別傳；咸豐以來功臣別傳，朱漢民，丁平一，湘軍：第 9 冊，153。
〔註144〕郭嵩燾，郭嵩燾日記：卷 3，長沙：湖南人民出版社，1982：439。
〔註145〕郭嵩燾，郭嵩燾日記：卷 1，長沙：湖南人民出版社，1980：393。

一身之去留奚計焉。」〔註146〕雖然郭、劉的觀念有一定的侷限和偏執，在湘軍中也屬異類，但其思想觀念都源於其對局勢的獨立思考，其對國運之關切，仍不遜色於同時代的愛國者。後甲午淮軍戰敗，朝廷再次啟用劉坤一，他不顧大病初愈，聞命即行，督師遼東，守住了山海關，由此可見一斑。

後期湘軍人物在對外禦侮之時，都能毫無畏懼，在政治軍事上與之展開針鋒相對地鬥爭。如左宗棠據理力爭，使清廷確立了塞海防並重的方針，不再罷兵西域。左宗棠在上奏中道：「臣一介書生，高位顯爵，為平生夢想所不到，豈思立功邊城，覬望恩施？況年已六十有五，日暮途長，乃不自忖量，妄引邊荒艱巨為己任，雖至愚極陋，亦不出此。而事固有萬不容己者。……若此時置之不問，後患環生，必有日蹙百里之勢。」〔註147〕表達了湘人忠貞的愛國情懷。甲午戰爭開始，朝廷電召在籍將領劉錦棠，「未行而病作，朝廷書問日數至。疾革時，猶喃喃呼舊校指述邊事。未幾，卒，年五十一。」〔註148〕

中法戰爭中，清廷以陸軍戰勝之勢議和，放棄對越南的宗主權。時左宗棠以衰病之軀督師福建。「和約定，左右不敢言和約，」左宗棠仍沉浸在戰勝的玄想之中，一日迷幻中以為大勝法人，令「娃子們」和部將鐙彩、入賀。待清醒過來，「使人出視和約，氣急而戰，不能成讀。」「然猶不時連聲呼詞詞：『出隊，出隊，我還要打。這個天下，他們久不要，我從南邊打到北邊，我要打，皇帝沒奈何。』頹而嘔血，遂至於薨。」〔註149〕

二、湘軍氣節觀在軍事政治實踐中的表現

臨財以廉：廉潔既是儒家道德自律的要求，又是軍隊凝聚力、戰鬥力的源泉。曾國藩十分看重將弁的廉潔作風。「欲服軍心，必先尚廉介；欲求廉介，必先崇儉樸。不妄花一錢，則一身廉；不私用一人，則一營廉。」〔註150〕劉蓉亦自述「自顧平生行誼，雖碌碌無所短長，而於取與小節，硜硜自守。」〔註151〕

〔註146〕劉坤一，論中俄新約事；劉忠誠公遺集：文集卷1，朱漢民，丁平一，湘軍：第3冊，218。
〔註147〕王定安，湘軍記：卷19；湘軍史專刊之二，長沙：嶽麓書社，1983：321。
〔註148〕清史稿：第4冊：卷454：列傳241：劉錦棠，北京：中華書局，1989：3232。
〔註149〕汪康年，紀左恪靖侯軼事；汪穰卿筆記：卷8：附錄，朱漢民，丁平一，湘軍：第8冊，北京：社會科學文獻出版社，2013：820。
〔註150〕曾國藩，勸誡營官四條；曾國藩全集：卷14，長沙：嶽麓書社，1995：39。
〔註151〕劉蓉，致駱籲門宮保書（一）；養晦堂文集：卷7，朱漢民，丁平一，湘軍：第6冊，441。

　　湘軍理學人物深受儒學思想浸染，強調義利之辨，對金錢不甚著意，精於謀國而拙於謀身，甚至恥於謀身。在廉潔自守方面，超出了同時代晚清的其他政治軍事團體，甚至在以後很長一段時間內，亦罕有其匹。湘軍人物倡導廉政，並非權宜之計、邀譽盜名之舉，而是其儒家氣節觀、價值觀的自然流露，且不因個人地位境遇之轉移而有所鬆懈。

　　曾、左封疆多年，經手軍費浩億，身後僅餘銀萬兩餘，在當時僅中人之產，左宗棠暮年且將萬兩再捐助軍用。其自白「帶兵五年，不私一錢；任疆圻三年，所餘養廉不過一萬數千金。吾尚擬繳一萬兩作京餉。則存者不過數千兩耳。」〔註152〕左宗棠「自十餘歲孤露寒貧以來，至今從未嘗向人說一窮字，不值為此區區，撓吾素節。」〔註153〕左氏初次領兵，胡林翼即為書告湖南：「左公不顧家，請歲籌三百六十金以贍其私。」〔註154〕胡林翼對將領常一擲千金，甚至發「私家谷以濟軍食」，〔註155〕而身後家中尚需同僚資助。

　　其餘湘軍將佐，尤其是文人出身者，多愛惜令名，持身周密。如楊載福退職後乏於資，不得已千里迢迢赴四川告助於前部屬鮑超。「楊載福封侯，歷總督，罷歸乾州廳，貧不能生。念舊部唯可乞超，走千里，棹小舟，造夔門訪超。」鮑超「倒履出迎曰：『老師何孤身遠遊。』情話達旦。就小舟歸，家人曰：『超遣人饋萬金到家矣。』」〔註156〕左宗棠一次送二千兩白銀於部屬劉典家。劉典致信表達感激之情，又考慮「全完趙璧，恐涉不恭」，僅拜受慰問母親之銀二百兩，送本人之款則全部退還。並解釋說：「典家雖非饒富，而衣食頗足，外債無多，……賢而多財損其智，愚而多財益其過，……近見我省之擁厚資者，驕奢淫逸，迥異尋常，風俗且為之大壞，用是益深懍懍。」〔註157〕

　　彭玉麟廉潔自持在湘軍人物中尤為突出，其「治軍十餘年，未嘗營一瓦

〔註152〕左宗棠，與孝威（同治三年八月初六）；左宗棠全集：詩文家書，長沙：嶽麓書社，1987：88。

〔註153〕八賢手記：左宗棠致郭崑燾（三），朱漢民，丁平一，湘軍：第6冊，259。

〔註154〕朱孔彰，左文襄公別傳；中興以來功臣別傳，朱漢民，丁平一，湘軍：第9冊，127。

〔註155〕湖北通志：卷71：武備志9：兵事5：粵匪紀略，朱漢民，丁平一，湘軍：第7冊，629。

〔註156〕汪康年，紀鮑子爵軼事；汪穰卿筆記：卷8：附錄，朱漢民，丁平一，湘軍：第8冊，北京：社會科學文獻出版社，2013：817。

〔註157〕劉典，上左文襄公；劉果敏公書札：卷1，朱漢民，丁平一，湘軍：第6冊，746。

之覆，一敗之殖。」〔註158〕彭玉麟兄長經商，饒有財貨，「計其兄弟所散財幾滿百萬，而當軸要人，無一字之問，十金之遺，以孤潔無援自喜。」治軍廣東時，「民士恐餉不繼，共輦銀十七萬送軍中，謝不受。及歸，眾以金排萬人姓名，列二傘感頌。其直萬金，悉諭令還其主，且戒其奢焉。」〔註159〕

湘軍主要人物臨財自制，也一定程度淳化了風氣，改變了舊軍隊蠅營狗苟之習，培植了一批崇尚氣節之士。王鑫部親信部將易普照曾向其親說：「『大人待我輩恩誼最重，惟總不准我們得錢。』其詞亦頗令人心惻。易普照乃璞山所稱如手足者，厥後先璞山陣亡，其家固貧乏如故也。……丁長勝陣亡後，其家亦貧苦，難於過渡。」即使左宗棠也感歎王鑫「璞山治軍，為吾湘一時巨擘，獨於此等處全不理會。」〔註160〕左宗棠部老湘軍大將劉錦棠「將兵三十年，鹵獲無慮鉅萬，家無餘財。……及公薨，家人發其笥篋，所存賜物數事。」〔註161〕一次同僚夫人某去世，彭玉麟具有奠儀，派差官戈什哈何鎮平持帖送去。同僚循例另賞其金銀，遭再三辭謝。「答以某幸蒙彭宮保擢用部下，勉效馳驅，愧無酬報。惟有清廉自守，盡職奉公，冀報鴻慈萬一耳。」〔註162〕

（一）臨事以勇

湘軍尚氣尚勇，但戒浮氣、血氣之勇，推尚義理之勇。曾國藩言：「惟夫忠誠謀國，百折不回；勇士赴敵，視死如歸。斯則常勝之理，萬古不變耳！」〔註163〕將「勇」推延到謀國和戰陣兩個方面。湘軍在長期戰爭中湧現了大批以名節勇毅聞名的一線將領。因此，湘軍一旦受損，不僅不折損士氣，反而往往爭相致死於敵，激發出更強毅的鬥志。

江忠源帶勇最早，昆弟四人俱從軍立功，而江忠源、江忠濟先後殉難。咸豐六年，江忠濟在湖北通城作戰「身受十餘創，猶掣佩刀連刃數賊，力竭遇害。賊仇其屢斬賊目，並將其手足支解。」〔註164〕劉騰鴻「平生見善若驚，疾惡如

〔註158〕朱孔彰，彭剛直公別傳；咸豐以來功臣別傳，朱漢民，丁平一，湘軍：第9冊，161。

〔註159〕葛虛存，軼事；陳澤珲主編，長沙野史集鈔：上部古人筆記，長沙：嶽麓書社，2011：282。

〔註160〕左宗棠，答劉克庵銀臺；左宗棠全集：卷21，長沙：嶽麓書社，1987：120。

〔註161〕何維樸，劉襄勤史傳稿，朱漢民，丁平一，湘軍：第9冊，444。

〔註162〕潔己奉公；述報（乙酉年正月十六日），朱漢民，丁平一，湘軍：第8冊，412。

〔註163〕王定安，湘軍記：卷20，湘軍史專刊之二，長沙：嶽麓書社，1983：360。

〔註164〕駱秉章，賊犯湖北通城江道血戰捐軀懇恩優卹折（咸豐六年五月十七日）；駱文忠奏稿：卷4，朱漢民，丁平一，湘軍：第4冊，81。

仇」，端州之戰中親自督戰，「中槍子五，臥勿能起，坐肩輿督戰，」城且破忽中巨炮，曰「城不下，無斂我」。軍中皆泣，冒砲登城，克城後除道開門，迎尸入城治喪。〔註165〕王闓運評價騰鴻：「臨死一言，而使士卒忘身殉己，若報私怨，以成其志……。騰鴻死，而所部稱精兵，至今聞其名。」〔註166〕將領金國泰中創甚劇，主將席寶田泣問後事，「對曰：『我身經百戰，得死國事，榮也！』以老母為託，言終而絕。……死之日所部無不慟哭者。」〔註167〕左宗棠軍遠征新疆，途徑戈壁，軍中降回傳言沙漠中有巨怪，「每聞人馬聲，即作颶風，揚沙礫眯目，怪隨風至，無幸免者。」軍士皆心怯，宗棠大怒曰：「何物妖魔，敢犯吾行列，苟出者以炮擊之！」傳令諸軍，鳴炮而過，卒亦無他異。於是湘、回諸軍咸以左公天威也，叛回不足平矣。〔註168〕老湘營統領劉松山「自結髮從戎，轉戰十四行省」，在西北力攻金積堡，胸部中砲，尤張目語諸將曰：「我受國恩未報，即死，毋遽歸我喪，當為厲鬼助君等殺賊。」〔註169〕

　　湘軍人物不僅勇於戰陣，而且能勇於任事，無當時官場中人察色逢迎之態。如戊戌年間慈禧有意廢光緒帝，暗示徵求各督撫意見。當時湖廣總督張之洞、兩江總督劉坤一均不主張廢帝，擬聯合上奏阻止。張之洞中途退縮，命人削去己名。劉坤一歎曰：「香濤見小事勇，見大事怯，姑留其身，以俟後圖。吾老朽，何憚？」〔註170〕其奏摺中有「君臣之分已定，中外之口難防」之語。慈禧亦憚於督撫實力，卒不廢光緒。

　　至咸豐末年，湘軍中先後陣（病）亡並享受專祠的將領主要有：江忠源、塔齊布、羅澤南、王鑫、李續賓；瞿騰龍、鄧紹良、周雲耀、趙永年、趙啟玉、劉騰鴻、劉騰鶴、丁銳義、儲玫躬、毛英勃、武昌顯等。其中，曾國藩一家五將，兩人殉於軍營，劉家同族三房兄弟劉騰鴻、劉騰鶴，劉連捷、劉鎮湘，劉岳昭、劉岳暘、劉岳昀7人，陣亡兩人；橋頭李族計有「白、登、續、光、前」五代族眾數百人從戎，陣亡者120人。〔註171〕蕭孚泗係羅澤南

〔註165〕朱孔彰，劉武烈公騰鴻；咸豐以來功臣別傳，朱漢民，丁平一，湘軍：第9冊，594。

〔註166〕王闓運，湘軍志：江西篇第四，長沙：嶽麓書社，1983：49。

〔註167〕沈葆楨，精毅營冒雨血戰克復金溪折（同治三年二月十九日）；沈文肅公政書：卷2，朱漢民，丁平一，湘軍：第4冊，北京：社會科學文獻出版社，2013：714。

〔註168〕朱德裳，續湘軍志：湘軍史專刊之一，長沙：嶽麓書社，1983：304。

〔註169〕陳康祺，郎潛紀聞：卷14，朱漢民，丁平一，湘軍：第8冊，589。

〔註170〕朱東安，曾國藩集團與晚清政局，北京：華文出版社，2007：6。

〔註171〕劉鐵銘，湘軍與湘鄉，長沙：嶽麓書社，2006：93。

舊部，兄弟三人，陣亡其二。〔註172〕

　　（二）臨難不苟

　　湘軍人物在捨生取義上，作為一個武裝化的儒學集團，在歷史上是十分罕見的。不僅表現在人數之眾多、持續時間之久遠，更表現在其臨難赴死之決絕、死難節行之慘烈：

　　1. 赴難的主動性

　　湘軍正式成軍後，自衡州浮湘東下，迎擊再次入湘之太平軍。陸路遣營官儲玫躬援寧鄉。時寧鄉已陷，「眾議以寇盛，宜止屯，玫躬曰：『自吾領軍，皆擊土賊，今遇大賊不進，何以率眾？」遂戰死南門。〔註173〕

　　李續賓三河之敗，原於深入太急，連克四城後分兵太多，作為統將其實已經意識到全軍陷入危局。但李續賓恥於退軍，一面向湖廣總督官文飛書告急，一面繼續進兵。表示「要當盡其所能，以報皇上之恩遇而已，成敗利鈍非所計也。」〔註174〕在被太平軍重重包圍之後，李續賓臨陣草遺折，焚燒文書，做好了赴死的準備。遺折言：「臣起自草茅，受皇上破格之恩，委以軍旅，寄以腹心，自應臨難不苟，見危授命，方為不辱君命。況臣少時飫聞庭訓，頗知節義。昔年粵逆初起，各省官軍不敢接戰，望風而逃，以致淪陷數省，臣實恥之。」〔註175〕

　　2. 赴難的堅定性

　　湘軍將領戰場被俘，史料迄今未發現有變節投敵者。咸豐九年，李孟群兵敗，「傷重而躓。賊擁孟群至盧州，不屈死之。」〔註176〕同治元年，湘軍總兵彭占星赴河南征撚被圍，突圍被執。脅之降，不從，勺水不下口六日，遂被害。〔註177〕王鑫部屬湘軍總兵丁長勝，同治四年於福建汀漳為太平軍所執，

〔註172〕駱秉章，查明已革都司實無潛逃事懇請開覆折（咸豐八年二月二十一日）；駱文忠奏稿：卷8，朱漢民，丁平一，湘軍：第4冊，134。

〔註173〕王闓運，湘軍志：湖南防守篇第一，長沙：嶽麓書社，1983：6。

〔註174〕李續賓，克復舒城縣城疏（咸豐八年）；李忠武公奏疏，朱漢民，丁平一，湘軍：第4冊，514。

〔註175〕李續賓，遺疏（咸豐八年十月初十日）；李忠武公奏疏，朱漢民，丁平一，湘軍：第4冊，514～515。

〔註176〕沈葆楨，吳坤修，重修安徽通志：卷105：武備志，朱漢民，丁平一，湘軍：第7冊，692。

〔註177〕劉鐵銘，湘軍與湘鄉，長沙：嶽麓書社，2006：102。

誘降不從，殺其從者以脅之，仍罵不絕口，遂被害，置屍城外。」〔註178〕同治五年，湘軍將領劉秉珩入英毅營隨征陝西。灞橋之役為撚軍所執，不屈而亡。〔註179〕同治六年，曾國荃部湘軍在湖北蘄水全師敗亡，彭毓橘「督隊血戰，自旦至日晡，馬陷泥淖中被擒，賊脅之降，大罵不屈，遂被害」。〔註180〕「營哨官歿者五十餘員，全軍皆覆。」〔註181〕

3. 赴難的慘烈性

咸豐七年正月，湘軍將領畢金科迫於地方官以糧餉要挾，「驟攻景德鎮，……賊圍之數重，……以刃攢刺隕焉，年止二十五。」〔註182〕同治五年十二月，湘軍灞橋中伏，又直大雪，火器霑濕。撚眾萬騎畢集，漢中鎮總兵蕭德揚以下統領、營官、哨官陣亡約二十餘員，陝西湘軍喪亡三千餘人，幾乎喪失戰鬥力，西安大震。撚軍戰後對湘軍陣亡者「或刳腹剔腸，而詬曰：是中但糠麩耳，敢持虎鬚與我鬥耶？……軍興以來，未有之慘也。」〔註183〕湘軍將領江忠義、黃淳熙、張運蘭等遇難後都被肢解無完屍。

4. 赴難的普遍性

湘軍將弁兵勇全部陣亡人數，一直沒有確切的數據，根據一些文獻記載和地方史研究，僅能窺其大概。咸豐九年，駱秉章奏報「七八年來，內靖土匪，外禦流賊，……其效命疆場者，父前子後。統計湖南勇丁、長夫出境從征者，常不下十餘萬人，而將領、營官、弁目以陣亡蒙恩賜卹者，且數千計，勇丁、長夫之陣亡物故者，奚止數萬！」〔註184〕據劉鐵銘考證統計，從清咸豐二年到同治十年（1852～1871），湘鄉全縣人口五十三萬七千餘人（同治十年數據），亡於戰場者共 21335 人，其中戰死者 15706 人，占 74%，病故者 5624 人，占 26%。咸豐、同治年間，湘鄉每年平均捐軀者千餘人。其中咸豐

〔註178〕劉鐵銘，湘軍與湘鄉，長沙：嶽麓書社，2006：122。
〔註179〕劉鐵銘，湘軍與湘鄉，長沙：嶽麓書社，2006：136。
〔註180〕李元度，彭忠壯公別傳；天岳山館文鈔：卷9，朱漢民，丁平一，湘軍：第9冊，619。
〔註181〕湖北通志：卷73·武備志11：兵事7：撚匪，朱漢民，丁平一，湘軍：第7冊，650。
〔註182〕江西通志：卷132：宦跡錄：饒州府，朱漢民，丁平一，湘軍：第7冊，663。
〔註183〕劉蓉，與曾相國書；養晦堂文集：卷7，朱漢民，丁平一，湘軍：第6冊，455。
〔註184〕駱秉章，請建表忠祠求忠書院折；駱文忠奏稿：卷10，朱漢民，丁平一，湘軍：第4冊，178。

四年、七年，同治元年均達千人以上，咸豐八年 5013 人（因三河之敗）；同治六年達 5148 人（因蘄水之敗）。大量的副將、參將、游擊、都司、守備、外委、千總、把總、六品等等，被列入縣志「選舉志」，其中《世爵》部分，只有極少數有第二代承襲，其餘在「初襲」欄中都是空白，因為他們陣亡時還沒有後代。所謂「世襲」，成了一紙空文。〔註 185〕

據《霆軍紀略》，霆軍「統計歷次陣亡者六千餘人。」〔註 186〕其中大部分是湖南、四川籍兵勇。據貴州提督周達武奏，其所部武字楚軍，「自咸豐九年由湖湘招募成軍，轉戰粵西、楚、蜀、秦、隴之間，……綜計統兵以來，凡陣亡、傷亡、病故文武員弁兵勇，不下一萬五六千人。」〔註 187〕湘軍將領劉岳昭奏，在鎮壓雲南杜文秀回民起事戰爭中，「統計大理一役，將弁士卒先後傷亡者六千餘人。」〔註 188〕左宗棠西征軍殉難湘軍將佐即有高連陞、馬順德、李就山、劉松山、簡敬臨、姚連陞等 14 名。〔註 189〕兵勇「一路惡戰，死於兵，死於疫，死於險阻，死於凍餒者，又何可勝數。」〔註 190〕

三、湘軍氣節觀的軍事政治效驗

以湘軍與綠營軍比對，更能看出湘軍注重「思想建軍」和精選嚴訓治軍方略的重要成效。

1853 年，清廷在江北、江南建立兩個大營以圍困天京。江南大營兵力最厚，達 6～7 萬人，由從廣西一直率軍尾追的清將向榮負責。1856 年 4～6 月，太平軍先破江北大營，再破江南大營，打破了對天京長達 3 年的圍困。1860 年 5 月，重建後的江南大營再次全線崩潰，後任統帥和春及悍將張國梁先後自殺或戰死，從此綠營軍再無實力與太平軍抗衡，江南戰區不得不讓位於新興的湘軍。

江南大營潰敗的主要原因：一是分兵救援浙江導致本營兵力趨薄，是為外因；二是軍餉不繼，導致士卒怨望，渙散無鬥志，是為內因。應該說，內因是

〔註 185〕劉鐵銘，湘軍與湘鄉，長沙：嶽麓書社，2006：70。

〔註 186〕陳昌，霆軍紀略，朱漢民，丁平一，湘軍：第 1 冊；558。

〔註 187〕光緒朝東華錄：光緒元年，朱漢民，丁平一，湘軍：第 5 冊，492～493。

〔註 188〕劉岳昭，會奏克復大理逆首伏誅全郡肅清折；滇黔奏議：卷 9，朱漢民，丁平一，湘軍：第 5 冊，295。

〔註 189〕朱德裳，續湘軍志；湘軍史專刊之一，長沙：嶽麓書社，1983：317。

〔註 190〕朱德裳，續湘軍志；湘軍史專刊之一，長沙：嶽麓書社，1983：317。

主要的。據龍盛運考證，綠營雖然坐餉較低，而行餉卻很高，甚至遠高於湘軍兵勇薪餉。大營「兵勇 10000 人，月支約 10 萬兩。」而咸豐十年頒行的湘軍營制規定「凡統萬人者，每月支銀不准過五萬八千兩」。〔註191〕「大營之勇月餉最高者，比其他省勇營最低者多至三倍，比湘軍多出二倍有餘。」〔註192〕清軍正規軍戰時的優厚待遇，令長期在飢寒中作戰的湘軍豔羨不已。「自寇踞江寧，江南大營恒為浙輕重，傾浙財賦供餉，歲銀幾百萬。湘軍乏於資，則羨覷之。」〔註193〕然而綠營兵尤不自足，往往出隊作戰之前還要挾統帥，額外增加賞錢。大營上下干賞蹈利，甚至一些兵勇還娶妻生子，在前線過起了家居生活。向榮所部每打勝仗一次，一兵要賞銀一兩，後改為三錢，「軍中譁然，誓不出力。」〔註194〕時人評議：「初，和春攻金陵，……值軍餉不繼，擬四十五日發一月之糧，兵勇私布傳單，心漸攜貳。」〔註195〕「和春念饋餉艱難，議月餉三分而減一，其一俟功竣後補給。士卒頗怨。」〔註196〕究其根源，正如閻敬銘跋《胡文忠集》所云：「吾聞江南未敗時，和、鄧諸帥錦衣玉食，倡優歌舞，其廝養者皆賤紈絝，吸洋煙，莫不有桑中之喜，志溺氣惰，賊氛一動，如菌受斧。」〔註197〕

相比江南大營潰散時營中存銀尚數十萬兩，湘軍確足有多者。湘軍「兵力去向、張遠甚，餉不時至，瘟疫盛行，……徒以忠義感召，敵盛而軍不驚，餉匱而士不變，此其所以勝也。」而「月餉三分而減一，湘、淮軍在在有之，其致敗豈盡以此哉！」〔註198〕咸豐六年，湘軍陳湜所部「營中往往斷炊，存餉僅錢八百，碎銀四兩而已。勇丁頗謀潰散，……余令各營官傳諭諸勇，自後無論餉糈之盈絀，不得嘩潰以負帥恩，不得騷擾以增民累。諸營官深明大義，唯唯而去。」〔註199〕湘軍劉岳昭部「計自同治八年奏奉諭旨，每月撥給滇餉銀十二萬一千六百餘兩，迄今四年，所得不及三分之一。」〔註200〕

〔註191〕龍盛運，向榮時期江南大營研究，北京：社會科學文獻出版社，2011：137～138。
〔註192〕龍盛運，向榮時期江南大營研究，北京：社會科學文獻出版社，2011：139。
〔註193〕王闓運，湘軍志：浙江篇第七：曾軍後篇第五，長沙：嶽麓書社，1983：88。
〔註194〕劉平粵匪方略：卷6，20，龍盛運，湘軍史稿，成都：四川人民出版社，1990：47。
〔註195〕王定安，求闕齋弟子記：卷6：平寇3，朱漢民，丁平一，湘軍：第9冊，北京：社會科學文獻出版社，2013：57。
〔註196〕王定安，湘軍記：卷8，湘軍史專刊之二，長沙：嶽麓書社，1983：115。
〔註197〕王之春，椒生隨筆：卷4：軍營積習，朱漢民，丁平一，湘軍：第8冊，531。
〔註198〕王定安，湘軍記：卷8，湘軍史專刊之二，長沙：嶽麓書社，1983：119。
〔註199〕陳湜，病榻述舊錄，朱漢民，丁平一，湘軍：第1冊，643。
〔註200〕劉岳昭，會奏克復大理逆首伏誅全郡肅清折子；滇黔奏議：卷9，朱漢民，丁平一，湘軍：第5冊，295。

在與軍紀維持和作戰方面，其他軍隊表現亦不如湘軍。「皖、浙諸軍將如大富者，已號能戰，然其戰守猶不及張運蘭等，故寇恒避湘軍。」〔註201〕劉蓉言「川軍舊稱強勁，所向有功，顧自滇匪入川，未嘗一著戰績」，主要原因在於其將官志圖漁利，無敵愾之情，部曲意務偷安，不作建勳之想。同治年間，蘭州省城糧食缺絕，每市斗麥一石遞長至銀百八十兩，綠營因饑變亂，「五營標兵擁至督署並軍需局，排門而入，鳴槍搶劫。值臣留省協守之幕友委員急出彈壓，概行遇害，及親兵上下百餘人，一律殺斃。」甚至引寇攻城。而與此同時，湘軍「各路近賊營壘，日食一餐尚不可得，猶且忍饑接戰，不敢言勞，較之伊等身家坐食城中者，相去何啻天壤！」〔註202〕

湘軍後期亦有嘩變等情形，然總旋發旋滅，不致影響大局。如左宗棠征陝西寧夏之時，所屬雷正綰部將領雷恒、李高啟以雷的名義，持令箭逼令士卒同叛，並殺兵勇一百八十名。「該勇等共知大義難安，已多哄散，……雖值糧餉匱乏，尚未離心。」劉蓉感歎道：「蓋賴我國家漸靡之澤，人人至深，故賤卒亦識尊親，臨難能分順逆」。〔註203〕人心相背，充分反映了湘軍思想訓練已經深入人心，在危急時刻士卒多能明理知恥。

第三節　湘軍發展重心轉移及後期湘軍軍事實踐

縱觀湘軍發展史，其重心有兩次較大轉移：一是由湘軍而孳生淮軍，二是大裁軍後由曾湘軍轉移到左湘軍。通過比較湘軍不同支脈理學化程度，可以得出這一結論：理學浸淫最深的王鑫老湘營戰鬥力最強最持久。

曾國藩在攻克金陵之後，即著手大量裁撤湘軍，尤其是所部直系湘軍。「昔年所部十餘萬人，多係湘軍，今日裁撤殆盡，存者不及二萬。」〔註204〕主要原因：一是自剪羽翼以消除朝廷對曾氏兄弟的疑慮，這是政治上最重要的因素；二是沉重的財政負擔導致曾國藩不得不在主要戰爭結束後裁軍節餉；三是曾國藩認識到直系湘軍在進攻金陵前後習氣已深，為保留令名，全

〔註201〕王闓運，湘軍志：浙江篇第七：曾軍後篇第五，長沙：嶽麓書社，1983：59。
〔註202〕楊岳斌，查覆省城兵變折（同治五年三月十七日）；楊勇愨公遺集：卷8，朱漢民，丁平一，湘軍：第4冊，北京：社會科學文獻出版社，2013：596。
〔註203〕劉蓉，密陳涇州軍心危疑疏（同治四年十二月二十二日）；劉中丞奏議：卷14，朱漢民，丁平一，湘軍：第5冊，204，205。
〔註204〕曾國藩，致劉霞仙中丞；曾文正公全集：書札：卷25，朱漢民，丁平一，湘軍：第6冊，55。

身而退，只能只能以「暮氣」為由大加裁撤。王闓運曾質疑曾國藩所謂「暮氣」之說：「國藩本以憂懼治軍，……力言湘軍暮氣不可復用，主用淮軍，後以平撚寇。然席寶田、左宗棠仍募湘軍征苗、回，竟定塞外，棱威天山，烏睹所謂暮氣者邪？」〔註205〕其實曾國藩所指暮氣，主要是其統領的直系湘軍。

「夫兵猶火也，不戢則焚。」〔註206〕因裁軍不慎而引起兵變，騷亂乃至流為盜寇者不乏先例。湘軍千里遠征，裁撤實非易事。曾氏兄弟殫精竭慮，為順利裁軍設計了較為妥善的組織辦法。一是整營裁撤，由原官統帶回鄉；二是以水師戰船運輸，不由陸路，以免騷擾地方；三是籌措大批經費，清除欠餉，且只發部分，剩餘部分待回籍後發給。「裁撤遣散各勇所有應領欠餉，金陵全不給還，護送還鄉，僅給川費，欠餉盡赴東征局算還。故彼時所撤之勇全不滋事，而抵家之日均有餘資，乃皆安心歸農，不至流落他省」。〔註207〕這些舉措，都很好地預防了裁撤中可能發生的種種弊端。湘軍大裁撤的同時，內戰還遠未結束。東南仍有數十萬大股太平軍餘部流動作戰，中原地區撚軍與太平軍餘部匯合後如火如荼，西北、西南回民變亂蜂起，黔地生苗武裝變亂頻仍。曾國藩為填補湘軍裁撤後軍事力量的空白也作了預先安排。一是撤湘用淮，把後期作戰責任託付給李鴻章的新建淮軍；二是湘軍水師經制軍化。建議朝廷在湘軍水師基礎上組建統一的長江經制水師，由彭玉麟統領。同治五年正月，曾、彭奏請「瀕江五省，戰事大定。前募水勇，請改為經制水兵。」六月，軍機大臣即「會奏依行，編《章程》六捲入《方略》，垂示後世，頒之天下。」〔註208〕三是暫時精簡保留部分戰鬥力較強的湘軍，如左宗棠的楚軍、鮑超的霆軍、王鑫留下的老湘營以及在西南作戰的幾支湘軍部隊。這種新的軍事格局的出現，非曾國藩一人之力，但與其戰略擘畫實有不可分割的關係。應該說，曾國藩在關係湘軍前途命運的關頭，表現出了一個成熟政治家的博大胸襟和遠見卓識。

從後來局勢發展來看，湘軍的大量裁撤使得淮軍坐大，並成為剿撚主力。

〔註205〕王闓運，湘軍志：曾軍後篇第五，長沙：嶽麓書社，1983：70。

〔註206〕胡林翼，飭各統帶查辦各營；胡林翼集：第2冊，長沙：嶽麓書社，1999：1008。

〔註207〕論欠餉報捐事：申報第937號（1875年5月19日），朱漢民，丁平一，湘軍：第8冊，122。

〔註208〕王闓運，湘軍志：水師篇第六，長沙：嶽麓書社，1983：86。

東南太平軍餘部在左宗棠楚軍、鮑超霆軍和席寶田部湘軍的聯合剿滅下徹底失敗。曾國荃後任湖北巡撫，重新組建的新湘軍在湖北蘄水幾乎全軍覆亡。鮑超霆軍後北調協助剿撚，在尹隆河大捷後因與淮軍矛盾激化，且不願西征而被裁撤。湘軍系統中惟有左宗棠楚軍與老湘營在戰爭中合流，老湘營成為左系湘軍中的主力軍。其中原因固然不一而足，但不可否認的是，理學思想浸染最深的湘軍軍系，其政治軍事生命力保有的時間最長。「海內知兵者謂湘軍轉戰十餘省，率多暮氣，唯松山若皎日初旭。」〔註209〕

克復金陵之後，湘軍久戍思歸。曾國藩在陝甘總督楊岳斌平陝無功，陝西巡撫劉蓉兵敗灞橋，西安震動，朝中質疑之聲遍起的危急時刻，調老湘營劉松山西援，「率步卒數千馳入關，敗賊於晉城堡姜彥村」。〔註210〕一戰而穩定了局勢。後朝廷罷楊岳斌、劉蓉之職，起用左宗棠平甘陝。老湘營之所以在湘軍「強弩之末」之後，仍保持了強大的凝聚力戰鬥力，為曾、左所倚重，主要應歸因於其為長期以來實施理學治軍原則最為堅定的一支湘軍。全軍自統將以下多有風骨，習苦耐勞，軍容整肅，紀律嚴明。劉蓉曰：「老湘營者七千人，頗嚴整健鬥，猶存湘軍規模。」〔註211〕

當時「湘軍之平粵逆也，首尾十二、三年，……久役思歸，又南人不慣麥食，聞剿撚，率不樂隨徵。雖文正亦以軍士積勞久，擬資遣，或別募生力軍，不強摯以從。」〔註212〕即使湘軍之冠鮑超「亦自憚於遠行。蓋公平日馭軍尚驍勇，不尚紀律，出關之役，將士均以為苦，故公亦悵悵，此不必為賢者諱也。」〔註213〕在楊、劉無功，西北大局震動之際，劉松山聞令投袂而起。「立帥所部渡江。有嘩餉不肯北渡者，公廉得其魁，誅數人而事定。」〔註214〕自覺擔負起了平定西北的大任。

〔註209〕何維樸，劉襄勤史傳稿，朱漢民，丁平一，湘軍：第9冊，北京：社會科學文獻出版社，2013：435。

〔註210〕李元度，敕建劉忠壯公祠碑；天岳山館文鈔：卷4，朱漢民，丁平一，湘軍：第3冊，276。

〔註211〕劉蓉，與左季高制軍；養晦堂文集：卷7，朱漢民，丁平一，湘軍：第6冊，453。

〔註212〕李元度，劉忠壯公別傳；天岳山館文鈔：卷7，朱漢民，丁平一，湘軍：第9冊，421。

〔註213〕陳康祺，郎潛紀聞四筆：卷5，朱漢民，丁平一，湘軍：第8冊，595。

〔註214〕李元度，劉忠壯公別傳；天岳山館文鈔：卷7，朱漢民，丁平一，湘軍：第9冊，421。

左宗棠平定西北、新疆，主要戰將為劉松山、劉錦棠叔侄，以及楚軍劉典湘軍，張曜、宋慶的豫軍及駐新疆八旗金順部、董福祥漢回降軍等，而必以老湘營為主力。平定甘陝之時，左宗棠「所部近百營：劉松山領萬餘人，郭寶昌三千人，劉厚基三千人。是為剿捻之師；高連陞三千人，劉典五千人，是為剿回之師；楊和貴、周金品三千餘人屯鳳翔，周紹濂二千餘人屯宜君，吳士邁千餘人防渭；復以親兵三千餘人，水師千人，黑龍江馬隊千餘人，分布華州、華陰、潼關、渭南，是為兼討捻、回之師。」〔註215〕老湘營約占剿捻回一線部隊的 40%。光緒初，為收復新疆，集結在西北的軍隊有一百四五十個營，約六七萬人，一線部隊約 80 多個營 4 萬人。其中老湘軍在出關時約 25 個營，進軍南疆時增至 29 營，最後增至 32 營。其中步兵 19 營，騎兵 12 營，炮兵 1 營，總計兵力一萬二千至一萬三千人左右，占收復新疆第一線部隊的 30%。因此「西疆之役，以老湘營為首功。」〔註216〕左宗棠西征軍「將領以湘人為最多，軍中自營官以至下士，大抵皆湘人。」而其中「三軍之率，視吾旗鼓，老湘營當之矣。」〔註217〕

老湘軍在西征過程中，歷經艱辛，終成大功，尤其是收復新疆之役，堪稱史詩性的戰爭，將老湘營的儒學治軍傳統作了進一步的發揮。

（一）勇於赴義，公而忘私

劉松山非書生出身，而是王鑫所部由勇丁拔擢的大將。在王鑫軍中長期的儒學思想薰陶下，勇於赴義，公而忘私，頗有儒將之效，成為老湘軍的靈魂人物。其「治兵嚴，不尚苛察；臨財廉，不肯苟取。其行師禦敵，得古人靜如山、動如水之義。居心仁厚，而條理秩如。語及時局艱危，輒義形於色，不復知有身家性命。」〔註218〕因戰功卓著，曾國藩「待之以國士」。〔註219〕特別難能可貴的是，湘軍西行，「因陝境殘破，諸將皆觀望。惟松山毅然自任，率師西行，曾國藩尤重之。」〔註220〕其「從征伐十八載，僅募勇歸籍一次，

〔註215〕王定安，湘軍記：卷 17，湘軍史專刊之二，長沙：嶽麓書社，1983：284。
〔註216〕徐宗亮，歸廬談往錄：卷 1：錄上，朱漢民，丁平一，湘軍：第 8 冊，北京：社會科學文獻出版社，2013：626。
〔註217〕朱德裳，續湘軍志；湘軍史專刊之一，長沙：嶽麓書社，1983：315。
〔註218〕李元度，劉忠壯公別傳；天岳山館文鈔：卷 7，朱漢民，丁平一，湘軍：第 9 冊，426。
〔註219〕清史稿：第 4 冊：卷 409：列傳 196：劉松山，北京：中華書局，1989：3076。
〔註220〕清史稿：第 4 冊：卷 409：列傳 196：劉松山，北京：中華書局，1989：3076。

家居十餘日耳。」「年三十有七，聘婦未娶者二十餘年。」婦家送女至南陽兩年餘，方奉左宗棠命於軍務暇時完婚，婚甫半月即率軍西行。連一向苛於評人的左宗棠都感歎：「觀人於微，雖古良將何以過之！」〔註221〕

在處理國家和個人關係問題上，劉松山成為當時湘軍將領中的典範。「松山為將，以膽勇自雄，轉戰吳、楚、閩、粵、豫、晉、燕、齊、秦、隴，常首先陷陣。自入靈州，蕩平堡寨五十，賊巢九十餘，策馬當前，躬冒鋒鏑。」〔註222〕因出身太低，劉松山從征多年卻一直聲名不著，直到西征甘陝才真正開始獨任方面。「自結髮從戎，轉戰十四行省，平粵匪、撚匪、回匪，與賊相始終。尤偉者，保垂危之秦，救不支之晉，又遠衛畿甸，以步當馬，為天下先。」〔註223〕

同治九年正月，劉松山攻陝西金積堡陣亡，其侄劉錦棠繼統其軍。左公慮新喪主將，「貽書有『堅守退屯』之語。公以為不力戰則靈州不保，必齊致死而後此軍可全，乃秘其書，一戰擒馬五，再戰大破河狄之援賊，軍聲復振。」〔註224〕老湘軍繼任者劉錦棠一開始就表現出毫不逡巡退縮的姿態。劉錦棠堅定地繼承了老湘軍的風骨，多親臨前敵。在達阪城之戰中，「策馬巡城壕，誘賊出擊，所至子下如雨，從騎有傷者。錦棠所乘馬亦斃，易馬而前。」〔註225〕

（二）廉介自持，惟法是從

老湘軍進兵西北之後，因轉輸艱難，糧餉尤為拮据。據左宗棠言：「老湘軍專餉，自曾文正至沈制軍，積欠至今已五十八萬數千兩。」〔註226〕以全軍近萬人計，合每名五十餘兩。劉松山曾就此事向曾國藩稟報，請求撥發部分欠餉。卻遭曾氏一頓搶白：「該鎮向來辦事，頗有忠勇明決氣象，前次請銀一稟，未免太不知足，深恐流入鄙瑣一路。……總要銀錢看得輕，然後

〔註221〕李元度，劉忠壯公別傳；天岳山館文鈔：卷7，朱漢民，丁平一，湘軍：第9冊，426。
〔註222〕曾毓瑜，征西紀略：卷2：陝甘靖寇記中，朱漢民，丁平一，湘軍：第8冊，654。
〔註223〕湖南通志：卷74：典禮志4：祠廟一：左宗棠「敕建劉忠壯公祠碑」，朱漢民，丁平一，湘軍：第7冊，380。
〔註224〕何維樸，劉襄勤史傳稿，朱漢民，丁平一，湘軍：第9冊，439。
〔註225〕魏光燾，勘定新疆記，朱漢民，丁平一，湘軍：第2冊，628。
〔註226〕左宗棠，答楊石泉；左文襄公全集：書牘：卷23，朱漢民，丁平一，湘軍：第6冊，北京：社會科學文獻出版社，2013：121。

志氣振得起，如果統領毫無私蓄，各營將士，無不共知共諒也。」〔註227〕曾國藩王顧左右而言他，亦確有「無米之炊」的難言之隱。朝廷積欠薪餉，當時往往成為騷擾民間的正當理由，如鮑超的霆軍，曾國荃的吉字營，李鴻章的淮軍，都有此積習。因欠薪在先，統兵官即不便於認真約束。但從目前史料來看，老湘軍確無騷擾劫掠之記錄。老湘軍自王鑫時起，就嚴禁擾民，且禁止兵勇私蓄銀錢，禁止在戰場拾取敵人財物。而劉松山本人亦只剩下以身作則「毫無私蓄」這一條約束行伍之路了。

即便如此，劉錦堂仍嚴格遵守王鑫所立法度。清軍復金積堡，「諸軍皆爭收其貨財，錦棠嚴束所部，閉營不出，由是賊亦獨服老湘軍。故所向功每冠諸軍。」〔註228〕「其南路纏回素苦安集延淫虐與白彥虎騷擾，聞湘軍釋歸降眾，宣播威德，所下城邑秋毫無犯，皆日夜延頸盼望我軍。比至，望風投命。」〔註229〕「錦棠後撫新疆，……其廉介尤不可及，亦儒將之效云。」〔註230〕因老湘軍律己太甚，以致左宗棠不得不另闢專款，每月特批一萬兩作劉錦堂支配之用。

（三）堅毅不拔，耐戰不屈

用兵西北及邊疆，不僅要面對強悍的回軍戰騎，而且要克復糧餉不繼、環境惡劣、外國勢力干涉等前所未有的困難。「士而懷居，不足以為士也」。以老湘軍為主力的左系湘軍跨越大半個中國，遠征極域，「師行所至，率皆荒夐阻絕之區，石壁冰梯，上插霄漢，鳥道陡絕，猱附而升，俯視幽壑，冥不見底。」〔註231〕「局中之苦，洵非楮墨所能盡者。」〔註232〕

當時「西征全軍一月滿餉需銀六十萬兩。」〔註233〕因糧餉困難，左宗棠「不得已與各營約，除月給鹽菜、米糧銀兩外，準於三節籌給一月足餉，以固

〔註227〕曾國藩，批老湘營劉鎮松山稟懇仍準添設新四營以敷剿賊由（同治五年十二月初三日）；曾國藩全集：第13冊：批牘，長沙：嶽麓書社，2013：376。
〔註228〕何維樸，劉襄勤史傳稿，朱漢民，丁平一，湘軍：第9冊，430。
〔註229〕曾毓瑜，新疆靖寇記；征西紀略：卷4，朱漢民，丁平一，湘軍：第8冊，661。
〔註230〕朱德裳，續湘軍志；湘軍史專刊之一，長沙：嶽麓書社，1983：277。
〔註231〕魏光燾，勘定新疆記，朱漢民，丁平一，湘軍：第2冊，639。
〔註232〕易孔昭，胡孚駿，劉然亮，平定關隴紀略，朱漢民，丁平一，湘軍：第2冊，597。
〔註233〕易孔昭，胡孚駿，劉然亮，平定關隴紀略，朱漢民，丁平一，湘軍：第2冊，599。

軍心。」〔註234〕然而，隨著欠餉增加，一年三月足餉亦不能實現，同治十二年左宗棠奏：「截至本年九月，共欠一千七百九十六萬餘兩。而臣軍近數年僅能發年終一月滿餉。」〔註235〕至光緒初，積欠甚至達到二千七百四十餘萬。這種情況只到經左宗棠奏請朝廷嚴飭協餉各省按期繳納，「倘逾限不解，即由左宗棠指名嚴參」之後才有所改觀。〔註236〕

左宗棠軍平定西北之戰約分兩期，一是定關內，二是復新疆，兩個戰略目標相距數千里，甘陝回軍不僅長於騎射，且「素業獵性，槍法至以條香為的，命中百不失一。」〔註237〕新疆喀什噶爾叛軍武裝，甚至延請「土耳其國某武弁備訓練之需，日聚喀兵，教以作進退之法，以三點鐘為率。該兵士皆改用西國服色，其軍容真有如茶如火如墨之觀。」〔註238〕

湘軍千里喋血轉戰。「劉松山自入陝以來，大小三十餘戰，以寡敵眾，每戰皆捷，未嘗自鳴其勞。」〔註239〕湘軍「穿重險千餘里，堅堡數百座，奪據要隘，擊退西寧、河州援賊，徑搗老巢，中路諸軍之徑趨峽口，不顧餉道，不防後路，皆犯兵家之忌。將領、士卒半帶重傷，而戰無虛日，氣不少衰，卒能履險如夷，平茲積年巨患。其功固偉，其勞苦尤為可矜。」〔註240〕劉錦棠孤軍深入，「兩月有餘，大小五十餘戰，又邊地苦寒，冰稜凝結最早。計五十餘戰中，半系夜不收隊，露立冰天雪窖中，厥功懋矣。」〔註241〕

湘軍平定關隴，迭經血戰。金積堡回首馬化隆等「負隅數世，阻秦、漢二渠，自峽口屬之永寧洞，環數百城堡，寨五六百相望。大吏輒相承以官羈

〔註234〕易孔昭，胡孚駿，劉然亮，平定關隴紀略，朱漢民，丁平一，湘軍：第2冊，598。

〔註235〕易孔昭，胡孚駿，劉然亮，平定關隴紀略，朱漢民，丁平一，湘軍：第2冊，599。

〔註236〕易孔昭，胡孚駿，劉然亮，平定關隴紀略，朱漢民，丁平一，湘軍：第2冊，598～599。

〔註237〕劉錦棠，請率師與法夷決戰折；劉襄勤公奏稿：卷7，朱漢民，丁平一，湘軍：第5冊，37。

〔註238〕喀酋近事：申報第1072號（1875年10月23日），朱漢民，丁平一，湘軍：第8冊，128。

〔註239〕易孔昭，胡孚駿，劉然亮，平定關隴紀略，朱漢民，丁平一，湘軍：第2冊，北京：社會科學文獻出版社，2013：393。

〔註240〕易孔昭，胡孚駿，劉然亮，平定關隴紀略，朱漢民，丁平一，湘軍：第2冊，北京：社會科學文獻出版社，2013：525。

〔註241〕易孔昭，胡孚駿，劉然亮，平定關隴紀略，朱漢民，丁平一，湘軍：第2冊，北京：社會科學文獻出版社，2013：527。

麼,莫敢誰何,且倡為可撫不可剿之說。……殺害官長,侵據列郡,寧、靈、河狄亟被其患。宗棠暴其罪於朝,發兵征之。」〔註242〕湘軍依靠近代武裝和陣法,以步兵為主,抗擊以騎兵為主的回軍。圍金積堡時,「西寧回目馬(朵)〔尕〕三,嘗以千五百騎陰助馬化隆,未半月,折其大半逃歸,繇是……各回酋莫敢援化隆。」〔註243〕經過兩年圍困,1871年馬化隆勢窮而降,為清軍俘殺,金積堡地區徹底平定。

湘軍在西北惟一一次較大軍事失利發生在1872年。在甘肅河州(今臨夏)太子寺爛泥溝戰役中,回首馬占鰲利用隆冬氣候誘敵深入,中心突破,一舉擊敗湘軍。即便如此,在提督傅宗先、徐文秀戰死,全軍潰敗過程中,湘軍仍多次自發組織反擊,而馬占鰲亦乘勝請降。在復肅州之戰中,湘軍「自八月至十月,六十餘日,血戰五十餘次,每戰必勝,徑薄西寧。故河、湟之功,與金積堡相埒,將士勞烈,為漢、唐所未有。」〔註244〕1873年,湘軍定西寧,迫降肅州,關內一律肅清。

1875年5月,清廷命左宗棠以欽差大臣督辦新疆軍務。次年初老湘軍在肅州誓師,整旅出征新疆。1876年8月,西征湘軍克古牧地、烏魯木齊,11月克瑪納斯,收復北疆。次年4月,老湘軍開始逾天山山脈征南疆。「饗士卒三日,發砲勒軍,聲若雷走,冰山為之震壞。逾嶺而南,銜枚夜襲達阪。」〔註245〕因進軍神速,達阪城守軍於黎明時分,「瞥見官軍環列城外,驚為從天而下。」〔註246〕老湘軍「於冰霜凌冽彌望戈壁之中,一月馳驟三千餘里,收復喀喇沙爾、庫車、阿克蘇、烏什四城,南疆已復其半。」〔註247〕至1878年1月,湘軍從浩罕國入侵者手中收復除北疆伊犁以外全部新疆領土。左宗棠後來評論道:「惟邊陲征戰之苦百倍內地,自關外用兵,老湘諸軍各員弁懷忠抱愨,踴躍前驅,仰仗國家福威,逆氛迅掃,全疆敉平。」〔註248〕

〔註242〕何維樸,劉襄勤史傳稿,朱漢民,丁平一,湘軍:第9冊,428。
〔註243〕湖南通志:卷74:典禮志四:祠廟一:左宗棠「敕建劉忠壯公祠碑」,朱漢民,丁平一,湘軍:第7冊,380。
〔註244〕朱德裳,續湘軍志;湘軍史專刊之一,長沙:嶽麓書社,1983:287。
〔註245〕何維樸,劉襄勤史傳稿,朱漢民,丁平一,湘軍:第9冊,433。
〔註246〕袁大化修,王樹枏等纂,新疆圖志:卷116:兵事二,朱漢民,丁平一,湘軍:第7冊,800。
〔註247〕何維樸,劉襄勤史傳稿,朱漢民,丁平一,湘軍:第9冊,434。
〔註248〕劉錦棠,湘軍文武員弁積勞病故請恤折(光緒七年七月二十七日);劉襄勤公奏稿:卷2,朱漢民,丁平一,湘軍:第5冊,8。

左宗棠作詩記述湘軍平定西北之功曰：「直從甌海指黃河，萬里行程枕席過。道出中原宸極近，膽寒西賊楚聲多。」〔註249〕並提甘肅嘉峪關湘軍昭忠祠集句楹聯云：「日暮鄉關何處是，古來征戰幾人還。」「措語渾成，天造地設，語義中又有無限淒涼感概。」〔註250〕

（四）智勇並舉，軍政協同

左系湘軍繼承發揚了湘軍勇於任事、長於智謀的特點，尤其注重軍政協同。與其他清軍一味羈縻或一味殺戮不同，在平亂中既強調軍事打擊又採用政治手段，為長治久安奠定了政治基礎。

劉錦棠之父劉厚榮於咸豐四年隨軍戰死岳州。錦棠「年九歲，聞父喪，輒願一得，當以滅賊，報其父仇。……家貧，依其祖母陳以居，不忍遽去。好言兵，然不肯競讀孫吳諸書。」年十五，即從叔父松山江西行營「參畫方略，輒得其機要。」〔註251〕多年贊襄軍謀，奠定了其智將的基礎。松山陣亡，老湘軍「新失主將，事權不一，軍中為之奪氣。」左宗棠有退兵之意，劉錦棠「秘其書，乃雪涕誓師……」，「坐諸將上坐，而身自卑抑，問方略，」以叔父行稱之。「諸將皆涕下，奮起一戰。」〔註252〕「錦棠每將兵，所至必親周視地形。每出戰，戒其將領曰：『兩軍對敵，久立彌時者必勝。即敗，毋輒動。』軍中守其令，不敢易，故諸賊望老湘軍若山立不可撼。」〔註253〕左宗棠奏：「劉錦棠自接統老湘軍馬步全軍以來，合輯將士，恪遵紀律，謀而能斷，慮以下人。其臨陣身先士卒，英銳絕倫，實統將中不可多得之才。」〔註254〕

左宗棠採用劉蓉、王心柏之策，謀劃平定甘陝西疆戰略，從一開始就意識到：「至辦此賊，與辦發賊、撚逆機局不同，方略各異。」〔註255〕縱觀左宗棠戰略謀劃，可謂絲絲入扣，若合符節。

〔註249〕左宗棠，崇安道中和同征諸子用原韻；左文襄公全集：詩文：文集：卷5，朱漢民，丁平一，湘軍：第3冊，128。

〔註250〕劉體信，萇楚齋續筆：卷7，朱漢民，丁平一，湘軍：第8冊，北京：社會科學文獻出版社，2013：882。

〔註251〕何維樸，劉襄勤史傳稿，朱漢民，丁平一，湘軍：第9冊，428。

〔註252〕何維樸，劉襄勤史傳稿，朱漢民，丁平一，湘軍：第9冊，429。

〔註253〕何維樸，劉襄勤史傳稿，朱漢民，丁平一，湘軍：第9冊，435。

〔註254〕何維樸，劉襄勤史傳稿，朱漢民，丁平一，湘軍：第9冊，430。

〔註255〕易孔昭，胡孚駿，劉然亮，平定關隴紀略，朱漢民，丁平一，湘軍：第2冊，525。

　　從具體平定關隴戰略看，湘軍採取了先內後外、先撚後回的方針，步步為營，防固後路。剿滅撚軍穩固西安後，逐步向關隴河湟推進。就平定回軍而言，先定陝回，後攻甘回，圍城打援，各個擊破。關內肅清之後，左宗棠批評了「或以為事可緩圖，或以為功可速就，或主撤兵節餉」三種觀點，〔註256〕打破「不勤遠略」的思維，於光緒二年春主動請纓，精選士卒，厚集糧草，兵出塞外，採取先北後南，「緩進急戰」的戰略，迅速收復新疆。「今官軍出塞，自宜先剿北路烏垣等處，而後加兵南路。……由此而下兵南路，其勢較易。是致力於北而收功於南也。」〔註257〕「此次師行順迅，掃蕩周萬數千里，克名城百數十計，為時則未滿兩載也，而決機制勝全在『緩進急戰』四字。」〔註258〕左宗棠「從督師肅州到進軍北路，相隔兩個月；從收復北路到進軍吐魯番，相隔半年，從收復吐魯番到進軍南路。相隔4個月，整個作戰準備時間長達11個月，而實際作戰時間只有半年多。古牧地之戰，是雙方主力的首次交鋒。清軍6天結束戰鬥，達阪城之戰，只打了4天，攻佔烏魯木齊，僅用8天，收復吐魯番，殲滅阿古柏主力一半，也僅用了12天時間。」〔註259〕

　　對於乘亂佔領中國伊犁地區的俄軍，左宗棠採取先定內亂，再謀求政治軍事解決的方針，「就兵事而言，欲杜俄人之狡謀，必先定回部；欲收伊犁，必先克烏魯木齊。」〔註260〕對伊犁問題「先之以議論，委婉而用機；次決之以戰陣，堅忍而求勝。」〔註261〕即使俄國多方要挾，甚至增兵備戰，調遣艦隊在渤海一帶遊弋威脅京畿，左宗棠仍力持清政府不為所動，做好了決戰準備。作為理學經世派，湘軍能自覺地從政治角度考量邊亂問題。對西北兵亂，左宗棠提出「且防且剿，且戰且耕，不專恃軍威為勘定之計。」〔註262〕「南疆底定，……至其本原，則仁義節制頗有合於古者之用兵。埋全於常而效見於奇。……賊以其暴，我以其仁，賊以其詐，我以其誠，不以多殺為功，而以妄

〔註256〕魏光燾，勘定新疆記，朱漢民，丁平一，湘軍：第2冊，621。
〔註257〕魏光燾，勘定新疆記，朱漢民，丁平一，湘軍：第2冊，621。
〔註258〕左宗棠，與孝勳孝同（光緒四年）；左宗棠全集：家書：詩文，長沙：嶽麓書社，1987：204。
〔註259〕郭文深，左宗棠用兵策略及其在收復新疆中的實踐運用，廣西社會科學，2007（9）：116。
〔註260〕劉泱泱等點校，左宗棠全集：書信：第2冊，長沙：嶽麓書社，2009：326。
〔註261〕朱孔彰，左文襄公別傳；中興以來功臣別傳，朱漢民，丁平一，湘軍：第9冊，124。
〔註262〕劉泱泱等點校，左宗棠全集：奏稿：第3冊，長沙：嶽麓書社，2009：679。

殺為戒。」〔註263〕「欲舉其種而滅之，無此理，亦無此事。」〔註264〕湘軍通過大量收降、安置回民難民，緩解激化了的民族矛盾。「然受撫之回，即董志原一役，已至十七八萬，自後破金積堡，收河、肅，復新疆，在在處處莫不有受撫之回，亦莫不有拔出之難民，校其人數，動以萬計。宗棠分別回漢，擇地安插，……為之建居室，置農器，購籽種，籌賑餉，而修理橋樑，平治道路，設置公廨，……至今出潼關，走西安大道，迢遞以至玉門關，兩旁柳蔭如幄，千里不絕，西人呼為「左公柳」。〔註265〕

在西征過程中，湘軍比較注意區分良莠，縮小打擊面。如光緒三年九月，劉錦棠收復喀喇沙爾。在追殲逃敵過程中，以遠鏡「瞭望回眾數萬，持槍矛者僅千人，餘皆難民被脅。劉錦棠令曰：『持械者斬，餘勿問』」。〔註266〕後人評價其「以不忍之心，行忍人之政，殺人之中亦有禮焉。」〔註267〕劉錦棠「其用兵，善遇戰士，尤不嗜殺，故人樂為用。出師未二年，拓地萬里，不過數大戰。自余招徠款服百有餘萬，翕然若嬰兒之得慈父。自庫爾勒逐賊兩月，趲行五千餘里，未嘗亡失一裨將。」〔註268〕

為進一步穩定新疆，左宗棠、劉錦棠建議新疆設省，同時大力推行軍屯，興修水利，開放商路，不僅密切了新疆與內地的政治經濟聯繫，而且使之在戰後煥發出新的生機。湘軍「在西陲，凡駐紮之處，必督兵開荒地，一以習勞，一以積穀。故公所在米價皆賤。及撤營後，以其地付地方官發給貧民。」〔註269〕「楚軍習工作而耐勞，年來城堡、橋、路、水利煥然改觀，多楚人之力，可覆按耳。」〔註270〕作為首任新疆巡撫，劉錦棠自戰後留守新疆近十年。「以祖母老病，累疏乞歸省，不許。十三年，申前請，始俞允。錦棠悉召諸部酋長大酺，遂發。所過，黃童白叟望風相攜負以迎，往往擁車數日

〔註263〕左宗棠，與孝勴孝同（光緒四年）；左宗棠全集：家書：詩文，長沙：嶽麓書社，1987：204。

〔註264〕左宗棠，與孝威（同治八年四月廿四）；左宗棠全集：家書：詩文，長沙：嶽麓書社，1987：142。

〔註265〕朱德裳，續湘軍志；湘軍史專刊之一，長沙：嶽麓書社，1983：279。

〔註266〕魏光燾，勘定新疆記，朱漢民，丁平一，湘軍：第2冊，北京：社會科學文獻出版社，2013：633。

〔註267〕朱德裳，續湘軍志；湘軍史專刊之一，長沙：嶽麓書社，1983：300。

〔註268〕何維樸，劉襄勤史傳稿，朱漢民，丁平一，湘軍：第9冊，435。

〔註269〕姚永樸，舊聞隨筆：卷3：左文襄公，朱漢民，丁平一，湘軍：第8冊，846。

〔註270〕左宗棠，答楊石泉；左文襄公全集：書牘：卷23，朱漢民，丁平一，湘軍：第6冊，121。

不得走。」〔註271〕可見新疆民眾愛戴之情。

以老湘軍為代表的左系湘軍，將湘軍發展推上了歷史的高峰。左宗棠言「儒生眼界不可不寬，勿謂今人不如古人。」甚至由衷地發出了「衛、霍不足偉也」的豪歎。〔註272〕錢基博評價說：「歷古以來，書生戎馬，而兵鋒所指，東極於海，西盡天山，縱橫軼蕩，未有如宗棠者也」。〔註273〕王定安在《湘軍記》中評論湘軍「北儷烏桓，南渡臺、澎、越裳，西北涉流沙達烏孫，西南暨于闐、蔥嶺，武功之隆，近古罕觀。」〔註274〕後人評價老湘軍時，自然聯想到了它的創始人王鑫：「蓋老湘營一軍歷二十餘年，戰績幾遍天下，鑫之規模宏遠矣。」〔註275〕

第四節　湘軍軍事實踐中對理學的疏離

湘軍是晚清一支以理學文化立軍，將軍隊建設、戰略戰術與儒學緊密聯繫在一起的一支新軍。總的來說，湘軍上下對理學思想及其文化價值是高度服膺和堅守的。但由於種種原因，其對理學原則和理想在軍事實踐中也常有背離的一面，尤其在湘軍後期比較明顯。產生這一現象的原因比較複雜，也對湘軍的評價帶來了一定的困難。正如章太炎所說，對曾國藩「譽之則為『聖相』，讞之則為『元兇』」。〔註276〕

湘軍在軍事實踐領域對理學思想的背離，主要表現在以下方面：

（一）施行酷法

曾國藩認為大規模民變緣於地方有司平日寬縱無度，執法不嚴，因此必須用重典反其道而行之。「有司亦深知其不可遏，特不欲其禍白我而發，相與掩飾彌縫，苟且一日之安，積數十年應殺不殺之人，而任其橫行。……若非嚴刑峻法，無以折其不逞之志。」因而欲純用重典，即使「雖得殘忍嚴酷之名，所不敢辭。」〔註277〕曾國藩在長沙幫辦團練時設「審案局」，一反故往所為，「匪

〔註271〕清史稿：第4冊：卷454：列傳241：劉錦棠，北京：中華書局，1989；3232。
〔註272〕姚永樸，舊聞隨筆：卷3：左文襄公，朱漢民，丁平一，湘軍：第8冊，846。
〔註273〕錢基博，近百年湖南學風，北京：中國人民大學出版社，2004：40。
〔註274〕王定安，湘軍記；湘軍史專刊之二，長沙：嶽麓書社，1983：2。
〔註275〕王定安，求闕齋弟子記：卷5：平寇2，朱漢民，丁平一，湘軍：第9冊，45。
〔註276〕章太炎，檢論：卷8，雜誌，章太炎全集：第3冊，上海人民出版社，1984：538。
〔註277〕曾國藩全集：第1冊：奏稿1，長沙：嶽麓書社，2011：72。

類解到，重則立決，輕則斃之杖下，又輕則鞭之千百。敝處所為只此三科。」
〔註278〕曾國藩為自己的行為解釋道：「不治以嚴刑峻法，則鼠子紛起，將來無
復措手之處。是以壹意殘忍，冀回頹風於萬一。書生豈解好殺？要以時勢所
迫」。〔註279〕

　　在戰場上，湘軍凡生俘太平軍，多採用殘酷手段殺害，甚至挖心剖腹，
凌遲肢解。如羅澤南以被俘太平軍戰士生祭彭三元、李杏春。這與太平軍在
戰場上對忠於職守，勇於戰陣的對手還留有一絲尊重的做法相距甚遠，亦與
儒家仁愛之說背道而馳。太平軍部分將士對平日官聲較好，關心民瘼的清廷
地方官尚有網開一面之舉。如「賊破東安，謂賴史直官聲尚好，護之出城。」
〔註280〕《石達開全集》曾記錄其對江忠源的評價：「聞其忠勇敢戰，實官場
不可多得人物。但據知者言，其人初本書生，讀韜略即明兵法，自訓練子弟，
投效公家，亦奇才也。……聞江某已投水死矣，死時甚勇烈，……亦可謂一
好漢矣。」〔註281〕雖然該書有偽託之嫌，但卻是石達開個性的真實寫照。李
秀成在擊破江南大營後，禮葬張國梁，咸豐十一年克杭州，「以禮斂巡撫（王
有齡）、學政及總兵文瑞」〔註282〕「官眷陷城者，給票護之境上。」〔註283〕
均表明其對於清軍中敢於殉難之士的敬重和人道主義精神。

（二）屠城殺降

　　湘軍為洩憤，常於攻城得手之後予以屠滅，在歷史上留下了不可磨洗的
污點。著於史冊者，早期分別有九江之屠、安慶之屠、金陵之屠等，同時成
規模地屠戮戰俘與降卒在湘淮軍中亦相當普遍，曾國藩力主此策，羅澤南、
曾國荃、李鴻章、左宗棠、劉錦棠都身與此事。

　　咸豐八年四月初七日湘軍破九江，「兵勇痛兩次傷亡之慘，人盡思憤，踊
躍齊登，掩殺兩時之久，斃賊一萬六七千人，屍骸填衢。」〔註284〕其中不乏

〔註278〕曾國藩，與歐陽曉岑；曾國藩全集：第 22 冊：書信 1，長沙：嶽麓書社，
　　　　　2011：130。
〔註279〕曾國藩，與隗陰亭太守；曾文正公全集：書札：卷 2，朱漢民，丁平一，湘
　　　　　軍：第 6 冊，北京：社會科學文獻出版社，2013：6。
〔註280〕郭振墉，湘軍志平議；湘軍史專刊之一，長沙：嶽麓書社，1983：206。
〔註281〕錢書侯，石達開全集：攻入盧州，臺北：臺灣廣文書局，2012：3～4。
〔註282〕王定安，湘軍記；湘軍史專刊之二，長沙：嶽麓書社，1983：163。
〔註283〕趙烈文，能靜居日記（同治三年六月二十日），朱漢民，丁平一，湘軍：第 7
　　　　　冊，147～148。
〔註284〕王定安，求闕齋弟子記：卷 6：平寇 3，朱漢民，丁平一，湘軍：第 9 冊，北

失去自衛能力的太平軍饑卒及平民。咸豐十一年，安慶克復，先後投降的太平軍降卒一萬餘人，胡林翼感到事關重大，致信曾國荃令其將戰俘「設法遣渡他處，切不可留一人於營中。」〔註285〕曾國荃在部將朱洪章的力主下，最終將降卒以遣散為名分批全部屠殺。

曾國荃破天京，更是慘絕人寰。「……大肆淫殺，死者至十萬餘人。其後曾文正出奏，乃藉口於賊黨無一肯降者。嗚呼，冤矣！」〔註286〕作為江浙人的趙烈文多次勸誡曾國荃安民止殺，而曾氏置若罔聞。「上中丞條陳四事：一、請止殺。……分別良莠審辦，既全脅從，復可得真正賊首。一、設館安頓婦女，毋使盡遭掠奪。一、立善後局。一、禁米麥出城。中丞允後三條，而緩前一條。時城中……賊所焚者十之三，兵所焚十之七。煙起數十道屯積空中，不散如大山，紫絳色。」〔註287〕城破後，剩餘太平軍除抗拒時被殺外，強壯者「大半為兵勇扛抬什物出城，或引各勇挖窖，得後即行縱放。城上四面縋下老廣賊匪不知若干。」其「沿街死者十之九皆老者，其幼孩未滿二三歲者亦斫戮以為戲，匍匐道上。婦女四十歲以下者，一人俱無，……各統領彭毓橘、易良虎、彭椿年、蕭孚泗、張詩日等惟知掠奪。」〔註288〕即使譚嗣同在三十二年之後親身經歷，城內仍「滿地荒涼氣象。本地人言發匪據城時並未焚殺，百姓安堵如故」，而湘軍「一破城，見人即殺，見屋即燒，子女玉帛掃數入湘軍，而金陵遂永窮矣。至今父老言之，猶深痛恨！」〔註289〕因曾國荃徹底打破了儒家倫理底線，彭玉麟先後二次（1861 年安慶之圍與 1864 年金陵之圍）致函曾國藩，要求大義滅親。

其他湘軍亦有屠城行為，如同治十年，湘軍劉岳昭部血戰一年有餘，攻克距雲南澂江府。「城破之日，兵勇人人憤極，除老幼婦女外，餘皆全行屠戮。」〔註290〕左系湘軍則在西北戰場上先後屠金積堡，屠肅州（今酒泉）。

京：社會科學文獻出版社，2013：47。

〔註285〕胡林翼，致曾觀察；撫鄂書牘23；胡文忠公遺集：書牘：卷81，朱漢民，丁平一，湘軍：第 6 冊，184。

〔註286〕佚名，咸同將相瑣聞；陳澤琿主編，長沙野史集鈔：上部古人筆記，長沙：嶽麓書社，2011：172～173。

〔註287〕趙烈文，能靜居日記（同治三年六月十七日），朱漢民，丁平一，湘軍：第 7 冊，146。

〔註288〕趙烈文，能靜居日記（同治三年六月二十三日），朱漢民，丁平一，湘軍：第 7 冊，148～149。

〔註289〕譚嗣同，上歐陽中鵠書（十）；譚嗣同全集，北京：中華書局，1998：466。

〔註290〕劉岳昭，會奏官軍攻克澂江府擒斬各逆府屬肅清折子（同治十年二月）；滇黔奏議：卷8，朱漢民，丁平一，湘軍：第 5 冊，276～277。

金積堡「馬化隆伏誅時同日殲除精壯回逆實以萬計,以為數太多,未便據實稟報,故只報二千餘也。」〔註291〕1873 年肅州降,劉錦堂與諸軍不僅殺死回首馬文祿,且「分屠客回一千五百七十三人,夜入城縱火,屠土回五千四百餘人。」全城僅剩「老弱婦女九百餘人」。〔註292〕「死骸枕藉,即老弱婦女亦頗不免,蓋昏夜亂刃交加,有不及辨者矣。」〔註293〕導致「肅州回族誅戮殆盡。」〔註294〕

(三)騷擾民間

湘軍早期,即使是羅澤南所統軍隊,亦不能獨善其身,較江忠源所部楚勇軍紀為差。「公以楚勇,羅以湘勇,連營與敵對壘。時湘勇多無紀律。」〔註295〕曾國藩早年還曾因軍紀維持問題與羅澤南發生齟齬。湘軍中首先成建制敗壞軍紀的,多為純武將出身者,如鮑超、田興恕。田興恕「年少意滿,目不識丁,故劣幕、奸商得售鑽營之術;……並聞彼在省城,拆毀民房,大興土木,起造欽差大臣府第。」〔註296〕尤其是鮑超軍歷來有騷擾之名,「每克一城,許部曲掠三日,三日後則秋毫無犯。」〔註297〕左宗棠曾致函曾國藩信指出鮑軍在江西「遊勇滋擾特甚,數十里內巷無居人,行徑大與《愛民歌》倍,恨不及面為言之。若循此不改,竟可危也。」〔註298〕

曾國荃部直系湘軍在攻克天京後,軍紀更不復可制。趙烈文言痛言:「城破之日,全軍掠奪,無一人顧全大局。」〔註299〕「搜曳婦女,哀號之聲不忍聞。」趙提出善後維繫軍紀,除個別將領外,「彭毓橘、陳湜、彭慶年、易良

〔註291〕王文韶日記(同治十年七月二十二日),朱漢民,丁平一,湘軍:第 7 冊,314。

〔註292〕何維樸,劉襄勤史傳稿,朱漢民,丁平一,湘軍:第 9 冊,440。

〔註293〕易孔昭,胡孚駿,劉然亮,平定關隴紀略,朱漢民,丁平一,湘軍:第 2 冊,583。

〔註294〕曾國荃等修,王軒等纂,甘肅新通志:卷47:兵防志:戎事下,朱漢民,丁平一,湘軍:第 7 冊,776。

〔註295〕劉長佑,箚記:附錄2:遊滇日記(歐陽備之),朱漢民,丁平一,湘軍:第 2 冊,北京:社會科學文獻出版社,2013:277。

〔註296〕咸豐同治兩朝上諭檔,朱漢民,丁平一,湘軍:第 3 冊,553。

〔註297〕徐珂,清稗類鈔;陳澤琿主編,長沙野史集鈔:上部古人筆記,長沙:嶽麓書社,2011:164。

〔註298〕劉泱泱等點校,左宗棠全集:札件,長沙:嶽麓書社,2009:226。

〔註299〕趙烈文,能靜居日記(同治三年七月初五日),朱漢民,丁平一,湘軍:第 7 冊,151。

虎等皆不願辦此事,並詆之為不識時務。」甚至曾國荃幕僚文士也參與其中,有委員「見人幼子甫八歲,貌清秀,強奪之歸,其母追哭數里,鞭逐之。餘諸委員無大無小爭購賊物,各貯一箱,終日交相誇示,不為厭。惟見余至,則側身障之。」〔註300〕醜態可掬。江邊「見城上弔出木料、器具紛紛。」〔註301〕「自江寧沿江而下,瀕江為之一掃。」甚至趙烈文正在記載此事之時,「一鮑兵來掠吾舟,叱而去之。」〔註302〕

曾軍在金陵所為,甚至明目張膽到了毫不顧忌輿論的地步。當時《上海新報》報導:「金陵城中兵勇甚為強梗。聞居家百姓稍有餘資,往往被其劫掠。且白日入人家硬取用物,或有攔阻者,多受其鞭扑。即欲訴諸兵官,而兵官置若罔聞。」〔註303〕甚至將「少年婦女待其自行選擇之後,其餘一任兵勇姦淫,置若罔聞。據云,兩湖兵勇攜帶婦女返楚者約有數萬之眾。經江督曾訪知此事,遣員前往安慶地方截留婦女五百餘名。」〔註304〕此處江督,應指彭玉麟而言。

彭玉麟於金陵克復之前,「巡查江面,到處見欽差大臣親兵號褂。」拿問嚴查之下,「實係釐局勇拆賊屋修補釐局者」,遂致信曾國藩痛斥「實屬荒謬,不成事體。」「以一欽差大臣親兵,⋯⋯分散於各釐金局,搜查商旅,爭芥子之利,大體何在?」並自言「麟下死力做謹言工夫,無如遇事觸目刺心,不得不言也。」〔註305〕可見,曾軍軍紀之敗,根源實在於曾國藩本人有意放縱。湘軍自克金陵之後,戰鬥力普遍下滑,且與民眾關係緊張。「至若一時將帥,使東南數千里民之肝腦塗地,而諸將之黃金填庫,民之妻孥亡散,而諸將之美女盈門。」〔註306〕至北上剿撚之時,曾國藩遂自嘗苦果。剿撚軍以淮軍為

〔註300〕趙烈文,能靜居日記(同治三年六月十九日),朱漢民,丁平一,湘軍:第7冊,146~147。

〔註301〕趙烈文,能靜居日記(同治三年七月廿一日),朱漢民,丁平一,湘軍:第7冊,154。

〔註302〕趙烈文,能靜居日記(同治二年九月朔日),朱漢民,丁平一,湘軍:第7冊,117。

〔註303〕上海新報:第447號(乙丑年三月十六日),朱漢民,丁平一,湘軍:第8冊,38。

〔註304〕上海新報:第424號(甲子年十一月十二日),朱漢民,丁平一,湘軍:第8冊,37。

〔註305〕柳詒徵,陶風樓藏名賢手札:彭玉麟致曾國藩:第23冊,朱漢民,丁平一,湘軍:第6冊,291。

〔註306〕王家仕,彤雲閣遺稿:答耀卿書;王柏心,百柱堂集;龍盛運,湘軍史稿,成都:四川人民出版社,1990:431。

主，軍紀之壞甚於湘軍，「官兵又騷擾異常，幾有賊過如篦，兵過如洗之慘。民圩仇視官兵，於賊匪反有恕詞，即從賊亦無愧色。」〔註307〕

（四）沉溺陋習

湘軍中期以後，即有部分軍隊軍紀廢弛，沾染習氣，如李續宜所部精捷營「能為惡戰，而營官性多激烈，勇丁半吸洋煙。」〔註308〕早年由行伍出身，歸屬綠營，後入湘軍的少數軍官進一步將綠營陋習帶到了湘軍。如後歸屬左系湘軍的雷正綰先後追隨向榮、多隆阿，積功累升至固原提督，曾素著勇略，後「得病甚重，又鬱鬱不得志，」遂開始「吸食洋煙，致成痼疾」。〔註309〕「多置姬妾，所部弁勇紛紛效尤，遂至涇州一城寄寓千餘房眷屬。」所部「率皆淫掠焚殺，控案累累。」〔註310〕陝西提督陶茂林帶兵赴陝，「沿途索取州縣陋規，私納回女。其營中勇弁搶掠婦女，名曰軍營，實與居家無異。」〔註311〕

湘軍後期另一大弊端即吃空餉，貪財貨。隨著地位日高，將領利心日重。「諸將擢至總兵，則位尊金多，自為之念重，軍中所以有『頂紅心黑』之謠也。」〔註312〕趙烈文感歎道，早期湘軍「勇丁須五百人一營，今則三百人已為滿數。故一充營官、統領，無不立富，家中起房造屋，水面連舟宗（合）大舟，四出營利，而士卒恒半菽不飽。……自古吏治，悉在中飽。今軍中亦然，危哉危哉！」〔註313〕吳士邁言：「每營兵勇實數不及額數之半，仍照額數索餉。」〔註314〕「凡統將，得專置營官，營各獻助公費，月或百金，或二百金，

〔註307〕曾國藩，欽奉諭旨覆陳折（同治四年七月初八日）；曾國藩全集：第 8 冊：奏稿 8，長沙：嶽麓書社，2013：449。

〔註308〕郭崑燾，上曾中堂；雲臥山莊尺牘：卷 1，朱漢民，丁平一，湘軍：第 6 冊，北京：社會科學文獻出版社，2013：665。

〔註309〕張集馨日記（同治三年十月十二日），朱漢民，丁平一，湘軍：第 7 冊，333。

〔註310〕楊岳斌，入甘細探賊勢軍餉吏治民生折（同治四年六月二十三日）；楊勇愨公遺集：卷 4，朱漢民，丁平一，湘軍：第 4 冊，561。

〔註311〕上海新報：第 613 號（丙寅年正月念九日），朱漢民，丁平一，湘軍：第 8 冊，45。

〔註312〕黃鈞宰，金壺七墨：金壺浪墨卷 7：打虎將，朱漢民，丁平一，湘軍：第 8 冊，511。

〔註313〕趙烈文，能靜居日記（同治四年閏五月初八日），朱漢民，丁平一，湘軍：第 7 冊，161。

〔註314〕杜貴墀，吳士邁傳；巴陵縣志：卷 35：人物志八傳，朱漢民，丁平一，湘軍：第 9 冊，681。

至二千人，又公加公費銀百兩，夫價銀卅兩。統五千者倍之，統萬人者三之。」
〔註 315〕故王闓運評價說：「將五百人則歲入三千，統萬人歲入六萬金尤廉將
也。」〔註 316〕湘軍將領「人人足於財，十萬以上貲殆百數」。〔註 317〕

　　湘軍部分將領沉迷貨財，對軍隊及兵源地風氣影響極大。「湖南向稱質樸。
軍興以來，由於勇丁暴富者多，漸已習為奢靡。」〔註 318〕「近日各營裁撤歸
來，暨掠有賊資飽載而回者，所在皆是。」〔註 319〕

（五）巧佞避戰

　　湘軍後期，部分軍隊軍紀逐漸廢弛，戰鬥意志也隨之滑坡。特別是曾系
湘軍多以持重為名保存實力。曾國藩自道：「軍興日久，諸將視賊如先世之
宿債，得償固佳，欠亦不惡，催亦不動，責之不畏。」〔註 320〕曾軍這一特
點為太平軍李秀成所掌握，「故忠酋欺我全不能戰，叮囑群賊如遇曾某之兵，
一到即交鋒。該酋自信戰有把握也。若再不痛打幾仗，恐官兵愈疲，賊焰愈
長矣！」〔註 321〕

　　其他援黔等軍亦出現過畏戰避戰的情形。如金兆琛在鎮壓貴州苗民武裝
時「苗匪由其左右兩面屢次分竄，偏擾湖南之鎮筸、麻陽、沅州、晃州、黔
陽、會同、靖州各地方，兆琛既未嘗攔頭以扼其出，又未嘗乘虛以搗其巢，
並未嘗斷其歸路，截其首尾，竟聽該匪出入往來，如行無人之境。」〔註 322〕
周洪印「習氣遂重，驕盈自恣，般樂偷安。……賊將撲沅，周洪印即由沅移

〔註 315〕王闓運，湘軍志：營制篇第十五，營制篇第十五，籌餉篇第十六，長沙：嶽
　　　　　麓書社，1983；163。
〔註 316〕王闓運，湘軍志：營制篇第十五，營制篇第十五，籌餉篇第十六，長沙：嶽
　　　　　麓書社，1983；163。
〔註 317〕王闓運，湘軍志：營制篇第十五，營制篇第十五，籌餉篇第十六，長沙：嶽
　　　　　麓書社，1983；166。
〔註 318〕郭崑燾，示兒子慶藩貼；雲臥山莊家訓：家訓：卷下，朱漢民，丁平一，湘
　　　　　軍：第 3 冊，255。
〔註 319〕郭崑燾，致吳蓉舫廣文開照；雲臥山莊尺牘：卷 5，朱漢民，丁平一，湘軍：
　　　　　第 6 冊，700。
〔註 320〕曾國藩，覆左宗棠：曾國藩全集：書信：第 6 冊，長沙：嶽麓書社，1993：
　　　　　4048。
〔註 321〕陳昌，霆軍紀略，朱漢民，丁平一，湘軍：第 1 冊，北京：社會科學文獻出
　　　　　版社，2013：445。
〔註 322〕劉崐，糾參西路各軍玩匪擾邊折；劉中丞奏稿：卷 2，朱漢民，丁平一，湘
　　　　　軍：第 4 冊，346。

駐託口，致賊……經趨託口，周洪印又已由託口折回，……無事則逍遙於城郭，有事則遷延於道路。任賊橫行，若無聞見。」〔註323〕

（六）喪失節制

湘軍攻克天京之後，因長期欠餉和情緒上的壓抑，一些部隊出現了節度失靈，鼓譟騷動，甚至嘩變叛亂等情形。當時朝廷諭令霆軍西援甘肅，與撚軍交戰，而霆軍將士視西征為畏途，主帥鮑超又「畏剿回匪，牽連入甘」，且「懼歸左帥調度」。〔註324〕終於在同治四年，鮑超請假回籍養病之時，爆發了金口之變。在湖北金口地方，霆軍「各營齊心，不肯開船，必要還清欠餉百餘萬，方肯赴甘。」〔註325〕旋即全軍自潰，並結隊大掠，戍官掠民，爆發了自湘軍創立以來最大規模的一次叛亂事件。因軍中多有太平軍降卒，遂「頭裹紅巾，設卡抗拒，並有偽指揮、檢點等名目，即與賊無異。」〔註326〕該叛軍一部為緊急趕回的鮑超降服，另一部則南下福建廣東與太平軍殘軍汪海洋部合流，最終被左宗棠、鮑超殲滅於黃沙嶂。

自霆營金口之變，各軍紛紛效尤。霆軍另部「婁軍（婁慶雲）噪於上杭，韓軍（韓進春）噪於會昌，李成謀、蔣凝學兩軍噪於湖北，訓、義兩軍噪於皖北，而金、唐、朱各軍噪於皖南。」〔註327〕同年，湘軍「陶茂林丁憂乞終喪。所部七營同時嘩潰。」〔註328〕駐守湖北的提督成大吉軍「籍口索餉，猝然兵變。成大吉受傷，經親軍救出，其勇已四出焚掠搶劫。」〔註329〕甚至遠在西北的楊岳斌部雷正綰軍之部將雷恒亦「與回首郝明堂通，煽全營謀叛。」〔註330〕

曾國藩對嘩變軍隊採取了強硬政策，他致信叛亂諸部，勒令交出肇事者。「本部堂遣散各勇，俱發滿餉，惟統領、營官有令其繳出曠銀者，為數亦殊無

〔註323〕劉崐，糾參西路各軍玩匪擾邊折；劉中丞奏稿：卷2，朱漢民，丁平一，湘軍：第4冊，347。

〔註324〕陸寶千，劉蓉年譜，（臺北）中央研究院近代史研究所專刊（40），1979：310。

〔註325〕趙烈文，能靜居日記（同治四年四月二十二日），朱漢民，丁平一，湘軍：第7冊，160。

〔註326〕陳昌，霆軍紀略，朱漢民，丁平一，湘軍：第1冊，北京：社會科學文獻出版社，2013：474。

〔註327〕曾國藩，批署安徽藩司何璟稟司李文森稟陳管見數端伏候裁擇由（同治四年）；曾國藩全集：第13冊：批牘，長沙：嶽麓書社，2013：324。

〔註328〕王定安，湘軍記：卷17；湘軍史專刊之二，長沙：嶽麓書社，1983：276。

〔註329〕喬松年，續報賊勢南趨及探聞楚軍兵變折（同治四年十二月十六日）；喬勤恪公奏議：卷10，朱漢民，丁平一，湘軍：第5冊，68。

〔註330〕王定安，湘軍記：卷17；湘軍史專刊之二，長沙：嶽麓書社，1983：277。

多，自問並無虧苦軍營之處。乃徽州唐、金兩軍於五月底大鬧十三日之久，毆傷道員（皖南道張鳳翥），深為可惡！……而該營始終不交出兇犯，雖釀成巨禍，如霆營金口之變，亦不顧也。」〔註331〕在曾國藩的高壓下，金國琛捆送六名營官到曾國藩徐州大營，同時追捕，斬殺「首犯」三人，「要犯」11人。曾國藩則除了將六名營官分別革職、充軍，還將金軍「全數裁撤」。湘軍第二次嘩變叛亂高潮，發生在同治八年的左宗棠西征軍中。主要原因是軍中哥老會煽動所致，導致湘軍果軍統領、甘肅提督高連升被叛卒殺斃。老湘軍亦發生局部叛逆行為。「十三日老湘馬步十四營攻陷綏德，成信軍附之。」〔註332〕「楚勇在秦兩次變亂，實為用兵以來所未聞。」〔註333〕

（七）濫用名器

朝廷官爵名器，關乎禮教制度。然而，湘軍為激勵士氣，實開濫保之端。胡林翼自言：「大君以生殺予奪之權授之將帥，猶東家之銀錢貨物授之店中眾夥。若保舉太濫，視大君之名器不甚愛惜，猶之賤售浪費，視東家之貨財不甚愛惜也。……余忝居高位，惟此事不能力挽頹風，深為愧慚。」〔註334〕

為平定太平天國，清軍將帥多開幕府，招致才俊。「曾國藩尤好士，賤人或起家為布政，裸身來，歸資鉅萬，士爭傚。」〔註335〕曾國藩曾自省：「臣向辦保案極為矜慎。咸豐四年克復武漢，僅保三百餘人。五、六兩年保奏三案，合計僅數百人。」〔註336〕而咸豐六年胡林翼復武漢，一次即奏保三千餘人，受獎面竟達百分之二三十，幾近曾國藩的十倍。故曾國藩在家書中說：「保舉太濫，官、胡創之，余亦因之，習焉不察，不復自知其非。」〔註337〕到湘軍攻克金陵前後，保舉更多且濫，甚至發生人在湖南，而前線保舉仍舊列名的現象。以致於彭玉麟向曾國藩抗辭爭辯。「憂保之甚猶其次，有原諮清

〔註331〕曾國藩，批蔣道凝學稟遣撤湘皖馬步八營緣由（同治四年八月）；曾國藩全集：第13冊：批牘，長沙：嶽麓書社，2013：332～333。

〔註332〕劉典，與喻蒦生；劉果敏公書札：卷1，朱漢民，丁平一，湘軍：第6冊，北京：社會科學文獻出版社，2013：784。

〔註333〕清實錄：卷255，朱漢民，丁平一，湘軍：第3冊，715。

〔註334〕曾胡治兵白話句解，濟南，山東書局（改訂版），民國二十一年（1932）：109～110。

〔註335〕餐霞館輯，儒林瑣記：儒林附記，朱漢民，丁平一，湘軍：第8冊，551。

〔註336〕曾國藩全集：第9冊，同治五年奏疏，5349。

〔註337〕曾國藩，致沅弟（同治二年正月元旦）；唐浩明編，曾國藩家書：下冊，長沙：嶽麓書社，2015：107。

冊花名所無者保入甚多，且有人在湖南列入奏章者。麟聞之駭然。……舞弊若此之膽大，按軍法當斬立決，……若概與寬典，則將來我夫子諸事不可設想，盡為小人蒙蔽去矣。」〔註338〕

湘軍後期，由於保舉太多，武職官位含金量極度縮水。軍興以來，「花翎、紅頂幾遍城市，既無官職可以自效，復無資材可以自存，即又不能遂厥初衣重理故業，愚懦者則到處求人，黠滑者則流入戈會。嘗謂粵賊之起，其始磨礪湖南之豪傑，其後乃敗壞湖南之風氣，極盛難繼，理固然也。」〔註339〕曾國藩亦自責「名器日濫，弟等實執其咎；治軍多年，愧欠莫大於此。」〔註340〕

湘軍在軍事實踐中對理學宗旨的背離，雖然發生在一定時期，部分軍隊中，但對湘軍的命運影響至關深遠。其既有深刻的社會原因，又有理學自身的侷限性，既有客觀方面原因，又有主觀的思想根源。

（一）社會矛盾在湘軍中的集中反映

湘軍在早期雖然極力致力於舊式軍隊的改造，但其本身並不可能生活在真空之中，因而不可避免地受到環境變遷和社會心理的影響。

湘軍軍紀廢弛，一個首要原因就是餉銀積欠太多，兵勇生活困難。「現在各營欠餉至四五月之多，兵勇饑疲，紛紛思潰。普承堯挫敗，勇竟降賊矣；陳大富陣亡，勇又降賊矣。近復有李金暘〔註341〕者，在臨江帶勇降賊，為賊先驅矣。揆厥由來，皆由欠餉過多之故。」〔註342〕曾國荃在回覆朝廷派來檢視金陵滿城的富將軍關於軍紀的質疑時說：「弟謬統一軍，每於愛惜苦民、苦兵之處，三令五申，禁止騷擾。惟今年以來，將近百天，尚只關得十五六天之餉。弁勇窮苦不堪，饑潰堪虞，間有不肖勇丁未能悉遵條約。」〔註343〕同治四年，

〔註338〕柳詒徵，陶風樓藏名賢手札：彭玉麟致曾國藩（十九），朱漢民，丁平一，湘軍：第6冊，286。
〔註339〕郭嵩燾，示兒子慶藩貼；雲臥山莊家訓：家訓：卷下，朱漢民，丁平一，湘軍：第3冊，254。
〔註340〕曾國藩，覆沈中丞；曾文正公全集：書札：卷22。
〔註341〕注：李金暘原為降將，所部在陣前鼓譟降敵，其被裹挾而去，後逃歸，為曾國藩所殺。
〔註342〕華祝三，奏請飭曾國藩迅撥勁旅廓清江西腹地折（五月二十一日）；清政府鎮壓太平天國檔案史料：咸豐十一年，朱漢民，丁平一，湘軍：第5冊，北京：社會科學文獻出版社，2013：369。
〔註343〕曾國荃，覆富將軍；曾忠襄公遺集：書札：卷8，朱漢民，丁平一，湘軍：第6冊，213。

霆軍西征之營在湖北金口潰變。曾國藩奏稱：「該軍積勞太久，立功最多，將卒以屢勝而驕，又以無餉而怨，又憚萬里遠征之苦，又值主將回蜀之時，其致變之故，與別軍迴不相同。」〔註344〕措辭雖有迴護之意，然基本道出了兵變實情。

　　為提高部隊戰鬥力，湘軍在擴軍後大量招募綠營中下層將弁帶兵，更是將舊軍隊的積習帶入了湘軍。隨著官秩的增加，部分湘軍軍官亦逐漸喪失初心，轉為利祿之謀。郭嵩燾言「竊觀近時之人，每官職進一步，即意氣重一分，彼武夫誠無足怪，而讀書談道者顧亦爾爾，何哉！」〔註345〕此外，湘軍在戰鬥中頻遇強敵，承受了極大傷亡，故戰勝攻取後常以殺戮洩憤。如左宗棠軍在西域多因此殺降屠城，「實因昔日回逆初叛之時，將寄居各城之滿漢諸人，老幼盡害，雞犬不留，故致官軍克復之時，兵勇等皆恨如切骨，有此一舉。」〔註346〕

　　湘軍中基層兵勇為戰陣中相互救助，逐漸自行組織哥老會，屢禁不止，影響越來越大，甚至部分中高級軍官亦加入進來，達到與朝廷名器相抗衡的地步。有的兵勇在軍中僅為什長、哨長，而在會中卻膺高位，白日聽令於營官，而晚上卻燃炬高坐，接受入會營官跪拜。哥老會與湘軍制度保持著一種微妙的平衡，而這種平衡一旦打破，後果必然是十分嚴重的。因此後任湖南巡撫劉崐稱：「其先募農為勇，人多樸直而強健，故用其力足以平賊。厥後隨營日久，習氣日深，遣撤歸來，率有不安於農之勢，甚且到處結會，隨地糾人，隱患之萌已非一日。……識者謂天下兵事之終，恐即湖南勇禍之始。」〔註347〕

（二）法家權謀思想的影響

　　湘系經世派的法家思想主要來源於史學。他們通過對歷史事件的分析把握，深刻認識到，面對惡劣的社會現實，僅憑儒家仁愛學說難有回天之力，故主動吸納歷史上的申韓之術。早在湘軍創立之初，理學修養甚深的劉蓉就力主曾國藩任事用權謀之術。他告訴曾國藩廉潔可師、以身許國、「不愛錢，

〔註344〕陳昌，霆軍紀略，朱漢民、丁平一，湘軍：第 1 冊，375。
〔註345〕郭嵩燾，與曾沅甫撫部（一）；雲臥山莊尺牘：卷 2，朱漢民，丁平一主，湘軍：第 6 冊，666。
〔註346〕論西征軍餉：申報第 1528 號（1877 年 4 月 20 日），朱漢民，丁平一，湘軍：第 8 冊，143。
〔註347〕劉崐，通籌全局布置北岸再議南圖折（同治九年）；劉中丞奏稿：卷 7，朱漢民，丁平一，湘軍：第 4 冊，437。

不惜死」這些豪言壯語雖可以「明執事戡亂濟時之本焉」，但「若以慰天下豪傑之望，盡大臣報國之忠，則豈但已哉。」明確提出大臣之道應善於賞罰。「欲驅天下智勇才辨之士，棄墳墓，捐親戚，出沒鋒鏑之際，與死寇相角逐，非賞不勸。……故濫賞則志士恥於庸豎為伍，而吝賞則抑無以係豪傑之心。」他告誡曾國藩「以廉自獎，則抑將以廉繩人，而功名之士，乃調臂而思去之矣。故曰廉介之操，以語執事自待之志可也，大臣之道，概不止此。」〔註348〕勸誡曾國藩不要一味以儒家道德標準繩人，而應開放格局，廣納人才，甚至不惜以利祿相勸。曾國藩帶兵，善於體察人情，也不知不覺放鬆了對將校的嚴格規繩。「凡帶勇之人，皆不免稍肥私囊，余不能禁人之不苟取。」〔註349〕「軍中乃爭權勢之場，又實非處約者所能濟事。求其貞白不移，淡泊自守，而又足以驅使群力者，頗難其道爾！」〔註350〕

咸豐十一年，趙烈文曾上書曾國藩說：「苟非賢傑以天下為己任，流俗之情大抵求利耳。……是以明君給人之欲，不失其意；責人之力，不求其情。……合眾人之私以成一人之公，所以能收效也。」〔註351〕主張不廢人情，以利為義。湘軍主要人物胡林翼亦擅長權術，王霸並用。左宗棠曰：「潤之喜任術，善牢籠，吾向謂其不及我者以此。」〔註352〕因在權謀上過於長袖善舞，曾國藩的好友歐陽兆熊在《英雄必無理學氣》一文中說：「他如胡文忠公，以紈褲少年一變而為頭巾氣，亦不能捨此時趨，究竟文忠之所以集事者，權術而非理學也。」〔註353〕認為胡表面雖迎合理學，而骨子裏確是一位權術家。因局勢嚴峻，曾胡等皆主重典治世。曾國藩信奉「火烈民畏」的法家思想，並以此為「今日救時之良劑」。〔註354〕他多次致信江忠源「至則斬刈，不復敢言陰騭。書生好殺，時勢使然也。」〔註355〕「用重法以除強暴，而殘忍嚴酷之名

〔註348〕劉蓉，寄曾滌生侍郎書；陸寶千，劉蓉年譜，臺北：中央研究院近代史研究所專刊（40），1979：82。

〔註349〕曾國藩全集：家書：第1冊，長沙：嶽麓書社，1985：336。

〔註350〕曾國藩全集：日記：第1冊，長沙：嶽麓書社，1987：444。

〔註351〕太平天國歷史博物館編，太平天國史料叢編簡輯：第3冊，北京：中華書局，1962：197，198。

〔註352〕左宗棠，答劉霞仙；左文襄公全集：書牘卷3，朱漢民，丁平一，湘軍：第6冊，北京：社會科學文獻出版社，2013：74。

〔註353〕歐陽兆熊，水窗春囈，北京：中華書局，1984：14。

〔註354〕曾國藩，批巴陵縣稟該縣拿獲土匪但其仁等七十一名業已先後汛明正法由；王澧華評點曾國藩批牘，長沙：嶽麓書社，2014：34。

〔註355〕曾國藩，致江忠源（咸豐三年二月十五日）；曾國藩全集：第22冊：書信1，

在所不辭。」〔註356〕

　　湘軍從未將太平軍等視為交戰方，而是亂民、竊號之賊，必欲滅之而後快。受這種思想支配，自然在軍事行動中果於殺伐。曾國藩曾批評部下對「敵人」的仁慈：「成、蔣兩軍手不辣，不能血洗興國，若能痛搜該州從賊戶族，盡其根誅，不留餘孽，或可微懲，以儆將來。」〔註357〕曾國荃在屠殺安慶上萬降卒之後，心中不安。曾國藩卻在家書中勸導說：「既已帶兵，自以殺賊為志，何必以多殺人為悔？此賊之多擄殺，流毒南紀。天父天兄之教，天燕天豫之官，雖使周孔生今，斷無不力謀誅滅之理，既謀誅滅，斷無以多殺為悔之理。」〔註358〕

　　湘軍的成功，一定意義上是儒學與霸術的結合。左宗棠曾問曾國荃「一生得力何處？曰：『揮金如土，殺人如麻。』左大笑曰：『吾固謂老九才氣勝乃兄。』」〔註359〕

（三）理學自身的歷史侷限使然

　　理學思想畢竟是一種源於儒學的書齋之學。湘軍為使其適應經世之需，在堅守理學基本原則基礎上，對其進行了一定程度的改造。一方面，湘軍人物主導下的各軍系主要首領均尊崇理學，以理馭軍，具有殉道者的精神傾向；另一方面出於軍事鬥爭殘酷性和經世活動的實際需要，又與理學主敬派的行事方式表現出很大差異，體現出對理學原則的某種疏離。也許，儒學對社會的適應性增強，也正是以逐步喪失其核心價值為代價的。

　　「在名利的衝擊和腐蝕之下，希望道德去砥柱中流，堅不可摧，顯然是理學家坐在書齋中不切實際的空想。」〔註360〕早在湘軍應世之初，劉蓉就預見並提出理學者應稍自「貶損風采，委蛇忍隱以共濟。」〔註361〕湘軍理學經

　　　　　　長沙：嶽麓書社，2013：115。
〔註356〕曾國藩，與江岷樵左季高；曾文正公全集：書札卷2，朱漢民，丁平一，湘軍：第6冊，8。
〔註357〕柳詒徵，陶風樓藏名賢手札：彭玉麟致曾國藩（六），朱漢民，丁平一，湘軍：第6冊，279。
〔註358〕曾國藩，致沅弟（咸豐十一年六月十二日）；曾國藩全集：第20冊：家書1，長沙：嶽麓書社，2011；661。
〔註359〕汪康年，汪穰卿筆記：卷8：附錄：紀左恪靖侯軼事，朱漢民，丁平一，湘軍：第8冊，819。
〔註360〕李維新主編，天下第一策——歷代狀元殿試對策觀止，鄭州：中州古籍出版社，1998：125。
〔註361〕劉蓉，養晦堂文詩集卷5；陸寶千，劉蓉年譜，臺北：中央研究院近代史研究所專刊（40），1979：265。

世派大都經歷了這樣一個由純粹理學信徒到飽經世事的官場老手的心路歷程。在這一過程中,他們既想保留初心,又不得不向現實讓步。曾國藩自言:「余昔在軍營,不妄保舉,不亂花錢,是以人心不附,至今以為詬病。近時揣摩風會,一變前志。」〔註362〕曾國藩早期滿腔忠憤,卻懷才不遇,因個性執拗在官場飽受屈辱。自省後引入黃老之學,「謹官守,和眾心,以懲補前失。」〔註363〕他也自責「以樸拙之人而講權術」,「以愧且憾,無地自容」。但仍自辯道只要「奉方寸為嚴師,畏天理如刑罰」,「大節無虧,方寸無悔」,也就內心「坦然」了。〔註364〕

中國傳統兵法向來有殺降不詳之說,理學之徒則不然。他們既以綱常名教為真理鐵律,不但自苦於己身,亦酷苛於他人,以不忍之心而行忍人之政。如王鑫早年曾俘獲一批太平軍,其中有一少年黃某,「直認攻城打仗不諱,且曰:『小人早喪父母,無人教訓,有祖母在,求錢以養之,故為此耳。請就刑。』」王鑫哀而釋之。而「伊族團力請寘之法,卒不得已殺之。」他為此痛心疾首:「嗚呼,誰實釀之,竟令至此,使余欲生一人而不可得,日取斯民而戮之也,可勝痛哉!」〔註365〕理學對軍事的深度介入,也造成了某種文化上的悖論。作為一名堅定的理學信徒和朝廷軍事代理人,在儒家仁民愛物與理學綱常名教之間取捨時亦不乏迷惘與困惑。

湘軍屠城殺降,一是因損洩憤,一是貪圖財貨,根本上來說都是違背儒家價值觀的,而湘軍後期均直行不顧,表明理學核心價值在湘軍中的根本地位已經開始動搖。總的來說,曾系湘軍多圖利財,而左系湘軍多圖洩憤。金陵城破後,趙烈文多次商曾國荃請求止殺善後,曾國荃則裝聾作啞,置若罔聞。次日,曾氏召趙氏入內少談,「色甚忸怩,有『讀書太少,義理不能制血氣』之語,暗指昨事。」〔註366〕其實,後期湘軍「義理不能制血氣,」已經只是一個理學的幌子。這一說辭背後,是強大的利益關係和赤裸裸以利益驅動士卒的權謀之術。

〔註362〕曾國藩,致沅弟(咸豐八年五月十六日);唐浩明編,曾國藩家書:上冊,長沙:嶽麓書社,2015:348。

〔註363〕王闓運,湘軍志:曾軍後篇第五,長沙:嶽麓書社,1983:57。

〔註364〕曾國藩,覆李希庵中丞;曾文正公全集:書札:卷12,39。

〔註365〕王鑫,王壯武公遺集:日記(咸豐丙辰日記上:二月初一日),朱漢民,丁平一,湘軍:第7冊,北京:社會科學文獻出版社,2013:5。

〔註366〕趙烈文,能靜居日記(同治三年六月二十五日),朱漢民,丁平一,湘軍:第7冊,149。

　　湘軍早期許多根源於理學思想的制度，在後期亦成為具文，真意蕩盡。如湘軍早年統領、營官裁撤，則下屬均同進退。而後來「營中惡習，每於易帥之時，紛紛求去，以明不事二人之意。其實不許，彼必不敢擅去；即令許之，亦未必真去。」〔註367〕王闓運說：「是故今之湘軍非昔也，況其將帥昔愚而今驕，昔懼而今侈，昔戀拙而今謅柔，雖復用儒生將農人，則所謂儒者不儒，而農者不農，曾國藩之所為諮嗟於暮氣者耶！」〔註368〕

〔註367〕劉坤一，稟張中丞；劉忠誠公遺集：書牘：卷2，朱漢民，丁平一，湘軍：第6冊，233。
〔註368〕王闓運，湘軍志：營制篇第十五，嶽麓書社，1983：159。